中 | 华 | 国 | 学 | 文 | 库

论语义疏

〔南朝梁〕皇侃 撰

高尚榘 点校

中 华 书 局

图书在版编目(CIP)数据

论语义疏/(南朝梁)皇侃撰;高尚榘点校. —北京:中华书局,2023.10
(中华国学文库)
ISBN 978-7-101-16341-4

Ⅰ.论… Ⅱ.①皇…②高… Ⅲ.《论语》-研究
Ⅳ.B222.25

中国国家版本馆 CIP 数据核字(2023)第 176270 号

书　　名　论语义疏
撰　　者　〔南朝梁〕皇　侃
点　　校　高尚榘
丛 书 名　中华国学文库
责任编辑　石　玉
责任印制　管　斌
出版发行　中华书局
　　　　　(北京市丰台区太平桥西里 38 号　100073)
　　　　　http://www.zhbc.com.cn
　　　　　E-mail:zhbc@zhbc.com.cn
印　　刷　河北新华第一印刷有限责任公司
版　　次　2023 年 10 月第 1 版
　　　　　2023 年 10 月第 1 次印刷
规　　格　开本/880×1230 毫米　1/32
　　　　　印张 13⅛　插页 2　字数 370 千字
印　　数　1-3000 册
国际书号　ISBN 978-7-101-16341-4
定　　价　65.00 元

中华国学文库出版缘起

《中华国学文库》的出版缘起,要从九十年前说起。

1920 年,中华书局在创办人陆费伯鸿先生的主持下,开始编纂《四部备要》。这套汇集三百三十六种典籍的大型丛书,精选经史子集的"最要之书",校订成"通行善本",以精雅的仿宋体铅字排印。一经推出,即以其选目实用、文字准确、品相精美、价格低廉的鲜明特点,最大限度地满足了国人研治学问、阅读典籍的需要,广受欢迎。丛书中的许多品种,至今仍为常用之书。

新中国成立之后,党和国家倡导系统整理中国传统文献典籍。六十馀年来,在新的学术理念和新的整理方法的指导下,数千种古籍得到了系统整理,并涌现出许多精校精注整理本,已成为超越前代的新善本,为学界所必备。

同时,随着中华民族以前所未有的自信快速发展,全社会对中国固有的学术文化——国学,也表现出前所未有的关注和重视。让中华文化的优秀成果得到继承和创新,并在世界范围内进行传播和弘扬,普惠全人类,已经成为中华民族的历史使命。当此之时,符合当代国民阅读需要的权威的国学经典读本的出现,实为当务之急。于是,《中华国学文库》应运而生。

《中华国学文库》是我们追慕前贤、服务当代的产物,因此,它自当具备以下三个基本特点：

一、《文库》所选均为中国学术文化的“最要之书”。举凡哲学、历史、文学、宗教、科学、艺术等各类基本典籍，只要是公认的国学经典，皆在此列。

二、《文库》所选均为代表当代最新学术水平的“最善之本”，即经过精校精注的最有品质的整理本。其中既有传统旧注本的点校整理本，如朱熹《四书章句集注》，也有获得学界定评的新校新注本，如余嘉锡《世说新语笺疏》。总之，不以新旧为别，惟以善本是求。

三、《文库》所选均以新式标点、简体横排刊印。中国古籍向以繁体竖排为标准样式。时至当代，繁体竖排的标准古籍整理方式仍通行于学术界，但绝大多数国人早已习惯于现代通行的简体横排的图书样式。《文库》作为服务当代公众的国学读本，标准简体字横排本自当是恰当的选择。

《中华国学文库》将逐年分辑出版，每辑十种，一次推出；期以十年，以毕其功。在此，我们诚挚希望得到学术界、出版界同仁的襄助和广大读者的支持。

中华书局自 1912 年成立，至今已近百岁。我们将《中华国学文库》当作向中华书局百年诞辰敬献的一份贺礼，更是向致力于中华民族和平崛起、实现复兴大业的全国人民敬献的一份厚礼。我们自当努力，让《中华国学文库》当得起这份重任，这份荣誉。

中华书局编辑部

2010 年 12 月

目　录

前言

皇侃(四八八—五四五),南朝梁经学家。吴郡(今江苏苏州)人。师事贺玚,尽力研习,通其业,尤明三礼、孝经、论语。性孝,日诵孝经二十遍。任国子助教,于寿光殿讲礼记,武帝称善,加员外散骑侍郎。著有论语义疏、礼记讲疏、礼记义疏、孝经义疏等,唯论语义疏存世。

一　皇疏的流传与整理

论语义疏,又称论语义、论语疏,成书于梁武帝普通、大通年间(五二〇—五三四),隋书经籍志、旧唐书经籍志、新唐书艺文志、崇文总目、中兴馆阁书目、郡斋读书志、遂初堂书目、宋史艺文志皆有著录。梁书儒林传记曰:"(皇侃)所撰论语义十卷,与礼记义并见重于世,学者传焉。"唐贞观十四年(六四〇)太宗下诏曰:"梁皇侃、褚仲都,周熊安生、沈重,陈沈文阿、周弘正、张讥,隋何妥、刘炫,并前代名儒,经术可纪,加以所在学徒多行其讲疏,宜加优赏，以劝后生，可访其子孙见在者，录姓名奏闻。”宋国史志评曰：“侃疏虽时有鄙近，然博极群言，补诸书之未至，为后学所宗。”可见该书在梁至宋间被重视以及流行的程度。

皇疏虽一度盛行，但因它以道家思想解经，且多依傍前人，较少创获，又“时有鄙近”，颇为后世学人不满。随着时代的变迁和政治倾向、学术思想风气的转变，至北宋咸平二年（九九九），朝廷便命邢昺等人改作新疏。邢昺删削皇疏之文，而归向儒学本来之义理，时人以为邢疏优胜于皇疏，视邢疏为论语之标准注疏。自此，皇疏渐微，至南宋时失传。

皇疏在我国失传后，却在日本广为传播。该书大约于唐初传入日本，自唐以来，多以钞本形式流传。据日本学者影山辉国评儒藏本论语义疏〔一〕一文统计，其钞本计有三十六种之多，诸如大槻本、宝胜院本、林本、江风本、天文本、延德本、久原文库本、江户本、重文本、京大本、应永本、三宅本、上原本、米泽本、宝德本、文明本、国会图书本、足利本、清熙园本、神宫本、图书寮本、蓬左本、青渊本、东大本、泊园书院本、静嘉堂本、市岛本、萩图书馆本、桃华斋本、寺田本、塙本、溯源堂本、故宫本、九折堂本、盈进斋本、新井本等。

宽延三年（一七五〇），根本逊志据足利学校钞本整理刊印。在整理时，改变钞本体式，将原“经—疏、注—疏”体

〔一〕 载于儒家典籍与思想研究第二辑，北京大学出版社二〇一〇年五月出版。

式改为“经—注—疏”体式，类似邢疏；增删或改变文字，异体字多改为通行体。此本乾隆年间传入我国。乾隆三十六年（一七七一），浙江余姚商人汪鹏从日本购得此本回国，次年献给浙江遗书局，遗书局总裁王亶望继而将其进呈四库馆。乾隆四十六年（一七八一），此本经鲍廷博校订后，钞入四库全书。稍后，鲍氏又将其刻入自编的知不足斋丛书。鲍氏对根本逊志本的改动很小，只是删除了根本本的句点、返点、假名，避清讳，改动了对少数民族不敬的个别文字。

武内义雄及怀德堂纪念会同仁对根本逊志改变体式、臆改文字的做法不满，于大正十一年壬戌（一九二二）孔子卒后两千四百年之时，经商讨，由怀德堂讲师武内氏承担皇疏恢复六朝旧体的校理之事。武内氏广搜钞本，以时间较早的文明九年（一四七七）本（即文明本）为底本，以延德本、清熙园本、久原文库本、桃华斋本、泊园书院本、有不为斋本、图书寮本、足利本、宝德本等钞本为参校本，校理后于大正十二年（一九二三）由怀德堂纪念会刻印出版，称曰“怀德堂本”。不少学者认为，怀德堂本保留了皇疏旧体式，选择底本早，参校本多，基本反映了皇疏旧貌，优于根本本。

怀德堂本一九六六年被我国台湾艺文印书馆影印入大型丛书无求备斋论语集成，因其收在大型丛书，流传不广，个人览读不便。进入二十一世纪，北京大学儒藏编辑委员会对怀德堂本进行校点，二〇〇七年收入儒藏（精华编)第一〇四册。

这些丛书本皇疏均存有不足。根本本改变皇疏旧式，妄改文字,已非皇疏旧貌。鲍氏据其校理时,又略有修改润饰,更是加重了它的失真程度。还需要说明的是,知不足斋丛书本及四库全书本虽均为鲍氏校理,但二者在文字上也略有差异,致使读者无所适从。

关于皇疏的整理,近几年主要出现了两个本子,一是北京大学儒藏本,由北京大学陈苏镇等先生整理,以怀德堂本为底本,以鲍氏知不足斋丛书本为校本,书名为论语义疏,北京大学出版社二〇〇七年出版;一是徐望驾先生校注本,以知不足斋丛书本为底本,书名为论语集解义疏,江西人民出版社二〇〇九年出版。两种整理本整理质量较高,但美中不足的是,两本均存在一些失校、误校、误点之处,而儒藏本由于收入大型丛书,很多读者无力购置,从而影响了其传播流通。基于此,我们认为有必要在前人研究的基础上对其重做整理。

二　皇疏的文献价值与解经特点

皇疏是论语现存最早的义疏注本,也是六朝儒家义疏唯一传世者,弥足珍贵。在论语研究史上,皇疏与魏何晏论语集解、宋朱熹论语集注、清刘宝楠论语正义、近人程树德论语集释堪称里程碑式的力作。

皇疏具有重要的文献价值,它承何晏论语集解之后,广征博引，将六朝时期的论语注解材料聚于己书，为后人保留了珍贵而丰富的论语研究文献，其功甚巨。

据皇氏自序可知，皇疏征引主要依据晋江熙集解论语所集晋人十三家，诸如卫瓘、缪播、栾肇、郭象、蔡谟、袁宏、江淳、蔡系、李充、孙绰、周瓌、范宁、王珉等。自序云："侃今之讲，先通何集，若江集中诸人有可采者，亦附而申之。其又别有通儒解释，于何集无妨者，亦引取为说，以示广闻也。"可知，除保存何晏和江熙论语集解材料外，皇疏还收有其他"通儒解释"，诸如郑玄、刘歆、王肃、王弼、王朗、王雍、张凭、熊埋、顾欢、梁冀、颜延之、颜特进、殷仲堪、褚仲都、颖子严、李巡、沈峭、季彪、缪协、虞喜、庾翼、沈居士、珊琳公、太史叔明、孔后、袁氏等人的说解。此外，还有些未指名者，而是以"师说"、"旧云"、"旧说云"、"旧通云"、"一通云"、"又一通云"、"一云"、"一家云"、"一家通云"、"一解云"、"又一解云"、"又一释"、"又一注云"、"又一本注云"的方式列举众说，可见皇疏征集材料之富。汉魏六朝这些注家的著作，十之八九失传，幸得何解、皇疏而保存至今，使后世可窥见论语古注，其珍贵价值，无须赘言。

关于皇疏的疏解特点，从以上简述中已看出些端倪。详言之，有以下几点：

（一）义疏体方式：既疏经，亦疏注。

皇疏采取的是"经一疏、注一疏"的疏解方式。对于论语经文及汉魏注文，先疏经，后疏注，分别予以疏解。这种随文疏解的方式，优点很明显，即读经遇到疑难障碍，立马得释；缺点也很明显，即割裂经、注文字，疏文篇幅大者，会把经、注的一句话或半句话割裂得很远。如"学而时习之"下，疏文约有六百字，隔离好多行才能看到下句"不亦悦乎"。

（二）受魏晋玄学影响，以道家思想解经。

魏晋玄学的基本特点是以老庄思想改造儒学，其代表人物是王弼、何晏、郭象等。皇侃在何晏论语集解的基础上疏解，又广引王弼、郭象等注，在一定程度上受其影响是很自然的。如泰伯篇"子曰：大哉尧之为君也！巍巍乎！唯天为大，唯尧则之。荡荡乎！民无能名焉"章，皇疏征引王弼曰："圣人有则天之德，所以称'唯尧则之'者，唯尧于时全则天之道也。荡荡，无形无名之称也。夫名所名者，生于善有所章而惠有所存，善恶相倾，而名分形焉。若夫大爱无私，惠将安在？至美无偏，名将何生？故则天成化，道同自然，不私其子而君其臣，凶者自罚，善者自功，功成而不立其誉，罚加而不任其刑，百姓日用而不知所以然，夫又何可名也？"可见，道家思想倾向是颇明显的。

（三）汇集众说，以示广闻。

皇疏既通何解，亦引众说。以先进篇"回也其庶乎，屡空"一语的疏文为例，皇侃既疏何解，又引"一云"、"又一通云"、"王弼云"、"颜特进云"、"顾欢云"、"太史叔明云"等多家解释。这么做，在达到"以示广闻"目的的同时，更重要的是可弥补"疏不破注"禁锢所造成的不足，为读者从多家说解中寻得正解放宽了自由度。如学而篇“贤贤易色”语下，皇侃先依循孔安国“言以好色之心好贤”之注而疏曰：“凡人之情，莫不好色而不好贤。今若有人能改易好色之心以好于贤，则此人便是贤于贤者，故云‘贤贤易色’也。”继而，又以“又一通云”的方式列举了另一种解释：“上‘贤’字，犹尊重也。下‘贤’字，谓贤人也。言若欲尊重此贤人，则当改易其平常之色，更起庄敬之容也。”两种解释相比较，恰恰是“又一通云”的解释正确。前“贤”字，是意动用法，有“尊重”义；后“贤”字，是名词，指贤人。直译的话，即“贤其贤者，改变容色”；意译的话，即“尊重贤德之人，应改易平常之容色为尊重之容色”。“贤”字的动词用法，古籍有之，如礼记礼运：“以贤勇知，以功为己。”孔颖达疏：“贤，犹崇重也。”这里是讲对待贤者的态度，在全章中起统属作用，后面的“事父母，能竭其力；事君，能致其身；与朋友交，言而有信”是罗列贤者的善行表现。具备这些善行的贤者，都是令人肃然起敬的。

（四）抒发己见，坚持正解。

皇疏中存有很多值得肯定的地方。如“学而不思则罔，思而不学则殆”，不少人将“罔”误解为“诬罔”，将“殆”误解为“危险”，而皇侃疏曰：“夫学问之法，既得其文，又宜精思其义，若唯学旧文而不思义，则临用行之时，罔罔然无所知也。又若不广学旧文，而唯专意独思，则精神疲殆也，于所业无功也。”释“罔”为“罔然”，释“殆”为“疲殆”，基本符合经义。又如“粪土之墙不可杇”，不少人将“粪土之墙”解为“秽土之墙”、“垃圾尘土打成的墙”，而皇侃疏曰：“夫杇镘墙壁，若墙壁土坚实者，则易平泥光饰耳；若镘于粪土之墙，则颓坏不平，故云不可杇也。”凡住过泥巴墙老屋的人，都有这样的经历，老土墙受潮碱化，土质慢慢松软，表层泥土时常脱落，这样的“颓坏”之墙，要想涂抹粉刷，是很困难的。又如“好直不好学，其弊也绞”，不少人将“绞”释为“急迫”、“急切偏激”等，而皇侃疏曰：“绞，犹刺也，好讥刺人之非。”直率，是好品质，但过于直率，不讲究方式方法，其弊端在于绞切较真、尖刻伤人。因此，耿直、直率者也需要学习，修养德性，温良恭俭，以礼约己，宽厚待人，完善处世之道，避免绞直之弊。泰伯篇曰：“子曰：直而无礼则绞。”这些疏解有助于读者正确理解经文。

此次整理，我们尽可能汲取前人的长处，弥补前人的不足。整理着重于两个方面：一是点，力争实现正确断句和标点；二是校，以怀德堂本为底本，以在我国流传较广的知不足斋丛书本、四库全书本作校本，校异同，定是非，力求为广大读者献上一部质量上靠得住的皇疏单行本。

校点凡例

一、此次整理，以日本武内义雄整理的怀德堂本为底本，以在我国传布较广的鲍廷博知不足斋丛书本、四库全书本为校本。视文字需要时，参证定州汉墓简本论语、何晏论语集解（日正平本）、邢昺论语注疏（阮元校刻十三经注疏本）、朱熹论语集注（嘉庆刊四书集注本）、刘宝楠论语正义（同治刊本）以及其他相关典籍。

二、出校目的主要是：校异同，反映不同版本之间的文字差异和排列形式差异；定是非，凡有材料依据、有把握者，即确定孰是孰非。

三、凡"之""乎""者""也"等不影响文意的虚词、助词，不出校；甲本为"曰"乙本为"云"等情况，不出校。怀德堂本原附论语义疏正误表，校正文字讹误，今全部采纳，散见于相关校记中。

四、全书文字内容的排列，经文及其疏文顶格，注文及其疏文低二格；注文凡未标明"某某曰"者，均为何晏注解。章句的分合及注疏体式，尽量依怀德堂本之旧，以反映堂本原貌。底本卷二末原有“于时文明九年丁酉六月廿八日书写毕”，卷四末原有“时文明九年丁酉八月十一日映朔雁声书写毕”，卷十末原有“吉田锐雄校字”，今均于此说明，在正文中不再出现。论语义疏怀德堂本序原在全书之始，论语义疏怀德堂本后序原在全书之末，为方便使用，今分别作为附录第一、二篇。

五、校记采用简称：怀德堂本、知不足斋丛书本、四库全书本分别简称为堂本、斋本、库本；何晏论语集解、邢昺论语注疏、朱熹论语集注、刘宝楠论语正义分别简称为何解、邢疏、朱注、刘氏正义。

论语义疏自序〔一〕

梁皇侃撰

论语通曰："论语者，是孔子没后七十弟子之门徒共所撰录也。"夫圣人应世，事迹多端，随感而起，故为教不一。或负扆御众，服龙衮于庙堂之上；或南面聚徒，衣缝掖于黉校之中。但圣师孔子符应颓周，生鲁长宋，游历诸国，以鲁哀公十一年冬从卫反鲁，删诗定礼于洙、泗之间。门徒三千人，达者七十有二。但圣人虽异人者神明，而同人者五情。五情既同，则朽没之期亦等。故叹发吾衰，悲因逝水，托梦两楹，寄歌颓坏。至哀公十六年，哲人其萎，徂背之后，过隙叵驻，门人痛大山长毁，哀梁木永摧，隐几非昔，离索行泪，微言一绝，景行莫书。于是弟子佥陈往训，各记旧闻，撰为此书。成而实录，上以尊仰圣师，下则垂轨万代。既方为世典，不可无名。然名书之法，必据体以立称，犹如以孝为体者则谓之孝经，以庄敬为体者则谓之为礼记。然

〔一〕 此标题原作"论语义疏卷第一"，今改。

此书之体，适会多途，皆夫子平生应机作教，事无常准，或与时君抗厉，或共弟子抑扬，或自显示物，或混迹齐凡，问同答异，言近意深，诗书互错综，典诰相纷纭，义既不定于一方，名故难求乎诸类，因题“论语”两字以为此书之名也。但先儒后学解释不同，凡通此“论”字，大判有三途：第一舍字制音呼之为“伦”，一舍音依字而号曰“论”，一云“伦”“论”二称义无异也。第一舍字从音为“伦”，说者乃众，的可见者不出四家：一云“伦”者，次也，言此书事义相生，首末相次也；二云“伦”者，理也，言此书之中蕴含万理也；三云“伦”者，纶也，言此书经纶今古也；四云“伦”者，轮也，言此书义旨周备，圆转无穷，如车之轮也。第二舍音依字为“论”者，言此书出自门徒，必先详论，人人佥允，然后乃记。记必已论，故曰“论”也。第三云“伦”“论”无异者，盖是楚夏音殊、南北语异耳。南人呼“伦事”为“论事”，北士呼“论事”为“伦事”，音字虽不同，而义趣犹一也。侃案：三途之说，皆有道理，但南北语异如何似未详，师说不取，今亦舍之，而从音、依字二途拜〔一〕录以汇成一义。何者？今字作“论”者，明此书之出不专一人，妙通深远，非论不畅。而音作“伦”者，明此书义含妙理，经纶今古，自首臻末，轮环不穷。依字则证事立文，取音则据理为义，义文两立，理事双该。圆通之教，如或应示，故蔡公为此书为圆通之喻，云：“物有大而不普、小而兼通者，譬如巨镜百寻，所照必偏，明珠一寸，鉴包六合。”以蔡公斯喻，故言论语小而

〔一〕“拜”，斋本、库本作“并”。

圆通，有如明珠；诸典大而偏用，譬若巨镜。诚哉是言也！“语”者，论难答述之谓也。毛诗传云：“直言曰言，论难曰语。”郑注周礼云：“发端曰言，答述为语。”今按，此书既是论难答述之事，宜以“论”为其名，故名为论语也。然此“语”是孔子在时所说，而“论”是孔子没后方论，“论”在“语”后，应曰“语论”。而今不曰“语论”而云“论语”者，其义有二：一则恐后有穿凿之嫌，故以“语”在“论”下，急标“论”在上，示非率尔故也。二则欲现此“语”非徒然之说万代之绳准，所以先“论”，已〔一〕备有圆周之理。理在于事前，故以“论”居“语”先也。又此书亦〔二〕遭焚烬，至汉时，合壁所得，及口以传授，遂有三本：一曰古论，二曰齐论，三曰鲁论。既有三本，而篇章亦异。古论分尧曰下章“子张问”更为一篇，合二十一篇。篇次以乡党为第二篇，雍也为第三。篇内倒错不可具说。齐论题目与鲁论大体不殊，而长有问王、知道二篇，合二十二篇，篇内亦微有异。鲁论有二十篇，即今日所讲者是也。寻当昔撰录之时，岂有三本之别？将是编简缺落、口传不同耳。故刘向别录云：“鲁人所学谓之鲁论，齐人所学谓之齐论，合壁所得谓之古论。”而古论为孔安国所注，无其传学者。齐论为瑯琊王卿等所学，鲁论为太子太傅夏侯胜及前将军萧望之、少傅夏侯建等所学，以此教授于侯王也。晚有安昌侯张禹，就建学鲁论，兼讲齐说，择善而从之，号曰张侯论，为世所

〔一〕“已”下，斋本、库本有“以”字，“已”从上句，“以”属下句。
〔二〕“亦”，斋本、库本无此字。

贵。至汉顺帝时，有南郡太守扶风马融字季长、建安中大司农北海郑玄字康成，又就鲁论篇章考齐验古，为之注解。汉鸿胪卿吴郡苞咸字子良，又有周氏，不悉其名，至魏司空颍川〔一〕陈群字长文、大常东海王肃字子雍、博士燉煌周生烈皆为义说。魏末吏部尚书南阳何晏字平叔，因鲁论，集季常等七家，又采古论孔注，又自下已意，即世所重者。今日所讲，即是鲁论，为张侯所学、何晏所集者也。又〔二〕

晋大保河东卫瓘字伯玉

晋中书令兰陵缪播字宣则

晋广陵大守高平栾肇字永初

晋黄门郎颍川郭象字子玄

晋司徒济阳蔡谟字道明

晋江夏大守陈国袁宏字叔度

晋著作郎济阳江淳字思俊

晋抚军长史蔡系字子叔

晋中书郎江夏李充字弘度

晋廷尉太原孙绰字兴公

晋散骑常侍陈留周坏〔三〕字道夷

晋中书令颍阳范宁字武子

晋中书令瑯琊王珢字季瑛

右十三家，为江熙字大和所集。侃今之讲，先通何集，

〔一〕“颍川”，斋本、库本同，下“颍川”、“颍阳”之“颍”同，此字均当作“颍”。

〔二〕“又”，斋本、库本无此字。

〔三〕“坏”，斋本、库本同，疑当作“瓌”或“怀”。

若江集中诸人有可采者，亦附而申之。其又别有通儒解释，于何集无妨[一]者，亦引取为说，以示广闻也。然论语之书，包于五代二帝三王，自尧至周凡一百四十人，而孔子弟子不在其数。孔子弟子有二十七人见于论语者也，而古史考则云三十人，谓林放、澹台灭明、阳虎亦是弟子数也。

〔一〕“妨”，斋本、库本作“好”，误。

论语序[一]

何晏集解[二]

叙曰:汉中垒东西南北四人有将军耳,北方之夷官也。校尉者,考古以奏事官也[三]。校尉刘向言鲁论语二十篇,皆孔子弟子记诸善言也。刘向者,刘德之孙,刘歆之子[四]。前汉时为中垒校尉之官,若今皇城使也。其人博学经史。孔子没后而弟子共论而记之也。初为鲁人所学,故谓鲁论也。又曰:刘者氏,向者名也。中垒,官名也。校尉者,官也。校者,数也。尉,安也。校数中垒之军众而安之,故曰校尉也。汉世学者又有鲁论、齐论、古文论三本之异也。鲁人所引论语谓之鲁论语,则有二十篇,如今之题目次第也[五]。太子太傅夏侯胜、前将军萧望之、丞相韦贤及子玄成等传之。夏、萧及韦贤父子凡四人,初传鲁论于世也。又曰:太子者,汉武帝之太子卫也。夏侯者氏,胜者名也。太子太傅夏侯胜,常山都尉龚

〔一〕“论语序”,斋本遵根本逊志本作“论语集解叙”,库本又改作“论语集解义疏叙”。据经典释文、唐石经,“论语序”当为何晏原题。

〔二〕“何晏集解”,当作“何晏撰,皇侃疏”。

〔三〕此疏文二十六字,斋本、库本无。

〔四〕“刘德之孙,刘歆之子”,当作“刘德之子,刘歆之父”。

〔五〕“又曰”至“次第也”,斋本、库本无此八十三字。下文诸“又曰”中的文字,斋本、库本均遵根本逊志本删削。根本本删削的理由,盖以为“非皇侃之旧”。

奋也[一]。**齐论语二十二篇，其二十篇中章句颇多于鲁论。**犹是弟子所记，而为齐人所学，故谓为齐论也。既传之异代，又经昏乱，遂长有二篇也。其二十篇虽与鲁旧篇同，而篇中细章文句，亦多于鲁论也。又曰：齐论者，齐人所引论语谓之齐论。齐论则其中二十篇前，题目次第与鲁论不殊，以学而为时习也。章句者，古之解书之名也，分经文章句而说之也[二]。**瑯琊[三]王卿及胶东庸生、昌邑中尉王吉皆以教授之。**此三人传齐论，亦用持[四]教授于世也。**故有鲁论、有齐论。**夏侯等四人传鲁，王等三人传齐，并行于世，世[五]故有鲁、齐二论双立也。又曰：王者氏也，卿者尊之号也，不审名也。中尉者，佐于中垒校尉者也，故曰中尉也。王者亦氏，吉者名。郎耶王卿及胶东庸生、昌邑中尉王吉，以教授也[六]。**鲁恭王时，尝欲以孔子宅为宫，坏，得古文论语。**汉景帝之子，名余，封鲁，故谓鲁恭王也。好治宫室，坏孔子旧宅以广其宫，于壁中得古文论语，皆科斗文字也。又曰：古文者，则鲁恭王坏孔子之宅，于屋壁所得也。案，此论语似孔子撰集，便已其异本，亦为难解，将亦遇秦焚书，学士解散，失其本经，口所授，故致此异邪[七]？**齐论有问王、知道，多于鲁论二篇。**既有三论，文皆不同。齐论长有二篇，一曰问王，一曰知道，是多鲁论二篇也。又曰：齐论下章有问王、知道二篇，二篇内辞句与鲁论亦微异也[八]。**古论亦无此二篇，**齐非唯长鲁论二篇，亦长于古论。古论故亦无此问王、知道二篇也。又曰：古文则篇名与鲁论略同准也[九]。**分尧曰下章"子张问"以**

〔一〕"又曰"至"龚奋也"，斋本、库本无此三十五字。
〔二〕"又曰"至"说之也"，斋本、库本无此五十九字。
〔三〕"瑯"，斋本、库本作"琅"。正平版何解作"琅"。
〔四〕"用持"，斋本、库本作"以"。
〔五〕"世"，斋本、库本无此字。
〔六〕"又曰"至"教授也"，斋本、库本无此五十八字。
〔七〕"又曰"至"此异邪"，斋本、库本无此六十字。
〔八〕"又曰"至"微异也"，斋本、库本无此二十五字。
〔九〕"又曰"至"同准也"，斋本、库本无此十四字。

为一篇，古论虽无问王、知道二篇，而分尧曰后“子张问于孔子曰如何斯可以从政矣”又别显〔一〕为一篇也。**有两子张**，一是“子张曰士见危致命”为一篇，又一是“子张问孔子从政”为一篇，故凡论中有两子张篇也。**凡二十一篇**。古论既分长一子张，故凡成二十一篇也。又曰：有孔安〔二〕注，无传学，篇次第不与齐、鲁同。古文凡二十一篇，而次第大不同，以乡党为第二，以雍也为第三。二十篇而内，辞句亦大倒错。其微子篇无“巧言”章，子罕篇无“主忠信”章，宪问篇无“君子耻其言”章，述而篇无“于是日哭则不歌不食于丧侧”章，乡党篇无“色斯举矣，山梁雌雉，时哉。子路供之，三臭而立作”文，其余甚多也〔三〕。**篇次不与齐、鲁论同**。古论篇次既不同齐，又不同鲁，故云不与齐、鲁论同也。**安昌侯张禹本受鲁论，兼讲齐说，善者从之，号曰张侯论**，禹初学鲁论，又杂讲齐论，于二论之中择善者钞集别为一论，名之曰张侯论也。又曰：侯者爵也，张者氏也，禹者名也。安昌侯张禹从建受鲁论，兼说齐论，又问庸生、王吉等，择其善者从之，号曰张侯论也〔四〕。**为世所贵**。此论既择齐、鲁之善合以为一论，故世之学者皆贵重于张侯论也。**苞氏、周氏章句出焉**。苞氏，苞咸也。周氏，不悉其名也。章句者，注解因为分断之名也。苞、周二人注张侯鲁论，而为之分断章句也。**古论唯博士孔安国为之训说**，训亦注也，唯孔安国一人注解于古论也。又曰：孔安国者，汉武帝时之人也。训说者，文字解之耳〔五〕。**而世不传**。世人不传孔注古文之论也。**至顺帝之时，南郡太守马融亦为之训说**。后〔六〕有马氏，亦注张禹鲁论也。**汉末，大司农郑玄就鲁论篇**

〔一〕“显”，斋本、库本作“题”，是。

〔二〕“孔安”下，脱一“国”字。

〔三〕“又曰”至“甚多也”，斋本、库本无此一百二十五字。

〔四〕“又曰”至“张侯论也”，斋本、库本无此四十七字。

〔五〕“又曰”至“解之耳”，斋本、库本无此二十一字。

〔六〕“后”，斋本、库本作“汉”。

章考之齐、古，以为之注。郑康成又就鲁论篇章，及考校齐、古二论，亦注于张论也。又曰：注者，自前汉以前解书皆言“传”，去圣师犹近，传先师之义也。后汉以还解书皆言“注”，注己之意于经文之下，谦不必是之辞也〔一〕。**近故司空陈群、太常王肃、博士周生烈，皆为之义说。**此三人共魏人也，亦〔二〕为张论作注说也。又曰：近者，近今之世辞也。故者，古为司空而今不为，故曰故司空也。太常者，掌天下之书官名也。义说者，解其义〔三〕。**前世传授师说，虽有异同，不为之训解。**自张侯之前，乃相传师受不同，而不为注说也。**中间为之训解，至于今多矣。**中间，谓苞氏〔四〕、孔、周、马之徒。至于今，谓至魏末何平叔时也。多矣，言注者非一家也。**所见不同，互有得失。**既注者多门〔五〕，故得失互不同也。**今集诸家之善说，记其姓名，**此平叔用意也。叔言多注解家互有得失，而己今集取录善者之姓名，著于集注中也。**有不安者，颇为改易，**若先儒注非何意取〔六〕安者，则何偏为改易下己意也。颇，犹偏也。**名曰论语集解。**既集〔七〕注以解此书，故名为论语集解也。又曰：集解者，魏末吏部尚书何晏又因鲁论本文，集此七家，兼取古文孔安国，及下己意，名曰“集解”〔八〕。**光禄大夫关内侯臣孙邕、光禄大夫臣郑仲〔九〕、散骑常侍中领军安乡亭侯臣曹义〔一〇〕、侍中臣荀顗、尚书驸马都尉关内侯臣何**

〔一〕“又曰”至“辞也”，斋本、库本无此五十字。
〔二〕“亦”下，斋本、库本有“皆”字。
〔三〕“又曰”至“解其义”，斋本、库本无此四十三字。
〔四〕“氏”，斋本、库本无此字。
〔五〕“门”，斋本、库本作“闻”。
〔六〕“取”，斋本、库本作“所”。
〔七〕“集”下，斋本、库本有“用诸”二字。
〔八〕“又曰”至“集解”，斋本、库本无此三十八字。
〔九〕“仲”，斋本、库本作“冲”。正平版何解、邢疏亦作“冲”。
〔一〇〕“义”，斋本、库本作“羲”。正平版何解、邢疏亦作“羲”。

晏等上。此记孙邕等五〔一〕人，同于何晏，共上此集解之论也。又曰：光禄者，掌秩禄之官之名，故曰光禄大夫也。散骑者，古以四马为乘也，汉以来而散之为骑也。常侍中者，掌内仕之官长也。领军，世上书之官长也。驸马，掌官马名也。都尉，兼总诸垒中之军众而安之，故曰都尉。尉，安也。何晏〔二〕孔安国、马融、苞氏、周氏、郑玄、陈群、王肃、周生烈义，下己意思，故谓之“集解”也〔三〕。

〔一〕“五”，斋本、库本作“四”，是。

〔二〕“晏”下，疑脱“集”字。皇侃论语义疏自序有“何晏字平叔，因鲁论集季常等七家”之语，经典释文亦曰：“何晏集孔安国乃至周生烈，并下己意。”

〔三〕“又曰”至“集解也”，斋本、库本无此一百一十六字。

论语义疏卷第一 学而 为政

梁国子助教吴郡皇侃撰

论语学而第一　　何晏集解　凡十六章

疏论语是此书总名，学而为第一篇别目，中间讲说，多分为科段矣。侃昔受师业，自学而至尧曰凡二十篇，首末相次无别科重〔一〕。而以学而最先者，言降圣以下皆须学成，故学记云："玉不琢不成器，人不学不知道。"是明人必须学乃成。此书既遍该众典，以教一切，故以学而为先也。"而"者，因仍也。"第"者，审谛也。"一"者，数之始也。既谛定篇次，以学而居首，故曰"学而第一"也。

子曰："子"者，指于孔子也。"子"是有德之称，古者称师为子也。"曰"者，发语之端也。许氏说文云："开口吐舌，谓之为曰。"此以下是孔子开口谈说之语，故称"子曰"为首也。然此一书，或是弟子之言，或有时俗之语，虽非悉孔子之语，而当时皆被孔子印可也。必被印可，乃得预录，故称此〔二〕"子曰"，通冠一书也。**"学而时习之，**此以下，孔子言也。就此一章，分为三段。自

〔一〕 "重"，斋本、库本无此字。
〔二〕 "此"，斋本、库本无此字。

此至“不亦悦乎”为第一，明学者幼少之时也。学从幼起，故以幼为先也。又从“有朋”至“不亦乐乎”为第二，明学业稍成，能招朋聚友之由也。既学已经时，故能招友为次也。故学记云“一年视离经辨志，三年视敬业乐群，五年视博习亲师，七年视论学取友，谓之小成”是也。又从“人不知”讫“不〔一〕君子乎”为第三，明学业已成，能为师为君之法也。先能招友，故后乃学成为师君也。故学记云“九年知类通达，强立而不反，谓之大成”，又云“能博喻，然后能为师；能为师，然后能为长；能为长，然后能为君”是也。今此段明学者少时法也。谓为学者，白虎通云：“学，觉也，悟也。”言用先王之道，导人情性，使自觉悟也。去非取是，积成君子之德也。“时”者，凡学有三时：一是就人身中为时，二就年中为时，三就日中为时也。一就身中者，凡受学之道，择时为先，长则捍格，幼则迷昏。故学记云“发然后禁，则捍格而不胜；时过然后学，则勤苦而难成”是也。既必须时，故内则云：“六年教之数与方名，七年男女不同席，八年始教之让，九年教之数日，十年学书计，十三年学乐，诵诗舞勺，十五年成童，舞象。”并是就身中为时也。二就年中为时者，夫学随时气则受业易入，故王制云“春夏学诗乐，秋冬学书礼”是也。春夏是阳，阳体轻清；诗乐是声，声亦轻清。轻清时学轻清之业，则为易入也。秋冬是阴，阴体重浊；书礼是事，事亦重浊。重浊时学重浊之业，亦易入也。三就日中为时者，前身中、年中二时而所学，并日日修习不暂废也。故学记云“藏焉，修焉，息焉，游焉”是也。今云“学而时习之”者，“而”犹因仍也，“时”是日中之时也，“习”是修故之称也。言人不学则已，既学必因仍而修习，日夜无替也。“之”，之于所学之业也。**不亦悦乎？**“亦”，犹重也。“悦”者，怀抱欣畅之谓也。言知学已为可欣，又能修习不废，是日知其所亡，月无忘其所能，弥重为可悦，故云“不亦悦乎”，如问之然也。

马融〔二〕曰：“子者，男子通称，凡有德者皆得称“子”，故曰通称也。**谓孔子也。**”“子”乃是男子通称，今所称“子曰”不关通他，即指

〔一〕 据经文，“不”下应有“亦”字。

〔二〕 “马融”上，斋本、库本有“注”字。全书凡何晏注文，二本前皆冠以“注”字。此类情况，以下不再出校。

谓孔子也。**王肃曰:"时者,学者以时诵习也。诵习以时,学无废业,所以为悦怿也。"**背文而读曰"诵"也。然王此意,即日中不忘[一]之时也。举日中不忘,则前二事可知也。

有朋自远方来,不亦乐乎?此第二段,明取友交也。同处师门曰朋,同执一志为友。朋犹党也,共为党类在师门也。"友"者,有也。共执一志,绸缪寒暑,契阔饥饱,相知有无也。"自"犹从也。学记云:"独学而无友,则孤陋而寡闻。"君子出其言善,则千里之外应之;出其言不善,则千里之外违之。今由我师德高,故有朋从远方而来,与我同门,共相讲说,故可为乐也。所以云"远方"者,明师德洽被,虽远必集也。招朋已自可为欣,远至弥复可乐,故云"亦"也。然朋疏而友亲,朋至既乐,友至故忘言。但来必先同门,故举"朋"耳。"悦"之与"乐"俱是欢欣,在心常等,而貌迹有殊。悦则心多貌少,乐则心貌俱多。所以然者,向得讲习在我,自得于怀抱,故心多曰"悦"。今朋友讲说,义味相交,德音往复,形彰在外,故心貌俱多曰"乐"也。故江熙云:"君子以朋友讲习,出其言善,则千里之外应之。远人且至,况其近者乎?道同齐味,欢然适愿,所以乐也。"

苞氏曰:"同门曰朋也。"郑玄注司徒云:"同师为朋,同志为友。"然何集注皆呼人名,唯苞独云氏者,苞名咸,何家讳咸,故不言也。

人不知而不愠,不亦君子乎?"此第三段,明学已成者也。"人",谓凡人也。"愠",怒也。"君子",有德之称也。此有二释:一言古之学者为己,已学得先王之道,含章内映,而他人不见知,而我不怒,此是君子之德也。有德已为[二]可贵,又不怒人之不知,故曰"亦"也。又一通云:"君子易事,不求备于一人,故为教诲之道,若人有钝根不能知解者,君子恕之而不愠怒之也,为君[三]者亦然也。"

愠,怒也。凡人有所不知,君子不愠之也。就注乃得两

〔一〕"忘",斋本、库本作"息"。下句"忘"字同。

〔二〕"为"下,斋本、库本有"所"字,衍。

〔三〕"君"下,斋本、库本有"子"字,衍。

通，而于后释为便也。故李充云："愠，怒也。君子忠恕，诲人不倦，何怒之有乎？"明夫学者始于时习、中于讲肆、终于教授者也。凡注无姓名者，皆是何平叔语也。

有子曰：

孔安国曰："弟子有若也。"

"其为人也孝悌，"其"，其孝悌者也。善事父母曰孝，善事兄曰悌也。而好犯上者，鲜矣；"好"，谓心欲也。"犯"，谓谏争也。"上"，谓君亲也。"鲜"，少也。言孝悌之人，必以无违为心，以恭从为性，若有欲犯其君亲之颜谏争者，有此人少也。然孝悌者，实都不欲。必无其人，而云少者。欲明君亲有过，若任而不谏，必陷于不义。不欲存孝子之心使都不谏，故开其少分令必谏也。故熊埋云："孝悌之人，志在和悦，先意承旨。君亲有日月之过，不得无犯颜之谏，然虽屡纳忠规，何尝好之哉？今实都无好，而复云'鲜矣'者，以'好'见开，则生陵犯之惭；以'犯'见塞，则抑匡弼之心。必宜微有所许者，实在奖其志分，弥〔一〕论教体也。"

鲜，少也。上，谓凡在己上者也。言孝悌之人必有恭顺，好欲犯其上者少也。故曰"而犯〔二〕上者鲜矣"。

不好犯上，而好作乱者，未之有也。熊埋曰："孝悌之人，当不义而争〔三〕之，尚无意犯上，必不职为乱阶也。"侃案：熊解意是言既不好犯上，必不作乱，故云"未之有也"。然观熊之解，乃无间然，如为烦长。既不好犯上，理宜不乱，何烦设巧明？今案师说云："夫孝者不好，心自是恭顺；而又有不孝者，亦有不好，是愿君亲之败。"故孝与不孝，同有不好，而不孝者不好，必欲作乱；此孝者不好，必无乱理，故云"未之有也"。君子务本，此亦有子语也。务，犹向也，慕也。本，谓孝悌也。孝悌者既不作乱，故君子必向慕之也。本

〔一〕"弥"，斋本、库本作"称"，是。称论：称述，称道。

〔二〕"犯"上，斋本、库本有"好"字，是。

〔三〕"争"，斋本、库本作"诤"。"争"通"诤"。

立而道生。解所以向慕本义也。若其本成立,则诸行之道,悉滋生也。

本,基也。基立而后可大成也。以孝为基,故诸众德悉为广大也。

孝悌也者,其为仁之本与!"此更以孝悌解本、以仁释道也。言孝是仁之本,若以孝为本,则仁乃生也。仁是五德之初,举仁则余从可知也。故孝经云:"夫孝,德之本也,教之所由生也。"

苞氏曰:"先能事父兄,然后仁〔一〕可成也。"王弼曰:"自然亲爱为孝,推爱及物为仁也。"

子曰:"巧言令色,鲜矣有〔二〕仁。"巧言者,便僻〔三〕其言语也。令色者,柔善其颜色也。鲜,少也。此人本无善言美色,而虚假为之,则少有仁者也。然都应无仁,而云少者,旧云:"人自有非假而自然者,此则不妨有仁,但时多巧令,故云少也。"又一通云:"巧言令色之人,非都无仁,政是性不能全,故云少也。"故张凭云:"仁者,人之性也。性有厚薄,故体足者难耳。巧言令色之人,于仁性为少,非为都无其分也,故曰鲜矣有仁。"王肃曰:"巧言无实,令色无质。"

苞氏曰:"巧言,好其言语。令色,善其颜色。皆欲令人悦之,少能有仁也。"

曾子曰:

马融曰:"弟子曾参也。"盖〔四〕姓曾,名参,字子舆。

"吾日三省吾身:省,视也。曾子言,我生平戒慎,每一日之中,三过自视察我身有过失否也。为人谋而不忠乎?忠,中〔五〕也。言为他人图谋

〔一〕"仁"下,斋本、库本有"道"字。何解此语作"先能事父兄,然后可乃仁成也",邢疏作"先能事父兄,然后仁道可大成",无"苞氏曰"三字。

〔二〕"有",正平版何解、邢疏、朱注、刘氏正义无此字。

〔三〕"僻",斋本、库本作"辟"。"辟"通"僻"。

〔四〕"盖",斋本、库本无此字。

〔五〕"中"下,斋本、库本有"心"字。

事，当尽我中心也。岂可心而不尽忠乎？所以三省观审〔一〕，恐失也。**与朋友交言**〔二〕**而不信乎？**朋友交合本主在于信，岂可与人交而不为信乎？**传不习乎？"**凡有所传述，皆必先习，后乃可传。岂可不经先习，而妄传之乎？曾子言，我一日之中，每三过自视，况复凡人可不为此三事乎？言不可也。又一通云："曾子言，我一日之中，三过内视我身有此三行否也。"

言凡所传事，得无素不讲习而传之乎？得无，犹无得也。素，犹本也。言所传之事，无得本不经讲习而传之也。故袁氏云："常恐传先师之言不能习也。"古人言故必称师也〔三〕。

子曰："导千乘之国，此章明为诸侯治大国法也。千乘，大国也。天子万乘，诸侯千乘。千乘尚式，则万乘可知也。导，犹治也，亦谓为之政教也。其法在下，故此张本也。

马融曰："导者，谓为之政教也。司马法曰：'六尺为步，此明千乘法也。司马法者，齐景公时司马穰苴〔四〕为军法也。其法中有此千乘之说也。凡人一举足曰跬，跬，三尺也；两举足曰步，步，六尺也。**步百为亩，**广一步长百步，谓为一亩也。亩，母也。既长百步，可种苗稼，有母养之功见也。**亩百为夫，**每一亩，则广六尺，长百步。今云亩百为夫，则是方百步也。谓为夫者，古者赋田，以百亩地给一农夫也。夫所养人，自随地肥墽及其家人多少耳，故王制云"制农田百亩。百亩之分，上农夫食九人"是也。**夫三为屋，**每夫方百步，今云夫三，则是方百步者是三也。若并而言之，则广一里，一里长三百步也，而犹长百步也。谓为屋者，义名之也。夫一家有夫、妇、子三者具，则屋道乃成，故合三夫目为屋也。**屋三为井，**向屋广一里，长百步，

〔一〕"观审"，斋本、库本作"视察"。

〔二〕"言"，正平版何解有此字，邢疏、朱注、刘氏正义无。下句"交合"，斋本、库本作"交会"。

〔三〕"古人言故必称师也"，斋本、库本作"以古人言必称师也"。

〔四〕"穰"，斋本、库本作"穣"。"穰"通"穣"。

今三屋并方之，则方一里也。名为井者，因夫间有遂水，纵横相通成井字也。何者？亩广六尺，长百步，用耜耕之，耜广五寸，方两耜为耦，"长沮、桀溺耦而耕"是也。是耦伐广一尺也。亩广六尺，以一尺耕伐地为滀通水[一]，水流亩亩然，因名曰"亩"也。而夫田首倍之，广二尺深二尺谓之为"遂"。九夫为井，井间广深四尺，谓之为"沟"。取其遂水相通如"井"字，故郑玄[二]曰："似井字，故谓为井也。""遂"取其水始遂也，"沟"取其渐深有沟洫也。释名云："田间之水曰沟。沟，构也。纵横相交构也。"**井十为通，**此十井之地并之，则广十里，长一里也。谓为"通"者，其地有三十屋相通，共出甲士一人、徒卒二人也。**通十为城，**其城地方十里也。谓为"城"者，兵赋法一乘成也。其地有三百屋，出革车一乘、甲士十人、徒卒二十人也。**城出革车一乘。'**出一乘，是赋一成，故谓"城"也。**然则千乘之赋，其地千城，**有地方十里者千，即是千城也，则容千乘也。**居地方三百一十六里有奇。**方百里者，有方十里者百。若方三百里，三三为九，则有方百里者九，合成方十里者九百也。是方三百里，唯有九百乘也。若作千乘，犹少百乘，百乘是方百里者一也。今取方百里者一而六分破之，每分得广十六里，长百里，引而接之，则长六百里，其广十六里也。今半断各长三百里，设法特埤前三百里，南西二边，是方三百十六里也。然西南角犹缺方十六里者一。方十六里者一，有方十里者二，又方一里者五十六里也，是少方一里者二百五十六里也。然则向割方百里者为六分，埤方三百里两边，犹余方一里者四百。今以方一里者二百五十六埤西南角，犹余方一里者一百四十四，又设法破而埤三百十六里两边，则每边不复得半里，故云"方三百十六里有奇"也。**唯公侯之封，乃能容之，**周制，上公方五百里，侯方四百里，伯方三百里，子方二百里，男方百里。今千乘用地方三百十六里有奇，故伯地不能容，所以唯公侯封乃能容

〔一〕"水"下，斋本、库本有"流"字。
〔二〕"玄"，斋本作"元"，库本"玄"字缺末笔，避讳。下同，不再出校。

也。**虽大国之赋,亦不是过焉。"**虽鲁方七百里〔一〕,而其地赋税亦不得过出千乘也,故明堂位云"赐鲁革车千乘"也。**苞氏曰:"导,治也。千乘之国者,百里之国也。**此夏、殷法也。夏、殷大国百里,次国七十里,小国五十里,故方百里国中,令出千乘也。**古者井田,方里为井,**此亦与周同也。**井十为弃〔二〕。**此则与周异也。周家十井为通,通十为城,城出一乘。此〔三〕一通使出一乘,则一城出十乘也。**百里之国者,适千乘也。"**方百里者,有方十里者百;方十里者,有方一里者百。今制方一里者十出一乘,则方十里者出十乘,方百里者故出千乘也。**马融依周礼,**马氏所说,是周礼制法也。**苞氏依孟子、王制〔四〕。**孟子及王制之言,皆如苞氏所说也。**义疑,故两存焉。**此何平叔自下意也。言马及苞两家之说并疑,未知谁是,故我今注两录存之也。

敬事而信,此以下皆导千乘之国法也。为人君者,事无小大,悉须敬,故云敬事也。曲礼云"毋不敬"是也。又与民必信,故云信也。

苞氏曰:"为国者举事必敬慎,与民必诚信也。"

节用而爱人〔五〕,虽富有一国之财,而不可奢侈,故云节用也。虽贵居民上,不可骄慢,故云爱人也。**使民以时。"**使民,谓治城及道路也。以时,谓出不过三日,而不妨夺民农务也。然人是有识之目,爱人则兼朝廷也。"民"是瞑暗之称,使之则唯指黔黎。

苞氏曰:"作使民必以其时,不妨夺农务也。"

〔一〕"里",库本无此字。
〔二〕"弃",斋本、库本作"乘",是。
〔三〕"此"上,斋本、库本有"今"字。
〔四〕"孟子王制",斋本、库本作"王制孟子"。
〔五〕"节用而爱人"下,斋本、库本有"苞氏曰:节用者,不奢侈也,国以民为本,故爱养之也"二十字。正平版何解有此语,作"苞氏曰:节用,不奢侈,国以民为本,故爱养也"。

子曰："弟子入则孝，出则悌，弟子，犹子弟也。言为人子弟者，尽其孝悌之道也。父母[一]闺门之内，故云"入"也；兄长比之疏外，故云"出"也。前句已决子善父母为孝，善兄为悌。父亲，故云"入"；兄疏，故云"出"也。**谨而信，**向明事亲，此辨接外也。接外之礼，唯谨与信也。外能如此，在亲可知也。**泛爱众**泛，广也。君子尊贤容众，故广爱一切也。**而亲仁。**君子义之与比，故见有仁德者而亲之也。若非仁亲，则不与之亲，但广爱之而已。**行有余力，则以学文。"**行者，所以行事已毕之迹也。若行前诸事毕竟，而犹有余力，则宜学先王遗文，五经六籍是也。或问曰："此云'行有余力，则以学文'，后云'子以四教：文、行、忠、信'，是学文或先或后，何也？"答曰："论语之体，悉是应机适会，教体多方，随须而与，不可一例责也。"

马融曰："文者，古之遗文也。"即五经六籍也。

子夏曰："贤贤易色。姓卜，名商，字子夏[二]。凡人之情，莫不好色而不好贤。今若有人能改易好色之心以好于贤，则此人便是贤于贤者，故云"贤贤易色"也。然云"贤于贤者"，亦是奖劝之辞也。又一通云："上'贤'字，犹尊重也；下'贤'字，谓贤人也。言若欲尊重此贤人，则当改易其平常之色，更起庄敬之容也。"

孔安国曰："子夏，弟子卜商也。言以好色之心好贤，则善。"此注如前通也。

事父母能竭其力，子事父母，左右就养无方，是能竭力也。**事君能致其身，**致，极也。士见危致命，是能致极其身也。

孔安国曰："尽忠节，不爱其身也。"然事君虽就养有方，亦宜竭力于君。亲若患难，故宜致身。但亲主家门，非患难之所，故云"竭力"；臣主捍难御侮，故云"致身"也。

与朋友交，言而有信。入则事亲，出则事君，而与朋友交接，义主不欺，

〔一〕"父母"下，斋本、库本有"在"字。

〔二〕"姓卜名商字子夏"，斋本、库本排在注文"孔安国曰子夏弟子卜商也"句下。

故云"必有信"也。**虽曰未学,吾必谓之学矣。"**假令不学,而生知如前,则吾亦谓之学也。此劝人学故也。故王雍云:"言能行此四者,虽云未学,而可谓已学也。生而知者上,学而知者次。若未学而能知,则过于学矣。"盖假言之以劝善行也。**子曰:"君子不重则不威,**重为轻根,静为躁本。君子之体,不可轻薄也。君〔一〕不重则无威,无威则人不畏之也。**学则不固。**言君子不重,非唯无威,而学业亦不能坚固也。故孔后注云:"言人不敢重,既无威,学又不能坚固。识其义理也。"

孔安国曰:"固,弊〔二〕也。"侃案:孔谓〔三〕固为弊,弊犹当也。言人既不能敢重,纵学亦不能当道理也。犹"诗三百,一言以蔽"之"蔽"也。**一曰:"言人不敢重,既无威,学不能坚固,识其义理也。"**

主忠信,言君子既须威重,又忠信为心,百行之主也。**无友不如己者,**又明凡结交取友,必令胜己,胜己,则己有日所益之义;不得友不如己,友不如己,则己有日损,故云"无友不如己者"。或问曰:"若人皆慕胜己为友,则胜己者岂友我耶也?"或通云:"择友必以忠信者为主,不取忠信不如己者耳,不论余才也。"或通云:"敌则为友,不取不敌者也。"蔡谟云:"本言同志为友。此章所言,谓慕其志而思与之同,不谓自然同也。"夫上同乎胜己,所以进也;下同乎不如己,所以退也。闳夭四贤,上慕文王,故四友是四贤,上同心于文王,非文王下同四贤也。然则求友之道,固当见贤思齐,同志于胜己,所以进德修业,成天下之亹亹也。今言敌则为友,此直自论才同德等而相亲友耳,非夫子劝教之本旨也。若如所云,则直谅多闻之益,便辟善柔之诫,奚所施也?**过则勿惮改。"**勿,犹莫也。惮,难也。友主切磋,若有过失者,当更相谏诤,莫难改也。一云:"若结友过误,不得善人,则改易之,莫难之也。"故李充云:"若友失

〔一〕"君"下,库本有"子"字。

〔二〕"弊",斋本、库本作"蔽"。以下"侃案"中的"弊"字,斋本、库本亦作"蔽"。"弊"通"蔽"。

〔三〕"谓",斋本、库本作"训"。

其人，改之为贵也。”

郑玄曰：“主，亲也。惮，难也。”郑心则言当亲于忠信之人也。

曾子曰：“慎终追远，明人君德也。慎终，谓丧尽其哀也。丧为人之终，人子宜穷其哀戚，是慎终也。追远，谓三年之后，为之宗庙，祭尽其敬也。三年后去亲转远，而祭极敬，是追远也。一云：“‘靡不有初，鲜克有终’，终宜慎也。久远之事，录而不忘，是追远也。”故熊埋云：“欣新忘旧，近情之常累；信近负远，义士之所弃。是以慎终如始，则尠有败事；平生不忘，则久人敬之也。”民德归厚矣。”上之化下，如风靡草。君上能行慎终追远之事，则民下之德日归于厚也。一云：“君能行此二事，是厚德之君也。君德既厚，则民咸归依之也。”

孔安国曰：“慎终者，丧尽其哀也。追远者，祭尽其敬也。人君能行此二者，民化其德而皆归于厚也。”此是前通也。

子禽问于子贡曰：“夫子至于是邦也，必闻其政。是，此也。此邦，谓每邦，非一国也。禽问子贡，怪孔子每所至之国，必早逆闻其国之风政也，故问。求之与？与，语不定之辞也。问言孔子每所至国，必先逆闻其风政，为是就其国主求而得之不〔一〕乎？抑与之与？”抑，语助也。亢又问言，为是孔子不就国主求，而国主自呼与孔子为治而闻之不乎？

郑玄曰：“子禽，弟子陈亢也，字子禽也。子贡，弟子，姓端木，名赐，字子贡也。亢怪孔子所至之邦，必与闻其国政，与，逆也。求而得之耶？抑人君自愿与为治耶也？”

子贡曰：“夫子温、良、恭、俭、让以得之。子贡答禽，说孔子所以

〔一〕“不”，连同下文的“闻之不”之“不”，斋本、库本作“否”。“不”同“否”。

得逆闻之由也。夫子，即孔子也。礼，身经为大夫者，则得称为夫子。孔子为鲁大夫，故弟子呼之为夫子也。敦美润泽谓之温，行不犯物谓之良，和从不逆谓之恭，去奢从约谓之俭，推人后己谓之让。言夫子身有此五德之美，推己以测人，故凡所至之邦，必逆闻之也。故顾欢云："此明非求非与，直以自得之耳。其故何也？夫五德内充，则是非自镜也。"又一通云："孔子入人境，观其民之五德，则知其君所行之政也。"故梁冀云："夫子所至之国，入其境观察风俗，以知其政教。其民温良，则其君政教之温良也；其民恭俭让，则政教恭俭让也。孔子但见其民，则知其君政教之得失也。"**夫子之求之也，其诸异乎人之求之与也。"**此明夫子之求，与人之求异也。人则行就彼君求之，而孔子至境推五德以测求之，故云"其诸异乎人之求之"也。诸，犹之也。与，语助也。故顾欢云："夫子求知乎己，而诸人访之于闻，故曰'异'也。"梁冀又云："凡人求闻见乃知耳，夫子观化以知之，与凡人异也。"

郑玄曰："言夫子行此五得〔一〕**而得之，与人求异。**亦会两通也，明不就人求，故云"异"也。**明人君自愿求与为治之也。"**此云人君自与之，非谓自呼与之也。政是人君所行，见于民下，不可隐藏，故夫子知之。是人君所行自与之也。

子曰："父在观其志，父没观其行，此明人子之行也。其，其于人子也。志，谓在心未行也，故诗序云"在心为志"是也。言人子父在，则己不得专行，应有善恶，但志之在心。在心而外必有趣向意气，故可观志也。父若已没，则子得专行无惮，故父没，则观此子所行之行也。

孔安国曰："父在，子不得自专，故观其志而已也。志若好善，闻善事便喜；志若好恶，闻善则不喜也。**父没，乃观其行也。"**得专行也。

三年无改于父之道，可谓孝矣。"谓所观之事也。子若在父丧三年

〔一〕"得"，斋本、库本作"德"。正平版何解、邢疏、刘氏正义亦作"德"。"得"通"德"。

之内，不改父风政，此即是孝也。所以是孝者，其义有二也：一则哀毁之深，岂复识政之是非？故君薨，世子听冢宰三年也；二则三年之内，哀慕心事亡如存，则所不忍改也。

孔安国曰："孝子在丧哀慕，犹若父在，无所改于父之道也。"此如后通也。或问曰："若父政善，则不改为可；若父政恶，恶教伤民，宁可不改乎？"答曰："本不论父政之善恶，自论孝子之心耳。若人君风政之恶，则冢宰自行政；若卿大夫之恶〔一〕，则其家相、邑宰自行事，无关于孝子也。"

有子曰："礼之用，和为贵。此以下明人君行化，必礼乐相须。用乐和民心，以礼检民迹。迹检心和，故风化乃美。故云"礼之用，和为贵"。和即乐也。变乐言和，见乐功也。乐既言和，则礼宜云敬。但乐用在内为隐，故言其功也。先王之道，斯为美。先王，谓圣人为天子者也。斯，此也。言圣天子之化行，礼亦以此用和为美也。小大由之，有所不行。由，用也。若小大之事皆用礼而不用和，则于事有所不行也。知和而和，不以礼节之，亦不可行。"上明行礼须乐，此明行乐须礼也。人若知礼用和，而每事从和，不复用礼为节者，则于事亦不得行也。所以言"亦"者，沈居士云："上纯用礼不行，今皆用和，亦不可行也。"

马融曰："人知礼贵和。而每事从和，不以礼为节，亦不可行也。"此解"知和而和，不以礼为节"义也。

有子曰："信近于义，言可复也。信，不欺也。义，合宜也。复，犹验也。夫信不必合宜，合宜不必信。若为信近于合宜，此信之言乃可复验也；若为信不合宜，此虽是不欺，而其言不足复验也。或问曰："不合宜之信云何？"答曰："昔有尾生，与一女子期于梁下，每期每会。后一日急暴水涨，尾生先至，而女子不来，而尾生守信不去，遂守期溺死。此是信不合宜，不足可复验也。"

〔一〕"恶"上，斋本、库本有"心"字。

复,犹覆也。义不必信,信不必义也。以其言可反覆,故曰"近义"也。若如注意,则不[一]得为向者通也。言信不必合宜,虽不合宜,而其交是不欺,不欺则犹近于合宜,故其言可覆验也。

恭近于礼,远耻辱也。恭是逊从,礼是体别。若逊从不当于体,则为耻辱;若逊从近礼,则远于耻辱。逊从不合礼者何?犹如逊在床下及不应拜而拜之[二]属也。

恭[三]不合礼,非礼也。以其能远耻辱,故曰"近于礼"也。此注亦不依向通也。故言恭不合礼,乃是非礼。而交得远于耻辱,故曰"近礼"也。即是危行言逊,得免远耻辱也。

因不失其亲,亦可宗敬也。"因,犹亲也。人能所亲得其亲者,则此德可宗敬也。亲不失其亲,若近而言之,则指于九族,宜相和睦也;若广而言之,则是泛爱众而亲仁,乃义之与比,是亲不失其亲也。然云"亦可宗"者,"亦"犹重也,能亲所亲,则是重为可宗也。

孔安国曰:"因,亲也。言所亲不失其亲,亦可宗敬也。"亦会二通。然丧服传云"继母与因母同",是言继母与亲母同。故孔亦谓此"因"为亲,是也。

子曰:"君子食无求饱,居无求安,此劝人学也。既所慕在形骸之内,故无暇复在形骸之外,所以不求安饱也。"一簞[四]"、"一瓢",是无求饱也。"曲肱"、"陋巷",是无求安也。

郑玄曰:"学者之志,有所不暇也。"

敏于事此以下三句,是不饱不安所为之事也。敏,疾也。事,所学之行也。疾学[五]于所学之行也。而慎于言,言,所学之言也。所学之言,当慎传说

〔一〕"不"下,斋本、库本有"可"字。

〔二〕"之"下,斋本、库本另有"之"字。

〔三〕"恭"上,斋本、库本有"苞氏曰"三字。正平版何解亦有此三字,邢疏无。

〔四〕"簞",斋本、库本作"箪",是。

〔五〕"学",斋本、库本无此字,疑衍。

之也。**就有道而正焉，**有道，有道德者也。若学前言之行[一]心有疑昧，则往就有道德之人决正之也。**可谓好学也矣已[二]。"**合结"食无求饱"以下之事，并是"可谓好学"者也。

孔安国曰："敏，疾也。有道者，谓有道德者也。正，谓问事是非也。"

子贡问曰："贫而无謟[三]，乏财曰贫，非分横求曰谄也。乏财者，好以非分横求也。子贡问言：若有贫者能不横求，何如？故云"贫而无谄"也。范宁云："不以正道求人为谄也。"**富而无骄，**积蓄财帛曰富，陵上慢下曰骄也。富积者既得人所求，好生陵慢，故云"富而无骄"也。**何如？"**陈二事既毕，故问云"何如"也。**子曰："可也。**答子贡也。言贫富如此乃是可耳，未足为多也。

孔安国曰："未足多也。"范宁云："孔子以为不骄不谄，于道虽可，未及臧也。"

未若贫而乐道、孔子更说贫行有胜于无谄者也。贫而无谄乃是为可，然而不及于自乐也。故孙绰云："颜氏之子一簞[四]一瓢，人不堪忧，回也不改其乐也。"**富而好礼者也。"**又举富行胜于不骄者也。富能不骄乃是可嘉，而未如恭敬好礼者也。然不云"富而乐道，贫而好礼"者，亦各指事也。贫者多忧而不乐，故以乐为胜；又贫无财以行礼，故不云礼也。富既饶足，本自有乐，又有财可行礼，故言礼也。

郑玄曰："乐谓志于道，不以贫贱为忧苦之也。"颜原[五]是也。

〔一〕"学前言之行"，斋本、库本作"前学之言行"。

〔二〕"也矣已"，斋本、库本作"也已矣"，是。

〔三〕"謟"，误，当作"谄"。

〔四〕"簞"，斋本、库本作"箪"，是。

〔五〕"原"，斋本、库本作"愿"。

子贡曰："诗曰'如切如磋，如琢如磨'，其斯之谓与也？"子贡闻孔子言贫乐富礼，并是宜自切磋之义，故引诗以证之也。尔雅云："治骨曰切，治象曰磋，治玉曰琢，治石曰磨。"言骨象玉石四物，须切磋乃得成器，如孔子所说贫乐富礼，是自切磋成器之义。其此之谓不乎？以谘孔子也。

孔安国曰："能'贫而乐道，富而好礼'者，能自'切磋''琢磨'者也。"

子曰："赐也，始可与言诗已矣，子贡既知引诗结成孔子之义，故孔子美之云"始可与言诗"也。言"始可"者，明知之始于此也。**告诸往而知来者也。"**解所以"可言诗〔一〕"也。诸，之也。言我往告之以贫乐富礼，而子贡来答，知引"切磋"之诗以起予也。江熙云："古者赋诗见志。子贡意见，故曰'可与言诗矣'。夫所贵悟言者，既得其言，又得其旨也。告往事而知将来，谓闻夷齐之贤可以知不为卫君。不欲指言其语，故举其类耳。"

孔安国曰："诸，之也。子贡知引诗以成孔子义，善取类也，故然之。往告以'贫而乐道'，来答以'切磋''琢磨'者也。"范宁云："子贡欲躬行二者，故请问也。切磋琢磨，所以成器；训诱学徒，义同乎兹。子贡富而犹吝，仲尼欲戒以礼中。子贡知心厉己，故引诗以为喻也〔二〕。"

子曰："不患人之不己知也，患己不知人也。"世人多言己有才而不为人所知，故孔子解抑之也。言不患人不知己，但患己不知人耳。故李充云："凡人之情，多轻易于知人，而怨人不知己，故抑引之教兴乎此矣。"

王肃曰："徒患己〔三〕无能知也。"

〔一〕"诗"下，斋本、库本有"义"字。

〔二〕"范宁云"至"喻也"，斋本、库本放在解经文处，接于"故举其类耳"句下。

〔三〕"徒"，斋本、库本作"但"。"患己"下，斋本、库本有"之"字。

论语为政第二　　何晏集解　凡廿四章

疏为政者，明人君为风俗政之法也。谓之"为政"者，后卷云："政者，正也。子率而正，孰敢不正？"又郑注周礼司马云："政，正也。政所以正不正也。"所以次前者，学记云"君子如欲化民成俗，其必由学乎"，是明先学，后乃可为政化民。故以为政次于学而也。

子曰："为政以德，此明人君为政教之法也。德者，得也。言人君为政，当得万物之性，故云"以德"也。故郭象曰："万物皆得性谓之德。夫为政者奚事哉？得万物之性。故云德而已也。"**譬如北辰，居其所而众星拱〔一〕之。"**此为"为政以德"之君为譬也。北辰者，北极紫微星也。所，犹地也。众星，谓五星及二十八宿以下之星也。北辰镇居一地而不移动，故众星共宗之以为主也。譬人君若无为而御民以德，则民共尊奉之而不违背，犹如众星之共尊北辰也。故郭象曰："得其性则归之，失其性则违之。"

郑玄曰："德者无为，譬犹北辰之不移而众星拱之也。"

子曰："诗三百，此章举诗证"为政以德"之事也。诗即今之毛诗也。三百者，诗篇大数也。诗有三百五篇，此举其全数也。

孔安国曰："篇之大数也。"

一言以蔽之，一言，谓"思无邪"也。蔽，当也。诗虽三百篇之多，六义之广，而唯用"思无邪"之一言以当三百篇之理也。犹如为政，其事乃多，而终归于以德不动也。

苞氏曰："蔽，犹当也。"

曰：'思无邪。'"此即诗中之一言也。言为政之道，唯思于无邪，无邪则归于正也。卫瓘曰："不曰思正，而曰思无邪，明正无所思邪，邪去则合于

〔一〕"拱"，斋本、库本作"共"。邢疏、朱注、刘氏正义亦作"共"。"共"通"拱"。

正也。"

苞氏曰："归于正也。"

子曰："导之以政，此章证"为政以德"所以胜也。将言其胜，故先举其劣者也。导，谓诱引也。政，谓法制也。谓诱引民用法制也。故郭象云："政者，立常制以正民者也。"

孔安国曰："政，谓法教也。"法教即是法制也。

齐之以刑，齐，谓齐整之也。刑，谓刑罚也。故郭象曰："刑者，兴法辟以割制物者也。"

马融曰："齐整之以刑罚也。"

民免而无耻；免，犹脱也。耻，耻辱也。为政若以法制导民，以刑罚齐民，则民畏威苟且，百方巧避，求于免脱罪辟，而不复知避耻，故无耻也。故郭象云："制有常则可矫，法辟兴则可避。可避则违情而苟免，可矫则去性而从制。从制外正而心内未服，人怀苟免则无耻于物。其于化不亦薄乎？故曰'民免而无耻'也。"

孔安国曰："苟免罪也。"

导之以德，此即举胜者也，谓诱引民以道德之事也。郭象曰："德者，得其性者也。"

苞氏曰："德谓道德也。"亦得合郭象解也。

齐之以礼，以礼齐整之也。郭象曰："礼者，体其情也。"**有耻且格。"**加白反[一]。

格，正也。既导德齐礼，故民服从而知愧耻，皆归于正也。郭象云："情有所耻，而性有所本。得其性则本至，体其情则知耻。知耻则无刑而自齐，本至则无制而自正。是以导之以德，齐之以礼，有耻且格。"沈居士曰："夫立政以制物，物则矫以从之；用刑以齐物，物则巧以避之。矫则迹从而心不化，巧避则苟免而情不耻，由失其自然之性也。若导之

〔一〕"加白反"，斋本、库本无此三字。

以德，使物各得其性，则皆用心不矫其真，各体其情，则皆知耻而自正也。”

子曰：“吾十有五而志于学，此章明孔子隐圣同凡，学有时节，自少迄老，皆所以劝物也。志者，在心之谓也。孔子言我年十五志〔一〕学在心也。十五是成童之岁，识虑坚明，故始此年而志学也矣。**三十而立，**立，谓所学经业成立也。古人三年明一经，从十五至三十，是又十五年，故通五经之业，所以成立也。

有所成立也。凡注无姓名者，皆是何平叔语也〔二〕。

四十而不惑，惑，疑惑也。业成后已十年，故无所惑也。故孙绰云：“四十强而仕，业通十年，经明行修，德茂成于身，训洽邦家，以之莅政，可以无疑惑也。”

孔安国曰：“疑惑也〔三〕。”

五十而知天命，天命，谓穷通之分也。谓天为命者，言人禀天气而生，得此穷通，皆由天所命也。天本无言，而云有所命者，假之言也。人年未五十，则犹有横企无厓，及至五十始衰，则自审己分之可否也。故王弼曰：“天命废兴有期，知道终不行也。”孙绰曰：“大易之数五十，天地万物之理究矣。以知命之年通致命之道，穷学尽数，可以得之，不必皆生而知之也。此勉学之至言也。”熊埋曰：“既了人事之成败，遂推天命之期运，不以可否系其理治，不以穷通易其志也。”

孔安国曰：“知天命之终始也。”终始即是分限所在也。

六十而耳顺，顺，谓不逆也。人年六十，识智广博，凡厥万事，不得悉须观见，但闻其言，即解微旨，是所闻不逆于耳，故曰“耳顺”也。故王弼曰：“耳顺，言心识在闻前也。”孙绰云：“耳顺者，废听之理也。朗然自玄悟，不复役而后得，所谓‘不识不知，从帝之则’也。”李充云：“耳顺者，听先王之法言，则知先

〔一〕“志”，斋本、库本作“而”。
〔二〕“凡注”至“语也”，斋本、库本无此十三字。
〔三〕“疑”上，斋本、库本有“不”字。正平版何解、邢疏此句作“不疑惑”。

王之德行。从帝之则，莫逆于心，心与耳相从，故曰耳顺。"

郑玄曰："耳顺，闻其言而知其微旨也。"

七十而从心所欲不逾矩。"从，犹放也。逾，越也。矩，法也。年至七十，习与性成，犹蓬生麻中，不扶自直，故虽复放纵心意，而不逾越于法度也。所以不说八十者，孔子唯寿七十三也，说此语之时，当在七十后也。李充曰："圣人微妙玄通，深不可识，所以接世轨物者，曷尝不诱之以形器乎？黜独化之迹，同盈虚之质，勉夫童蒙而志乎学。学十五载，功可与立。爰[一]自志学迄于从心，善始令终，贵不逾法。示之易行，而约之以礼。为教之例，其在兹矣。"

马融曰："矩，法也。从心所欲，无非法者。"

孟懿子问孝。孟懿子，鲁大夫也。问孝，问于孔子为孝之法也。

孔安国曰："鲁大夫仲孙何忌也。仲孙是[二]氏也，何忌是名也。然曰孟懿子而不云仲孙者，鲁有三卿，至八佾自释也。懿，谥也。"谥者，明行之迹也。生时有百行之不同，死后至葬，随其生时德行之迹而为名称，犹如经纬天地曰"文"、拨定祸乱曰"武"之属也。

子曰："无违。"孔子答也，言行孝者，每事须从，无所违逆也。樊迟御，樊迟，孔子弟子樊须也，字子迟。御，御车也。谓樊迟时为孔子御车也。子告之曰："孟孙问孝于我，我对曰'无违'。"孟孙即懿子也。孔子前答懿子之问云"无违"，恐懿子不解。而他日樊迟为孔子御车，孔子欲使樊迟为孟孙解"无违"之旨，故语樊迟云"孟孙问孝于我，我对曰'无违'"也。

郑玄曰："孟孙不晓'无违'之意，将问于樊迟，故告之也。樊迟，弟子樊须也。"

樊迟曰："何谓也？"樊迟亦不晓"无违"之旨，故反问之"何谓也"。子曰："生，事之以礼；死，葬之以礼，祭之以礼。"向樊迟释"无违"

〔一〕"爰"，斋本、库本无此字。马国翰辑论语古注论语李氏集注无"爰"字。

〔二〕"是"下，斋本、库本有"其"字。下句"是"下，斋本、库本亦有"其"字。

旨也。孟孙三家，僭滥违礼，故孔子以每事须礼为答也。此三事为人子之大礼，故特举之也。故卫瓘曰："三家僭侈，皆不以礼也，故以礼答之也。"或问曰："孔子何不即告孟孙，乃还告樊迟耶？"答曰："欲厉于孟孙，言其人不足委曲即亦示也。"所以独告樊迟者，旧说云："樊迟与孟孙亲狎，必问之也。"一云："孟孙问时，樊迟在侧，孔子知孟孙不晓，后必问樊迟，故后迟御时而告迟也。"

孟武伯问孝。孟武伯，懿子之子也，亦问孔子行孝之法也。**子曰："父母唯其疾之忧。"**答也。其，其〔一〕人子也。言人子欲常敬慎自居，不为非法，横使父母忧也。若已身有疾，唯此一条当非人所及，可测尊者忧耳，唯其疾之忧也。

马融曰："武伯，懿子之子也，仲孙彘也。武，谥也。言孝子不妄为非，唯有疾病，然后使父母之忧耳。"

子游问孝。亦问行孝法也。

孔安国曰："子游，弟子，姓言名偃也。"

子曰："今之孝者，是谓能养。答也。今之，谓当孔子时也。夫孝为体，以敬为先，以养为后。而当时皆多不孝，纵或一人有，唯知进于饮食，不知行敬，故云"今之孝者，是谓能养"。**至于犬马，皆能有养。**此举能养无敬，非孝之例也。犬能为人守御，马能为人负重载人，皆是能养而不能行敬者，故云"至〔二〕犬马皆能有养"也。**不敬，何以别乎？"**言犬马者亦〔三〕养人，但不知为敬耳。人若但知养而不敬，则与犬马何以为殊别乎？

苞氏曰："犬以守御，马以代劳，能养人者也。"唯不知敬，与人为别耳。**一曰："人之所养，乃能至于犬马，**此释与前异也。言人所养乃至养于犬马也。**不敬则无以别。"**养犬马则不须敬。若养亲而不敬，则与养犬马不殊别也。**孟子曰："养而不爱，**

〔一〕"其"下，斋本、库本有"于"字。

〔二〕"至"下，斋本、库本有"于"字，是。

〔三〕"亦"下，斋本、库本有"能"字。

豕畜之也；引孟子语证后通也。言人畜养豕，但以养[一]之，而不爱重之也。**爱而不敬，兽畜之也。"**又言人养珍禽奇兽，亦爱重之，而不恭敬之也。

子夏问孝。亦问行孝法也。**子曰："色难。**答也。色，谓父母颜色也。言为孝之道，必须承奉父母颜色。此事为难，故曰"色难"也。故颜延之云："夫气色和，则情志通。善养亲之志者，必先和其色，故曰'难'也。"

苞氏曰："色难，谓承望父母颜色乃为难也。"

有事，弟子服其劳，此以下是易，而非孝子之事也。有事，谓役使之事也。弟子，谓为人子弟者也。服，谓执持也。劳，劳苦也。言家中有役使之事，而弟子自执持，不惮于劳苦也。**有酒食，先生馔，**先生，谓父兄也。馔，犹饮食也。言若有酒食，则弟子不敢饮食，必以供饮食于父母也。

马融曰："先生，谓父兄也。馔，饮食也。"然礼唯呼师为先生，谓资为弟子。此言"弟子"以对"先生"，则似非"子弟"对"父兄"也。而注必谓"先生"为"父兄"者，其有二意焉：一则既云问孝，孝是事亲之目；二则既释先生为父兄，欲寄在三事同，师、亲情等也。

曾是以为孝乎？"曾，犹尝也。言为人子弟，先劳后食，此乃是人子、人弟之常事也，最易处耳。谁尝谓此为孝乎？言非孝也。故江熙称："或曰：劳役居前，酒食处后，人[二]子之常事，未足称孝也。"

马融曰："孔子喻子夏曰：服劳先食，汝谓此为孝乎？未足为孝也。承顺父母颜色，乃是为孝耳也。"此[三]四人问孝是同，而夫子答异者，或随疾与药，或寄人弘教也。懿子、武伯，皆明[四]其人有失，故随其失而答之。子游、子夏，是寄二子以[五]明教

〔一〕"养"，斋本、库本作"食"。
〔二〕"人"上，斋本、库本有"是"字。
〔三〕"此"上，斋本、库本有"然"字。
〔四〕"明"下，斋本、库本有"以"字。
〔五〕"以"下，斋本、库本有"俱"字。

也。故王弼曰："问同而答异者，或攻其短，或矫其时失，或成其志，或说其行。"又沈峭曰："夫应教纷纭，常系汲引，经营流世，每存急疾。今世万途，难以同对，互举一事，以训来问。来问之训，纵横异辙，则孝道之广，亦以明矣。"

子曰："吾与回言，终日不违，如愚。此章美颜渊之德也。回者，颜渊名也。愚者，不达之称也。自形器以上，名之为无，圣人所体也；自形器以还，名之为有，贤人所体也。今孔子终日所言，即入于形器，故颜子闻而即解，无所谘问，故不起发我道，故言"终日不违"也。一往观回终日默识不问，殊似于愚鲁，故云"如愚"也。

孔安国曰："回，弟子也，姓颜，名回，字渊〔一〕，鲁人也。不违者，无所怪问于孔子之言，默而识之，如愚者也。"诸弟子不解，故时或谘问，而颜回默识，故不问。不问，如愚者之不能问也。故缪播曰："将言形器，形器颜生所体，莫逆于心，故若愚也。"

退而省其私，亦足以发，回也不愚也。"退，谓回听受已竟，退还其私房时也。省，视也。其私，谓颜私与诸朋友谈论也。发，发明义理也。言回就人众讲说。见回不问，如似愚人。今观〔二〕回退还私房，与诸子覆述前义，亦足发明义理之大体，故方知回之不愚也。

孔安国曰："察其退还，与二三子说释道义，发明大体，知其不愚也。"熊埋曰："退察〔三〕与二三子私论，亦足以发明圣奥、振起风训也。回之似愚，而岂愚哉！既以美颜，又晓众人未达者也。"

子曰："视其所以，此章明观知于人之法也。以，用也。其，其彼人也。若欲知彼人行，当先视其即日所行用之事也。

以，用也。言视其所行用也。

〔一〕"字渊"，斋本、库本作"字子渊"。正平版何解、邢疏亦作"字子渊"。

〔二〕"观"，斋本、库本作"视"。

〔三〕"退察"，斋本、库本作"察退"，义胜。

观其所由，由者，经历也。又次观彼〔一〕从来所经历处之故事也。

由，经也。言观其所经从也。

察其所安。察，谓心怀忖测之也。安，谓意气归向之也。言虽或外迹有所避，而不得行用，而心中犹趣向安定见于貌者，当审察以知之也。然在用言视、由言观、安言察者，各有以也。视，直视也。观，广瞻也。察，沉吟用心忖度之也。即日所用易见，故云视；而从来经历处，此即为难，故言观；情性所安，最为深隐，故云察也。**人焉廋哉？人焉廋哉？"**焉，安也。廋，匿也。言用上三法以观验彼人之德行，则在理必尽，故彼人安得藏匿其情邪？再言之者，深明人情不可隐也。故江熙曰："言人诚难知，以三者取之，近可识也。"

孔安国曰："廋，匿也。言观人之终始，安有所匿其情也。"

子曰："温故而知新，可以为师矣。"此章明为师之难也。温，温燖也。故，谓所学已得之事也。所学已得者，则温燖之不使忘失，此是月无忘其所能也。新，谓即时所学新得者也。知新，谓日知其所亡也。若学能日知所亡，月无忘所能，此乃可为人师也。孙绰曰："滞故则不能明新，希新则存故不笃，常人情也。唯心平秉一者，守故弥温，造新必通，斯可以为师者也。"

温，寻也。寻绎故者，又知新者，可以为师也。温是寻绎之义，亦是燖煖之义也。

子曰："君子不器。"此章明君子之人，不系守一业也。器者，给用之物也。犹如舟可泛于海，不〔二〕登山；车可陆行，不可济海。君子当才业周普，不得如器之守一也。故熊埋曰："器以名可系其用，贤以才可济其业。业无常分，故不可〔三〕守一名。用有定施，故舟、车殊功也。"

苞氏曰："器者，各周其用。至于君子，无所不施也。"

〔一〕"彼"下，斋本、库本有"人"字。

〔二〕"不"下，斋本、库本有"可"字，是。

〔三〕"可"，斋本、库本无此字，疑脱。

子贡问君子。问施于[一]何德行而可谓为君子乎。子曰："先行其言而后从之。"答曰：君子先有[二]其言，而后必行，行以副所言，是行从言也。若言而不行，则为辞费，君子所耻也。

孔安国曰："疾小人多言而行之不周也。"又一通云："君子之言，必为物楷。故凡有言，皆令后人从而法之也。"故王朗曰："鄙意以为立言之谓也。传云：'太上有立德，其次立言。'明君子之道，言必可则，令后世准而从之，故曰'而后从之'。"

子曰："君子周而不比，此章明君子行与小人异也。周，忠信也。比，阿党也。君子常以忠信为心，而无相阿党也。

孔安国曰："忠信为周，阿党为比也。"

小人比而不周。"与君子反也。小人唯更相阿党而并不忠信也。然周是传[三]遍之法，故谓为忠信；比是亲狎之名[四]，故谓为阿党耳。若互而言，周名亦有恶，比名亦有善者。故春秋[五]云："是谓比周。"言其为恶周遍天下也。易卦有"比"，比则是辅。论语[六]云："君子义[七]与比。"比则是亲。虽非广称，文亦非恶。今此文既言"周"以对"比"，故以为恶耳。孙绰云："理备故称周，无私故不比也。"子曰："学而不思则罔，此章教学法也。夫学问之法，既得其文，又宜精思其义，若唯学旧文而不思义，则临用行之时，罔罔然无所知也。

苞氏曰："学而不寻思其义理，则罔然无所得也。"又一通云："罔，诬罔也。言既不精思，至于行用乖僻，是诬罔圣人之道也。"

〔一〕"于"，斋本、库本无此字，疑衍。
〔二〕"有"，斋本、库本作"行"，误。
〔三〕"传"，斋本、库本作"博"，是。"博"有"普遍"义。
〔四〕"名"，斋本、库本作"法"。
〔五〕"春秋"下，斋本、库本有"传"字。
〔六〕"论语"，斋本、库本作"里仁"。
〔七〕"义"下，斋本、库本有"之"字，是。

思而不学则殆。”又若不广学旧文，而唯专意〔一〕独思，则精神疲殆也，于〔二〕所业无功也。

不学而思，终卒不得，使人精神疲殆也。

子曰：“攻乎异端，斯害也已矣。”此章禁人杂学诸子百家之书也。攻，治也。古人谓学为治，故书史载人专经学问者，皆云治其书、治其经也。异端，谓杂书也。言人若不学六籍正典，而杂学于书史〔三〕百家，此则为害之深，故云“攻乎异端，斯害也已矣”。“斯害也已矣”者，为害之深也。

攻，治也。善道者〔四〕有统，故殊途而同归。善道，即五经正典也。有统，统，本也，谓皆以善道为本也。殊途，谓诗书礼乐为教也〔五〕，途不同也。同归，谓虽所明各异端〔六〕，同归于善道也。**异端，不同归者也。**诸子百家并是虚妄，其理不善，无益教化，故是不同归也。

子曰：“由！此章抑子路兼人也。由，子路名也。子路有兼人之性，好以不知为知也。孔子将欲教之，故先呼其名也。**诲汝知之乎！**诲，教也。孔子呼子路名，云〔七〕：“我欲教汝知之文事乎。”

孔安国曰：“由，弟子，姓仲，名由，字子路也。”

知之为知之，不知之为不知，汝若心有所不知，则当云不知，不可妄云知之也。**是知也。**”若不知云知，此则是无知之人耳。若实知而云知，此则〔八〕是有知之人也。又一通云：“孔子呼子路名，云：由！我从来教化于汝，汝

〔一〕“意”下，斋本、库本有“而”字。
〔二〕“于”上、“无”上，斋本皆有“而”字。库本只“于”上有“而”字。
〔三〕“书史”，斋本、库本作“诸子”。
〔四〕“者”，斋本、库本无此字。正平版何解、邢疏亦无“者”字。
〔五〕“也”，斋本、库本作“之”，与下文连读。
〔六〕“端”，斋本、库本无此字。下句“同”上，斋本、库本有“而”字。
〔七〕“云”下，斋本、库本有“由”字。
〔八〕“则”，斋本、库本作“乃”。

知我教汝以不乎？汝若知我教则云知，若不知则云不知，能如此者，是有知之人也。”

子张学干禄。干，求也。禄，禄位也。弟子子张就孔子学干禄位之术也。

郑玄曰：“子张，弟子，姓颛孙，名师，字子张也。干，求也。禄，禄位也。”

子曰：“多闻阙疑，答求禄术也。疑，疑惑之事也。言人居世间，必多有所闻。所闻之事，必有疑者，有解者。解者则心录之，若疑者则废阙而莫存录，故云“多闻阙疑”。**慎言其余，**其余，谓所心解不疑者也。已阙废可疑者，而所余不疑者，虽存录在心，亦何必中理，故又宜口慎言之也。**则寡尤；**寡，少也。尤，过也。既阙可疑，又慎言所不疑，能如此者，则生平之言少有过失也。

苞氏曰：“尤，过也。疑则阙之，其余不疑，犹慎言之，则少过也。”

多见阙殆，殆，危也。言人若眼多所见，阙废其危殆者，不存录之也。**慎行其余，**其余，谓自所录非危殆之事也。虽已废危殆者，而所余不殆者，亦何必并中其理，故又宜慎行之也。**则寡悔。**悔，恨也。既阙于危殆者，又慎行所不殆，能如此者，则平生所行少悔恨也。

苞氏曰：“殆，危也。所见危者阙而不行，则少悔也。”

言寡尤，行寡悔，禄在其中矣。”其余若能言少过失，行少悔恨，则禄位自至，故云“禄在其中”也。故范宁曰：“发言少过，履行少悔，虽不以要禄，乃致禄之道也。”仲尼何以不使都无尤悔而言寡尤乎？有颜回犹不二过，蘧伯玉亦未能寡其过，自非圣人，何能无之？子张若能寡尤悔，便为得禄者也。

郑玄曰：“言行如此，虽不得禄，得禄之道也。”言当无道之世，德行如此，虽不得禄，若忽值有道之君，则必见用，故云“得禄之道”也。

哀公问曰：“何为则民服也？”哀公失德，民不服从，而公患之，故问孔子,求民服之法也。

苞氏曰:“哀公,鲁君之谥也。”

孔子对曰:“举直错诸枉,则民服;答哀公民服之法也。凡称“子曰”,则是弟子所记。若称“孔子”,则当时人,非弟子所记。后为弟子所撰,仍旧不复改易,故依先呼“孔子”也。直,谓正直之人也。错,置也。枉,邪委曲佞〔一〕之人也。言若举正直之人为官位,为废置邪佞之人,则民服君德也。亦由哀公废直用枉故也。故范宁云:“哀公舍贤任佞,故仲尼发乎此言,欲使举贤以服民也。”

苞氏曰:“错,置也。举用正直之人,废置邪枉之人,则民服其上矣。”

举枉错诸直,则民不服。”此举哀公之政如此,故民不服也。江熙曰:“哀公当千载之运,而圣贤满国,举而用之,鲁其王矣。而唯好耳目之悦,群邪秉政,民心厌弃,既而苦之,乃有此问也。”**季康子问:“使民敬、忠以劝,如之何?”**鲁〔二〕臣也。其既无道僭滥,故民不敬不忠不相劝奖。所以问孔子,求学使民行敬及忠及劝三事也,故云“如之何”。

孔安国曰:“鲁卿大夫〔三〕季孙肥也。康,谥也。”

子曰:“临民〔四〕之以庄,则民敬;答使为三事之术也。民从上化,如草从风也。临,谓以高视下也。庄,严〔五〕也。言君居上临下,若自能严整,则下民皆为敬其上也。

苞氏曰:“庄,严也。君临民以严,则民敬其上也。”

孝慈,则忠;又言君若上孝父母,下慈民人,则民皆尽竭忠心以奉其上也。故江熙曰:“言民法上而行也。上孝慈,则民亦孝慈。孝于其亲,乃能忠于君。

〔一〕“邪委曲佞”,斋本、库本作“委曲邪佞”,义胜。

〔二〕“鲁”上,斋本、库本有“季康子”三字。

〔三〕“大夫”,斋本、库本无此二字。正平版何解、邢疏亦无。

〔四〕“民”及下句“民”字,正平版何解、邢疏、朱注皆无。

〔五〕“严”上,斋本、库本有“犹”字。

求忠臣必于孝子之门也。”

苞氏曰:“君能上孝于亲,下慈于民,则民忠矣。”

举善而教不能,则民劝。”又言若民中有善者,则举而禄位之;若民中未能善者,则教令使能。若能如此,则民竞为劝慕之行也。

苞氏曰:“举用善人而教不能者,则民劝之也。”

或谓孔子曰:“子奚不为政?”或者,或有一人,不记其姓名也。奚,何也。政,谓居官南面也。或人见孔子栖遑,故问孔子曰:“何不为政处官位乎?”

苞氏曰:“或人以为,居位乃是为政也。”

子曰:“书云:‘孝于惟孝,友于兄弟,施於有政。’是亦为政也。此以上并尚书言也。引书以答或人也。然此语亦与尚书微异,而义可一也。善父母曰孝,善兄弟为友。于,於也。惟孝,谓惟令尽于孝也。施,行也。言人子在闺门,当极孝于父母,而极友于兄弟。若行此二事有政,即亦是为政也。奚其为为政?”此是孔子正答于或人也。言施行孝友有政,家家皆正,则邦国自然得正。亦又何用为官位乃是为政乎?故范宁曰:“夫所谓政者,以孝友为政耳。行孝友则是为政,复何者为政乎?引尚书[一]所以明政也。或人贵官位而不存孝道,故孔子言乎此也。”

苞氏曰:“孝于惟孝者,美孝之辞也。惟令极行于孝,故云“美孝之辞”也。友于兄弟,善于兄弟也。然“友于兄弟”是善于兄弟,则“孝于惟孝”是善于父母也。父母既云“孝于惟孝”,则兄弟亦宜云“友于惟友”也。所以互见之也。施,行也。所行有政道,即是与为政同耳也。”行孝友有政道,即与为政同,更何所别复为政乎?

子曰:“人而无信,不知其可也。此章明人不可失信也。言人若无

〔一〕“尚书”,斋本、库本作“周书”。

信，虽有他才，终为不可，故云"不知其可也"。

孔安国曰："言人而无信，其余终无可也。"其余，谓他才伎也。

大车无輗，小车无軏，其何以行之哉？"此为无信设譬也。言人以信得立，如大、小之车由〔一〕輗、軏以得行也。若车无輗、軏，则车何以得行哉？如人而无信，则何以得立哉？故江熙称彦叔〔二〕曰："车待輗、軏而行，犹人须信以立也。"

苞氏曰："大车，牛车。牛能引重，故曰大车也。輗者，辕端横木以缚枙者也。端，头也。古作牛车二辕，不异即时车，但辕头安枙与今异也。即时车枙用曲木，驾于牛脰，仍缚枙两头着两辕。古时则先取一横木缚着两辕头，又别取曲木为枙，缚着横木，以驾牛脰也。即时一马牵车，枙犹如此也。小车，驷马车也。马所载轻，故曰小车也。四马共牵一车，即今龙旂车是也。軏者，辕端上曲拘衡者也。"衡，横也。四马之车，唯中央有一辕，辕头曲向上，此拘驻于横，名此曲者为軏也。所以头拘此横者，辕驾四马，故先横一木于辕头，而缚枙着此横。此横既为四马所载，恐其不坚，故特置曲枙軏里使牵之不脱也。犹即时龙旂车，辕端为龙，置横在龙头上曲处也。郑玄曰："輗，穿辕端着之。軏，因辕端着之。"

子张问："十世可知也？"十世，谓十代也。子张见五帝三王文质变易，世代不同，故问孔子：从今以后方来之事，假设十代之法，可得逆知以不乎？

孔安国曰："文质礼变也。"礼变则制度改易也。

子曰："殷因于夏礼，所损益可知也；孔子举前三代礼法相因及所损益，以为后代可知之证也。言殷代夏立，而因用夏礼及损益夏礼，事事可得

〔一〕"由"下，斋本、库本有"于"字，衍。

〔二〕"叔"，斋本、库本作"升"，误。马国翰辑论语古注论语江氏集解作"升"，并按曰："晋书袁乔字彦叔，七录有袁乔论语注释十卷。'升'疑'叔'字之讹也。"

而知也。**周因于殷礼,所损益可知也。**又周代殷立,亦有因殷礼及有所损益者,亦事事可知也。

马融曰:"所因,谓三纲五常也;此是周所因于殷、殷所因于夏之事也。三纲,谓夫妇、父子、君臣也。三事为人生之纲领,故云三纲也。五常,谓仁、义、礼、智、信也。就五行而论,则木为仁,火为礼,金为义,水为信,土为智。人禀此五常而生,则备有仁、义、礼、智、信之性也。人有博爱之德谓之仁,有严断之德为义,有明辨尊卑敬让之德为礼,有言不虚妄之德为信,有照了之德为智。此五者是人性之恒,不可暂舍,故谓五常也。虽复时移世易,事历今古,而三纲五常之道不可变革,故世世相因,百代仍袭也。**所损益,谓文质三统也。"**夫文质再而复,正朔三而改。质文再而复者,若一代之君以质为教者,则次代之君必以文教也。以文之后君则复质,质之后君则复文,循环无穷。有兴必有废,废兴更迁,故有损益也。正朔三而改者,三代而一周也。夫人君为政,所尚不同,必各有所统,统则有三也。案大传云:"王者始起,改正朔,易服色。"夫正朔有三本,亦有三统,明王者受命,各统一正也。朔者,苏也,革也,言万物革更于是,故统焉。又礼三正记云:"正朔三而改,文质再而复。"尚书大传云:"夏以孟春为正,殷以季冬为正,周以仲冬为正。"又曰:"夏以十三月为正,色尚黑,以平旦为朔;殷以十二月为正,色尚白,以鸡鸣为朔;周以十一月为正,色尚赤,以夜半为朔也。"白虎通云:"王者受命必改正朔者,明易姓,示不相袭,明受之于天,不受之于人,所以变易民心革其耳目以化。"又云:"十三月之时,万物始达孚甲而出,皆黑,人得加功力,故夏为人正,色尚黑也。十二月之时,万物始芽而白,白者阴气,故殷为地正,色尚白也。十一月之时,阳气始养根核,故黄泉之下万物皆赤,赤者盛阳之气也,故周为天正,色尚赤也。"又云:"天道左旋,改正右行者,非改天道,但改日月耳。日月右行,故改正右行。日尊于月,不言正日而言正月者,积日成月,物随月而变,据物为正也。天质地文,周反天统何?质文再改,正朔三易,三微质文,正不相因,故正不随质文也。三统之义如此。"然旧问云:“夏用建寅为正,物初出色黑,故尚黑。今就草木初生皆青,而云黑,何也?”旧通云:“物初出乃青,远望则黑,人功贵广远故也。且一日之中,天有青时,故取其黑也。”又旧问云:“三正为正是三王,为上代已有。”旧通有二家,一云:“正在三代。三代时相统,故须变革相示也。”又一家云:“自从有书籍而有三正也。伏牺为人统,神农为地统,黄帝为天统。少昊犹天统,言是黄帝之子,故不改统也。颛顼为人统,帝喾为地统。帝尧是为喾子,亦为地统。帝舜为天统。夏为人统,殷为地统,周为天统。三正相承若连环也。”今依后释。所以必从人为始者,三才须人乃成,是故从人为始也。而礼家从夏为始者,夏是三王始,故举之也。又不用建卯、建辰为正者,于时〔一〕万物不齐,莫适所统也。

其或继周者,虽百世亦可知也。”既因变有常,故从今以后,假令或有继周而王者,王王相承至于百世,亦可逆知也。言“或”者,尔时周犹在,不敢指斥有〔二〕代,故云“其或”也。

马融曰:“物类相招,谓三纲五常各以类相招,因而不变者也。**势数相生,**谓文质、三统及五行相次各有势数也。如太昊木德,神农火德,黄帝土德,少昊金德,颛顼水德,周而复始,其势运相变生也。**其变有常,故可豫知也。”**豫,逆也。有因有变,各有其常。以此而推,故百世可逆知也。

子曰:“非其鬼而祭之,谄也。谄,横求也。鬼神聪明正直,不歆非礼。人若非己祖考而祭之,是为谄求福也。

郑玄曰:“人神曰鬼。非其祖考而祭之,是谄以求福也。”

见义不为,无勇也。”义,谓所宜为也。见所宜为之事而不为,是无勇

〔一〕“时”,斋本、库本作“是”,误。
〔二〕“有”,斋本、库本作“百”。“有”是,“有”表示存在。

敢也。

孔安国曰："义者，所宜为也。而不能为，是无勇也。"

论语义疏第一　经一千四百七十字　注一千五百十三字

论语义疏卷第二八佾 里仁

梁国子助教吴郡皇侃撰

论语八佾第三　　何晏集解　凡廿六章

疏八佾者，奏乐人数行列之名也。此篇明季氏是诸侯之臣，而僭行天子之乐也。所以次前者，言政之所裁，裁于斯滥，故八佾次为政。又一通云：政既由学，学而为政则如北辰，若不学而为政则如季氏之恶，故次于为政也。然此不标"季氏"而以"八佾"命篇者，深责其恶，故书其事〔一〕标篇也。

孔子谓季氏，谓者，评论之辞也。夫相评论者〔二〕对面而言，有遥相称评。若此后"子谓冉有曰：汝不能救与"，则是对面也。今此所言，是遥相评也。季氏，鲁之上卿也。鲁有三卿，并豪强僭滥。季氏是上卿，为僭滥之端，故特举谓"季氏"也。**"八佾舞于庭，**此是孔子所讥之事也。佾，犹行列也。天子制八音为乐，以调八风。故舞人亦有八行，每八人为行，八八六十四人，则天子儛者用六十四人也。鲁有周公之故，故天子赐鲁用天子八佾之乐。而季氏是鲁

〔一〕"事"下，斋本、库本有"以"字。

〔二〕"者"，齐本、库本作"有"。

臣，乃僭取八佾乐，于其家庙庭而儛之，故云"八佾儛于庭"也。**是可忍也，**是，犹此也。此，此儛八佾之事也。忍，犹容耐也。孔子曰：此僭[一]八佾之儛，若可容忍者也。**孰不可忍也"。**孰，谁也。言若此僭可忍，则天下为恶，谁复不可忍也。

马融曰："孰，谁也。佾，列也。天子八佾，天子用八，以象八风。八风者，八方之[二]八卦之风也。北曰广漠风，东北曰条风，东曰明庶风，东南曰清明风，南曰景风，西南曰凉风，西曰阊阖风，西北曰不周风也。**诸侯六，**六，礼降杀以两。天子八佾，诸侯故六佾也。**卿大夫四，士二。**杜注春秋及公羊传[三]皆云："诸侯六六三十六人，大夫四四十六人，士二二四人也[四]。"**八人为列，八八六十四人也。**据天子之佾人数也。**鲁以周公故，**故，周公有辅相[五]成王，摄天子位，六年制礼作乐，七年致政还成王之故也。**受王者礼乐，有八佾之儛。**由周公之故，故受天子礼乐[六]八佾儛也。**今季桓子僭于其家庙，儛之，故孔子讥之也。"**桓子[七]家之豪强起于季氏。文子、武子、平子、悼子至桓子五世，故后引称孔子曰"政逮于大夫四世矣"是也。今孔子所讥，皆讥其五世。而注独云桓子者，是时孔子与桓子政相值，故举值者言之。

三家者以雍彻。又讥其失也。三家，即是仲孙、叔孙、季孙也。并皆僭滥，故此并言之也。季氏为最恶，故卷初独言季氏也。雍者，诗篇名也。彻者，

〔一〕"此僭"，斋本、库本作"僭此"。
〔二〕"之"，斋本、库本无此字。
〔三〕"春秋及公羊传"，斋本、库本作"左氏传及何注公羊传"。
〔四〕以上三句，斋本、库本作"诸侯六，六六三十六人；大夫四，四四十六人；士二，二二四人也"。
〔五〕"辅相"，库本作"相辅"。
〔六〕"乐"，库本无此字，脱。
〔七〕"桓子"上，斋本、库本有"卑者滥用尊者之物曰僭也"十一字。

礼：天子祭竟，欲彻祭馔，则先〔一〕使乐人先歌雍诗以乐神，后乃彻祭器。于时三家祭竟，亦歌雍诗以彻祭〔二〕，故云“三家以雍彻”也。

马融曰：“三家者，谓仲孙、叔孙、季孙也。三孙同是鲁桓公之后。桓公嫡子庄公为君，而桓公之〔三〕庶子有公子庆父、公子叔牙、公子季友也。仲孙是庆父之后，叔孙是叔牙之后，季孙是季友之后。后子孙皆以其先仲、叔、季为氏，故有此三氏。并是桓公子孙，故俱称“孙”也，亦曰“三桓子孙”也。仲孙氏后世改“仲”曰“孟”。孟者，庶长之称也，言己家是庶，不敢与庄公为伯、仲、叔、季之次，故取庶长为始，而云“孟孙氏”也。**雍，周颂臣工篇名也。天子祭于宗庙，歌之以彻祭。今三家亦作此乐者也。”**天子彻祭所以歌雍者，雍诗云：“有客雍雍，至止肃肃。相维辟公，天子穆穆。”是言祭事周毕，有客甚自雍和，而至皆并肃敬。时助祭者，有诸侯及二王后，而天子威仪又自穆穆。是礼足事竟，所以宜彻，故歌之以乐神也。

子曰：“‘相维辟公，天子穆穆矣。’奚取于三家之堂？”前是记〔四〕者之言，此是孔子语也。孔子称雍诗之曲以讥三家也。相，助。辟，犹诸侯也。公，二王之后。穆穆，敬也。奚，何也。孔子云：此诗曲言时助祭者，有诸侯及王者后，而天子容仪尽敬穆穆然。今三家之祭，但有其家臣而已，有何诸侯、二王后及天子穆穆乎？既无此事，何用空歌此曲于其家之庙堂乎？

苞氏曰：“辟公，谓诸侯及二王之后也。辟，训君，君故是诸侯也。二王后称公，公故是二王后也。**穆穆，天子之容也。雍篇歌此〔五〕者，有诸侯及二王之后来助祭故也。**唯天子祭有此也。**今三家但家臣而已，何取此义而作之于堂耶？”**

〔一〕“先”，斋本、库本无此字。

〔二〕“祭”下，斋本、库本有“馔”字。

〔三〕“桓公之”，斋本、库本无此三字。该句中的“有”字，斋本、库本亦无。

〔四〕“记”，斋本、库本作“祭”，误。

〔五〕“此”下，斋本、库本有“曲”字。正平版何解、邢疏无“曲”字。

大夫称家。今三卿之祭，但有家臣。家臣谓家相、邑宰之属来助祭耳，有何辟公、天子之穆穆，而空歌此曲于堂哉！或问曰："鲁祭亦无诸侯及二王后，那亦歌此曲耶？"答曰："既用天子礼乐，故歌天子诗也。"或通云："既用天子礼乐，故当祭时则备设此诸官也。"或云："鲁不歌此雍也，季氏自僭天子礼，非僭鲁也〔一〕。"

子曰："人而不仁，如礼何？人而不仁，如乐何？"此章亦为季氏出也。季氏三家〔二〕僭滥王者礼乐，其既不仁，则奈此礼乐何乎？江熙云："所贵礼乐者，以可安上治民移风易俗也。然其人存则兴，其人亡则废。而不仁之人，居得兴之地，而无能兴之道，则仁者之属无所施之，故叹之而已。"

苞氏曰："言人而不仁，必不能行礼乐也。"

林放问礼之本。问孔子，求知礼之本也。

郑玄曰："林放，鲁人也。"

子曰："大哉问！重林放能问礼之本，故美其问而称之"大哉"也。故王弼云："时人弃本崇末，故大其能寻本礼意也。"**礼，与其奢也，宁俭；**美之既竟，此答之也。奢，奢侈也。俭，俭约也。夫礼之本贵〔三〕，在奢俭之中，不得中者皆为失也。然为失虽同，而成败则异。奢则不逊，俭则固陋。俱是致失，奢不如俭，故云"礼与〔四〕奢，宁俭"也。**丧，与其易也，宁戚。"**易，和易也。戚，哀过礼也。凡丧有五服轻重者，各宜当情，所以是本。若和易及过哀，皆是为失。会是一失，则易不如过哀，故云"宁戚"也。或问曰："何不答以礼本，而必言四失，何也？"通〔五〕云："举其四失，则知不失〔六〕其本也。其时世多失，故因举失中之胜以诫当时也。"

〔一〕"或问曰"至"非僭鲁也"，斋本、库本放在解经文处，接于"其家之庙堂乎"句下。
〔二〕"三家"，斋本、库本无此二字。
〔三〕"贵"，误，堂本正误表以"意"为正。
〔四〕"与"下，斋本、库本有"其"字，是。
〔五〕"通"，斋本、库本作"答"。
〔六〕"失"下，斋本、库本有"即"字，恐衍。

郑玄[一]曰："易，和易也。言礼之本意失于奢，不如俭也；丧失于和易，不如哀戚也。"就注意即所答四失从二，即是礼之本也。

子曰："夷狄之有君，不如诸夏之亡也。"此章重中国贱蛮夷也。诸夏，中国也。亡，无也。言夷狄虽有君主，而不及中国无君也。故孙绰云："诸夏有时无君，道不都丧。夷狄强者为师，理同禽兽也。"释慧琳云："有君无礼，不如有礼无君也。"刺时季氏有君无礼也[二]。

苞氏曰："诸夏，中国也。亡，无也。"谓中国为诸夏者，夏，大也，中国礼大，故谓为夏也。诸，之也。之[三]，语助也。

季氏旅于泰山。又讥季氏僭也。旅，祭名也。泰山，鲁之大山[四]也。礼：天子祭天下名山大川，诸侯止祭其封内，大夫位非专封，则不得祭山川。而季氏亦僭祭鲁大山也。子谓冉有曰："汝不能救与？"冉有，孔子弟子也。救，犹谏止也。时冉有仕季氏家，季氏滥祀，故孔子问冉有，言汝既仕彼家，那不能谏止其滥祀乎？

马融曰："旅，祭名也。郑注周礼云："旅，非常祭也。"今季氏祭大山，非是常祭，故云"旅"也[五]。礼：诸侯祭山川在其封内者也。大山在鲁，鲁君宜祭之耳。今陪臣祭大山，非礼也。陪，

〔一〕"郑玄"，斋本、库本作"苞氏"。陆德明经典释文作"包云"，正平版何解、邢疏、刘氏正义皆作"包曰"。

〔二〕"此章"至"礼也"，这段文字斋本、库本作"此章为下僭上者发也。诸夏，中国也。亡，无也。言中国所以尊于夷狄者，以其名分定而上下不乱也。周室既衰，诸侯放恣，礼乐征伐之权不复出自天子，反不如夷狄之国尚有尊长统属，不至如我中国之无君也"。台湾无求备斋论语集成所收知不足斋本皇疏，这段文字与堂本同。

〔三〕"之"，斋本、库本无此字。

〔四〕"大山"，斋本、库本作"泰山"，下文同。

〔五〕"郑注"至"旅也"，斋本、库本放在解经文处，接于"旅祭名也"句下。其中之"非是"，斋本、库本作"是非"。

重也。鲁是天子臣，而季氏是鲁臣，于天子为重臣。重臣而与天子俱祭名山，故为非礼也。**冉有，弟子冉求也，时仕季氏。救，犹止也。"**

对曰："不能。"冉有对孔子也。不能，谓季氏豪僭，虽谏不能止也。**子曰："呜呼！**孔子更说季氏之失，故先叹而后言也。呜呼，叹也。**曾谓泰山不如林放乎？"**曾之言则也。乎，助语也。孔子曰：林放尚能问礼本，况大山之神聪明正直，而合歆此非礼之祀也乎？若遂歆此非礼之食，则此神反不如林放也。既必无歆理，岂可诬罔而祭之乎？故云：则可谓大山不如林放乎？

苞氏曰："神不享非礼。林放尚知〔一〕礼，大山之神反不如林放耶？欲诬而祭之也。"

子曰："君子无所争。此章明射之可重也。言君子恒谦卑自收，退让明礼，故云"无所争"也。**必也射乎！**言虽他事无争，而于射有争，故云"必也射乎"。于射所以有争者，古者生男，必设桑弧蓬矢于门左，至三日夜，使人负子出门而射，示此子方当必有事于天地四方，故云：至年长以射进仕。礼：王者得〔二〕祭，必择士助祭，故四方诸侯并贡士于王。王试之于射宫，若形容合礼、节奏比乐而中多者，则得预于祭。得预于祭者，进其君爵土。若射不合礼乐而中少者，则不预祭。不预祭者，黜其君爵土。此射事既重，非唯自辱，乃系累己君，故君子之人于射而必有争也。故颜延之云："射许有争，故可以观无争也。"范宁亦云"有争〔三〕"。

孔安国曰："言于射而后有争也。"

揖让而升下，射仪之〔四〕礼：初，主人揖宾而进，交让而升堂。及射竟，胜负

〔一〕"知"下，斋本、库本有"问"字。邢疏亦有"问"字。正平版何解无"问"字。

〔二〕"得"，斋本、库本作"将"。

〔三〕"有争"，斋本、库本作"无争"。马国翰辑论语古注论语范氏注作"射无争"。此句六字，斋本、库本放在疏解马融注之下，接于"则无争之证益明矣"句下。

〔四〕"之"，斋本、库本作"云"。

已决，下堂犹揖让不忘礼，故云“揖让而升下”也。**而饮。**而饮者，谓射不如者而饮，罚爵也。射胜者党，酌酒跪饮于不如者云：“敬养。”所以然者，君子敬让，不以己胜为能，不以彼负为否。言彼所以不中者，非彼不能，政是有疾病故也。酒能养病，故酌酒饮彼，示养彼病，故云“敬养”也。所以礼云：“君使士射，不能，则辞以病〔一〕。”悬弧之义也。而不如者亦跪受酒，而云：“赐灌。”灌，犹饮也。言赐饮者，服而为敬辞也。

王肃曰：“射于堂，升及下皆揖让而相饮也。”就王注意则云“揖让而升下”也，若余人读则云“揖让而升”，“升”属上句。又云“下而饮”，“下”属下句。然此读不及王意也。

其争也君子。”夫少〔二〕人之争，必攘臂厉色。今此射虽心止不忘中，而进退合礼，更相辞让，跪授跪受，不乖君子之容，故云“其争也君子”也。

马融曰：“多算饮少算，君子之所争也。”此证“其争也君子”也。算，犹筹也。射者比结朋党，各有算数，每中则以算表之。若中多则筹〔三〕多，故云多算也。中少则筹少，故云少算也。凡情得胜则敢〔四〕自为矜贵，今射虽多算，当犹自酌酒以饮少算，不敢自高，是君子之所争也。故云“君子之所争”也。然释此者亦〔五〕云“于射无争”，非今所安，聊复记之。李充曰：“君子谦卑以自收，后己先人，受劳辞逸，未始非让，何争之有乎？射艺竞中，以明能否，而处心无措者，胜负若一。由此观之，愈知君子之无争也。”栾肇曰：“君子于射，讲艺明训，考德观贤，繁揖让以成礼，崇五善以兴教。故曰：‘君子无所争，必也射乎！’言于射尤必君子之无争。周官所谓‘阳礼教让，则民不争’者也。君子于礼，所主在重，而所略在轻。若升降揖让于射则争，是为轻在可让，而重在可争，岂所谓礼敬之道哉？且争，无益于胜功者也。求胜在己，理之常也。

〔一〕“病”，斋本、库本作“疾”，是。十三经注疏本礼记曲礼亦作“疾”。

〔二〕“少”，斋本、库本作“小”，是。

〔三〕此句“筹多”、下句“筹少”之“筹”，斋本、库本作“算”。

〔四〕“敢”，斋本、库本无此字。

〔五〕“亦”，斋本、库本无此字。

虽心在中质,不可谓争矣。故射义[一]曰:'失诸正鹄,还求诸身。'求中以辞养,不为争胜以耻人也。又曰:'射,仁道也。发而不中,不怨胜己者,反求诸己而已。'因称此言,以证无争焉。诚以争名施于小人,让分定于君子也。今说者云:必于射然后有争。此为反论文,背周官,违礼记,而后有争之言得通。考诸经传,则无争之证益明矣。"

子夏问曰:"'巧笑倩兮,美目盼兮,素以为绚兮',何谓也?"此是卫风硕人闵庄姜之诗也。庄姜有容有礼,卫侯不好德而不答,故卫人闵之也。巧咲,咲之美者也。倩,巧咲貌也。言人可怜,则咲巧而貌倩倩然也。美目,目之美者也。盼,动目貌也。言人可怜,则目美而貌盼盼然也。素,白也。绚,文貌也。谓用白色以分间五采,使成文章也。言庄姜既有盼倩之容[二],又有礼自能约[三]束,如五采得白分间,乃文章分明也。子夏读诗,不达此语,故云"何谓",以问孔子也。

马融曰:"倩,笑貌。盼,动目貌也。绚,文貌也。此上二句在卫风硕人之二章。"巧笑"及"美目"即见卫风硕人第二章。**其下一句逸也。"**"素以为绚"之一句也,已散逸,则卫风所无也。

子曰:"绘事后素。"答子夏也。绘,画也。言此上三句是明美人先有其质,后须其礼以自约束,如画者先虽布众采荫映,然后必用白色以分间之,则画文分明,故曰"绘事后素"也。

郑玄曰:"绘,画文也。又刺缝成文则谓之绣,画之成文谓之为绘也。**凡画绘,先布众采,然后以素分其间,以成其文。**

〔一〕"义",斋本、库本作"仪"。十三经注疏本礼记作"义",无"失诸正鹄,还求诸身"之语,而有近似文字:射义曰:"射者,仁之道也。射求正诸己,己正而后发,发而不中则不怨胜己者,反求诸己而已矣。……孔子曰:'射者何以射?何以听?循声而发,发而不失正鹄者,其唯贤乎!'"

〔二〕"容",斋本、库本作"貌"。

〔三〕"约",斋本、库本作"结",误。下有"须其礼以自约束"可证。"结束"虽有"约束"义,但不如"约束"义明。

喻美女虽有倩盼美质，亦须礼以成也。”

曰：“礼后乎？”子夏闻孔子云“绘事后素”，而解特喻人虽可怜，必后用礼，故云“礼后乎”。

孔安国曰：“孔子言‘绘事后素’，子夏闻而解，知以素喻礼，故曰‘礼后乎’。”

子曰：“起予者商也！始可与言诗已矣。”起，发也。予，我也。孔子但言“绘事后素”，而子夏仍知以素喻礼，是达诗人之旨以起发我谈，故始可与言诗也。

苞氏曰：“予，我也。孔子言：子夏能发明我意，可与共言诗已矣。”沈居士曰：“孔子始云‘未若贫而乐道，富而好礼’，未见贫者所以能乐道、富[一]所以能好礼之由。子贡答曰‘切磋琢磨’，所以得好礼也。则是非但解孔子旨，亦是更广引理以答也，故曰‘告诸往而知来者’也。孔子云‘绘事后素’，本政是以素喻礼。子夏答云‘礼后乎’，但是解夫子语耳，理无所广，故云‘起予’而不云‘知来’也[二]。”

子曰：“夏礼，吾能言之，杞不足征；此章明夏殷之后失礼也。夏礼，谓禹时礼也，即孔子往杞所得夏时之书也。杞，夏之后所封之国也。征，成也。夏桀失国，殷[三]封其后于杞。当[四]周末而其君昏暗，故孔子言夏家之礼吾能言之，但杞君昏愚[五]，不足与共成其先代之礼，故云“杞不足征也”。殷礼，吾能言之，宋不足征也，殷礼，殷汤之礼，即孔子往宋所得坤乾[六]之书也。宋，殷之后所封之国也。纣失国，周封微子于宋也。孔子云殷汤之礼吾亦

〔一〕“富”下，斋本、库本有“者”字。

〔二〕“沈居士”至“知来也”，斋本、库本放在解经文处，接于“故始可与言诗也”句下。

〔三〕“殷”，斋本、库本作“周”，是。“后”下，斋本、库本有“东娄公”三字，疑衍。史记陈杞世家：“周武王克殷纣，求禹之后，得东楼公，封之于杞。”

〔四〕“当”下，斋本、库本有“于”字。

〔五〕“愚”，斋本、库本作“闇”。

〔六〕“坤乾”，斋本作“乾坤”。

能言，但于时宋君昏乱，不足以与共成之也。

苞氏曰："征，成也。杞、宋，二国名也，夏、殷之后也。夏、殷之礼吾能说之，杞、宗[一]之君不足以成之也。"

文献不足故也。解所以不足成义也。文，文章也。献，贤也。言杞、宋二君无文章贤才，故我不足与成之也。**足，则吾能征之矣。"**若文章贤才足，则吾岂不与成之乎？故云"足，则成[二]之矣"。

郑玄曰："献，犹贤也。我能不以其礼成之者，以此二国之君文章贤才不足故也。"

子曰："禘自既灌而往者，吾不欲观之矣。"此章明鲁祭失礼也。禘者，大祭名也。周礼四时祭名：春曰祠，夏曰礿，秋曰尝，冬曰烝。又四时之外，五年之中，别作二大祭，一名禘，一名祫。而先儒论之不同，今不具说，且依注梗概而谈也。谓为禘者，谛也，谓审谛昭穆也。灌者，献也，酌郁鬯酒献尸，灌地以求神也。禘礼[三]必以毁庙之主陈在太祖庙，未毁庙之主亦升于太祖庙，序谛昭穆，而后共合食堂上。未陈列主之前，王与祝入太祖庙室中，以酒献尸，尸以祭灌于地以求神。求神竟而出堂，列定昭穆，备成祭礼。时鲁家逆祀，尸主翻次，当于灌时，未列昭穆，犹有可观；既灌以后，逆列已定，故孔子云"不欲观"也。往，犹后也。不言"祫"唯云"禘"者，随尔时所见也。

孔安国曰："禘、祫之礼，为序昭穆也。列诸主在太祖庙堂。太祖之主在西壁东向，太祖之子为昭，在太祖之东而南向。太祖之孙为穆，对太祖之子而北向。以次东陈，在北者曰昭，在南者曰穆，所谓父昭子穆也。昭者，明也，尊父故曰明也。穆，敬也，子宜敬于父也。**故毁庙之主及群庙之主皆合食于太祖。**孔及先儒义云：禘、祫礼同，皆取毁庙之[四]主及未毁庙之主，并升列昭穆，在太祖庙堂也。**灌**

〔一〕"宗"，斋本、库本作"宋"，是。

〔二〕"成"，斋本、库本作"吾能征"。

〔三〕"禘礼"，斋本、库本作"礼禘"。

〔四〕"之"，斋本、库本脱此字。

者，酌郁鬯灌于太祖，以降神也。郁鬯者，煮郁金之草取汁，酿黑秬一秠二米者为酒，酒成则气芬芳调畅，故呼为"鬯"，亦曰"秬鬯"也。若又捣郁金取汁，和莎泲于此畅，则呼为郁鬯。但先儒旧论灌法不同。一云："于太祖室里龛前东向，束白茅置地上，而持鬯酒灌白茅上，使酒味渗入渊泉以求神也。"而郑康成不正酌〔一〕道灌地，或云灌尸，或云灌神。故郊特牲云："周人尚臭，灌用鬯臭，郁合鬯臭，阴达于渊泉。灌以珪璋，用玉气也。既灌然后迎牲，致阴气也。"郑注云："灌谓以圭瓒酌畅，始献神也。"又祭统云："君执圭瓒灌尸，太宗执璋瓒亚灌。"郑注云："天子诸侯之祭礼，先有灌尸之事，及〔二〕后迎牲。"案，郑二注或神或尸，故解者或云灌神是灌地之礼，灌尸是灌人之礼。而郑注尚书大传则云："灌是献尸，尸乃得献，乃祭酒以灌地也。"**既灌之后，别尊卑，序昭穆。**谓灌竟尸出堂时也。**而鲁为逆祀，跻僖公，乱昭穆，故不欲观之矣。"**跻，升也。僖公、闵公俱是庄公之子，僖庶子而年长，闵嫡而幼。庄公薨而立闵公为君，则僖为臣事闵。闵薨而僖立为君。僖后虽为君，而昔是经闵臣。至僖薨，列主应在闵下。而鲁之宗人夏父弗忌佞僖公之子文公云："吾闻新鬼大，故鬼小。"故升僖于闵上，而〔三〕逆祀乱昭穆。故孔子不欲观之也。

或问禘之说。或人闻孔子不欲观禘，故问孔子，以求知禘义礼〔四〕旧说也。**子曰："不知也。**孔子答或人云：不知禘礼旧说也。所以然者，若依旧说而答之，则鲁乖礼之事显；若依鲁而说之，则又乖正教。既〔五〕为鲁讳，故云"不知"也。

孔安国曰："答以不知者，为鲁君讳也。"臣为国讳恶，则是

〔一〕"酌"，斋本、库本作"的"。"不正酌道"难通，儒藏本校记称疑是"不云酌酒"之误。

〔二〕"及"，斋本、库本作"乃"。十三经注疏本礼记亦作"乃"。

〔三〕"而"，斋本、库本无此字。

〔四〕"礼"，斋本、库本作"之"。

〔五〕"既"下，斋本、库本有"欲"字。

礼也。

知其说者之于天下也，其如示诸斯乎！”孔子为国讳，而答以“不知”。遂不更〔一〕说，则千载之后，长言禘礼为圣所不知，此事永绝，故更向或人陈其方便也。言若欲知禘说，其自不难，于天下之人莫不知矣。人人皆知，如示以掌中之物，无不知了者也。故云〔二〕“之于天下也，其如示诸斯”也。斯，此也。此，此孔子掌中也。**指其掌。**此记者所言，以释孔子语也。孔子既云易知而申掌，又以一手自指所申之掌，以示或人云：其如示诸此也。是孔子自指其掌也。

苞氏曰：“孔子谓或人言：知禘礼之说者，于天下之事，如指示以掌中之物。言其易了也。”

祭如在，此以下二句乃非孔子之言，亦因前而发也。为鲁祭，臣处其君上，是不如在，故明宜如在也。此先说祭人鬼也。人子奉亲，事死如事生，是如在。

孔安国曰：“言事死如事生也。”所以祭之，日思亲居处咲语及所好乐嗜欲，事事如生存时也。

祭神如神在。此谓祭天地山川百神也。神不可测，而必〔三〕心期对之，如在此也。

孔安国曰：“谓祭百神也。”孔所以知前是祭人神〔四〕鬼、后是祭百神者，凡且称其在，以对不在也。前既直云“如在”，故则知是人鬼，以今之不在对于昔之在也。后既云“祭神如神在”，再称于神，则知神无存没，期之则在也。

子曰：“吾不与祭，如不祭。”既并须如在，故说〔五〕者引孔子语证成己义也。孔子言：我或疾或行，不得自祭，使人摄之，虽使人代摄，而于我心不尽，

〔一〕“不更”，斋本、库本作“更不”。

〔二〕“故云”下，斋本、库本有“知其说者”四字。

〔三〕“必”，斋本、库本无此字。

〔四〕“神”，斋本、库本无此字，是。

〔五〕“说”，斋本、库本作“记”。

是与不祭同也。

苞氏曰："孔子或出或病，而不自亲祭，使摄者为之，故不致敬[一]心，与不祭同也。"

王孙贾王孙贾者，周灵王之孙，名贾也，是时仕卫为大夫也[二]。**问曰："'与其媚于奥，宁媚于灶'，何谓也？"**此世俗旧语也。媚，趣向也。奥，内也，谓室中西南角。室向东南开户，西南安牖。牖内隐奥无事，恒尊者所居之处也。灶，谓人家为饮食之处也。贾仕在卫执政，为一国之要，能为人之益，欲自比如灶，虽卑外而实要，为众人所急也。又，侍君之近臣以喻奥也。近君之臣，虽近君为尊，而交无事，如室之奥虽尊而无事也，并于人无益也。时孔子至卫，贾诵此旧语以感切孔子，欲令孔子求媚于己，如人之媚灶也，故云"与其媚于奥，宁当媚灶"。问于孔子"何谓"，使孔子悟之也。

孔安国曰："王孙贾，卫大夫也。奥，内也，以喻近臣也。灶，以喻执政也。贾者，执政者也。欲使孔子求昵之，故微以世俗之言感动之也。"昵，犹亲近也。欲令孔子求亲近于己，故说世俗之言，微以感动之也。

子曰："不然。获罪于天，无所祷也。"孔子识贾之诈，故以此言距之也。言我不被时用，是由君命，何能细为曲情以求于汝辈？譬如世人得罪于天，亦无所细[三]祈祷众邪之神也。

孔安国曰："天以喻君也。孔子距之曰：如获罪于天，无所祷于众神也。"若不依注，则复一释。栾肇曰："奥尊而无事，灶卑而有求。时周室衰弱，权在诸侯。贾自周出仕卫，故托世俗言以自解于孔子。孔子曰'获罪于天，无所祷'者，明天神无上，王尊无二，言当

〔一〕"敬"下，斋本、库本有"于"字。正平版何解此句作"不致敬于心"，邢疏作"不致肃敬于心"。

〔二〕"王孙贾者"至"大夫也"，斋本、库本放在疏孔安国注处，接于"王孙贾，卫大夫也"句下。

〔三〕"细"，斋本、库本无此字。

事尊,卑不足媚也。"

子曰:"周监于二代,郁郁乎文哉!周,周代也。监,视也。二代,夏、殷也。郁郁,文章明著也。言以周世比视于夏、殷,则周家文章最著明大备也。吾从周。"周既极备,为教所须,故孔子欲从周也。

孔安国曰:"监,视也。言周文章备于二代,当从周也。"

子入大[一]庙,周公庙也。孔子仕鲁助祭,故得入周公庙也。

苞氏曰:"大庙,周公庙也。孔子仕鲁,鲁祭周公而助祭焉也。"

每事问。大庙中事及物,孔子每事辄问于庙中令长也。或曰:"孰谓鄹人之子知礼乎?入大庙,每事问。"孰,谁也。邹[二],孔子父叔梁纥所治邑也,故谓孔子为邹人子也。世人皆传孔子知礼,或人疑云:知礼者自当遍识一切,不应有问;今孔子入庙,每事辄问,则是不知礼也。故曰"谁谓邹人子知礼乎"。

孔安国曰:"邹,孔子父叔梁纥所治邑也。时人多言孔子知礼,或人以为知礼者不当复问也。"

子闻之,曰:"是礼也。"孔子闻或人讥己多问,故释之也。所以云"是礼"者,宗庙事重,不可轻脱,愈知愈问,是敬慎之礼也。

孔安国曰:"虽知之,当复问,慎之至也。"

子曰:"射不主皮,射者,男子所有事也。射乃多种,今云不主皮者,则是将祭择士之大射也。张布为棚,而用兽皮帖其中央,必射之取中央,故谓主皮也。然射之为礼,乃须中质,而又须形容兼美,必使威仪中礼,节奏比乐,然后以中皮为美。而当周衰之时,礼崩乐坏,其有射者无复威仪,唯竞取主皮之中。故孔子抑而解之云:射不必在主皮也。

〔一〕"大",斋本同,库本作"太",下同。下句"周公"上,斋本、库本有"大庙"二字。

〔二〕"邹",及下文"邹人子"之"邹",斋本、库本均作"鄹"。邢疏、朱注作"鄹"。"邹"同"鄹"。

马融曰:“射有五善:引周礼卿大夫[一]射五物之法以证之也。**一曰和志,体和也;**和志,谓将射必先正志。志和则身体和韵,故云“体和”也。**二曰和容,有容仪也;**二则使行步举动和柔,所以有容仪也。**三曰主皮,能中质也;**先和志,有容仪,后乃取中于质。质即栅也。**四曰和颂,合雅颂;**射时有歌乐。言虽能中质,而放舍节奏,必令与雅颂之声和合也。天子以驺虞为节,诸侯以狸首[二],大夫以菜蘋,士以菜蘩为节。故孔子云何以射,何以听,言射节以[三]与乐声合如一也。**五曰兴武,与舞同也。**匪[四]唯声合雅颂而已,乃至使射容与乐儛趣兴相会,进退同也。然马注与乡射五物小[五]异,亦可会也,不须委曲细通。**天子有三侯,**侯即射栅也。谓栅为侯者,天子中之以威服诸侯,诸侯中之则得为诸侯。故礼云:“谓射之[六]为诸侯也。”尚书云“侯以明之”是也。**以熊、虎、豹皮为之。**三兽之皮各为一侯,故有三侯也。所以用此三兽者,三兽雄猛,今取射之,示能伏服猛也。天子大射张此三侯。天子射猛虎,诸侯射熊,卿大夫射豹也。然此注先言熊者,随语便,无别义也。**言射者不但以中皮为善,亦兼取之和容也。”**

为力不同科,为力,谓力役之事也。科,品也。古者役使人,随其强弱为科

〔一〕“卿”,斋本、库本作“乡”,是。十三经注疏本周礼乡大夫:“退而以乡射之礼五物询众庶,一曰和,二曰容,三曰主皮,四曰和容,五曰兴舞。”

〔二〕“狸首”下,斋本、库本有“为节”二字;下句“菜蘋”下,斋本、库本亦有“为节”二字,是。十三经注疏本礼记射义“狸首”“采蘋”下皆有“为节”二字。“菜蘋”及下句“菜蘩”之“菜”,斋本、库本作“采”。“菜”、“采”虽可通用,但此处应以“采”为胜。

〔三〕“以”,斋本、库本无此字。

〔四〕“匪”,斋本、库本作“非”。

〔五〕“小”,斋本、库本作“少”。

〔六〕“谓射之”,斋本、库本无“谓”“之”二字。十三经注疏本礼记射义:“射侯者,射为诸侯也。射中则得为诸侯,射不中则不得为诸侯。”

品,使之有上中下三等。周末则一概使之,无复强弱三科,与古为异。此明与〔一〕古不同科也。**古之道也。”**射不主皮及为力不同科二事,皆是古有道之时法也,故云“古之道”也。

马融曰:“为力,为力役事也。亦有上中下,设三科焉,故曰不同科也。”

子贡欲去告朔之饩羊。告朔者,人君每月旦于庙告此月朔之至也。礼:天子每月之〔二〕旦,居于明堂,告其时帝布政,读月令之书毕,又还大〔三〕庙,告于太〔四〕祖。诸侯无明堂,但告于大庙。并用牲,天子用牛,诸侯用羊。于时鲁家昏乱,自鲁文公〔五〕而不复告朔。以至子贡之时也,时君虽不告朔,而其国之旧官犹进告朔之羊。子贡见告朔之礼久废而空有其羊,故使除去其羊也。云〔六〕“饩”者,腥羊也。腥牲曰饩。

郑玄曰:“牲生曰饩。郑注诗云:“牛羊豕为牲,系养者曰牢,熟曰雍〔七〕,腥曰饩,生曰牵。”而郑今云“牲生曰饩”者,当“腥”与“生”是通名也。然必是“腥”也。何以知然者?犹生养,则子贡何以养〔八〕爱乎?政是杀而腥送,故赐爱之也。**礼:人君每月告朔于庙,有祭,谓之朝享也。**告朔之祭,周礼谓为朝享也。郑注论语云:“诸侯用羊,天子用牛矣。”侃案,鲁用天子礼,告朔应用牛,而今用羊者,天子告朔时帝,事大,故用牛,鲁不告帝,故依诸侯用羊也。**鲁自文公始不视朔,子贡见其礼废,故欲去其羊也。”**文公是僖公之子也。起文公为始,而不视告于朔也。始文,经宣、成、襄、昭、定,至哀公。时

〔一〕“与”,斋本、库本无此字。
〔二〕“之”,库本无此字。
〔三〕“大”及下文“大庙”之“大”,斋本同,库本作“太”。
〔四〕“太”,斋本、库本作“大”。
〔五〕“鲁”,斋本、库本无此字。
〔六〕“云”,斋本、库本无此字。
〔七〕“雍”,斋本、库本作“饔”。“雍”通“饔”,熟肉、熟食曰饔。
〔八〕“养”,斋本、库本无此字。

子贡当于定，未及哀时也。然谓月旦为朔者，朔者，苏也，生也，言前月已死，此月复生也。

子曰："赐也，汝爱其羊，我爱其礼。"孔子不许子贡去羊也。言子贡欲去羊之意，政言既不告朔，徒进羊为费，故云"爱羊"也。而我不欲去羊者，君虽不告朔，而后人见有告朔之羊，犹识旧有告朔之礼。今既已不告，若又去羊，则后人无复知有告朔之礼者，是告朔礼都亡已。我今犹欲使人见羊，知其有礼，故云"我爱其礼"也。

苞氏曰："羊在，犹所以识其礼也；羊亡，礼遂废也。"

子曰："事君尽礼，人以为谄也。"当于今〔一〕时，臣皆佞谄〔二〕阿党，若见有能尽礼竭忠于君者，因共翻谓为谄，故孔子明言以疾当时也。

孔安国曰："时事君者多无礼，故以有礼者为谄也。"

定公问："君使臣，臣事君，如之何？"定公，哀公父也，亦失礼而臣不服。定公患之，故问孔子，求于君使臣、臣事君之法礼也。

孔安国曰："定公，鲁君谥也。时臣失礼，定公患之，故问也。"

孔子对曰："君使臣以礼，臣事君以忠。"孔子答，因斥定公也。言臣之从君，如草从风。故君能使臣得礼，则臣事君必尽忠也；君若无礼，则臣亦不忠也。子曰："关雎，乐而不婬〔三〕，关雎者，即毛诗之初篇也。时人不知关雎之义，而横生非毁，或言其婬，或言其伤，故孔子解之也。关雎乐得淑女以配君子，是共为政风之美耳，非为婬也，故云"乐而不婬"也。故江熙云："乐在得淑女，疑于为色。所乐者德，故有乐而无婬也。"又李充曰："关雎之兴乐得淑女以配君子，忧〔四〕在进贤，不淫其色，是'乐而不淫'也。"哀而不

〔一〕"今"，斋本、库本作"尔"。

〔二〕"佞谄"，斋本、库本作"谄佞"。

〔三〕"婬"及下文诸"婬"字，斋本、库本作"淫"。"婬""淫"通。

〔四〕"忧"，斋本同，库本作"乐"。马国翰辑论语古注论语李氏集注作"忧"。邢疏："诗序云：'乐得淑女以配君子，忧在进贤，不淫其色。'"

伤。”关雎之诗，自是哀思窈[一]窕，思贤才故耳，而无伤善之心，故云“哀而不伤”也。故李充曰：“哀窈窕，思贤才，而无伤善之心，是‘哀耳[二]不伤’也。”

孔安国曰：乐而不至淫，哀而不至伤，言其和也。”郑玄曰：乐得淑女以为君子之好仇，不为淫其色也。寤寐思之，哀世失夫妇之道，不得此人，不为感[三]伤其爱也。

哀公问社于宰我。社，社稷也。哀公见社稷种树之不同，故问宰我也。哀公，鲁君也。宰我，孔子弟子，姓宰，名予，字子我也。郑论本云“问主”也。宰我对曰：“夏后氏以松，殷人以柏，周人以栗。宰我答，社稷树三代所居不同，故有松、柏之异也。然夏称“夏[四]后氏”，殷、周称“人”者，白虎通曰：“夏以揖让受禅为君，故褒之称‘后’。后，君也。又重其世，故氏系之也。殷、周以干戈取天下，故贬称‘人’也。”白虎通又云：“夏得禅授，是君与之，故称‘君[五]’也。殷、周从人民之心而[六]取之，是由人得之，故曰‘人’也。”曰使民战栗也。”曰者，谓也。宰我见哀公失德，民不畏服，无战栗悚敬之心，今欲微讽哀公，使改德修行，故因于答三代木竟，而又矫周树用栗之义也。言周人所以用栗，谓种栗而欲使民战栗故也。今君是周人，而社既种栗，而民不战栗，何也？然谓“曰”为“谓”者，犹“曰者未仁”及“不曰如何”之类也。

孔安国曰：“凡建邦立社，各以其土所宜之木。出周礼也。然社树必用其土所宜之木者，社主土生，土生必令得宜，故用土所宜木也。夏居河东，河东[七]宜松；殷居亳，亳宜柏；周居酆镐，酆镐宜栗

〔一〕“窈”，误。堂本正误表以“窈”为正。下文“窈窕”同。

〔二〕“耳”，堂本正误表以“而”为正。

〔三〕“感”，斋本、库本作“灭”。袁钧辑郑玄论语注于“不为灭伤其爱也”下注曰：“义疏考证曰：诗关雎序疏引哀世三句，无‘失之道’三字，灭作减，无‘也’字。”

〔四〕“夏”，斋本、库本无此字。

〔五〕“君”，斋本、库本作“后”。

〔六〕“而”下，斋本、库本有“伐”字。

〔七〕“河东”二字，斋本有，库本无。

也。**宰我不晓其本意**[一]**，妄为之说。**木在随土所宜，而宰我妄说其义，是不本其意也。**因周用栗，便云使民战栗也。"**便谓周[二]栗是使民战栗也。依注意，即不得如先儒言"曰使民战栗"是哀公语也。

子闻之，孔子闻之宰我说"使民战栗"之言也。**曰："成事不说，**闻而说[三]宰我也。言种栗是随土所宜，此事之成箸乎三代，汝今妄说曰"使民战栗"是坏于礼政，故云"成事不说"也。

苞氏曰："事已成，不[四]**复说解。"**依注亦得为向解也。

遂事不谏，此指哀公也。言哀公为恶已久，而民不战栗，其事毕遂，此岂汝之可谏止也？

苞氏曰："事已遂，不可复谏止也。"亦得为向解也。

既往不咎。"此斥宰我也。言汝不本树意，而妄为他说。若余人为此说，则为可咎责；今汝好为谬失，而此事既已往，吾不复追咎汝也。是咎之深也，犹"于予与何诛"之类也。

苞氏曰："事既往，不可复追非咎也。亦得为向说也[五]。**孔子非宰我，故历言三者，欲使慎其后也。"**然[六]此注亦得为向者之解。又一家云：三语并讥宰我也。故李充曰："成事不说，而哀衅成矣；遂事不谏，而哀谬遂矣；既往不咎，而哀政往矣。斯似讥宰我，而实以广道消之慨、盛德衰之叹。言不咎者，咎之深也。"案李充说，是三事并诫宰我，无令后日复行也。然成、遂、往及说、谏、咎之六字，先后之次，相配之旨，未都可见。师说云："成是其事自初成之时，遂是其

〔一〕"不晓其本意"，斋本、库本作"不本其意"。正平版何解、邢疏亦作"不本其意"。
〔二〕"周"，斋本、库本作"用"。
〔三〕"说"，斋本、库本作"讥"。
〔四〕"不"下，斋本、库本有"可"字。正平版何解、邢疏、刘氏正义所引亦有"可"字。
〔五〕"亦得为向说也"，斋本、库本无此语。
〔六〕"然"，斋本、库本无此字。

事既行之日,既往指其事已过之后也。事初成不可解说,事政行不可谏止,事已过不可追咎也。先后相配,各有旨也。”

子曰:“管仲之器小哉!”管仲者,齐桓公之相管夷吾也。齐谓之仲父,故呼为管仲也。器者,谓管仲识量也。小者,不大也。言管仲识量不可大也。

言其器量小也。孙绰曰:功有余而德不足。以道观之,得不曰小乎[一]?

或曰:“管仲俭乎?”或人闻孔子云管仲器小,便谓管仲悭俭,故问云“俭乎”。

苞氏曰:“或人见孔子小之,以为谓之大[二]俭乎也。”

曰:“管氏有三归,官事不摄,焉得俭乎?”孔子又答或人,说管仲不俭也。三归者,管仲娶三国女为妇也。妇人谓嫁曰归也。礼:诸侯一娶三国九女,以一大国为正夫人。正夫人之兄弟女一人,又夫人之妹一人,谓[三]之侄娣,侄娣随夫人来为妾。又二小国之女来为媵,媵亦有侄娣自随。既每国三人,三国故九人也。大夫婚不越境,但一国娶三女也,以一为正妻,二人侄娣从为妾也。管仲是齐大夫,而一娶三国九女[四],故云“有三归”也。又诸侯国大事多,故立官各职,每人辄为一官。若大夫则不得官官置人,但每[五]人辄摄领数事。管仲是大夫,而立官各人,不须兼摄,故云“官事不摄”也。既女多官广,费用不少,此则非俭者所为,故云“焉得俭”也。

苞氏曰:“三归者,娶三姓女也。然媵与夫人与大国宜同姓。今虽三国,政应一姓。而云三姓者,当是误也。妇人谓嫁为归。摄,犹兼也。摄,并也。礼:国君事大,官各有人,大夫并

〔一〕“孙绰曰”至“小乎”,斋本、库本放在解经文处,接于“言管仲识量不可大也”句下。

〔二〕“大”,斋本、库本作“太”。邢疏作“大”。

〔三〕“谓”,斋本同,库本作“为”。下句“侄娣”二字,斋本、库本无。

〔四〕“女”,斋本、库本作“人”。

〔五〕“每”下,斋本、库本有“一”字。

兼。今管仲家臣备职，非为俭也。”大夫称家，大夫之臣曰家臣。家臣宜并事，今云“不摄”，是不并，不并是不俭也。家臣谓家相、邑宰之属也。

曰：“然则管仲知礼乎？”又或人问也。或人闻孔子云不俭，故更问曰：若如此，则是管仲知礼乎？然，犹如此也。

苞氏曰：“或人以俭问，故答以安得俭。或人闻不俭，更谓为得〔一〕礼也。”

曰：“邦君树塞门，管氏亦树塞门；又答或人，云管仲不知礼也。邦国〔二〕，谓诸侯也。树塞门，谓立屏以障隔门，别外内。礼：天子、诸侯并有之也。臣来朝君，至屏而起敬。天子尊远，故外屏，于路门之外为之。诸侯尊近，故内屏，于内门之内为之。今黄门〔三〕阁板障是也。卿大夫以帘，士以帷。又并不得施之〔四〕门，政当在庭阶之处耳。管仲是大夫，亦学诸侯，于门立屏，故云“亦树塞门”也。邦君为两君之好，有反坫，管氏亦有反坫。又明失礼也。礼：诸侯与邻国君相见，共于庙饮燕，有反坫之礼。坫者，筑土为之，形如土堆，在于两楹之间。饮酒行献酬之礼，更酌，酌毕则各反其酒爵于坫上，故谓此堆为“反坫”。大夫无此礼，而管仲亦僭为之，故云“亦有反坫”也。

郑玄曰：“反坫，反爵之坫也。爵谓杯也。在两楹之间。两楹者，古者屋当栋下隔之，栋后谓之室，栋前谓之堂。假三间堂，而中央之间堂，无西、东壁，其柱盈盈而立。故谓柱为楹，东柱为东楹，西柱为西楹。西楹之东，东楹之西，即谓此地为两楹之间也。人君有别外内，于门树屏以敝〔五〕之。今黄阁用板为障。古者未必用板，

〔一〕“得”下，斋本、库本有“知”字，衍。此句邢疏作“便谓为得礼”，正平版何解作“更谓为得礼也”。

〔二〕“国”，斋本、库本作“君”，是。

〔三〕“门”，斋本、库本无此字。

〔四〕“之”下，斋本、库本有“于”字。

〔五〕“敝”，斋本、库本作“蔽”。正平版何解、邢疏亦作“蔽”。

或用土。今大庙中门内作屏障之也。**若与邻国君为好会，其献酢之礼更酌，**初主人酌酒与宾曰献，宾饮献毕而酌酒[一]与主人曰酢，主人饮酢毕又酌与宾曰酬。古者宾、主各杯，故云“更酌”也。**酌毕则各反爵于坫上。**既云“各反”，则是各两爵也。**今管氏[二]皆僭为之如是，是不知礼也。”**卑者滥用尊者之物曰僭也[三]。

管氏而知礼，孰不知礼也？”结于答也。孰，谁也。言若谓管仲此事为知礼，则谁复是不知礼者乎？然孔子称管仲为仁及匡齐不用兵车，而今谓为小，又此二[四]失者，管仲中人，宁得圆足，是故虽有仁功，犹不免此失也。今[五]李充曰：“齐桓隆霸王之业，管仲成一匡之功，免生民于左衽，岂小也哉？然苟非大才者，则有偏失。好内极奢，桓公之病也。管生方恢仁大勋，弘振风义，遗近节于当年，期远济乎千载，宁谤分以要治，不洁己以求名，所谓君子行道忘其为身者也。漏细行而全令图，唯大德乃堪之。季末奢淫，愆违礼则。圣人明经常之训，塞奢侈之源，故不得不贬以为少[六]也。”**子谓[七]鲁大师乐曰：“乐其可知也已。**鲁大师，鲁乐师也。鲁之国礼乐崩坏，正音不存，故孔子见鲁之乐师而语其使[八]知正乐之法，故云“乐其可知也已”。**始作，翕如也；**此以下并是所语可知之声也。翕，习也。言正乐初奏，其声翕习而盛也。

大师，乐官名也。言五音始奏，翕如盛也。

从之，纯如也。从，放纵也。言正乐始奏翕习，以后又舒纵其声，其声则

〔一〕“酒”，斋本、库本无此字。

〔二〕“氏”，斋本、库本作“仲”。正平版何解、邢疏亦作“仲”。

〔三〕“卑者”至“僭也”，斋本、库本无此句。

〔四〕“此二”，斋本、库本作“有此”。

〔五〕“今”，斋本、库本无此字。

〔六〕“少”，斋本、库本作“小”，是。

〔七〕“谓”，斋本、库本作“语”。正平版何解、邢疏亦作“语”。

〔八〕“其使”，斋本、库本作“使其”。

纯一而和谐。言不离析散逸也。

从,读曰纵也。言五音既发,放纵尽其声,纯纯如和谐也。

皦如也,言虽纯如而如一,其音节又明亮皎皎然也。

言其音节〔一〕明也。

绎如也,绎,寻续也。言声相寻续而不断绝也。**以成矣。”**以成矣〔二〕,奏乐如此,则是正声一成也。

纵之以纯如、皦如、绎如,言乐始于翕如,而成于三者也。三者,纯、皦、绎也。

仪封人仪,卫邑名也。封人,守卫邑之堺吏也。周人谓守封壃之人为封人也。**请见,**时孔子至卫,而封人是贤者,故谓〔三〕诸弟子,求见于孔子也。

郑玄曰:“仪,盖卫下邑也。封人,官名也。”

曰:“君子之至于斯者,吾未尝不得见也。”从者见之。此封人请见之辞也。既欲见孔子,而恐诸弟子嫌我微贱,不肯为通闻,时〔四〕故引我恒例以语诸弟子,使为我通也。斯,此也。言从来若有君子来至此卫地者,我尝未〔五〕不得与之相见,言皆见我也。从者,即是弟子随孔子来者也。闻其言而为通达,使得见也。

苞氏曰:“从者,是弟子随孔子行者也,通使得见者也。”

出曰:“二三子何患于丧乎?出,谓封人见孔子竟而出也。二三子,即是向为封人通闻之弟子也。丧,犹亡失也。封人见竟,出而呼孔子弟子而语

〔一〕“节”下,斋本、库本有“分”字,衍。正平版何解、邢疏无“分”字。

〔二〕“以成矣”,斋本、库本无此三字。

〔三〕“谓”,斋本、库本作“请”。

〔四〕“时”,斋本、库本无此字。

〔五〕“尝未”,斋本、库本作“未尝”。

之也，云：二三子，汝何所忧患于孔子圣道亡失乎？必不亡失也。**天下之无道久矣，**此封人又说孔子圣道不亡失之由也。言事不常一，有盛必有衰，衰极必盛。当今天下乱离无道已久，久乱必应复兴，兴之所寄，政当在孔子圣德之将丧亡也〔一〕。

孔安国曰："语诸弟子，言何患于夫子圣德将丧亡耶？天下之无道也已久矣，极衰必有盛也。"

天将以夫子为木铎。"言今无〔二〕道将兴，故用孔子为木铎以宣令闻也〔三〕。

孔安国曰："木铎，施政教时所振也。言天将命孔子制作法度，以号令于天下也。"铎用铜铁为之，若行武教则用铜铁为舌，若行文教则用木为舌，谓之木铎。将行号令，则执铎振奋之，使鸣而言所教之事也。故檀弓云："宰〔四〕执木铎以命于宫曰：舍故而讳新。"又月令云："奋木铎以令兆民曰：雷将发声。"是其事也。孙绰曰："达哉〔五〕封人！栖迟贱职，自得于怀抱，一观大圣，深明于兴废，明道内足，至言外亮。将天假斯人以发德音乎？夫高唱独发，而无感于当时，列国之君莫救乎聋盲，所以临文永慨者也。然玄风遐被，大雅流咏，千载之下，若瞻仪形。其人已远，木铎未戢，乃知封人之谈，信于今矣〔六〕。"

子谓韶："尽美矣，又尽善矣也。"此详虞、周二代乐之胜否也。韶，舜乐名也。夫圣人制乐，随人心而为名。韶，绍也。天下之民乐舜揖让绍继尧德，故舜有天下而制乐名韶也。美者，堪合当时之称也。善者，理事不恶之名

〔一〕此句，斋本、库本"将"上无"之"字，"亡"下有"之时"二字。

〔二〕"无"，斋本、库本无此字，是。

〔三〕"闻也"，斋本、库本作"之"。

〔四〕"宰"下，斋本、库本有"夫"字，是。十三经注疏本礼记檀弓有"夫"字。

〔五〕"哉"，斋本、库本作"者"。

〔六〕"孙绰曰"至"今矣"，斋本、库本放在解经文处，接于"故用孔子为木铎以宣令闻也"句下。

也。夫理事不恶，亦未必会合当时；会合当时，亦未必事理不恶，故美、善有殊也。韶乐所以尽美又尽善，天下万物乐舜继尧，从〔一〕民受禅，是会合当时之心，故曰“尽美”也；揖让而代，于事理无恶，故曰“尽善”也。

韶〔二〕，舜乐名也。谓以圣德受禅，故曰“尽善”也。注不释“尽美”而释“尽善”者，释其异也。

谓武：“尽美矣，未尽善也。”武，武王乐也。天下之民乐武王干戈，故乐名武也。天下乐武〔三〕，武王从民〔四〕伐纣，是会合当时之心，故“尽美”也；而以臣伐君，于事理不善，故云“未尽善”也。

孔安国曰：“武，武王乐也。以征伐取天下之故，曰‘未尽善’也。”注亦释其异也。

子曰：“居上不宽，为礼不敬，临丧不哀，吾何以观之哉？”此说〔五〕当时失德之君也。为君居上者，宽以得众，而当时居上者不宽也；又礼以敬为主，而当时行礼者不敬也；又临丧以哀为主，而当时临丧者不哀。此三条之事并为乖礼，故孔子所不欲观，故云“吾何以观之哉”。

论语里仁第四　　何晏集解　凡廿六章

疏里者，邻里也。仁者，仁义也。此篇明凡人之性易为染着，遇善则升，逢恶则坠，故居处宜慎，必择仁者之里也。所以次前者，明季氏恶由不近仁。今示避恶徙善〔六〕，宜居仁里，故以里仁次于季氏也。

〔一〕“从”上，斋本、库本有“而舜”二字。

〔二〕“韶”上，斋本、库本有“孔安国曰”四字。正平版何解作“孔安国曰”，邢疏作“孔曰”。马国翰将此语辑入论语古注论语孔氏训解。

〔三〕“武”，斋本、库本无此字。

〔四〕“民”下，斋本、库本有“而”字。

〔五〕“此说”，斋本、库本作“此章讥”。

〔六〕“示”，库本作“亦”，误。“徙”，斋本、库本作“从”，误。“徙”有“趋向”义，大戴礼记礼察、礼记经解均有“徙善远罪”之语。

子曰："里仁为美。里者，民之所居处也。周家去王城百里谓之远郊，远郊内有六乡，六乡中五家为比，五比为闾，五闾为族，五族为党，五党为州，五州为乡。百里外至二百里谓[一]之六遂，遂中五家为邻，五邻为里，四里为酂，五酂为鄙，五鄙为县，五县为遂。二百里外至王畿五百里之内，并同六遂之制也。仁者，博施济众也。言人居宅，必择有仁者之里，所以为美也。里仁既为美，则闾仁亦美可知也。

郑玄曰："里者，民之所居也。居于仁者之里，是为善也。"文云"美"而注云"善"者，夫美未必善，故郑深明居仁者里必是善也。

择不处仁，焉得智？"中人易染，遇善则善，遇恶则恶。若求居而不择仁里而处之，则是无智之人，故云"焉得智"也。

郑玄曰："求善居而不处仁者之里，不得为有智之也。"沈居士曰："言所居之里，尚以仁地为美，况择身所处而不处仁道，安得智乎[二]？"

子曰："不仁者，不可以久处约，此明不仁之人居世无宜也。约，犹贫困也。夫君子处贫愈久，德行无变，若不仁之人久居约，则必斯滥为盗，故不可久处也。

孔安国曰："久困则为非也。"

不可以长处乐也。乐，富贵也。君子富贵愈久，愈好礼不倦。若不仁之人久处富贵，必为骄溢也。

孔安国曰："必骄佚也。"

仁者安仁，辨行仁之中有不同也。若禀性自仁者，则能安仁也。何以验之？假令行仁获罪，性仁人行之不悔，是"仁者安仁"也。

苞氏曰："唯性仁者自然体之，故谓安仁也。"

〔一〕"谓"，斋本作"为"，库本作"谓"。

〔二〕"沈居士"至"智乎"，斋本、库本放在解经文处，接于"故云焉得智也"句下。

智者利仁。"智者，谓识昭前境而非性仁者也。利仁者，其见行仁者，若于彼我皆利，则己行之；若于我有损，则便[一]停止，是"智者利仁"也。

王肃曰：**"知者仁为美，故利行之也**[二]**。"**知仁为美而性不体之，故有利乃行之也。

子曰："唯仁者，能好人，能恶人。"夫仁人不佞，故能言人之好恶，是能好人能恶人也，"雍也仁而不佞"是也。

孔安国曰：**"唯仁者能审人好恶之**[三]**也。"**亦得为向释也。又一解云："谓极仁之人也。极仁之人，颜氏是也。既极仁昭，故能识审他人好恶也。"故缪播曰："仁者，人之极也，能审好恶之表也，故可以定好恶。若未免好恶之境，何足以明物哉？"

子曰："苟志于仁矣，无恶也。"苟，诚也。言人若诚能志在于仁，则是为行之胜者，故其余所行皆善，无复[四]恶行也。

孔安国曰：**"苟，诚也。言诚能志于仁者，则其余无恶也。"**

子曰："富与贵，是人之所欲也；富者财多，贵者位高。位高则身[五]为他所崇敬，财多则为他所爱。夫人生则莫不贪欲此二事，故云"是人所欲"也。**不以其道得之，不处也。**然二途虽是人所贪欲，要当取之以道，则为可居；若不用道理而得，则不可处也。

孔安国曰：**"不以其道得富贵，不**[六]**处也。"**"不义而富且贵，于我如浮云"，是以君子不处也。

〔一〕"便"，斋本、库本作"使"。

〔二〕"知者仁为美，故利行之也"，斋本、库本作"智者知仁为美，故利而行之也"。正平版何解作"知仁为美，故利行之也"，邢疏作"知仁为美，故利而行之"。

〔三〕"之"，斋本、库本放在上"人"字下。正平版何解无"之"字。邢疏此语作"唯仁者能审人之所好恶"，有"所"字。

〔四〕"复"，斋本、库本无此字。

〔五〕"身"，斋本、库本无此字。

〔六〕"不"上，斋本、库本有"则仁者"三字。邢疏有"则仁者"，正平版何解无。

贫与贱，是人之所恶也；乏财曰贫，无位曰贱。贱则为人所欺陵，贫则身困冻馁。此二事者，为人所憎恶，故云“是人之所恶”也。**不以其道得之，不去也。**若依道理，则有道者宜富贵，无道者宜贫贱，则是理之常道也。今若有道而身反贫贱，此是不以其道而得也。虽非我道而招此贫贱，而亦安之若命〔一〕，不可除去我正道而更作非理邀之，故云“不去”也。

　　时有否泰，故君子履道而反贫贱，此即〔二〕“不以其道而得之”者也。虽是人之所恶，不可违而去之也。时有否泰，运有通塞，虽所招非己分，而不可违去我正道也。所以颜愿安贫，不更他方横求也。

君子去仁，恶乎成名？此更明不可去正道以求富贵也。恶乎，犹于何也。言人所以得他人呼我为君子者，政由我为有仁道故耳。若舍去仁道傍求富贵，则于何处更得成君子之名乎？

　　孔安国曰：“恶乎成名者，不得成名为君子也。”

君子无终食之间违仁，终食，食间也。仁既不可去，故虽复饮食之间，亦必心无违离于仁也。**造次必于是，**造次，急遽也。是，是仁也。言虽复身有急遽之时，亦必心存于仁也。**颠沛必于是。”**颠沛，偃仆也。言虽身致偃仆，亦必心不违于仁也。

　　马融曰：“造次，急遽也。颠沛，偃仆也。偃仆，犹倒踣也。**虽急遽、偃仆，不违于仁也。”**

子曰：“我未见好仁者，叹世衰道丧仁道绝。言我未见有一人见他人行仁而好之者也。**恶不仁者。**又言我亦不见一人虽不能自行仁者，若见他人不仁而己憎恶之者也。故范宁曰：“世衰道丧，人无廉耻，见仁者既不好之，见不仁者亦不恶之。好仁恶不仁，我未睹其人也。”**好仁者，无以尚之；**

〔一〕“命”，斋本、库本作“佥”，误。

〔二〕“即”，斋本、库本作“则”。正平版何解亦作“则”。

尚，犹加胜也。言若好仁者，则为德之上，无复德可加胜此也。故李充曰："所好唯仁，无物以尚之也。"

孔安国曰："难复加也。"

恶不仁者，其为仁矣，好仁者，故不可加善。若知恶憎于不仁者，其人亦即是仁，故云"其为仁"也。不使不仁者加乎其身。此是恶不仁者之功也。言既能恶于不仁，而身不与亲狎，则不仁者不得以非理不仁之事加陵于己身也。一云："其，其于仁者也。言恶不仁之人虽不好仁，而能恶于不仁者，不欲使不仁之人以非理加于〔一〕仁者之身也。"故李充曰："不仁，仁者之贼也。奚不恶不仁哉？恶其害仁也。是以为惜仁人之笃者，不使不仁人加乎仁者之身，然后仁道无适而不申，不仁者无往而不屈也。"

孔安国曰："言恶不仁者，能使不仁者不加非义于己，不如好仁者无以加尚为之〔二〕优也。"如前解也。

有能一日用其力于仁者矣乎？我未见力不足者也。又叹世无有一日能行仁者也。言人何意不行仁乎？若有一日行仁而力不足者，我未见有此人也。言只故不行耳，若行之则力必足也。

孔安国曰："言人无能一日用其力修仁者耳，我未见欲为仁而力不足者也。"

盖有之乎，我未之见也。"孔子既言无有，复恐为顿诬于世，故追解之云：世中盖亦当有一日行仁者，特是自未尝闻见耳。

孔安国曰："谦不欲尽诬时人言不能为仁，故云为仁能〔三〕有耳，其我未见也。"诬，犹諞也。世有而我云无，是为諞也。君子可欺不可諞，故云"盖有之"也。

〔一〕"于"，斋本、库本作"陵"。

〔二〕"为之"，斋本、库本作"之为"。正平版何解作"为之"。邢疏此语作"不如好仁者无以尚之为优"。

〔三〕"仁能"，斋本、库本作"能仁"。正平版何解此语作"故云为能有耳"，邢疏作"故云为能有尔"，无"仁"字。

子曰："民之过也，各于其党。过，犹失也。党，类〔一〕也。人之有失，各有党类。小人不能为君子之行，则非小人之失也。犹如耕夫不能耕乃是其失，若不能书，则非耕夫之失也。若责之，当就其辈类责也。**观过，斯知仁矣。"**若观人之过，能随类而责，不求备一人，则知此观过之人有仁心人也。若非类而责，是不仁人，故云"观过，斯知仁矣"。

孔安国曰："党，党类也。小人不能为君子之行，非小人之过也，当恕而无责之。观过，使贤愚各当其所，则为仁也。"殷中湛解小异〔二〕于此。殷曰："言人之过失各由于性类之不同，直者以改邪为义，失在于寡恕；仁者以恻隐为诚，过在于容非。是以与仁同过，其仁可知。'观过'之义，将在于斯者也。"

子曰："朝闻道，夕死可矣。"叹世无道，故言：假〔三〕使朝闻世有道，则夕死无恨，故云"可矣"。栾肇曰："道所以济民。圣人存身，为行道也。济民以道，非为济身也。故云诚令道朝闻于世，虽夕死可也。伤道不行，且明己忧世不为身也。"

言将至死不闻世之有道也。

子曰："士志于道而耻恶衣恶食者，未足与议也。"若欲志于道而耻恶衣恶食者，此则是无志之人，故不足与共谋议于道也。一云："不可与其共行仁义也。"李充曰："夫贵形骸之内者，则忘其形骸之外矣。是以昔之有道者有为者，乃使家人忘其贫，王公忘其荣，而况于衣食也？"**子曰："君子之于天下也，无适也，无莫也，义之比〔四〕也。"**范宁曰："适、莫，犹厚、薄也。比，亲也。君子与人无有偏颇厚薄，唯仁义是亲也。"

〔一〕"类"上，斋本、库本有"党"字。

〔二〕"中湛"，误。堂本正误表以"仲堪"为正 。"小异"，斋本、库本作"少异"。

〔三〕"假"，斋本、库本作"设"。

〔四〕"比"上，斋本、库本有"与"字。定州汉墓竹简论语、正平版何解、邢疏亦有"与"字。

言君子之于天下，无適无莫，无所贪慕也，唯义之所在也。

子曰："君子怀德，怀，安也。君子身之所安，安于有德之事。

孔安国曰："怀，安也。"

小人怀土；小人不贵于德，唯安于乡土，不期利害，是以安不能迁也。

孔安国曰："重迁也。"重，犹难也。以迁徙为难，不慕胜而数迁也。一云："君子者，人君也；小人者，民下也。上之化下，如风靡草。君若化民安德，则下民安其土，所以不迁也。"故李充曰："凡言君子者，德足轨物，义兼君人，不唯独善而已也。言小人者，向化从风，博通下民，不但反是之谓也，故曰'君子之德风，小人之德草'也。此言君导之以德，则民安其居而乐其俗，邻国相望而不相与往来，化之至也。是以大王在岐，下輦成都，仁政感民，猛虎弗避，钟仪怀土，而谓之君子。然则民之君子，君之小人也。斯言言例也〔一〕。"

君子怀刑，刑，法也。言君子之人安于法则也。

孔安国曰："安于法也。"

小人怀惠。"惠，恩惠利人也。小人不安法，唯知安利惠也。又一云："人君若安于刑辟，则民下怀利惠也。"故李充曰："齐之以刑，则民惠利矣。夫以刑制物者，刑胜则民离；以利望上者，利极则生叛也。"

苞氏曰："惠，恩惠也。"

子曰："放于利而行，放，依也。谓每事依财利而行者也。

孔安国曰："放，依也。每事依利而行之者也。"

多怨。"若依利而行者则为怨府，故云"多怨"。

孔安国曰："取怨之道也。"

〔一〕"言言"，斋本、库本作"言"。"一云"至"例也"，斋本、库本放在解经文处，接于"是以安不能迁也"句下。

子曰:“能以礼让为国乎,何有? 为,犹治也。言人君能用礼让以治国,则于国事不难,故云“何有”,言其易也。故江熙曰:“范宣子让,其下皆让之。人怀让心,则治国易也。”

何有者,言不难之也。

不能以礼让为国,如礼何?”若昏暗之君,不为用礼让以治国,则如治国之礼何?故江熙曰:“不能以礼让,则下有争心,锥刀之末,将尽争之。唯利是恤,何遑言礼也?”

苞氏曰:“如礼何者,言不能用礼也。”

子曰:“不患无位,患所以立。时多患无爵位,故孔子抑之也。言何患无位,但患己才暗无德以处立于位耳。不患莫己知也,求为可知也。”又言若有才伎,则不患人不见知也,故云“不患莫己知也”。若欲得人见知,唯当先学才伎,使足人知,故云“求为可知也”。

苞氏曰:“求善道而学行之,则人知己也。”

子曰:“参乎! 呼曾子名,欲语之。参,曾子名也。吾道一以贯之哉。”所语曾子之言也。道者,孔子之道也。贯,犹统也,譬如以绳穿物,有贯统也。孔子语曾子曰:吾教化之道,唯用一道以贯统天下万理也。故王弼曰:“贯,犹统也。夫事有归,理有会。故得其归,事虽殷大,可以一名举;总其会,理虽博,可以至约穷也。譬犹以君御民,执一统众之道也。”曾子曰:“唯。”唯,犹今应尔也。曾子晓孔子言,故直应尔而已,不谘问也。

孔安国曰:“直晓不问,故答曰‘唯’也。”

子出,当是孔子往曾子处,得曾子答竟后,而孔子出户去。门人问曰:“何谓也?”门人,曾子弟子也。不解孔子之言,故问于曾子也。曾子曰:“夫子之道,忠恕而已矣。”曾子答弟子也,释于孔子之道也。忠,谓尽忠〔一〕

〔一〕“忠”,斋本、库本作“中”。邢疏亦作“中”。

心也。恕,谓忖我以度于人也。言孔子之道,更无他法,政〔一〕用忠恕之心,以己测物,则万物之理皆可穷验也。故王弼曰:"忠者,情之尽也;恕者,反情以同物者也。未有反诸其身而不得物之情,未有能全其恕而不尽理之极也。能尽理极,则无物不统。极不可二,故谓之一也。推身统物,穷类适尽,一言而可终身行者,其唯恕也。"**子曰:"君子喻〔二〕义,小人喻于利。"**喻,晓也。君子所晓于仁义,小人所晓于财利。故范宁曰:"弃货利而晓仁义,则为君子;晓货利而弃仁义,则为小人。"

孔安国曰:"喻,犹晓也。"

子曰:"见贤思齐焉,言人若见贤者,当自思修砺,愿〔三〕与之齐等也。

苞氏曰:"思与贤者等也。"

见不贤者而内自省也。"省,视也。若见人不贤者,则我更视〔四〕我心内,从来所行无此事不也。故范宁曰:"顾探诸己,谓之内省也。"**子曰:"事父母几谏,**几,微也。子事父母,义主恭从。父母若有过失,则子不获不致极而谏。虽复致谏,犹当微微纳进善言,不使額額也。此章下四章明孝〔五〕。

苞氏曰:"几,微也。言当微谏,纳善言于父母也。"

见志不从,又敬而以〔六〕不违,虽许有谏,若见父母志不从己谏,则己仍起敬起孝,且不违距于父母之志,待父母悦,乃更谏也。故礼记云"父母有

〔一〕"政",斋本、库本作"故"。
〔二〕"喻"下,斋本、库本有"于"字,是。
〔三〕"愿",斋本、库本放在上句"修"字上。
〔四〕"视"上,斋本、库本有"自"字。
〔五〕"此章下四章明孝",斋本、库本作"此并下四章皆明孝也"。
〔六〕"以"字衍。正平版何解此句作"又敬不违,劳不怨";定州汉墓竹简论语作"有敬不违,劳而不怨";邢疏、朱注、刘氏正义作"又敬不违,劳而不怨";斋本作"又敬而不违,劳而不怨"。

过，下气柔声，怡色以谏。谏若不入，起敬起孝，悦则后[一]谏"是也。**劳而不怨。"**若谏又不从，或至十至百，则己不敢辞己之劳以怨于亲也。故礼记云"凡[二]虽挞之流血，不敢疾怨"是也。

苞氏曰："见志者，见父母志有不从己谏之色，则又当恭敬，不敢违父母意而遂己之谏也。"然夫谏之为义，义在爱惜。既在三事同，君亲宜一，若有不善，俱宜致谏。今就经记参差，有出没难解。案，檀弓云："事亲有隐无犯，事君有犯无隐。"则是隐亲之失，不谏亲之过，又谏君之失，不隐君之过，并为可疑。旧通云："君亲并谏，同见孝经，微进善言，俱陈记传。故此云'事父母几谏'，而曲礼云'为人臣之礼不显谏'，郑玄曰'合几微谏'也，是知并宜微谏也。"又若君亲为过大甚，则亦不得不极于犯颜。故孝经曰："父有争子，君有争臣。"又内则云："子之事亲也，三谏不从则号泣而随之。"又云："臣之事君，三谏不从则逃之。"以经就[三]记，并是极犯时也。而檀弓所言，欲显真假本异，故其旨不同耳。何者？父子真属，天性莫二，岂父有罪，子向他说也？故孔子曰："子为父隐，父为子隐，直在其中。"故云"有隐"也。而君臣既义合，有殊天然。若言君之过于政有益，则不得不言。如齐晏婴与晋叔向，共[四]言齐晋二君之过，是也。唯值有益乃言之，示[五]不恒为口实。若言之无益，则隐也。如孔子答陈司败曰"昭公知礼"是也。假使与他言父过有益，亦不得言。或问曰："春秋传晋魏戊告于阎没、女宽，言父之过，此岂不亦言乎？"答："春秋之书非复常准，苟取权宜，不得格于正理也。"又父子天性，义主恭从，所以言无犯，是其本也。而君臣假

〔一〕"后"，斋本、库本作"复"。十三经注疏本礼记内则作"父母有过，下气怡色，柔声以谏，谏若不入，起敬起孝，说则复谏"。

〔二〕"凡"，斋本、库本无此字。十三经注疏本礼记内则作"父母怒，不说，而挞之流血，不敢疾怨"。

〔三〕"经就"，斋本、库本作"就经"。

〔四〕"共"，库本作"具"。

〔五〕"示"，斋本、库本作"亦"。

合，义主匡弼，故云有犯，亦其本也。乃其俱宜有犯，微著事同，是其俱如向释。又在三有师，檀弓云："事师无犯无隐。"所以然者，师常居明德无可隐，无可隐，故亦无犯也[一]。

子曰："父母在，子[二]不远游，游必有方。"方，常也。曲礼云："为人子之礼，出必告，反必面，所游必有常，所习必有业。"是"必有方"也。若行游无常，则贻累父母之忧也。

郑玄曰："方，犹常也。"

子曰："三年无改于父之道，可谓孝矣。"

郑玄曰："孝子在丧，哀戚思慕，无所改其父之道，非心之所忍为也。"

子曰："父母之年，不可不知也。人有年多而容少，或有年少而体[三]老，此处不可为定，故为人子者，必宜知父母之年多少也。**一则以喜，**此宜知年之事也。知父母年高而形犹壮，此是寿考之征，故孝子所以喜也。**一则以惧。"**年实未老而形容衰减，故孝子所以怖惧也。

孔安国曰："见其寿考则喜，见其衰老则惧也。"亦得如向解。又一释："若父母年实高，而形亦随而老，此子亦一喜一惧也。见年高所以喜，见形老所以惧也。"而李充之解小异，云："孝子之事亲也，养则致其乐，病则致其忧。忧乐之情深，则喜惧之心笃。然则献乐以排忧、进欢而去戚者，其唯知父母之年乎？岂徒知年数而已哉？贵其能称年而致养也。是以唯孝子为能达就养之方，尽将从之节。年盛则常怡，年衰则消息，喜于康豫，惧于失和，孝子之道备也矣。"

子曰："古之者言之不妄出也，耻躬之不逮也。"躬，身也。逮，

〔一〕"然夫谏之为义"至"无犯也"，斋本、库本放在解经文处，接于"不敢疾怨是也"句下。

〔二〕"子"，正平版何解、斋本有，定州汉墓竹简论语、邢疏、朱注、刘氏正义无。

〔三〕"而体"，斋本、库本作"壮"。下句"处"字，斋本、库本作"所"。

及也。古人不轻出言者，耻躬[一]行之不能及也。故子路不宿诺也。故李充曰："夫轻诺者必寡信，多易者必多难，是以古人难之。"

苞氏曰："古人之言不妄出口者，为耻其身行之将不及也。"

子曰："以约失之者，鲜矣。"鲜，少也。言以俭约自处，虽不得中，而失国家者少也。故颜延之云："秉小居薄，众之所与；执多处丰，物之所去也。"

孔安国曰："俱不得中也，奢则骄，溢则[二]招祸，俭约则无忧患也。"

子曰："君子欲讷于言而敏于行。"讷，迟钝也。敏，疾速也。君子欲行先于言，故迟言而速行也。

苞氏曰："讷，迟钝也。言欲迟钝，而行欲敏也。"

子曰："德不孤，必有邻。"言人有德者，此人非孤然，而必有善邻里。故云[三]："鲁无君子者，子贱斯焉取斯乎。"又一云："邻，报也。言德行不孤失[四]，必为人所报也。"故殷仲湛[五]曰："推诚相与，则殊类可亲；以善接物，物亦不皆忘，以善应之。是以德不孤焉，必有邻也。"

孔安国曰[六]："方以类聚，同志相求也，故必有邻也，是以不孤也。"于前解为便也。

子游曰："事君数，斯辱矣；朋友数，斯疏矣。"斯，此也。礼不贵亵，故进止有仪。臣非时而见君，此必致耻辱；朋友非时而相往数，必致疏

〔一〕"躬"，斋本、库本作"身"。

〔二〕"则"，斋本、库本无此字。正平版何解作"溢则招祸"，邢疏作"佚招祸"，马国翰辑论语古注论语孔氏训解作"溢招祸"。

〔三〕"云"，斋本、库本作"也"。

〔四〕"失"，斋本、库本作"矣"。

〔五〕"湛"，误，堂本正误表以"堪"为正 。

〔六〕"孔安国曰"，斋本、库本无此四字。正平版何解、邢疏亦无。

辱[一]也。一云："言数，计数也。君臣计数，必致危辱；朋友计数，必致疏绝也。"

孔安国曰："数，谓速数之数也。"速而又数，则是不节也。

论语义疏第二　经一千二百一十二字　注一千九百三十一字

〔一〕"辱"，斋本、库本作"远"。

论语义疏卷第三 公冶长 雍也

梁国子助教吴郡皇侃撰

论语公冶长第五　何晏集解　凡廿九章

疏公冶长者，孔子弟子也。此篇明时无明君，贤人获罪者也。所以次前者，言公冶虽在枉滥缧绁，而为圣师证明。若不近仁则曲直难辨，故公冶次里仁[一]也。

子谓公冶长，“可妻也。公冶长，弟子也。“可妻”者，孔子欲以女嫁之，故先评论云[二]谓“可妻也”。**虽在缧绁之中，非其罪也”。**既欲妻之，故备论其由来也。缧，黑索也。绁，挛也。古者用黑索以挛系罪人也。冶长贤人，于时经枉滥，在缧绁之中，虽然，实其非[三]罪也。**以其子妻之。**评之既竟，而遂次[四]女嫁之也。范宁曰：“公冶行正获罪，罪非其罪，孔子以女妻之，将以大明衰世用刑之枉滥，劝将来实守正之人也。”

〔一〕“里仁”，原倒作“仁里”，此据本书上篇改。
〔二〕“云”，斋本、库本作“而”。
〔三〕“其非”，斋本、库本作“非其”。
〔四〕“次”，斋本、库本作“以”。“次”有“即”“就”义，似亦能解得通。

孔安国曰："公冶长，弟子，鲁人，姓公冶，名长。范宁曰："名芝，字子长也。"缧，黑索也。绁，挛也。所以拘罪人也。"别有一书，名之为论释，云："公冶长从卫还鲁，行至二堺上，闻鸟相呼往清溪食死人肉。须臾见一老妪当道而哭，冶长问之，妪曰：'儿前日出行，于今不反，当是已死亡，不知所在。'冶长曰：'向闻鸟相呼往清溪食肉，恐是妪儿也。'妪往看，即得其儿也，已死。即妪告村司，村司问妪从何得知之，妪曰：'见冶长道如此。'村官曰：'冶长不杀人，何缘知之？'囚录冶长付狱。主问冶长何以杀人，冶长曰：'解鸟语，不杀人。'主曰：'当试之。若必解鸟语，便相放也；若不解，当令偿死。'驻冶长在狱六十日。卒日，有雀子缘狱栅上，相呼啧啧唶唶，冶长含笑。吏启主冶长笑雀语，是似解鸟语。主教问冶长：'雀何所道而笑之？'冶长曰：'雀鸣啧啧唶唶，白莲水边有车翻覆黍粟，牡牛折角，收敛不尽，相呼往啄。'狱主未信，遣人往看，果如其言。后又解猪及燕语，屡验，于是得放。"然此语乃出杂书，未必可信，而亦古旧相传，云冶长解鸟语，故聊记之。

子谓南容，又评南容也。"邦有道，不废；邦无道，免于刑戮"。明南容之德也。若遭国君有道，则出仕官，不废己之才德也；若君无道，则危行言逊，以免于刑戮也。刑戮通语耳，亦含轻重也。以其兄之子妻之。论之既毕，孔子以己兄女妻之也。

王肃曰："南容，弟子南宫縚也，鲁人也，字子容。姓南宫，名縚也，又名阅也。不废，言见任用也。"然〔一〕昔时讲说，好评公冶、南容德有优劣，故女〔二〕妻有己女、兄女之异。侃谓二人无胜负也。卷舒随世，乃为有智；而枉滥获罪，圣人犹然，亦不得以公冶为劣也。以己女妻公冶、兄女妻南容者，非谓权其轻重，政是当其年相称而嫁，事非一时在次耳，则可无意其间也。

子谓子贱，亦评子贱也。

〔一〕"然"，斋本、库本无此字。

〔二〕"女"，斋本、库本无此字。

孔安国曰:“子贱,鲁人,弟子宓不齐也。”

“君子哉若人!通此〔一〕所评之事也。“若人”,如此人也。言子贱有君子之德,故言“君子哉若此人”也。鲁无君子者,斯焉取斯”?因美子贱,又美鲁也。焉,安也。斯,此也。言若鲁无君子,子贱安得取此君子之行而学之乎?言由鲁多君子,故子贱学而得之。

苞氏曰:“若人者,若此人也。如鲁无君子,子贱安得取此行而学行之?”

子贡问曰:“赐也何如?”子贡闻孔子历评诸弟子而不及己,己独区区己分,故因谘问“何如”也。子曰:“汝,器也。”孔子答曰:汝是器用之人也。

孔安国曰:“言汝是器用之人也。”

曰:“何器也?”器有善恶,犹未知己器云何,故更问也。曰:“瑚琏也。”此答定器有善分也。瑚琏者,宗庙宝器,可盛黍稷也。言汝是器中之贵者也。或云君子不器,器者用必偏,瑚琏虽贵而为用不周,亦言汝乃是贵器,亦用偏也。故江熙云:“瑚琏置宗庙则为贵器,然不周于民用也。汝言语之士,束修廊庙则为豪秀,然未必能干烦务也。器之偏用,此其贵者犹不足多,况其贱者乎?是以玉之碌碌,石之落落,君子皆不欲也。”

苞氏曰:“瑚琏者,黍稷器也。用盛黍稷之饭也。夏曰瑚,殷曰琏,礼记云:“夏之四琏,殷之六瑚。”今云夏瑚殷琏,讲者皆云是误也。故栾肇曰:“未详也。”周曰簠簋,宗庙器之贵者也。”然夏殷各一名,而其形未测,及周则两名,其形各异,外方内圆曰簠,内方外圆曰簋,俱容一斗二升。以簠盛黍稷,以簋盛稻粱〔二〕。或问曰:“子贡周人,孔子何不云汝是簠簋,而远举夏殷器也?”或通者曰:“夫子近舍当时而远称二代者,亦微有旨焉。谓汤武圣德,伊吕贤才,圣德则与孔

〔一〕“通此”,斋本、库本作“此通”。

〔二〕“粱”,原误作“梁”,据斋本、库本改。

子不殊，贤才与颜闵岂异？而汤武飞龙，伊吕为阿衡之任，而孔子布衣洙泗，颜回箪瓢陋巷，论其人则不殊，但是用舍之不同耳。譬此器用则一，而时有废兴者也。"

或曰："雍也仁而不佞。"或人云：弟子冉雍甚有仁德，而不能佞媚求会时也。

马融曰："雍，弟子仲弓名也，姓冉。"

子曰："焉用佞？距或人也。言人生在世，备仁躬自足，焉作佞伪〔一〕也。**御人以口给，屡憎于民〔二〕。**更说佞人之为恶也。御，犹对也。给，捷也。屡，数也。言佞者口辞对人，捷给无实，则数为人所憎恶也。**不知其仁也，焉用佞也？"**憎佞为恶之深，故重答距于或人也。

孔安国曰："屡，数也。佞人口辞捷给，屡为民〔三〕所憎也。"

子使漆雕开仕。孔子使此弟子出仕官也。**对曰："吾斯之未能信。"**雕〔四〕答也。答师称吾者，古人皆然也。答云：言己学业未熟，未能究习，则不为民所信，未堪仕也。一云："言时君未能信，则不可仕也。"故张凭曰："夫君臣之道，信而后交者也。君不信臣，则无以授任；臣不信君，则难以委质。鲁君之诚未洽于民，故曰未敢〔五〕信也。"

孔安国曰："开，弟子也。漆雕，姓也。开，名也。仕进之道未能信者，未能究习也。"

子悦。孔子闻开言而欣悦也。范宁曰："开知其学未习究治道，以此为政，

〔一〕"焉作佞伪"，斋本、库本作"焉用作佞为"。
〔二〕"民"，斋本、库本作"人"。邢疏、朱注、刘氏正义皆作"人"。正平版何解作"屡憎民"。
〔三〕"屡为民"，斋本、库本作"数为人"。邢疏此句作"数为人所憎恶"。正平版何解此句作"数为民之所憎之也"。
〔四〕"雕"，斋本、库本作"开"。
〔五〕"敢"，斋本、库本作"能"。

不能使民信己。孔子悦其志道之深，不汲汲于荣禄也。"

郑玄曰："善[一]其志道深也。"

子曰："道不行，乘桴浮于海。桴者，编竹木也。大曰筏，小曰桴。孔子圣道不行于世，故或欲居九夷，或欲乘桴泛海，故曰"道不行，乘桴浮于海"也。从我者，其由也与？"由，子路[二]也。言从我浮海者，当时子路俱[三]也，故云"其由与"。

马融曰："桴，编竹木也。大者曰筏，小者曰桴也。"

子路闻之喜。子路闻孔子唯将己行[四]，所以喜也。

孔安国曰："喜与己俱行也。"

子曰："由也好勇过我，然孔子本意托乘桴激时俗，而子路信之将行，既不达微旨，故孔子不复更言其实，且先云"由好勇过我"以戏之也。所以是[五]过我者，我始有乘桴之言，而子路便实欲乘此，是勇过我也。无所取材。"又言：汝乃勇[六]过胜于我，然我无处觅取为桴之材也。

郑玄曰："子路信夫子，欲行，故言好勇过我也。无所取材者，言无所取桴材也。以子路不解微言，故戏之耳。"此注如向释也。一曰："子路闻孔子欲乘桴浮海便喜，不复顾望，故孔子叹其勇曰过我。此又一通也。此意亦与前不乖也。无所复取哉，言唯取于己也。此注则微异也。哉，送句也。言子路信我欲行，而所以不顾望者，言将我入海不复取余人哉，言唯取己也。古字材、哉同耳。"古作材字，与哉字同。

〔一〕"善"，斋本、库本作"喜"。正平版何解作"喜"，邢疏、刘氏正义作"善"。
〔二〕"路"下，斋本、库本有"名"字。
〔三〕"俱"，斋本、库本无此字。
〔四〕"唯将己行"，斋本、库本作"唯将与己俱行"。
〔五〕"是"，斋本、库本作"云"。
〔六〕"乃勇"，斋本、库本作"勇乃"。下句"处"字，斋本、库本作"所"。

故今此字虽作材，而读义应曰哉也。又一家云："孔子为道不行为譬，言我道之不行，如乘小桴入于巨海，终无济理也。非唯我独如此，凡门徒从我者道皆不行，亦并由我故也。子路闻我道'由'，便谓'由'是其名，故便喜也。孔子不欲指斥其不解微旨，故微戏曰'汝好勇过我，我无所更取桴材'也。"

孟武伯问："子路仁乎？"武伯问孔子云：弟子中有子路，是仁人不乎？**子曰："不知也。"**孔子答也。所以云"不知"者，范宁曰："仁道弘远，仲由未能有之，又不欲指言无仁，非奖诱之教，故托云不知也。"

孔安国曰："仁道至大，不可全名也。"言子路未能全受此仁名，故云不知也。

又问。武伯得答"不知"，而意犹未已，故更问曰：子路定有仁不乎？故范宁曰："武伯意有未惬，或以[一]仲尼有隐，故再答[二]也。"**子曰："由也，千乘之国，可使治其赋也，**赋，兵赋也。孔子得武伯重问，答又直云不知，则武伯未已，故且言其才伎，然后更答以不知也。言子路才勇可使治大国之兵赋，任为诸侯也[三]。

孔安国曰："赋，兵赋也。"

不知其仁也。"言唯知其才堪，而犹不知其仁也。**"求也何如？"**武伯又问孔子弟子冉求其有仁不乎。故云"何如"也。**子曰："求也，千室之邑，百乘之家，可使为之宰也，**亦不答仁，而言求之才亦堪也。千室之邑，卿大夫之邑也。百乘之家，三公采地也。言求才堪为千室百乘之邑宰也。

孔安国曰："千室之邑，卿大夫之邑也。卿大夫称家，今不复论夏殷，且作周法。周天子畿内方千里，三公采地方百里，卿地

〔一〕"以"，斋本、库本作"似"。
〔二〕"答"，斋本、库本作"问"，是。
〔三〕"任为诸侯也"，斋本、库本作"仕为诸侯之臣也"。

方五十里，大夫地方二十五里。畿外五等，公方五百里，侯方四百里，伯方三百里，子方二百里，男方一百里。旧说：五等之臣，其采地亦为三等，各依其君国十分为之。何以然？天子畿千里，既以百里为三公采，五十里为卿采，二十五里为大夫采〔一〕。故畿外准之，上公地方五百里，其臣大采方五十里，中采方二十五里，小采方十二里半。侯方四百里，其臣大采方四十里，次采方二十里，小采方十里也。伯方三百里，其臣大采方三十里，中采方十五里，小采方七里半。子方二百里，其臣大采方二十里，次采方十里，小采方五里。男方百里，其臣大采方十里，次采方五里，小采方二里半也。凡制地方一里为井，井有三家。若方二里半，有方一里者六，又方半里者一，则合十八家有余，故论语云"十室之邑"也。其中大小，各随其君，故或有三百户，是方十里者一；或有千室，是方十里者三有余也。**诸侯千乘，**谓上公也。**大〔二〕夫故曰百乘也。宰，家臣。"**然百乘之家是三公之采。郑注杂记及此，并云大夫百乘者，三公亦通有大夫之称也。

不知其仁也。"亦结答不知其仁也。**"赤也何如？"**武伯又问弟子公西华赤〔三〕有仁不乎。**子曰："赤也，束带立于朝，可使与宾客言也，**亦唯答赤之才能也。束带立于朝，谓赤有容仪，可使对宾客言语也。故范宁曰："束带，整朝服也。宾客，邻国诸侯来相聘享也。"

马融曰："赤，弟子公西华也。有容仪，可使为行人也。"行人，谓宜使为君出聘邻国，及接邻国之使来者也。周礼有大小行人职也。

不知其仁也。"亦不答有仁也。**子谓子贡曰："汝与回也孰愈？"**孰，谁也。愈，胜也。孔子问子贡：汝与颜回二人才伎谁胜者也？所以须此问者，缪播曰："学末尚名者多，顾其实者寡。回则崇本弃末，赐也未能忘名。存

〔一〕"采"下，斋本、库本有"地"字，衍。
〔二〕"大"上，斋本、库本有"卿"字。
〔三〕"赤"，斋本、库本无此字。

名则美着于物，精本则名损于当时，故发问以要赐对，以示优劣也。所以抑赐而进回也。”

孔安国曰：“愈，犹胜也。”

对曰：“赐也何敢望回？回也闻一以知十，赐也闻一以知二。”答孔子以审分也。王弼曰：“假数以明优劣之分，言己与颜渊十裁及二，明相去悬远也。”张封溪曰：“一者数之始，十者数之终。颜生体有识厚，故闻始则知终。子贡识劣，故闻始裁至二也。”**子曰：“弗如也，**弗，不也。孔子闻子贡之答分有悬殊，故定之云不如也。**吾与汝弗如也。”**孔子既答子贡之不如，又恐子贡有怨，故又云吾与汝皆不如也，所以安慰子贡也。

苞氏曰：“既然子贡弗如，释前弗如也。**复云吾与尔**〔一〕**俱不如者，盖欲以慰子贡心也。”**苞意如向解。而顾欢申苞注曰：“回为德行之俊，赐为言语之冠，浅深虽殊，而品裁未辨，故使名实无滥，故假问孰愈。子贡既审回赐之际，又得发问之旨，故举十与二以明悬殊、愚智之异。夫子嘉其有自见之明而无矜克之貌，故判之以‘弗如’，同之以‘吾与汝’。此言我与尔虽异，而同言‘弗如’，能与圣师齐见，所以为慰也。”侃谓：顾意是言我与尔俱明汝不如也，非言我亦不如也。而秦道宾曰：“尔雅云：‘与，许也。’仲尼许子贡之不如也。”

宰予昼寝。寝，眠也。宰予惰学而昼寝〔二〕也。

苞氏曰：“宰予，弟子宰我也。”

子曰：“朽木不可雕也，孔子责宰予昼眠，故为之作譬也。朽，败烂也。雕，雕镂刻画也。夫名工巧匠所雕刻，唯在好木则其器乃成，若施工于烂朽之木则其器不成，故云“朽木不可雕”。

苞氏曰：“朽，腐也。雕，雕琢刻画也。”

〔一〕“尔”，斋本、库本作“汝”。正平版何解、邢疏作“女”。

〔二〕“寝”，斋本、库本作“眠”。

粪土之墙不可杇〔一〕**也。**墙，谓墙壁也。杇，谓杇镘〔二〕之使之平泥也。夫杇镘墙壁，若墙壁土坚实者，则易平泥光饰耳；若镘于粪土之墙，则颓坏不平，故云"不可杇"也。所以言此二者，言汝今当昼而寝，不可复教，譬如烂木与粪土〔三〕墙之不可施功也。

王肃曰："杇，镘也。二者喻虽施功犹不成也。"

于予与何诛？"诛，责也。言所责者当责有知〔四〕之人，而今宰予无知，则何责乎？予，宰予。与，语助也。言不足责也，言不足责〔五〕即是责之深也。

孔安国曰："诛，责也。今我当何责于汝乎？深责之辞也。"然宰我有此失者，一家云："其是中人，岂得无失？"一家云："与孔子为教，故托迹受责也。"故珊琳公曰："宰予见时后学之徒将有懈废之心生，故假昼寝以发夫子切磋之教，所谓互为影响者也。"范宁曰："夫宰我者升堂四科之流也，岂不免乎昼寝之咎以贻朽粪之讥乎？时无师徒共明劝诱之教，故托夫弊迹以为发起也。"

子曰："始吾于人也，听其言而信其行；始，谓孔子少年时也。孔子叹世醨薄之迹今异昔也，昔时犹可，故吾少时闻于人所言，便信其能有行，故云"而信其行"也。**今吾于人也，听其言而观其行。**今，谓孔子末时也。不复听言信行，乃更听言而必又须观见其行也。**于予与改是。"**是，此也。言我所以不复听言信行，而更为听言观行者，起于宰予而改为此。所以起宰予而改者，我当信宰予是勤学之人，谓必不懒惰。今忽正〔六〕昼而寝，则如此之徒居然不复可信，故使我并不复信于时人也。

孔安国曰："改是者，始听言信行，今更察言观行，发于

〔一〕"杇"，斋本、库本作"圬"，下同。正平版何解、邢疏、朱注、刘氏正义皆作"杇"。

〔二〕"杇镘"，斋本、库本作"圬墁"，下同。

〔三〕"土"，斋本、库本无此字。

〔四〕"知"及下句"知"字，斋本、库本作"智"。

〔五〕"言不足责"，斋本、库本无此四字。

〔六〕"正"下，斋本、库本有"直"字，衍。

宰我昼寝也。”

子曰：“吾未见刚者。”刚，谓性无欲者也。孔子言：我未见世有刚性无欲之人也。或对曰：“申枨。”或有人闻孔子说而答之云：鲁有姓申名枨者，其人刚也。

苞氏曰：“申枨，鲁人也。”

子曰：“枨也欲，焉得刚？”孔子语或人曰：夫刚人性无求，而申枨性多情欲，多情欲者必求人，求人则不得是刚，故云“焉得刚”。

孔安国曰：“欲，多情欲也。”

子贡曰：“我不欲人之加诸我也，子贡自愿云：我不愿〔一〕世人以非理加陵之于我也。吾亦欲无加诸人。”又云：我匪唯愿人不以非理加于我，而我亦愿不以非理加陵于人也。

马融曰：“加，陵也。”

子曰：“赐也，非尔所及也。”孔子抑子贡也。言能不招人以非理见加，及不以非理加人，此理深远，非汝分之所能及也。尔，汝也。故袁氏曰：“加，不得理之谓也。非无过者，何能不加人，人亦不加己？尽得理，贤人也，非子贡之分也。”

孔安国曰：“言不能止人使不加非义于己也。”然不加人，人不加己，并难可能，而注偏释不加己者，略也。

子贡曰：“夫子之文章，可得而闻也。子贡此叹，颜氏之钻仰也。但颜既庶几与圣道相邻，故云钻仰之。子贡既悬绝，不敢言其高贤〔二〕，故自说闻于典籍而已。文章者，六籍也。六籍是圣人之筌蹄，亦无关于鱼兔矣。六籍者有文字章著焕然，可修耳目，故云“夫子文章可得而闻也”。

章，明也。文彩形质著见，可得以耳目自修也。然典籍

〔一〕“云我不愿”，斋本、库本无此四字，而有“无”字，即“子贡自愿无世人以非理加陵于我也”。

〔二〕“贤”，斋本、库本作“坚”。

著见可闻可观，今不云可见，而云可闻者，夫见之为近，闻之为远，不敢言躬自近见，政欲寄于远闻之而已。

夫子之言性与天道，不可得而闻也已矣。"夫子之言即谓文章之所言也。性，孔子所禀以生者也。天道，谓元亨日新之道也。言孔子六籍乃是人之所见，而六籍所言之旨，不可得而闻也。所以尔者，夫子之性，与天地元亨之道合其德，致此处深远，非凡人所知，故其言不可得闻也。

性者，人之所受以生者也。人禀天地五常之气以生曰性。性，生也。**天道者，元亨日新之道也。**元，善也。亨，通也。日新，谓日日不停、新新不已也。谓天善道通利万物，新新不停者也。言孔子所禀之性与元亨日新之道合德也。**深征[一]，故不可得而闻也。**与元亨合德，故深微不可得而闻也。或云：此是孔子死后子贡之言也。故大史叔明云："文章者，六籍是也。性与天道如何注。以此言之与，是夫子死后，七十子之徒追思曩日圣师平生之德音难可复值。六籍即有性与天道，但垂于世者可踪，故千载之下可得而闻也。至于口说言吐性与天道，蕴藉之深，止乎身者难继，故不可得而闻也。"侃案：何注似不如[二]此，且死后之言，凡者亦不可闻，何独圣乎？

子路有闻，未[三]能行，唯恐有闻。子路禀性果决，言无宿诺，故前有所闻于孔子，即欲修行。若未及能行，则不愿更有所闻，恐行之不周，故"唯恐有闻"也。

孔安国曰："前所闻，未能及得行，故恐后有闻不得并行也。"

子贡问曰："孔文子何以谓之'文'也？"卫大夫孔叔圉以"文"为谥，子贡疑其太高，故问[四]孔子也。问其何德而谥"文"也。

〔一〕"征"，误，堂本正误表以"微"为正。

〔二〕"不如"二字原为空缺，据斋本补。儒藏本有此二字。

〔三〕"未"下，斋本、库本有"之"字。邢疏有，正平版何解无。

〔四〕"问"下，斋本、库本有"于"字。

孔安国曰："孔文子，卫大夫孔叔圉也。文，谥也。"

子曰："敏而好学，不耻下问，是以谓之'文'也。"答所以谥"文"之由也。敏，疾速也。言孔圉之识智疾速，而所好在学，若有所不知，则不耻谘问在己下之人，有此诸行，故谓为"文"也。

孔安国曰："敏者，识之疾也。下问，问凡在己下者也。"

子谓子产，"有君子道四焉：言子产有四德，并是君子之道也。

孔安国曰："子产，郑大夫公孙侨也。"

其行己也恭，一也。言其行身己〔一〕于世，常恭从，不逆忤人物也。其事上也敬，是〔二〕二也。人〔三〕若事君亲及凡在己上者，必皆用敬也。其养民也惠，三也。言其养民皆用恩惠也。故孔子谓为"古之遗爱"也。其使民也义"。四也。义，宜也。使民不夺农务，各得所宜也。

子曰："晏平仲善与人交，言晏平仲与人交结〔四〕有善也。久而人敬之。"此善交之验也。凡人交易绝，而平仲交久而人愈敬之也。孙绰曰："交有倾盖如旧，亦有白首如新。隆始者易，克终者难。敦厚不渝，其道可久，所以难也，故仲尼表焉。"

周生烈曰："齐大夫也。晏，姓也。平，谥也。名婴也。"

子曰："臧文仲居蔡，居，犹畜也。蔡，大龟也。礼：唯诸侯以上得畜大龟，以卜国之吉凶，大夫以下不得畜之。文仲是鲁大夫，而畜龟，是僭人君礼也。

苞氏曰："臧文仲，鲁大夫臧孙辰也。文，谥也。蔡，国

〔一〕"身己"，斋本、库本作"己身"。

〔二〕"是"，斋本、库本无此字。

〔三〕"人"，斋本、库本作"言"。

〔四〕"交结"，斋本、库本作"结交"。

君之守龟也，出蔡地，因以为名。国君守国之龟出蔡地，因呼龟为蔡也。长尺有二寸。蔡地既出大龟，龟长尺二寸者，因名蔡也。居蔡，僭也。”大夫亦得卜用龟，龟〔一〕小者也，不得畜蔡也。文仲畜之，是僭滥也。

山节藻棁，此奢侈也。山节者，刻柱头露节为山，如今拱〔二〕斗也。藻棁者，画梁上侏儒柱为藻文也。人君居室无此礼，而文仲为之，故为奢也。宫室之饰，士去首去本，大夫达棱，诸侯斫〔三〕而砻之，天子加密石焉。出穀梁传。

苞氏曰：“节者，栭也，刻镂为山也。言刻栭柱头为山也。栭是梁上柱名也。棁者，梁上楹也，梁上楹即是檽，檽即侏儒柱也。苞两而言之，当是互明之也。刻檽头为山也，画檽身为藻文也。又有一本注云：“山节者，刻薄〔四〕栌为山也。”画为藻文，言其奢侈也。”若以注意，则此是非僭也。正言是奢侈失礼，人君无此礼，故不僭也。棁，梁上侏儒柱也。此注为便。郑注明堂位亦云：“刻薄栌为山也〔五〕。”

何如其智也？”时人皆谓文仲是有智之人，故孔子出其僭奢之事而讥时人也，故云“何如其智也”。

孔安国曰：“非时人谓以为智也。”

子张问曰：“令尹子文令尹，楚官名也。子文为楚令尹，故曰“令尹子文”也。

孔安国曰：“令尹子文，楚大夫。姓斗，名縠〔六〕，字於菟。”楚斗伯比外家是邧国，其还外家，通舅女生子，既耻之，仍遂掷于山草中。此女之父猎还，见虎乳饮小儿，因取养之。既未知其姓名，楚

〔一〕“龟”，斋本、库本作“之”。
〔二〕“拱”，误，堂本正误表以“栱”为正。
〔三〕“斫”，斋本、库本作“刻”。
〔四〕“薄”及下行“薄”字，误，堂本正误表以“欂”为正。
〔五〕“棁”至“山也”二十四字，斋本、库本无。
〔六〕“縠”，斋本、库本作“穀”，是。

人谓乳为教[一]，谓虎为於菟（音涂[二]），此儿为虎所乳，故名之曰教於菟也。后知其是伯比子，故呼为斗教於菟也。后长大而贤，仕楚为令尹之官。范宁曰："子文，是谥也。"

三仕为令尹，无喜色；文子经仕楚，三遇[三]为令尹之官，而颜色未曾喜也。**三已之，无愠色。**已，谓黜止也。文子作令尹，经三过被黜，而亦无愠恚之色也。**旧令尹之政，必以告新令尹。**虽三过被黜，每被黜受代之时，必以令尹旧政令告语新人，恐[四]其不知解也。**何如也？"**子张问孔子：令尹行如此，是谓何人也？**子曰："忠矣。"**孔子答言。临代以旧[五]，此是为臣之忠者也。李充曰："进无喜色，退无怨色，公家之事，知无不为，忠臣之至也。"**曰："仁矣乎？"**子张又问孔子：如子文之行，可得谓为仁不乎？**曰："未知，焉得仁？"**孔子答曰：唯闻其忠，未知其何由得为仁乎？

孔安国曰："但闻其忠事，未知其仁也。"李充曰："子玉之败，子文之举，举以败国，不可谓智也，贼夫人之子，不可谓仁。"侃谓：李为不智不及注也[六]。

"崔子弑齐君，崔子，齐大夫崔杼也。弑其君，庄公也。云"弑"者，夫上杀下曰"杀"，杀名为早[七]也；下杀上曰"弑"，弑，试也。下之害上，不得即而致杀，必先相试以渐。故易曰："臣杀[八]君，子杀父，非一朝一夕，其所从来久矣，

〔一〕"教"，误。斋本、库本作"彀"，是。下二"教"字同。

〔二〕"涂"上，斋本、库本有"乌"字。

〔三〕"遇"，斋本、库本作"过"。

〔四〕"恐"，斋本、库本作"恕"，误。

〔五〕"旧"下，斋本、库本有"告新"二字。

〔六〕"李充曰"至"注也"，斋本、库本放在解经文处，接于"孔子答曰：唯闻其忠，未知其何由得为仁乎"句下。此段中的"侃谓李为"，斋本、库本作"侃案李谓为"。

〔七〕"早"，斋本、库本作"卑"，是。

〔八〕"杀"及下句"杀"字，斋本、库本作"弑"；下句"一朝一夕"下，斋本、库本有"之故"二字；"久"，斋本、库本作"渐"。易坤文言曰："臣弑其君，子弑其父，非一朝一夕之故，其所由来者渐矣。"

如履霜以至坚冰也。"**陈文子有马十乘，**陈文子亦齐大夫也。十乘，四十匹马[一]也。四马共乘一车，故十乘有四十匹也。**弃而违之。**文子见崔杼弑[二]君，而己力势不能讨，故弃四十疋马而违去此国，更往他邦。

孔安国曰："皆齐大夫也。崔杼作乱，陈文子恶之，捐其四十疋马，违而去之也。"捐犹弃，放也。

至于他邦，则又[三]曰：'犹吾大夫崔子也。'于时天下并乱，国国皆恶。文子弃马而去，复便[四]至他邦，而所至之国亦乱，与齐不异，故曰"犹吾大夫崔子也"。**违之。**违，去也。文子所至新国又恶，故又去之也。**之至一[五]邦，**之，往也。去所至新国，更复往一邦也。**则又曰：'犹吾大夫崔子也。'**去初所至，更往一国，一国复昏乱，又与齐不异，故又曰"犹吾大夫崔子也"。**违之。**己复更去也。**何如？"**子张更问孔子，言文子舍马三至新邦，屡违之事如此，可谓为何人也？**子曰："清矣。"**清，清洁也。颜延之曰："每适又违，洁身者也。"**曰："仁矣乎？"**子张又问：若如此文子之行，则可谓为仁不乎？**曰："未知，焉得仁？"**答子张曰：其能自去，只可得清，未知所以得名为仁也。

孔安国曰："文子避恶逆，去无道，求有道。当春秋时，臣陵其君，皆如崔杼，无有可止者也。"孙绰曰："大哉仁道之弘！以文子平粹之心，无借之诚。文子疾时恶之笃，弃马而逝，三去乱邦，坐不暇宁，忠信有余，而仁犹未足。唯颜氏之子，体仁无违，其亚圣之目乎？"李充曰："违乱求治，不污其身，清矣。而所之无可，骤称其

〔一〕"马"，斋本、库本无此字。

〔二〕"弑"，斋本、库本作"杀"。下句"疋"字，斋本、库本作"匹"。

〔三〕"又"，斋本、库本无此字。邢疏、朱注、刘氏正义无"又"字。正平版何解有"又"字。

〔四〕"便"，斋本、库本作"更"。

〔五〕"一"，斋本作"他"，库本作"一"。邢疏、朱注、刘氏正义作"之一邦"。正平版何解作"至一邦"，无"之"字。

乱，不如宁子之能愚、蘧生之可卷，未可谓智也。洁身而不济世，未可谓仁也。"李谓为未智，亦不胜为未知也〔一〕。

季文子三思而后行。言文子有贤行，举事必三过思之也。**子闻之曰："再思，斯可矣。"**孔子美之，言若〔二〕文子之贤，不假三思，唯再思此则可也。斯，此也。

郑玄曰："季文子，鲁大夫季孙行父也。文，谥也。文子忠而有贤行，其举事寡过，不必及三思也。"有一通云："言再过二思而〔三〕则可也。"又季彪曰："君子之行，谋其始，思其中，虑其终，然后允合事机，举无遗算。是以曾子三省其身，南容三复白圭，夫子称其贤。且圣人敬慎于教训之体，但当有重耳，固无缘有减损之理也。时人称季孙，名过其实，故孔子矫之，言季孙行事多阙，许其再思则可矣，无缘乃至三思也。此盖矫抑之谈耳，非称美之言也〔四〕。"

子曰："宁武子，美〔五〕武子德也。

马融曰："卫大夫宁喻〔六〕也。武，谥也。"

邦有道则智，言武子若值邦君有道，则肆己智识以赞明时也。**邦无道则愚。**若值国主无道，则卷智藏明，诈〔七〕昏同愚也。**其智可及也，**是其中人识量当其肆智之日，故为世人之可及也。**其愚不可及也。"**时人多衒聪明，故智识有及于武子者，而无敢详愚隐智如武子者，故云"其愚不可及也"。

〔一〕"孙绰曰"至"未知也"，斋本、库本放在解经文处，接于"未知所以得名为仁也"句下。

〔二〕"若"下，斋本、库本有"如"字，恐衍。

〔三〕"而"，斋本、库本无此字。

〔四〕"有一通云"至"之言也"，斋本、库本放在解经文处，接于"斯，此也"句下。

〔五〕"美"上，斋本、库本有"此章"二字。

〔六〕"喻"，斋本、库本作"俞"。邢疏、朱注、刘氏正义亦作"俞"。正平版何解作"喻"。

〔七〕"诈"，斋本、库本作"详"。"详"通"佯"。

孔安国曰:“详愚似实,故曰不可及也。”详,诈也。王朗曰:“或曰:‘详愚盖运智之所得。缘有此智,故能有此愚,岂得云同其智而阙其愚哉?’答曰:‘智之为名,止于布德尚善、动而不黜者也,愚无预焉。至于详愚,韬光潜彩,恬然无用。支流不同,故其称亦殊。且智非足者之目可有,虽审其显,而未尽其愚者矣。’”孙绰曰:“人情莫不好名,咸贵智而贱愚,虽治乱异世,而矜鄙不变。唯深达之士,为能晦智藏名以全身远害。饰智以成名者易,去华以保性者难也。”

子在陈,曰:“归与!归与!孔子周流〔一〕,在陈最久,将欲反鲁,故发此辞。再言“归与归与”者,欲归之意深也。吾党之小子狂简,斐然成章,不知所以裁之也。”此是欲归之辞也。所以不直归而必有辞者,客住既久,主人无薄,若欲去无辞,则恐主人生愧,故托为此辞以申客去之有由也。吾党者,谓我乡党中也。小子者,乡党中后生末学之人也。狂者,直进无避者也。简,大也,大谓大道也。斐然,文章貌也。孔子言我所以欲归者,为我乡党中有诸末学小子,狂而无避,进取正经大道,辄妄穿凿,斐然以成文章,皆不知其所以,辄自裁断,此为谬误之甚,故我当归为裁正之也。

孔安国曰:“简,大也。孔子在陈,思归欲去,故曰吾党之小子狂者,进趋于大道,妄穿凿以成文章,不知所以裁制,我当归以裁制之耳。遂归。”趋,取也。大道,正经也。既狂,故取正典穿凿之也。

子曰:“伯夷、叔齐不念旧恶,怨是用希。”此美夷、齐之德也。念,犹识录也。旧恶,故憾也。希,少也。人若录于故憾,则怨恨更多,唯夷、齐豁然忘怀。若人有〔二〕犯己,己不怨录之,所以与人怨少也。

孔安国曰:“伯夷、叔齐,孤竹君之二子也。孤竹,国名也。”孤竹之国,是殷汤正月三日丙寅日所封,其子孙相传至夷、齐之父

〔一〕“周流”下,斋本、库本有“诸国”二字。

〔二〕“人有”,斋本、库本作“有人”。

也。父姓墨台，名初，字子朝。伯夷名允，字公信。叔齐名致，字公达。伯夷大而庶，叔齐小而正，父薨，兄弟相让，不复立也。

子曰："孰谓微生高直？于时世人多云微生高用性清直，而孔子讥之，故云"孰谓微生高直"也。孰，谁也。

孔安国曰："微生，姓也，名高，鲁人也。"

或人〔一〕**乞醯焉，**举微生非直之事也。醯，酢酒也。有〔二〕人就微生乞醯者也。**乞诸其邻而与之。"**诸，之也。时微生家自无醯，而为乞者就己邻有醯者乞之，以与或人也。直人之行，不应委曲，今微生高用意委曲，故其讥〔三〕非直也。

孔安国曰："乞之四邻以应求者，用意委曲，非为直人也。"四邻，四面邻里之家也。

子曰："巧言、令色、足恭，谓己用恭情少，而为"巧言、令色、足恭"之者也。缪协曰："恭者从物，凡人近情，莫不欲人之从己，足恭者以恭足于人意，而不合于礼度，斯皆适人之适而曲媚于物也。"

孔安国曰："足恭，便僻之貌也。"

左丘明耻之，丘亦耻之。左丘明，受春秋于仲尼者也。其既良直，故凡有可耻之事，而仲尼皆从之为耻也。"巧言、令色、足恭"，是可耻之事也。

孔安国曰："左丘明，鲁大夫〔四〕**也。"**

匿怨而友其人，匿，藏也。谓心藏怨而外诈相亲友者也。

孔安国曰："心内相怨，而外诈亲也。"

左丘明耻之，丘亦耻之。"亦从左丘明〔五〕耻也。范宁曰："藏怨于心，

〔一〕"人"，斋本、库本无此字。正平版何解、邢疏、朱注、刘氏正义亦无"人"字。

〔二〕"有"上，斋本、库本有"或"字。

〔三〕"其讥"，斋本、库本作"讥其"。

〔四〕"鲁大夫"，斋本、库本作"鲁大史"。邢疏作"鲁太史"。正平版何解作"鲁大夫"。

〔五〕"左"，斋本、库本无此字。

诈亲于形外。杨子法言曰:'友而不心,面友也。'亦丘明又〔一〕所耻。"**颜渊、季路侍。**季路即子路也,次第是季。侍,侍孔子。卑在尊侧曰侍也。**子曰:"盍各言尔志?"**盍,何不也。孔子话颜、路曰:汝二人何不各言汝心中所思乎也?**子路曰:"愿车马,衣轻裘,与朋友共,弊之而无憾。"**弊,败也。憾,恨也。子路性决,言朋友有通财,车马衣裘共乘服,而无所憾恨也。

孔安国曰:"憾,恨也。"一家通云:"'而无憾'也,言愿我既乘服朋友衣马而不惭憾也。"故殷仲堪曰:"施而不恨,士之近行也。若乃用人之财,不觉非己,推诚暗往,感思不生,斯乃交友之至,仲由之志与也〔二〕。"

颜渊曰:"愿无伐善,有善而自称曰伐善也。颜渊所愿,愿己行善而不自称,欲潜行而百姓日用而不知也。李充曰:"自伐者无功,自矜者不庄。"

孔安国曰:"自无称己善也。"

无施劳。"又愿不施劳役之事于天下也。故铸剑戟为农器,使子贡无施其辩〔三〕、子路无厉其勇也。

孔安国曰:"无以劳事置施于人也。"

子路曰:"愿闻子之志。"二子说志既竟,而子路又云愿闻孔子志也。古称师曰"子"也。**子曰:"老者安之,朋友信之,少者怀之。"**孔子答也。愿己为老人所〔四〕见抚安,朋友必见期信,少者必见思怀也。若老人安己,己必是孝敬故也;朋友信己,己必是无欺故也;少者怀己,己必有慈惠故也。栾肇曰:"敬长故见安,善诱故可怀也。"

孔安国曰:"怀,安也。"

〔一〕"又",斋本、库本作"之"。马国翰辑论语古注论语范氏注作"之"。

〔二〕"一家"至"与也",斋本、库本放在解经文处,接于"而无所憾恨也"句下。

〔三〕"辩",斋本、库本作"辨"。"辩"通"辨"。

〔四〕"所",斋本、库本作"必"。

子曰："已矣乎！吾未见能见其过而内自讼者也。"已，止也。止矣乎者，叹此以下事久已无也。讼，犹责也。言我未见人能自见其所行事有过失，内[一]自责者也。

苞氏曰："讼，犹责也。言人有过莫能自责者也。"

子曰："十室之邑，必有忠信如丘者焉，不如丘之好学者也已。"丘，孔子名也。孔子自称名，言十室为邑，其中必有忠信如丘者焉也，但无如丘之好学耳也。孙绰曰："夫忠信之行，中人所能存全，虽圣人无以加也。学而为人，未足称也，好之至者必钻仰不怠，故曰：'有颜回者好学，今也则亡。'今云十室之学不逮于己，又曰：'我非生而知之，好古敏而求耳。'此皆陈深崇于教，以尽汲引之道也。"一家云："十室中若有忠信如丘者，则其余焉不如丘之好学也。言今不好学，不忠信耳。"故卫瓘曰："所以忠信不如丘者，由不能好学如丘耳。苟能好学，则其忠信可使如丘也。"

论语雍也第六　　何晏集解　凡卅章

雍[二]，孔子弟子也。明其才堪南面而时不与也。所以次前者，其虽无横罪，亦是不遇之流。横罪为切，故公冶前明，而雍也为次也。

子曰："雍也可使南面。"南面，谓为诸侯也。孔子言冉雍之德可使为诸侯也。

苞氏曰："可使南面者，言任诸侯可使治国故[三]也。"

仲弓问子桑伯子。仲弓，即冉雍也。问孔子曰：有人名子桑伯子，此是何人也？

〔一〕"内"上，斋本、库本有"而"字。

〔二〕"雍"上，斋本有"疏"字。据全书体例，"疏"字当有。

〔三〕"故"，斋本、库本作"政"。邢疏作"包曰：'可使南面者，言任诸侯治'"。经典释文曰："一本无'治'字，一本作'言任诸侯治国也'。"正平版何解作"言任诸侯可使治鲁也"。

王肃曰:“伯子,书传无见也。”言书传不见有子桑伯子也。

子曰:“可也简。”可,犹可谓也。简,谓疏大无细行也。孔子答曰:伯子人〔一〕身所行可谓疏简也。

以能其简〔二〕,故曰可也。言伯子能为简略之行,故云“可也”。

仲弓曰:“居敬而行简,以临其民,不亦可乎?孔子答曰伯子所行可谓疏简,故仲弓更谘孔子,评伯子之简不合礼也。将说其简不合于礼,故此先说于合礼之简也。言人若居身有敬而宽简,以临下民,能如此者乃为合礼,故云“不亦可乎”。言其可也。

孔安国曰:“居身敬肃,临下宽略,则可也。”

居简而行简,无乃大简乎?”此说伯子之简不合礼也。而伯子身无敬,而以简自居,又行简对物,对〔三〕物皆无敬,而简如此,不乃大简乎?言其简过甚也。

苞氏曰:“伯子之简,大简也。”

子曰:“雍之言然。”雍论简既是,故孔子然许之也。虞喜曰:“说苑曰:‘孔子见伯子,伯子不衣冠而处,弟子曰:“夫子何为见此人乎?”曰:“其质美而无文繁,吾欲说而文之。”孔子去,子桑伯子门人不说,曰:“何为见孔子乎?”曰:“其质美而文繁,吾欲说而去其文。”’故曰:‘文质修者谓之君子,有质而无文谓之易野。’子桑伯子易野,欲同人道于牛马,故仲尼曰‘大简〔四〕’也。”

哀公问曰:“弟子孰为好学?”哀公问孔子,诸弟子之中谁为好学者。

孔子对曰:“有颜回者好学,答曰:弟子之中唯有颜回好学。不迁怒,此举颜渊好学分满所得之功也。凡夫识昧,有所瞋怒,不当道理,唯颜回学至庶几,而行藏同于孔子,故识照以道,怒不乖中,故云“不迁”。迁,犹移

〔一〕“人”,斋本、库本作“之”。

〔二〕“以能其简”,斋本、库本作“以其能简”。正平版何解亦作“以其能简”。邢疏作“孔曰:‘以其能简,故曰可也’”。

〔三〕“对”,斋本、库本无此字。

〔四〕“简”下,斋本、库本无“也”字,而有“无文繁吾欲说而文之”九字。

也。怒必是理不迁移也。**不贰过，**但不能照机，机非己所得，故于己成过。凡情有过必文，是为再过。而回当机时不见己，乃有过，机后即知。知则不复文饰以行之，是"不贰"也。故易云"颜氏之子其殆庶几乎！有不善未尝不知，知之未曾复行"是也。然学至庶几，其美非一，今独举怒、过二条者，盖有以为当时哀公滥怒贰过，欲因答寄箴者也。**不幸短命死矣。**凡应死而生曰幸，应生而死曰不幸。若颜子之德，非应死而今死，故曰"不幸"也。命者，禀天所得以生，如受天教命也。天何言哉？设言之耳。但命有短长，颜生所得短者也。不幸而死，由于短命，故曰"不幸短命死矣"。**今也则亡，**亡，无也。言颜渊既已死，则无复好学者也。然游、夏文学著于四科，而不称之，便谓无者，何也？游、夏非体之人，不能庶几，尚有迁有贰，非关丧予。唯颜生邻亚，故曰无也。**未闻好学者也。"**好学庶几旷世唯一，此士难重得，故曰"未闻"也。

> **凡人任情，喜怒违理，**未得坐忘，故任情不能无偏，故违理也。**颜渊任道，怒不过分。**过犹失也。颜子[一]道同行舍，不自任己，故曰"任道"也。以道照物，物岂逃形？应可怒者皆得其实，故无失分也。**迁者，移也。怒当其理，不移易也。**照之故当理，当理而怒之，不移易也。**不贰过者，有不善未尝得[二]行也。**即用易系为解也。未尝复行，谓不文饰也。

子华使于齐，子华，弟子，字冉也[三]，姓公西，名赤。有容仪，故为使往齐国也。但不知时为鲁君之使、为孔子之使耳。**冉子为其母请粟。**冉子，冉求也。其母，子华母也。请粟，就孔子请粟也。时子华既出使，而母在家，冉有由朋友之情，故为子华之母就孔子请粟也。**子曰："与之釜。"**孔子得冉求之情，故命与粟一釜。釜容六斗四升也。

〔一〕"子"下，斋本、库本有"与"字。
〔二〕"得"，斋本、库本作"复"，是。正平版何解、邢疏亦作"复"。
〔三〕"弟子字冉也"，斋本、库本作"弟子公西赤字也"。

马融曰:“子华,弟子公西华。赤,字也。六斗四升曰釜也。”春秋[一]昭公三年冬,晏子曰:“齐旧四量,豆、瓯[二]、釜、钟。四升为豆,各自加其四以登于釜。釜十则钟。”案:如兹说,是四升为豆,四豆为瓯,瓯斗六升也。四瓯为釜,釜六斗四升,如马注也。若钟则六斛四斗也。

请益。冉求嫌一釜之少,故更就孔子请益也。曰:“与之庾。”冉子既请益,故孔子令与之庾也。庾,十六斗也。然初请唯得六斗四升,请益而得十六斗,是益多于初。如为不次,政恐益足前釜以成十六斗也。

苞氏曰:“十六斗为庾也。”然案苞注十六斗为庾,与贾氏注国语同,而不合周礼。周礼旊人职云:“豆实三而成觳。”郑云:“豆实四升,则觳实一斗二升也。”又陶人职云:“庾实二觳。”案:如陶旊二文,则庾二斗四升矣。而苞氏注曰“十六斗为庾”,即是聘礼之籔也。聘礼“十六斗曰籔”,不知苞、贾当别有所出耳。

冉子与之粟五秉。十六斛曰秉,五秉八十斛也。孔子与粟既竟,故冉子又自以己粟八十斛与之也。

马融曰:“十六斛为秉,五秉合八十斛也。”聘礼云:“十斗曰斛,十六斗曰籔,十籔曰秉。”是马注曰与同也[三]。

子曰:“赤之适齐也,乘肥马,衣轻裘。孔子说我所以与少,又说冉求不应与多意也。肥马,马之食谷者也。轻裘,裘之皮精毛软及新绵为着者也。若家贫,则马不食谷而瘦,裘用粗皮毛强而故絮为着,缊袍是也。今子华往使于齐,去时所乘马肥,其所衣裘轻软,则是家富,其母不乏也。吾闻之也:君子周急不继富。”孔子曰:吾闻旧语,夫君子施但周赡人之急者耳,不系继足人为富蓄也。

〔一〕“春秋”下,斋本、库本有“传”字。

〔二〕“瓯”,库本作“区”。左传作“区”。

〔三〕“是马注曰与同也”,斋本、库本作“是马注与聘礼之籔同也”。

郑玄曰："非冉求与之太多也。" 非犹讥也。孔子此语，是讥冉求与子华母粟之太多也。然旧说疑之：子华之母，为当定乏？为当定不乏？若实乏而子华肥轻，则为不孝，孔子不多与，是为不仁；若不乏而冉求与之，则为不智。谁为得失？旧通者云："三人皆得宜也。子华中人，岂容己乘肥马衣轻裘而令母乏？必不能然矣。且夫子明言不继富，则知其家富也。实富而冉求为请与多者，明朋友之亲有同己亲，既一人不在，则一人宜相共恤故也。今不先直以己粟与之，而先请于孔子者，己若直与，则人嫌子华母有乏，故先请孔子。孔子再与，犹不至多，明不继富也。己故多与，欲招不继富之责，是知华母不乏也。华母不乏而己与之，为于朋友之义故也。不乏尚与，况乏者也？"

原思为之宰， 弟子原宪也。孔子为鲁司寇，有菜[一]邑，故使原思为邑宰也。

苞氏曰："弟子原宪也。思，字也。孔子为鲁司寇，以原宪为家邑宰也。" 余见郑注本云："孔子初仕鲁为中都宰，从中都宰为司空，从司空为司寇也。"

与之粟九百， 九百，九百斗也。原宪既为邑宰，邑宰宜得禄，故孔子以粟九百斗[二]与之也。**辞。** 原性廉让，辞不受粟也。

孔安国曰："九百，九百斗也。辞，让不受也。" 漫云九百，而孔必知九百斗者，孔子[三]政当嫌九百升为少，九百斛为多，故应是斗也。宜与粟五秉亦相类也。

子曰："毋！ 原辞不肯受，故孔子止之也。毋，毋辞也。

孔安国曰："禄法所得[四]当受，无以让也。"

〔一〕"菜"，斋本、库本作"采"。
〔二〕"斗"，斋本、库本无此字。
〔三〕"子"，斋本、库本无此字。
〔四〕"得"，斋本、库本无此字。正平版何解亦无此字。邢疏此语作"孔曰：'禄法所得，当受无让'"。

以与尔邻里乡党乎！”又恐原宪不肯受，故又说云：汝莫辞，但受之，若无用，当还分与尔邻里乡党也。此是示贤人仕官润泽州乡之教也。

郑玄曰：“五家为邻，五邻为里，万二千五百家为乡，五百家为党也。”内外互言之耳。邻里在百里之外，乡党在百里之内也〔一〕。

子谓仲弓曰：此明不以父无德而废子之贤也。仲弓父劣，当是于时为仲弓父劣而不用仲弓，故孔子明言之也。范宁曰：“谓，非必对言也。”**“犁牛之子骍且角，**为设譬也。犁，牛〔二〕文也。杂文曰犁。（或音狸，狸，杂文也。或音犁〔三〕，犁谓耕犁也。）骍，赤色也，周家所贵也。角，角周正，长短尺寸合礼也。言假令犁牛而生好子，色角合礼也。**虽欲勿用，山川其舍诸？”**勿犹不也。舍犹弃也。言犁牛生好子，子既色角悉正，而时人或言：此牛出不佳之母，急欲舍弃此牛而不用，特祭于鬼神，则山川百神岂薄此牛母恶而弃舍其子，遂不歆飨此祭乎？必不舍矣。譬如仲弓之贤，其父虽劣，若遭明王圣主，岂为仲弓父劣而舍仲弓之贤，不用为诸侯乎？明必用也。故鲧则殛死，禹乃嗣兴，是也。

犁，杂文也。骍，赤色也。角者，角周正中牺牲也。虽欲以其所生犁而不用，山川宁肯舍之乎？言父虽不善，不害于其子之美也。然周礼牧人职云：“凡阳祀用骍牲毛之，阴祀以黝特毛之，望祀各以其方之色牲毛之。”郑云：“阳祀，祭天于南郊及宗庙也。阴祀，祭地北郊及社稷也。望祀，五岳四镇四渎也。”然今云山川者，趣举言之也。若南方则用赤，是有其方色也。且既云山川，则宗庙亦可知，亦互之也〔四〕。

〔一〕“内外”至“之内也”，斋本、库本放在解经文处，接于“润泽州乡之教也”句下。

〔二〕“牛”，斋本、库本无此字。

〔三〕“犁”，斋本、库本作“梨”。

〔四〕“然周礼”至“互之也”，斋本、库本放在解经文处，接于“禹乃嗣兴是也”句下。“然周礼”之“然”字，斋本、库本作“案”。“互之也”，斋本、库本作“互言之也”。

子曰："回也，其心三月不违仁，仁是行盛，非体仁则不能，不能者心必违之，能不违者唯颜回耳。既不违则应终身，而止举三月者，三月一时，为天气一变，一变尚能行之，则他时能可知也。亦欲引汲，故不言多时也。故苞述云："颜子不违仁，岂但一时？将以勖群子之志，故不绝其阶耳。"其余则日月至焉而已矣。"其余谓他弟子也。为仁并不能一时，或至一日，或至一月，故云"日月至焉而已也"。

言余人暂有至仁时，唯回移时而不变也。既言三月不违，不违故知移时也。

季康子问："仲由可使从政也与？"仲由，子路也。鲁卿季康子问孔子曰：子路可使从政为官长诸侯不也？子曰："由也果，答康子，说子路才行可为政也。言子路才性果敢，能决断也。

苞氏曰："果，谓果敢决断也。"

于从政乎何有？"既解决断，则必能从政也。何有，言不足有也。故卫瓘曰："何有者，有余力也。"曰："赐也可使从政也与？"又问孔子曰：子贡可使从政不也？子曰："赐也达，亦答才能也。言赐能达于物理也。

孔安国曰："达，谓通于物理也。"

于从政乎何有？"既达物理，故云亦〔一〕"何有"也。曰："求也可使从政也与？"又问孔子曰：冉求何如？曰〔二〕："求也艺，又答才能也。言求多才能也。

孔安国曰："艺，谓多才能也。"

于从政乎何有？"有才能，故云亦"何有"也。季氏使闵子骞为费宰。弟子闵损也。费，邑也〔三〕，季氏菜邑也。时季氏邑宰叛，闻闵子骞贤，

〔一〕"云亦"及下段之"云亦"，斋本、库本作"亦云"，是。
〔二〕"曰"上，斋本、库本有"子"字。正平版何解亦有"子"字。邢疏、朱注无"子"字。
〔三〕"邑也"，斋本、库本无此二字。下句"菜邑"，斋本、库本作"采邑"。

故遣使召之为费宰也。

孔安国曰:“费,季氏邑也。季氏不臣,强僭于鲁,故曰“不臣”也。**而其邑宰叛**〔一〕**,**其邑宰即公山不扰〔二〕也,亦贤人也。见季氏恶,故叛也。所以后引云“公山不扰以费叛,召,子欲往”是也。**闻闵子骞贤,故欲用也。”**

闵子骞曰:“善为我辞焉!子骞贤,不愿为〔三〕恶人为宰,故谓季氏之使者云:汝还〔四〕好为我作辞。辞于季氏,道我不欲为宰之意也。

孔安国曰:“不欲为季氏宰,语使者曰:善为我〔五〕**辞说,令不复召我也。”**

如有复我者,复,又也。子骞曰:汝若不能为我作善辞,而令有使人〔六〕来召我者,语在下也。

孔安国曰:“复我者,重来召我也。”

则吾必在汶上矣。”汶,水名也。汶〔七〕在鲁北齐南。子骞时在鲁,谓使者云:若又来召我,我当北渡汶水之上,往入齐也。

孔安国曰:“去之汶水上,欲北如齐也。”

伯牛有疾,伯牛,弟子冉耕字也,鲁人。有疾,时其〔八〕有恶疾也。

马融曰:“伯牛,弟子冉耕也。”

子问之,孔子往问伯牛之疾差不也。**自牖执其手,**牖,南窗也。君子有疾,寝于北壁下东首。今师来,故迁出南窗下,亦东首,令师从户入于床北,得

〔一〕“叛”上,斋本、库本有“数”字。邢疏亦有“数”字。正平版何解无“数”字。
〔二〕“公山不扰”,斋本、库本作“公山弗扰”,下同。
〔三〕“为”,斋本、库本作“与”。
〔四〕“还”下,斋本、库本有“可善”二字。
〔五〕“我”下,斋本、库本有“作”字。正平版何解亦有“作”字。邢疏无“作”字。
〔六〕“人”,斋本、库本作“又”。
〔七〕“汶”,斋本、库本无此字。
〔八〕“时其”,斋本、库本无此二字。

面南也。孔子恐其恶疾不欲见人，故不入户，但于窗上而执其手也。

苞氏曰："牛有恶疾，不欲见人，故孔子从牖执其手也。"

曰："亡之，亡，丧也。孔子执其〔一〕手而曰丧之，言牛必死也。

孔安国曰："亡，丧也。疾甚，故持其手曰丧也。"

命矣夫！亦是不幸之流也。言如汝才德实不应死，而今丧之，岂非禀命之得矣夫。矣夫，助语也。**斯人也而有斯疾也！斯人也而有斯疾也！"**斯，此也。言有此善人而婴此之恶疾，疾与人反，故叹之也。再言之者，痛叹〔二〕之深也。

苞氏曰："再言之者，痛惜之甚也。"

子曰："贤哉，回也！美颜渊之贤行，故先言"贤哉，回也"。**一箪食，一瓢饮，**箪，竹筥之属也，用贮饭。瓢，瓠片也，瓟持盛饮也。言颜渊食不重肴，及无雕镂之器，唯有一箪食一瓢饮而已。

孔安国曰："箪，笥也。以竹为之，如箱箧之属也。**瓢，瓠也。"**

在陋巷，不顾爽垲而居处之，在穷陋之巷中也。**人不堪其忧，**凡人以此为忧而不能处，故云"不堪其忧"也。**回也不改其乐。**颜回以此为乐，久而不变，故云"不改其乐"也。**贤哉，回也！"**美其乐道情笃，故叹〔三〕始末言贤也。

孔安国曰："颜渊乐道，虽箪食在陋巷，不改其所乐也。"所乐则谓道也。

冉求曰："非不悦子之道，力不足也。"冉求谘孔子曰：求之心诚非

〔一〕"其"，斋本、库本作"牛"。
〔二〕"叹"，斋本、库本作"惜"。
〔三〕"叹"，斋本、库本无此字，是。

不喜悦夫子之道，而欲行之，只才力不足，无如之何也。**子曰："力不足者，中道而废。**孔子抑冉求无企慕之心也。言汝但学不行之矣，若行之而力不足者，当中道而废住〔一〕耳，莫发初自诚不能行也。**今汝画。"**画，止也。汝今云力不足矣，是汝自欲止耳。

孔安国曰："画，止也。力不足者，当中道而废，今汝自止耳，非力极也。"

子谓子夏曰："汝为君子儒，无为小人儒。"儒者，濡也。夫习学事久则濡润身中，故谓久习者为儒也。但君子所习者道，道是君子儒也。小人所习者矜夸，矜夸是小人儒也。孔子语子夏曰：当为君子儒，不得习为小人儒也。

马融曰："君子为儒，将以明其道。小人为儒，则矜其名也。"

子游为武城宰。弟子子游也〔二〕，时为武城邑宰也。

苞氏曰："武城，鲁下邑也。"

子曰："汝得人焉耳乎哉？"孔子问子游言：汝作武城宰，而武城邑民有好德行之人为汝所得者不乎？故云"汝得人焉耳乎哉"。故袁氏曰："谓得其邦之贤才不也。"

孔安国曰："焉耳乎哉，皆辞也。"

曰："有儋台灭明〔三〕者，行不由径，答为宰而所得邑中之人也。儋台灭明亦孔子弟子也。言灭明每事方正，故行出皆不邪径于小路也。一云："灭明德行方正，不为邪径小路行也。"**非公事，未尝至〔四〕偃之室也。"**公事，其家课税也。偃，子游名也。偃之室，谓子游所住邑之廨舍也。子游又言：

〔一〕"住"，斋本、库本无此字。"住"有"停止"、"停住"义，与"废"连用，能够解得通。
〔二〕"弟子子游也"，斋本、库本作"子游，弟子言偃字也"。
〔三〕"儋"，斋本、库本作"澹"，下同。邢疏、朱注亦作"澹"。
〔四〕"至"下，斋本、库本有"于"字。邢疏、朱注亦有"于"字。

灭明既方正，若非常公税之事，则不尝无事至偃住处也。举其明不托狎倚势于朋友也。

苞氏曰："澹台，姓，灭明，名也，字子羽。言其公且方也。"公谓非公事不至偃室。方谓不由径。

子曰："孟之反不伐，鲁臣也。不伐谓有功不自称也。

孔安国曰："鲁大夫孟之侧也。与齐战，军大败。不伐者，不自伐其功也。"此不伐之源。鲁哀公十一年，鲁师及齐师战〔一〕郊之事也，见春秋也。余见郑注本，姓孟，名之侧，字之反也。

奔而殿，此不伐之事也。军前曰启，军后曰殿。于时鲁与齐战，鲁军大败退奔，而孟之侧独住军后为殿，以捍卫奔者，故曰"奔而殿"也。**将入门，策其马，**门，鲁国门也。策，杖也。初败奔时在郊，去国门远，孟之侧在后。及还将至入国门，而孟之侧杖马令在奔者前也。然六籍唯用马乘车，无骑马之文，唯又〔二〕曲礼云"前有车骑"，是骑马耳。今云策其马，不知为马〔三〕为乘车也。**曰：'非敢后也，马不进也。'"**其既在后，而国人皆迎之，谓正〔四〕有功。己不欲独受其功，故将入门，杖马而云：我非敢在后距敌，政是马行不进，故在后耳。所以杖马，示马从来不进也。

马融曰："殿，在军后者也。前曰启，后曰殿。孟之反贤而有勇，军大奔，独在后为殿。故停军后，为捍敌也。**人迎为功之，**在国人迎军见其在后，而为谓〔五〕之有功，故云"功之"也。**不欲独有其名，故云：我非敢在后距敌也，马不能前进耳。"**前，犹进也。

〔一〕"战"下，斋本、库本有"于"字。下句"春秋"下，斋本、库本有"传"字。

〔二〕"又"，斋本、库本无此字。

〔三〕"马"上，斋本、库本有"骑"字。

〔四〕"正"，斋本、库本作"已"。

〔五〕"为谓"，斋本、库本作"谓为"。

子曰："不有祝鮀之佞，而有宋朝之美，难乎免于今之世矣！"祝鮀能作佞也。宋朝，宋国之美人，善能淫欲者也。当于尔时，贵佞重淫，此二人并有其事，故曰〔一〕得宠幸而免患难。故孔子曰：言人若不有祝鮀佞，反宜有宋朝美，若二者并无，则难免今世之患难也。故范宁曰："祝鮀以佞谄被宠于灵公，宋朝以美色见爱于南子。无道之世，并以取容。孔子恶时民浊乱，唯佞色是尚，忠正之人不容其身，故发'难乎'之谈，将以激乱俗，亦欲发明君子全身远害也。"

孔安国曰："佞，口才也。祝鮀，卫大夫，名子鱼也。时世贵之。贵其能佞也。宋朝，宋国之美人也，而善淫。于时在卫，通灵公夫人南子也。言当如祝鮀之佞，而反〔二〕如宋朝之美，难矣免于今世之害也。"一本云："反如宋朝之美也。"通者云："佞与淫异，故云反也。"

子曰："谁能出不由户者？何莫由斯道也？"道，先王之道也。人生得在世，皆由于先王道理而通，而世人多违理背道，故孔子为譬以示解时惑也。言人之在室，出入由户而通，亦如在世由道理而生。而人皆知出室由户，而未知在世由道，故云"谁能出不由户，何莫由斯道也"。莫，无也。斯，此也。故范宁云："人咸知由户而行也，莫知由学而成也。"

孔安国曰："言人立身成功当由道，譬犹〔三〕人出入要当从户也。"

子曰："质胜文则野，谓凡行礼及言语之仪也。质，实也。胜，多也。文，

〔一〕"曰"，斋本、库本无此字。

〔二〕"反"，斋本、库本作"及"。陆德明经典释文出"及如"曰："一本'及'字作'反'，义亦通。"正平版何解、邢疏作"反"。孔安国语意为："应当如祝鮀之口才，而相反如宋朝之色淫者的话，则难免世害。"作"反"是。孔安国的理解与经文"子曰：不有祝鮀之佞，而有宋朝之美，难乎免于今之世矣"不符，孔子的本意是说：卫国不仅有祝鮀一类的巧言谄媚者，还有宋朝一类的以美色获宠者，既然国君夫妇宠爱这类人，当今之世受其祸害是难免的了。

〔三〕"犹"，斋本、库本作"由"，误。正平版何解、邢疏作"犹"。

华也。言[一]实多而文饰少则如野人,野人,鄙略大朴也。

苞氏曰:"野如野人,言鄙略也。"

文胜质则史,史,记书史也。史书多虚华无实,妄语欺诈,言人若为事多饰少实,则如书史也。

苞氏曰:"史者,文多而质少也。"

文质彬彬,然后君子。"彬彬,文质相半也。若文与质等半,则为会时之君子也。

苞氏曰:"彬彬,文质相半之貌也。"

子曰:"人生也直,言人得[二]生居世者,必由直行故也。故李充曰:"人生之道,唯人[三]身直乎?"

马融曰:"言人之所以生于世而自终者,以其正直之道也。"自终,谓用道故不横夭殇也。

罔之生也幸而免。"罔谓为邪曲诬罔者也。应死而生曰幸。生即由直,若有诬罔之人亦得生世者,获是[四]幸而免死耳。故李充曰:"失平生之道者,则动之死地矣。必或免之,善由于幸耳。故君子无幸而有不幸,小人有幸而无不幸也。"

苞氏曰:"诬罔正直之道而亦生,是幸而免也。"

子曰:"知之者不如好之者,谓学者深浅也。知之,谓知学问有益者也。好之,谓欲学[五]之以为好者也。夫知有益而学之,则不如欲学之以为好者也。故李充曰:"虽知学之为益,或有计而后知学利在其中,故不如好之者笃也。"**好之者不如乐之者。"**乐谓欢乐之也。好有盈厌,故不如性欢而

〔一〕"言"下,斋本、库本有"若"字。
〔二〕"得"下,斋本、库本有"全"字,衍。
〔三〕"人",斋本、库本作"其"。
〔四〕"获是",斋本、库本作"是获"。
〔五〕"学"上,斋本、库本有"好"字。

乐之，如颜渊乐在其中也。故李充曰："好有盛衰，不如乐之者深也。"

苞氏曰："学问知之者不如好之者笃，好之者又不如乐之者深也。"

子曰："中人以上，可以语上也；中人以下，不可以语上也。"

此谓为教化法也。师说云：就人之品识大判有三，谓上中下也。细而分之则有九也，有上上、上中、上下也，又有中上、中中、中下也，又有下上、下中、下下也，凡有九品。上上则是圣人，圣人不须教也。下下则是愚人，愚人不移，亦不须教也。而可教者，谓上中以下、下中以上凡七品之人也。今云"中人以上可以语上"，即以上道语于上分也。"中人以下不可以语上"，虽不可语上，犹可语之以中及语之以下。何者？夫教之为法，恒导引分前也。圣人无待〔一〕于教，故以圣人之道可以教颜，以颜之道可以教闵，斯则"中人以上可以语上"也。又以闵道可以教中品之上，此则中人亦可语上也。又以中品之上道以〔二〕教中品之中，又以中品之中道教中品之下，斯即中人亦有可以语之以中也。又以中品之下道教下品之上，斯即中人以下可以语中。又以下品之上道教下品之中，斯即中人以下可以语下也。此云"中人以上"、"中人以下"，大略言之耳。既有九品，则第五为正中人也。以下即六七八也，以上即四三二也。

王肃曰："上谓上知之人所知也。上知所知，谓圣人之道可教颜、闵者也。**两举中人，以其可上可下也。"**若分九品，则第五以上可以语上，第五以下不可语上。今但应云中人以上可以语上，以下不可语上。而复云"中人以下"，是再举中人也。所以尔者，明中人之大分有可上可下也。若"中人之上，可以语上；中人之下，不可语上"，故再言中人也。又一云："中人若遇善师则可上，若遇恶人则可下，故再举中人，明可上可下也。"

樊迟问智。问孔子为智之道也。**子曰："务民之义，**答曰：若欲为智，当务在化导民之义也。

〔一〕"待"，斋本、库本作"须"。

〔二〕"以"，斋本、库本无此字。

王肃曰："务所以化导民之义也。"

敬鬼神而远之，鬼神不可慢，故曰"敬鬼神"也。可敬不可近，故宜"远之"也。可谓智矣。"如上二事则可为智也。

苞氏曰："敬鬼神而不渎也。"渎犹数近也。

问仁。樊迟又问为仁也。子曰："仁者先难而后获，可谓仁矣。"获，得也。言臣心〔一〕先历为难事，而后乃可得禄受报，则是仁也。若不先劳事而食，则为不仁。故范宁曰："艰难之事则为物先，获功之事而处物后，则为仁矣。"

孔安国曰："先劳苦乃后得功，此所以为仁也。"

子曰："智者乐水，陆特进曰："此章极弃〔二〕智仁之分也。凡分为三段：自'智者乐水仁者乐山'为第一，明智仁之性。又'智者动仁者静'为第二，明智仁之用。先既有性，性必有用也。又'智者乐仁者寿'为第三，明智仁之功。已有用，用宜有功也。"今第一明智仁之性，此明智性也。智者，识用之义也。乐者，贪乐之称也。水者，流动不息之物也。智者乐运其智化物，如水流〔三〕之不息，故"乐水"也。

苞氏曰："智者乐运其才智以治世，如水流而不知已之也。"

仁者乐山。此章〔四〕明仁者之性也。仁者，恻隐之义；山者，不动之物也。仁人之性，愿四方安静如山之不动，故云"乐山"也。

仁者乐如山之安固，自然不动，而万物生焉也。

智者动，此第二明用也。智者何故如水耶？政自欲动进其识，故云"智者动"也。

〔一〕"心"，斋本、库本作"必"。
〔二〕"弃"，斋本、库本作"辨"，是。
〔三〕"水流"，斋本、库本作"流水"。
〔四〕"章"，斋本、库本作"即"。

包氏曰："自进故动也。"

仁者静。仁者何故如此[一]耶？其心宁静故也。

孔安国曰："无欲故静也。"

智者乐，第三明功也。乐，欢也。智者得运其识，故得从心而畅，故欢乐也。

郑玄曰："智者自役得其志，故乐之也。"

仁者寿。"性静如山之安固，故寿考也。然则仁既寿亦[二]乐，而智乐不必寿，缘所役用多故也。

包氏曰："性静故寿考也。"

子曰："齐一变至于鲁，鲁一变至于道。"大公[三]封于营丘之地，为齐国。周公封于曲阜之地，为鲁国。周公大圣，大公大贤，贤圣既有优劣，虽同致太平，而其化不得不微异，故末代二国，齐有景公之昏暗，鲁有定公之寡德。然其国犹有望、旦之遗风，故礼记云："孔子曰：'吾舍鲁何适耶？'"明鲁犹胜余国也。今孔子叹其君之并恶，故有此言也。言若齐有明君一变，便得如鲁之太平之日；鲁有明君一变，便如大道时也。此是引汲之教耳，实理则不然矣。若明君兴之，政当得各如其初，何容得还淳反本耶？

包氏曰："言齐、鲁有大公、周公之余化也。大公大贤，周公圣人，今其政教虽衰，若有明君兴之者，齐可使如鲁，鲁可使如大道行之时也。"

子曰："觚不觚，觚，礼酒器也。礼云：觚酌酒"一献之礼，宾主百拜"。此则明有觚之用也。当于尔时，用觚酌酒，而沉湎无度，故孔子曰"觚不觚"也。故王肃曰："当时沉湎于酒，故曰'觚不觚'，言不知礼也。"蔡谟曰："酒之乱德，自古所患，故礼说三爵之制，尚书著明酒诰之篇，易有濡首之戒，诗列宾筵之

〔一〕"此"，斋本、库本作"山"。
〔二〕"亦"，斋本、库本作"不"，误。
〔三〕"大公"，斋本、库本作"太公"，下同。

刺，皆可〔一〕以防沉湎。王氏之说是也。觚失其礼，故曰‘觚不觚’，犹言君臣不君臣耳。”

马融曰：“觚，礼器也。一升曰爵，二〔二〕升曰觚也。”

觚哉！觚哉！”言用觚之失道也，故重曰“觚哉觚哉”。

觚哉觚哉，言非觚。何此注亦得同王、蔡之释也。**以喻为政而〔三〕不得其道则不成也。**如何此注，则与王、蔡小异也。何意言用觚不得其道，则非复觚德。譬如人所为不得其道者，则事亦不成也。若欲知气味，何说则特前“觚不觚”如王、蔡之释，后云“觚哉觚哉”，自因前以寄后，喻事不乖王、蔡，而有兼得之美也。故褚仲都曰：“作觚而不用觚法，觚终不成，犹为政而不用政法，岂成哉？疾世为政不用政〔四〕，故再言焉。”

宰我问曰：“仁者，虽告之曰‘井有仁者焉’，其从之与？”宰我欲极观仁者之怀，故假斯以问也。言有人告于仁者云：彼处有仁者堕井，而仁者常救人于急难，当自投入井救取之不耶？

孔安国曰：“宰我以为仁者必济人于患难，故问有仁人堕井，将自投下从而出之乎？否乎？欲极观仁人忧乐之所至也。”

子曰：“何为其然也？孔子距之，故云“何为其然也”。言仁者虽复救济，若审有人堕井，当为方计出之，岂容自投从之？**君子可逝也，不可陷也；**逝，往也。陷，没也。言闻有人堕井乃可往看之耳，不遂投井取之也。

苞氏曰：“逝，往也。言君子可使往视之耳，不肯自投

〔一〕“可”，斋本、库本作“所”。

〔二〕“二”，斋本、库本作“三”。说文谓“觞受三升者谓之觚”，广雅谓“二升曰觚”，古解有歧。

〔三〕“而”，斋本、库本无此字。邢疏亦无“而”字。正平版何解有“而”字。

〔四〕“政”下，斋本、库本有“法”字。

从[一]之耳。"

可欺也,不可罔也。"欺者,谓遥相语也。罔者,谓面相诬也。初彼来见告云:井中有仁人,我往视之,是可欺也。既至,井实无人,不可受[二]通而自投入井,是不可罔也。

马融曰:"可欺者,可使往也。不可罔者,不可得诬罔令自投下也。"或问曰:"仁人救物,一切无偏,何不但云井中有人者,而必云有仁人者耶?若唯救仁者,则非仁人堕井,则仁人所不救乎?"答曰:"仁者能好人,能恶人。其虽恻隐济物,若闻恶人堕井,亦不往也。"又李充曰:"欲极言仁,设云救井为仁,便当从不耶?故夫子答云'何为其然也',言何至如此。是君子之人若于道理宜尔,身犹可亡,故云'可逝'。逝,往也。若理有不可,不肯陷于不知,故云'不可诬罔令投下也'。君子不逆诈,故可以暗昧欺。大德居正,故不可以非道罔也[三]。"

子曰:"君子博学于文,约之以礼,亦可以弗畔矣夫。"博,广也。约,束也。畔,违也,背也。言君子广学六籍之文,又用礼自约束,能如此者亦可得不违背于道理也。

郑玄曰:"弗畔,不违道也。"

子见南子,南子,卫灵公夫人也,淫乱,而孔子入卫欲与之相见也。所以欲相见者,灵公唯妇言是用,孔子欲因南子说灵公,使行正道也。故缪播曰:"应物而不择者,道也;兼济而不辞者,圣也。灵公无道,众[四]庶困穷,钟救于夫子。物困不可以不救,理钟不可以不应,应救之道必明有路,路由南子,故尼父见之。涅而不缁,则处污不辱,无可无不可,故兼济而不辞。以道观之,未有可

〔一〕"从",斋本、库本作"救"。邢疏作"从",上文"苞氏曰"作"孔曰"。正平版何解作"从",作"苞氏曰"。

〔二〕"受",斋本、库本作"变",是。

〔三〕"或问"至"罔也",斋本、库本放在解经文处,接于"是不可罔也"句下。"而必云有仁"下,斋本、库本无"人"字。

〔四〕"众",斋本、库本作"蒸"。"众庶""蒸庶"同义,皆指"民众""百姓"。

猜也。”**子路不悦。**子路于时随夫子在卫，见夫子与淫乱妇人相见，故不悦也。缪播曰：“贤者守节，怪之宜也。或以亦发孔子之答，以晓众也。”王弼曰：“案本传孔子不得已而见南子，犹文王拘羑里，盖天命之穷会也。子路以君子宜防患辱，是以不悦也。”**夫子矢之曰：“予所否，天压〔一〕之！天压之！”**矢，誓也。否〔二〕，不也。压，塞也。子路既不悦，而孔子与之咒誓也。言我见南子，若有不善之事者，则天当压塞我道也。缪播曰：“否，不也。言体圣而不为圣者之事，天其压塞此道耶。”王弼曰：“否泰有命，我之所屈不用于世者，乃天命压之，言非人事所免也。重言之者，所以誓其言也。”蔡谟曰：“矢，陈也。尚书叙曰‘皋陶矢其〔三〕谋也’，春秋经曰‘公矢鱼于棠’，皆是也。夫子为子路矢陈天命，非誓也。”李充曰：“男女之别，国之大节。圣人〔四〕明义，教正内外者也。而乃废常违礼，见淫乱之妇人者，必以权道有由而然。子路不悦，固其宜也。夫道消运否，则圣人亦否，故曰：‘予所否者，天压之！天压之！’压亦否也，明圣人与天地同其否泰耳。岂区区自明于子路而已？”

孔安国曰：“等以为南子者，卫灵公夫人也，淫乱而灵公惑之。孔子见之者，欲因以说灵公使行治道也。矢，誓也。子路不说，故夫子誓之。曰：行道既非妇人之事，而弟子不说，与之咒誓，义可疑也。”

子曰：“中庸之为德也，其至矣乎！民鲜〔五〕久矣。”中，中和也。庸，常也。鲜，少也。言中和可常行之德，是先王之道，其理甚至善，而民少有行此者也已久，言可叹之深也。

庸，常也，中和可常行之德也。世乱，先王之道废，民鲜能行此道久矣，非适今也。

〔一〕“压”，斋本、库本作“厌”，下同。
〔二〕“否”上，斋本、库本有“予我也”三字。
〔三〕“其”，斋本、库本作“厥”。
〔四〕“人”，库本脱此字。
〔五〕“鲜”下，库本衍“能”字。

子贡曰："如能博施于民而能济众者，何如？可谓仁乎？"子贡问：言若有人所能广施恩惠于民，又能救济众民之患难，能如此者何如？可得谓为仁人否乎？**子曰："何事于仁，必也圣乎！**孔子答也。曰若能如此者，何事是仁也，乃是圣人之行，而圣人犹病患其事之难行也〔一〕。**尧、舜其犹病诸。**尧、舜，古圣天子也。病，犹患也。诸，之也。又言：前所能之事，乃是圣人之行，而圣人犹病患其事之难行也。

孔安国曰："若能广施恩惠，济民于患难，尧、舜至圣，犹病其难也。"

夫仁者，己欲立而立人，己欲达而达人。既云前事不啻是仁，为圣所难，故此更答为仁之道也。言己若欲自立自达，则必先立达他人，则是有仁之者也。**能近取譬，可谓仁之方也已。"**能近取譬于〔二〕诸身，远取诸物，己所不欲，勿施于人，能如此者，可谓为仁之道〔三〕也。方，犹道也。

孔安国曰："更为子贡说仁者之行也。方，道也。但能近取譬于己，皆恕己所不欲而勿施人也。"

论语义疏第三　经一千七百一十一字　注二千八百二十字

〔一〕 该句十二字，斋本、库本无。
〔二〕 "于"，斋本、库本无此字。
〔三〕 "道"，斋本、库本作"方"。

论语义疏卷第四 述而 泰伯

梁国子助教吴郡皇侃撰

论语述而第七 何晏集解 旧卅九章 今卅八章

疏述而者，明孔子行教，但祖述尧、舜，自比老彭，而不制作也。所以次前者，时既夷崄，圣贤地闭，非唯二贤之不遇，而圣亦失常，故以圣不遇证贤不遇非贤之失，所以述而次雍也。

子曰："述而不作，此孔子自说也。述者，传于旧章也。作者，新制〔一〕礼乐也。孔子自言：我但传述旧章，而不新制礼乐也。夫得制礼乐者，必须德位兼并、德为圣人、尊为天子者也。所以然者，制作礼乐必使天下行之，若有德无位，既非天下之主，而天下不畏，则礼乐不行；若有位无德，虽为天下之主，而天下不服，则礼乐不行，故必须并兼者也。孔子是有德无位，故"述而不作"也。**信而好古，**又言已常存于忠信，而复好古先王之道，故曰"信而好古"也。所以中庸云"仲尼祖述尧、舜，宪章文、武"是也。**窃比于我于〔二〕老彭。"**

〔一〕"制"下，斋本、库本有"作"字。
〔二〕"于"，斋本、库本无此字。邢疏、朱注亦无"于"字。

窃，犹盗也。老彭，彭祖也，年八百岁，故曰"老彭"也。老彭亦有德无位，但述而不作，信而好古。孔子欲自比之，而谦不敢均[一]然，故曰"窃比"也。

苞氏曰："老彭，殷贤大夫也，好述古事。我若老彭矣，祖述之耳也。"

子曰："默而识之，见事必[二]识而口不言，谓之默识也。**学而不厌，**又学先王之道而不厌[三]也。**诲人不倦，**诲，教也。又教一切之人而不疲倦也。**何有于我哉？"**言人无此诸行，故天下贵于我耳。若世人皆有此三行，则何复贵有于我哉？故李充曰："言人若有此三行者，复何有贵于我乎？斯劝学敦诲诱之辞也。"

郑玄曰："人无有是行，言天下人皆无此三行也。**于我我独有之也。"**释"于我哉"也。言由我独有之，故天下贵有于我也。

子曰："德之不修也，得理之事，宜修治在身也，而世人不修也。**学之不讲也，**所学经业恒宜讲说使决了，而世人不讲也。**闻义不能从[四]也，**闻有仁义之事，徙意从之，而世人不从也。**不善不能改也，**身本有不善，当自改正令善也，而世人不改也。**是吾忧也。"**吾，孔子自谓也。言孔子恒忧世人不为上四事也。

孔安国曰："夫子常以[五]四者为忧也。"

子之燕居，申申如也，夭夭如也。明孔子居处有礼也。燕居者，退朝

［一］"均"，斋本、库本作"灼"。"均"有"等同"义，"灼然"为"明显"义，两者皆能解通，后者义胜。

［二］"必"，斋本、库本作"心"，义胜。

［三］"厌"下，斋本、库本有"止"字，恐衍。

［四］"从"，斋本、库本作"徙"。正平版何解作"从"。定州汉墓竹简论语、邢疏、朱注作"徙"。下文"而世人不从也"之"从"，斋本、库本作"徙"。

［五］"以"下，斋本、库本有"此"字；正平版何解、邢疏亦有"此"字。

而居也。申申者，心和也。夭夭者，貌舒也。玉藻云："燕居貌〔一〕温温。"乡党云："居不容。"故当燕居时，所以心和而貌舒也。故孙绰曰："燕居无事，故云心内夷和外舒畅者也。"

马融曰："申申、夭夭，和舒之貌也。"申申，心申畅，故和也。貌舒缓，故夭夭也。诗云："桃之夭夭，灼灼其华。"即美舒义也。

子曰："甚矣吾衰也！久矣吾不复梦见周公也！"夫圣人行教既须德位兼并，若不为人主，则必为佐相。圣而君相者，周公是也。虽不九五而得制礼作乐，道化流行。孔子乃不敢期于天位，亦犹愿放乎周公，故年少之即〔二〕日恒存慕发梦，及至年齿衰朽，非唯道教不行，抑亦不复梦见，所以知己德衰，而发"衰久矣"，即叹不梦之征也。然圣人悬照本无俟梦想，而云梦者，同物而示衰故也。故李充曰："圣人无想，何梦之有？盖伤周德之日衰，哀道教之不行，故寄慨于不梦，发叹于凤鸟也。"

孔安国曰："孔子衰老，不复梦见周公也，明盛时梦见周公，欲行其道也。"即谓摄行天子事，而复制礼作乐也。

子曰："志于道，此章明人生处世，须道艺自辅，不得徒然而已也。志者，在心向慕之谓也。道者，通而不拥〔三〕也。道既是通，通无形相，故人当恒存志之在心，造次不可暂舍离者也。

志，慕也。道不可体，故志之而已矣也。不可体，谓无形体也。

据于德，据者，执杖之辞也。德谓行事得理者也。行事有形，有形故可据杖也。

据，杖也。德有成形，故可据也。前事有涯，故云"有形"也。

〔一〕"貌"，斋本、库本作"告"；十三经注疏本礼记玉藻作"告"。盖皇侃所据他本礼记作"貌"。观礼记玉藻此语之上下文字，是言在朝、闲居、祭祀时的容貌，当以"貌"为是。"温温"下，斋本、库本有"注告谓教使也诗云温温恭人"十二字，当是根本逊志误录玉藻郑注文字。

〔二〕"即"，斋本、库本无此字。

〔三〕"拥"，斋本、库本作"壅"。"拥"、"壅"皆有"阻塞"、"堵塞"义。

依于仁，依，依〔一〕倚也。仁者，施惠之谓也。施惠于事宜急，故当倚之而行也。仁劣于德，倚减于据，故随事而配之。

依，倚也。仁者功施于人，故可倚之也。

游于艺。"游者，履历之辞也。艺，六艺，谓礼、乐、书、数、射、御也。其轻于仁，故〔二〕不足依据，而宜遍游历以知之也。

艺，六艺也。不足据，故曰游也。

子曰："自行束修〔三〕以上，吾未尝无诲焉。"此明孔子教化有感必应者也。束修，十束脯也。古者相见，必执物为贽。贽，至也，表己来至也。上则人君用玉，中则卿羔，大夫雁，士雉，下则庶人鹜〔四〕，工商执鸡。其中或束修壶酒一犬，悉不得无也。束修最是贽之至轻者也。孔子言：人若能自施贽行束修以上来见谒者，则我未尝不教诲之。故江熙云："见其翘然向善思益也。"古以贽见。修，脯也。孔注虽不云修是脯，而意亦不得离脯也。

孔安国曰："言人能奉礼，自行束修以上，则皆教诲之也。"

子曰："不愤不启，不悱不发。又明孔子教人法也。愤，谓学者之心思义未得而愤愤然也。启，开也。悱，谓学者之口欲有所谘而未能宣，悱悱然也。发，发明也。言孔子之教，待人心愤愤，乃后为开导之，若不愤，则不为开也。又待其口悱悱，而后乃为发明之，若不悱，则不为发明也。所以然者，人若不悱愤而先为启发，则受者识录不坚，故须悱愤乃为发启，则听受分明，忆之深也。**举一隅而示之，不以三隅反，则吾不复。"**隅，角也。床有四角，屋有四角，皆曰隅也。孔子为教，虽待悱愤而为开发，开发已竟，而此人不识事类，亦不复教之也。譬如屋有四角，已示之一角，余三角从类可知，若此人

〔一〕"依，依倚也"，斋本、库本作"依者，倚也"。

〔二〕"故"下，斋本、库本有"云"字。

〔三〕"修"，斋本、库本作"脩"，下同。邢疏、朱注作"脩"，刘氏正义作"修"。"脩"为干肉，"修"是"修饰"，本是两字，自汉隶已互相通用。

〔四〕"鹜"上，斋本、库本有"执"字。

不能以类反识三角，则不复教示也。

郑玄曰："孔子与人言，必待其人心愤愤、口悱悱，乃后启发为之说也。如此则识思之深也。说则举一隅以语之，其人不思其类，则不复重教之也。"

子食于有丧者之侧，未有〔一〕尝饱也。谓孔子助葬时也。为应执事，故必食也；必有哀色，故不饱也，故云〔二〕。礼云："饥而废事，非礼也；饱而忘哀，亦非礼也。"子于是日也哭，则不歌。谓孔子吊丧之日也。吊丧必哭，哭歌不可同日，故是于吊哭之日不歌也。故范宁曰："是日，即吊赴之日也。礼：歌哭不同日也。故哭则不歌也。"

丧者哀戚，饱食〔三〕其侧，是无恻隐之心也。

子谓颜渊曰："用之则行，舍之则藏，唯我与尔有是夫！"此明颜、孔于事等于行藏也。用者，谓时世宜可行之事也。藏者，谓时世不宜行之事。尔，汝也。自降几〔四〕以下而贤人能得，故可行用，则颜、孔所同，故云"用行舍藏，唯我与尔有是夫"。孙绰曰："圣人德合于天地，用契于四时，不自昏于盛明，不独曜于幽夜。颜齐其度，故动止无违，所以影附日月，绝尘于游场也。"一云："与，许也。唯我许汝如此也。"故江熙曰："圣人作则贤人佐，天地闭则贤〔五〕人隐，用则行，舍则藏也。唯我许尔有是分者，非圣无以尽贤也。"

孔安国曰："言可行则行，可止则止，唯我与颜渊同耳也。"

子路曰："子行三军，则谁与？"子路闻孔子论行藏而独美颜渊，然若行三军必当与己，己有勇故也，故问则谁与之。

〔一〕"有"，斋本、库本无此字。正平版何解、邢疏、朱注亦无"有"字。

〔二〕"云"，斋本、库本无此字。"故"从下句。

〔三〕"食"下，斋本、库本有"于"字。正平版何解、邢疏亦有"于"字。

〔四〕"几"，斋本、库本作"圣"，义胜。

〔五〕"贤"，斋本、库本作"圣"。

孔安国曰:“大国三军。天子六军,大国三军,小国一军,军万[一]二千五百人也。子路见孔子独美颜渊,以为己有勇,至[二]夫子为三军将,亦当唯与己俱,故发此问也。”将犹帅也。谓[三]孔子得为三军帅时也。

子曰:“暴虎凭河,死而无悔者,吾不与也。孔子闻子路之衒勇,故抑之也。空手搏虎为暴虎,无舟渡河为凭河。言格虎须杖,渡河须舟,然后身命可全。若无杖而搏虎,无舟而涉[四]河,必致伤溺,若为此勇,则我行三军,所不与也。以斥子路之勇,必不得其死然也。缪播曰:“圣教轨物,各应其求,随长短以抑引,随志分以诱导,使归于会通,合乎道中。以故刚勇者屈以优柔,俭弱者励[五]以求及。由之性也,以勇为累,常恐有失其分,觅功衒长[六],故因题目于回,举三军以致[七]问,将以仰叩道训,陶染情性,故夫子应以笃诲以示厥中也。”

孔安国曰:“暴虎,徒搏也。凭河,徒涉也。”徒,空也,谓空手搏也。尔雅云:“暴虎,徒搏也。”郭注云:“空手执也。”又云:“凭河,徒涉也。”郭云:“无舟楫也。”

必也临事而惧、好谋而成者也。”孔子既抑子路,而又云:我所以与者,政欲须临事而惧又好为谋事而必成者也。沈居士曰:“若子路不平与颜渊,而尚其勇,鄙昧也已甚,孔子以之比暴虎凭河,陷之于恶,实为大深。余以为子路闻孔子许颜之远,悦而慕之,自恨己才之近,唯强而已,故问曰‘子行三军则谁与’,言必与许己也,言许己以粗近也。故夫子因慰而广之,言若在三

〔一〕“万”上,斋本、库本有“一”字。
〔二〕“至”下,斋本、库本有“于”字。正平版何解、邢疏亦有“于”字。
〔三〕“谓”,斋本、库本无此字。
〔四〕“涉”,斋本、库本作“渡”。
〔五〕“励”,斋本、库本作“厉”。
〔六〕“长”,斋本、库本作“世”。
〔七〕“致”,斋本、库本作“倒”,误。

军,如暴虎凭河,则可贱而不敢〔一〕取,谓世之粗勇也。若惧而能谋,抑亦仁贤之次流,谓子路也。如此三军则不独粗近也。"

子曰:"富而可求也,虽执鞭之士,吾亦为之。孔子意云:夫富贵贫贱皆禀天之命,不可苟且求。若可求而得者,虽假令执鞭贱职,而吾亦为之,则不辞矣。缪协称袁氏曰:"执鞭,君之御士,亦有禄位于朝也。"

郑玄曰:"富贵不可求而得者也,言不可以非理求也。当修德以得之。若值明世,修德必得也。若逢乱世,虽修德不得,而是得之道也,犹如"言寡尤,行寡悔,禄在其中矣"。若于道可求者,虽执鞭贱职,我亦为之矣。"道犹世道也。若于世道可求,则吾不辞贱职也。周礼有"条狼氏"职,掌执鞭以趋避。王出入则八人夹道,公则六人,侯伯四人,子男二人。郑言:"趋而避行人,若今卒避车之为也。"

如不可求者,从吾所好。"既不可求,则当随我性所好。我性所好者,古人之道也。

孔安国曰:"所好者,古人之道也。"

子之所慎:齐、战、疾。记孔子所慎之行也。斋者,先祭之名也。将欲祭祀,则先散斋七日、致斋三日也。斋之言齐也。人心有欲,散漫不齐,故将接神,先自宁静,变食迁坐,以自齐洁也。时人漫神,故于斋不慎,而孔子慎之也。战者,两刃相交,性命俄顷,身体发肤弥宜全重,时多暴虎,不避毁伤,唯孔子慎之,故后则云"子畏于匡",及〔二〕云"善人教民七年,亦不〔三〕即戎",又云"以不教民战,是谓弃之",并是慎战也。疾者,宜将养制节饮食,以时人不慎,而孔子慎之也。故云"子之所慎:齐、战、疾"也。

孔安国曰:"此三者,人所不能慎,而夫子能慎之也。"

〔一〕"敢",斋本、库本无此字。
〔二〕"及",斋本、库本作"又"。
〔三〕"不",斋本、库本作"可",是。

子在齐闻韶乐，三月不知肉味。韶者，舜乐名也，尽善尽美者也。孔子至齐，闻齐君奏于韶乐之盛，而心为痛伤，故口忘完[一]味，至于一时乃止也。三月，一时也。何以然也？齐是无道之君，而滥奏圣王之乐，器存人乖，所以可伤慨也。故郭象曰："伤器存而道废，得有声而无时。"江熙曰："和璧与瓦砾齐贯，卞子所以惆怅；虞韶与郑卫比响，仲尼所以永叹。弥时忘味，何远情之深也！"

周生烈曰："孔子在齐闻习韶乐之盛美，故忽于完味也。"忽犹忘也。范宁曰："夫韶乃大虞尽善之乐，齐，诸侯也，何得有之乎？曰：陈，舜之后也。乐在陈，陈敬仲窃以奔齐，故得僭之也[二]。"

曰："不图为乐之至于斯也！"此孔子说所以忘味之由也。图，犹谋虑也。为，犹作奏也。乐，韶乐也。斯，此也，此指齐也。孔子言实不意虑奏作圣王之韶乐，而来至此齐侯之国也。或问曰："乐随人君而变，若人君心善则乐善，心淫则乐淫。今齐君无道，而韶音那独不变而犹盛耶？且若其音犹盛，则齐民宜从乐化，而齐民犹恶，不随乐化，何也？"侃答曰："夫乐随人君而变者，唯在时王之乐耳。何者？如周王遍奏六代之乐，当周公、成、康之日，则六代之声悉善，亦悉以化民，若幽、厉伤周，天下大坏，则唯周乐自随时君而变坏，其民亦随时君而恶，所余殷、夏以上五圣之乐则不随时变，故韶乐在齐，而音犹盛美者也。何以然哉？是圣王之乐，故不随恶君变也。而周武[三]亦善而独变者，以其君是周之子孙，子孙既变，故先祖之乐亦为[四]之而变也。又既五代音存而不能化民者，既不随恶王而变，宁为恶王所御乎？既不为所御，故虽存而不化民也。"又一通云："当其末代，其君虽恶，而其先代之乐声亦不变也。而其君所奏淫乐，不复奏正乐，故不复化民也。"

王肃曰："为，作也。不图作韶乐至于此。此，齐也。"

〔一〕"完"，斋本、库本作"肉"，是。"肉"之俗字为"宍"，与"完"形近，故误。下文周生烈语中之"完味"，同此。

〔二〕"范宁曰"至"僭之也"，斋本、库本放在解经文处，接于"何远情之深也"句下。

〔三〕"周"，斋本、库本无此字。

〔四〕"为"，斋本、库本作"与"。

冉有曰："夫子为卫君乎？"为犹助。卫君，谓辄[一]也。卫灵公逐太子蒯聩，灵公以鲁哀公二年夏四月薨，而立蒯聩之子辄为卫君。孔子时在卫，为辄所宾接，后蒯聩不[二]夺辄国，父子相围，时人多疑孔子应助辄拒父，故冉有传物之疑以问子贡也。故江熙曰："夫子在卫，受辄宾主，悠悠者或疑为之，故问也。"

郑玄[三]曰："为犹助也。卫君者，谓辄也。卫灵公逐太子蒯聩，公薨，而立孙辄也。公死后乃立辄也。**后晋赵鞅纳聩[四]于戚，**后谓辄立为君后也。蒯聩奔在戚，辄立定后，其年六月，晋臣赵鞅于戚以纳蒯聩，遂入卫夺辄位也。**卫石曼姑帅师围之。**至哀公三年，卫辄之臣石曼姑帅师围蒯聩于戚也。**故问其意助辄否乎。"**其，其孔子也。冉有问子贡曰：孔子意助辄不也？哀公二年，孔子在卫，至十一年反鲁，至十五年冬蒯聩乃胜，辄出奔鲁，子路死难，使鲁来[五]报孔子也。至十六年正月，蒯聩从戚入卫为君也。

子贡曰："诺，吾将问之。"子贡答冉有也。故先应诺，言吾将入问于孔子助辄不也。**入曰："伯夷、叔齐何人也？"**此子贡入问孔子之辞也。所以不问助辄不而问夷、齐者，不欲斥言卫君事，故以微理求之志[六]也。伯夷、叔齐兄弟让国，而辄父子争位，其事已反，故问夷、齐何人。若孔子答以夷、齐为非，则知助辄；若[七]以夷、齐为是，则知不助辄也。**子曰："古之贤人也。"**答子贡也。言夷、齐是古贤人也。**曰："怨乎？"**怨，恨也。子贡又问

〔一〕"輙"，斋本、库本作"辄"，下同。"輙"同"辄"。
〔二〕"不"，斋本、库本作"还"，是。
〔三〕"郑玄"，正平版何解作"孔安国"。邢疏、斋本作"郑玄"。
〔四〕"聩"上，斋本、库本有"蒯"字。正平版何解、邢疏亦有"蒯"字。
〔五〕"鲁来"，斋本、库本作"来鲁"。
〔六〕"志"，斋本、库本无此字。
〔七〕"若"，斋本、库本作"荅"。

夷、齐有怨恨不乎？所以问有恨不者，夷、齐兄弟让国，隐首阳山下〔一〕，贤人相让而致饥，致饥〔二〕应不恨也。**曰："求仁而得仁，又何怨乎？"**孔子答曰：不怨也。言兄弟相让，本求仁义，而万代美其相让之德，是求仁得仁也。求之而得，虽死有何怨？是君子杀身成仁，不安生害仁。

孔安国曰："伯夷、叔齐让国远去，终于饿死，故问怨乎。以让为仁，岂怨乎？"

出曰："夫子不为也。"子贡既闻孔子以夷、齐之让为贤〔三〕为仁，故知辄父子争国为恶也，所以答冉有云夫子不为卫君也。

郑玄曰："父子争国，恶行也。孔子以伯夷、叔齐为贤且仁，故知不助卫君明也。"

子曰："饭蔬食饮水，此明孔子食无求饱也。饭犹食也。蔬食，菜食也。言孔子食于菜食而饮水，无重肴方丈也。**曲肱而枕之，乐亦在其中矣。**此明孔子居无求安也。肘前曰臂，肘后曰肱，通亦曰臂。言孔子眠助肱〔四〕而枕之，不锦衾角枕也。孔子粗食薄寝，而欢乐怡畅，自在粗薄之中也。

孔安国曰："蔬食，菜食也。肱，臂也。孔子以此为乐也。"

不义而富且贵，于我如浮云。"富与贵是人之所欲，不以其道得之，不处也。不义而富贵，于我如天之浮云也。所以然者，言浮云自在天，与我何相关？如不义之富贵，与我亦不相关也。又浮云倏聚欻散，不可为常，如不义，富贵聚散俄顷，如浮云也。

郑玄曰："富贵而不以义者，于我如浮云，非己之有也。"如前释也。

〔一〕"隐首阳山下"，斋本、库本作"隐首阳山，遂饿死首阳山下"。

〔二〕"致饥致饥"，斋本、库本作"致饿死死"。

〔三〕"贤"下，斋本、库本有"且"字。

〔四〕"助肱"，斋本、库本作"曲臂"。

子曰:"加我数年,五十以学易,可以无大过矣。"此孔子重易,故欲令学者加功于此书也。当孔子尔时,年已四十五六,故云"加我数年,五十而学易"也。所以必五十而学易者,人年五十,是知命之年也,易有大演之数五十,是穷理尽命之书,故五十而学易也。既学得其理则极照精微,故身无过失也。云"无大过"者,小事易见,大事难明,故学照大理则得一,不复大过,则小者故不失之。王弼曰:"易以几神为教,颜渊庶几有过而改,然则穷神研几可以无过,明易道深妙,戒过明训,微言精粹,熟习然后而存义也。"

易穷理尽性,以至于命。易明乾元亨利贞,穷测阴阳之理,遍尽万物之性,故云"穷理尽性"也。又识穷通,故云"以至于命"也。**年五十而知天命,**人年五十,应大演之数,与易数同,故"知天命"也。**以知命之年读至命之书,**其数会同也。**故可以无大过也。**照乐〔一〕穷理,故无失也。而王朗又为一通云:"鄙意以为,易盖先圣之精义,后圣无间然者也。是以孔子即而因之,少而诵习,恒以为务。称五十而学者,明重易之至,欲令学者专精于此书,虽老不可以废倦也〔二〕。"

子所雅言,子,孔子也。雅,正也。谓孔子平生读书,皆正言之,不为私所避讳也。

孔安国曰:"雅言,正言也。"

诗、书、执礼,皆雅言也。此是所不讳之书也。诗及书、礼皆正言之也。六籍皆正言,独云诗、书、礼者,举一隅余三隅可反〔三〕也。故顾欢曰:"夫引网寻纲,振裘提领,正言此三,则靡曲〔四〕不统矣。"

郑玄曰:"读先王典法,必正言其音,然后义全,故不可

〔一〕"乐",斋本、库本作"几",是。

〔二〕"而王朗"至"倦也",斋本、库本放在解经文处,接于"熟习然后而存义也"句下。"而王朗",斋本、库本无"而"字。

〔三〕"反",斋本作"及",库本作"反"。

〔四〕"曲",斋本、库本作"典",是。

有所讳也。若读书避讳，则疑误后生，故礼云"教学临文不讳，诗、书不讳"是也。礼不诵，故言执也。"释不直云诗、书、礼，而礼上长云执之义也。背文而读曰诵，诗是咏歌，书是谟诰，故并须诵之。而礼但执文依事而行，不须背文之诵〔一〕，故曰"执也"。

叶公问孔子于子路，叶公，楚臣也，食菜〔二〕于叶。楚僭称王，故臣称公，自比诸侯也。问子路以论孔子之事也，但不知所问何事也。子路不对。所问之事，当乖孔子之德，故子路不对之也。故江熙曰："叶公见夫子数应聘而不遇，尚以其问近，故不答也。"李充曰："凡观诸问圣师于弟子者，谘道也，则称而近之；诬德也，必扬而抑之，未有默然而不答者也。疑叶公问之，必将欲致之为政，子路知夫子之不可屈，故未许其说耳。"

孔安国曰："叶公，名诸梁，楚大夫，食菜于叶，僭称公。不对者，未知所以答也。"

子曰："汝奚不曰：其为人也，发愤忘食，乐以忘忧，不知老之将至也云尔。"孔子闻子路不对，故以此言语子路也。奚，何也。其，其孔子也。谓孔子概世道之不行，故发愤而忘于飡食也。又饮水曲肱，乐在其中，忘于贫贱之忧也。又年虽耆朽而信天任命，不知老之将至也。言叶公问汝，汝何不曰我有如此之德云尔以示之也。然此诸语当是斥于叶公也。李充曰："夫子乃抗论儒业，大明其志，使如此之徒绝望于觊觎，不亦弘而广乎？"江熙曰："叶公唯知执政之贵，不识天下复有胜远，故欲令子路抗明素叶〔三〕，无嫌于时，得以清波濯彼秽心也。"子曰："我非生而知之者，知之，谓知事理也。孔子谦以同物，故曰我有所知，非生而自然知之者也。玉藻云："此盖自同常教，以身率物者也。"好古，敏而以求之者也。"我既不生知，而今有所知者，政由我所好古人之道，疾速以求知之也。敏，疾速也。

〔一〕"之诵"，斋本、库本作"诵之"。

〔二〕"菜"，斋本、库本作"采"，下同。

〔三〕"叶"，斋本、库本作"业"。

郑玄曰:“言此者,勉劝人于学也。”

子不语怪、力、乱、神。怪,怪异也,谓妖孽之事也。力,谓多力也,若乌获举千钧之事〔一〕也。乱,谓臣子弑害君父之事也。神,谓鬼神之事也。此四事言之无益于教训,故孔子语不及之也。或问曰:“易文言孔子所作,云臣杀君、子杀父,并乱事,而云孔子不语之,何也?”答曰:“发端曰言,答述曰语,此云不语,谓不诵答耳,非云不言也。”

王肃曰:“怪,怪异也。旧云:如山啼鬼哭之类也。力,谓若奡荡舟、奡多力,能陆地推舟也。荡,推也。乌获举千钧之属也。乌获,古时健儿也。三十斤曰钧,乌获能举三万斤重也。乱,谓臣弑君、子弑父也。恶逆为乱甚者也。神,谓鬼神之事也。子路问事鬼神,孔子曰:“未能事人,焉能事鬼?”是不言也。或无益〔二〕教化也,解不言怪、力、神三事也。或所不忍言也。”解不言乱事也。或通云:“怪力是一事,乱神是一事,都不言此二事也。”故李充曰:“力不由理,斯怪力也;神不由正,斯乱神也。怪力、乱神有兴于邪,无益于教,故不言也〔三〕。”

子曰:“我三人行,必得我师焉。择其善者而从之,其不善者而改之。”此明人生处世,则宜更相进益,虽三人同行,必推胜而引劣,故必有师也。有胜者则谘受自益,故云“择善而从之”也。有劣者则以善引之,故云“其不善者而改之”。然善与不善,即就一人上为语也。人不圆足,故取善改恶,亦更相师改之义也。故王朗曰:“于时道消俗薄,鲜能宗〔四〕贤尚胜,故托斯言以厉之。夫三人之行,犹或有师,况四海之内,何求而不应哉!纵能尚贤,而或滞于一方者,又未尽善也。故曰‘择其善者而从之,其不善者而改之’。”

〔一〕“事”,斋本、库本作“属”。

〔二〕“益”下,斋本、库本有“于”字。正平版何解、邢疏亦有“于”字。

〔三〕“或通云”至“不言也”,斋本、库本放在解经文处,接于“非云不言也”句下。

〔四〕“宗”,斋本、库本作“崇”。

言我三人行，本无贤愚。就注意亦是敌者也。既俱非圆德，则遽[一]有优劣也。择善从之，不善改之，故无常师也。我师彼之长而改彼之短，彼亦师我之长而改我之短，既更相师法，故云无常师也。或问曰："何不二人，必云三人也？"答曰："二人则彼此自好各言我是，若有三人，则恒一人见二人之有是非明也[二]。"

子曰："天生德于予，桓魋其如予何？"予，我也。桓魋，宋司马也，凶愚，心恒欲害孔子。孔子故明言论[三]之，使其凶心止也。言天生圣德于我，我与天同怹[四]，桓魋虽无道，安能违天而害我乎？故云"如予何"也。夫凶人亦宜不屡谢，而有时须以道折之。故江熙曰："小人为恶，以理喻之则愈凶强，晏然待之则更自处，亦犹匡人闻文王之德而兵解也。"

苞氏曰："桓魋，宋司马黎也。天生德于予者，谓授我以圣性也。合德天地，吉而无不利，故曰'其如予何'也。"

子曰："二三子以我为隐子乎？二三子，诸弟子也。孔子圣道深远，诸弟子学所不及，而有怨者，恒言孔子于己有所隐惜，故孔子合[五]呼而问之曰：汝等言我有所隐于汝乎也？吾无隐乎尔。尔，汝也。先呼问之，此更语之云：吾无所隐于汝也。

苞氏曰："二三子，谓诸弟子也。圣人智广道深，弟子学之不能及，以为有所隐匿，故解之也。"

吾无所行而不与二三子者，是丘也。"行，犹为也。丘，孔子名也。孔子已向云无隐，故此更自称名而说无隐之事，使之信也。言凡我所为之事，无不与汝共之者，是丘之心如此。

〔一〕"遽"，堂本正误表以"递"为正。
〔二〕"或问曰"至"非明也"，斋本、库本放在解经文处，接于"其不善者而改之"句下。
〔三〕"论"，斋本、库本作"语"。
〔四〕"怹"，斋本、库本作"体"。
〔五〕"合"，斋本、库本作"今"。

苞氏曰:“我所为,无不与尔共之者,是丘之心也。”

子以四教:文、行、忠、信。孔子为教,恒用此四事为首,故云“子以四教”也。李充曰:“其典籍辞义谓之文,孝悌恭睦谓之行,为人臣则忠,与朋友交则信,此四者,教之所先也。故以文发其蒙,行以积其德,忠以立其节,信以全其终也。”

四者有形质,可举以教也。

子曰:“圣人,吾不得而见之矣;得见君子者,斯可矣。”孔子叹世无贤圣也。言吾已不能见世有圣人,若得见有君子之行,则亦可矣。言世亦无此也。然君子之称,上通圣人,下至片善。今此上云不见圣,下云得见君子,则知此之君子,贤人以下也。故王弼曰:“此为圣人与君子异也。然德足君物皆称君子,亦有德者之通称也。”

疾世无明君也。

子曰:“善人,吾不得而见之矣。善人之称,亦上通圣人,下通一分,而此所言,指贤人以下也。吾〔一〕世道流丧,吾复不得善人也。得见有恒者,斯可矣。有恒,谓虽不能作善,而守常不为恶者也。言尔时非唯无作片善者,亦无直置不为恶者,故亦不得见也。亡而为有,虚而为盈,约而为泰,难乎有恒矣。”此目不恒之人也。亡,无也。当时浇乱,人皆夸张,指无为有,说虚作盈,家贫约而外诈奢泰,皆与恒反,故云“难乎有恒矣”。故江熙曰:“言世人负情反实,逐波流迁,若影无持系索,此无〔二〕恒难也。”

孔安国曰:“难可名之为有常也。”

子钓而不网,周孔之教,不得无杀,是欲因杀止杀,故同物有杀也。钓者,一竿属一钩而取鱼也。网者,作大网,横遮于广水,而罗列多钩着之,以取鱼也。孔子用一竿而钓,则一一得鱼,是所少也。若网横流而取,则得者多,则孔

〔一〕“吾”,斋本、库本作“言”。

〔二〕“无”,斋本、库本作“有”,是。

子所不为也。故云"子钓而不网"也。**弋不射宿。**弋者,缴射也。北〔一〕人皆多缴射取鸟也。宿者,夜栖宿之鸟也。孔子亦缴射,唯白日用事,而不及夜射栖宿之鸟也。所以然者,宿鸟夜聚有群,易得多,故不射之也。又恐惊动夜宿,仁心所不忍也。故孙绰曰:"杀理不可顿去,故禁网而存宿〔二〕也。"缪协曰:"将令物生有路,人杀有节,所以易其生而难其杀也。"

孔安国曰:"钓者,一竿钓也。网者,为大纲以横绝流,以缴系钓,罗属着纲也。缴,绳也。以小绳系钓,而罗列属着大绳也。**弋,缴射也。**解缴射者多家。一云:"古人以细绳系丸而弹,谓为缴射也。"一云:"取一杖长一二尺计,以长绳系此杖,而横扬以取鸟,谓为缴射也。"郑玄注周礼司弓矢云:"结缴于矢谓之矰。矰,高也。诗云:'弋凫与雁。'"司弓矢又云:"田弋,充笼箙矢,共矰矢。"注云:"笼,竹箙也。矰矢不在箙者,为其相绕乱,将用乃共之也。"侃案:郑意则缴射是细绳系箭而射也。**宿,宿鸟也。"**或云:"不取老宿之鸟也。宿鸟能生伏,故不取也。此通不及夜也。"

子曰:"盖有不知而作之者,我无是也。"不知而作"谓妄作穿凿,为异端也。时盖多有为此者,故孔子曰:我无是不知而作之事也。

苞氏曰:"时人多有穿凿妄作篇籍者,故云然也。"

多闻,择其善者而从之,因戒妄作之人也。言岂得妄为穿凿也。人居世间,若有耳多所闻,则择善者从之者也。**多见而识之,**若因多所见,则识录也。多见不云择善者,与上互文,亦从可知也。**知之次也。"**若多闻择善,多见录善,此虽非生知,亦是生知之者次也。

孔安国曰:"如此,次于生知之者也。"

互乡难与言,互乡,乡名也。此一乡之人皆专愚,不可与之共言语也。**童子见,**童子,十九以下未冠者也。见,来见孔子也。此互乡有一少儿来见孔

〔一〕"北",斋本、库本作"此"。

〔二〕"宿",斋本、库本作"钓"。马国翰辑论语古注论语孙氏集解作"钓"。

子也。琳公曰："此八字通为一句，言此乡有一童子难与言耳，非一乡皆专恶也。"**门人惑。**门人，孔子弟子也。惑，犹嫌怪也。言彼一乡皆恶，况复少儿乎？孔子忽然见之，故弟子皆嫌惑之也。

郑玄曰："互乡，乡名也。其乡人言语自专，不达时宜，而有童子来见孔子，门人怪孔子见也。"

子曰："与其进也，不与其退也，孔子为门人释惑也。言凡教化之道，唯进是与，唯退是抑，故无来而不纳，岂不本其所本耶？故云"与其进，不与其退也"。**唯何甚？**言教化与进，而汝等怪之，此亦一何太甚也。唯，语助也。

孔安国曰："教诲之道，与其进，不与其退。怪我见此童子，恶恶何一甚也。"言汝等为恶其乡，而憎其善童，所以是恶恶之甚也。

人洁己以进，更释教诲所以与进之义也。言人有来进师门者，非洁则不进，进则必是洁己者也。**与其洁也，不保其往也。"**往，谓已过之行。言是〔一〕既洁己而犹进之，是与其洁也，而谁保其往日之所行耶？何须恶之也。顾欢曰："往，谓前日之行也。夫人之为行，未可一必〔二〕，或有始无终，或先迷后得。故教诲之道，洁则与之，往日行非我所保也。"

郑玄曰："往，犹去也。人虚己自洁而来，当与其进之，亦何能保其去后之行也？"虚谓清其心也。然郑注云去后之行亦谓今日之前，是已去之后也。

子曰："仁远乎哉！我欲仁，斯仁至矣。"世人不肯行仁，故孔子引之也。问言仁道远乎也，言其不远也。但行之由我，我行即是，此非出自远也，故云"我欲仁而斯仁至"也。斯，此也。江熙曰："复礼一日，天下归仁，是仁至近也。"

苞氏曰："仁道不远，行之则是至也。"

〔一〕"是"，斋本、库本作"其"。

〔二〕"未可一必"，斋本、库本作"未必可一"。

陈司败问:“昭公知礼乎?”昭公,鲁君也。陈司败见孔子,而问鲁君知礼以不也。

孔安国曰:“司败,官名也,陈大夫也。昭公,鲁昭公也。”陈有司败之官也。

孔子对曰:“知礼。”答司败曰:昭公〔一〕知礼也。孔子退,答司败竟,而退去。揖巫马期而进也,揖者,古人欲相见前进,皆先揖之也。巫马期,孔子弟子也。司败知昭公无礼,故问孔子,答曰“知礼”,而司败心所不许,故孔子退而后,揖孔子弟子进之,欲与语也。曰:“吾闻君子不党,君子亦党乎?相助匿非曰党。昭公不知礼,而孔子云“知礼”,所以是党也。故司败语巫马期曰:吾从来闻君子之人义与比,无所私相阿党,孔子既是君子,而今匿君之恶,故云“君子亦党乎”。君娶于吴,司败此举昭公不知礼事。昭公是周公后,吴是太伯后,太伯是周公伯祖,昭公与吴同是姬姓。周礼百世婚姻不通,而昭公娶其吴之女,故云君娶〔二〕吴也。为同姓,谓之吴孟子。礼,称妇人皆称国及姓,犹如齐姜、秦嬴之属也。鲁之娶吴,当谓为吴姬,而昭公为吴是同姓,故讳不得言吴姬,而谓吴孟子也。君而知礼,孰不知礼?”孰,谁也。君娶同姓,君是知礼,则谁为恶事者而谓为不知礼乎?

孔安国曰:“巫马期,弟子也,名施。相助匿非曰党。鲁、吴俱姬姓也,礼同姓不婚,而君娶吴之〔三〕,当称吴姬,讳曰吴孟子也。”

巫马期以告。巫马期得司败之语还,则具述之以告孔子也。子曰:“丘

〔一〕“公”下,斋本、库本有“稠”字,衍。

〔二〕“娶”下,斋本、库本有“于”字。

〔三〕“之”,斋本、库本作“女”。下句“吴孟子”,斋本、库本无“吴”字。正平版何解、邢疏后四句作“礼同姓不昏,而君取之,当称吴姬,讳曰孟子”。

也幸，苟有过，人必知之。”孔子得巫马期之告，而自称名云：是己幸，受以为过者也。故云“苟有过，人必知之”也。所以然者，昭公不知礼，而我答司败云“知礼”者，若使司败无讥，则千载之后遂承信我言，用昭公所行为知礼，则礼乱之事从我而始。今得司败见非，而我受以为过，则后人不谬，故我所以为幸也。缪协曰：“讳则非讳，斯诚然矣。若受以为过，则所以讳者又以明矣，亦非讳也。向司败之问则说〔一〕言以为讳，今巫马师徒将明其义，故向之言为合礼〔二〕，则不为党矣。今以不受为过，则何礼之有乎？”

孔安国曰：“以司败之言告也。讳国恶，礼也。讳国之恶是礼之所许也。**圣人智深道弘，故受以为过也。”**涅而不缁，故受之也。

子与人歌而善，必使反之，而后和之。此明孔子重于正音也。反犹重也。孔子与人共歌，若彼人歌善合于雅颂者，则孔子欲重闻其音曲，故必使重歌也。重歌既竟，钦〔三〕之无已，故孔子又自歌以答和之也。卫瓘曰：“礼无不答，歌以和相答也。其善乃当和，音不相及〔四〕，故今更为歌，然后和也。”案：卫之后句不及也。

乐其善，故使重歌，而后自和之也。如前释也。

子曰：“文莫吾犹人也。孔子谦也。文，文章也。莫，无也，无犹不也。孔子言：我之文章不胜于人，故曰“吾犹人也”。

莫，无也。文无者，犹俗言文不也。文不吾犹人者，言凡文皆不胜于人也。何云：俗云“文不”，当是于时呼文不胜人为“文不”也。

〔一〕“说”，斋本、库本作“诡”。

〔二〕“礼”下，斋本、库本有“也苟曰合礼”五字。下句“今以不受”，斋本、库本作“今若不受”。

〔三〕“钦”，斋本、库本作“欣”。“钦”有“钦羡”、“钦慕”、“钦崇”义，与语意相谐。

〔四〕“及”，斋本、库本作“反”。

躬行君子，则吾未之有得也。”又谦[一]也。躬，身也。言我文既不胜人，故身自行君子之行者，则吾亦未得也。

孔安国曰：“躬为君子[二]，己未能得之也。”

子曰：“若圣与仁，则吾岂敢？亦谦也。言圣及仁则吾不敢自许有，故云“岂敢”也。不敢自名己有此二事也。

孔安国曰：“孔子谦，不敢自名仁圣也。”

抑为之不厌，诲人不倦，则可谓云尔已矣。”孔子虽不受仁圣之目，而以此二事自许也。抑，语助也。为，犹学也。为之不厌，谓虽不敢云自有仁圣，而学仁圣之道不厌也。学而不厌，又教诲不倦，乃可自谓如此耳也。公西华曰：“正唯弟子不能学也。”公西华闻孔子自云学仁圣不厌，又教人不倦，故己自称弟子以往谘也。言正如夫子所自许之事，则弟子亦不能学为此事也。

苞氏曰[三]：“正如所言，弟子犹不能学也，况仁圣乎也？”

子疾病，疾甚曰病。孔子疾甚也。子路请祷。祷，谓祈祷鬼神以求福也。孔子病甚，故子路请于孔子，欲为孔子祈求福也。

苞氏曰：“祷，祷请于鬼神也。”

子曰：“有诸？”诸，之也。孔子言：死生有命，不欲有祷。故反问子路有此祈祷[四]之事乎，心不许也。

周生烈曰：“言有此祷请于鬼神之事乎也。”

子路对曰：“有之。诔曰：‘祷尔于上下神祇。’”子路不达孔子

〔一〕“谦”，原作“嫌”，此据斋本、库本改。

〔二〕“子”下，斋本、库本有“行”字，正平版何解无“行”字。邢疏作“孔曰：身为君子，己未能也”。

〔三〕“苞氏曰”，斋本、库本作“马融曰”，邢疏作“马曰”，正平版何解作“苞氏曰”。

〔四〕“祈祷”，斋本、库本作“祷请”。

意，闻孔子之问，仍引得古旧祷天地之诔辞以答孔子也，故云“有之，诔曰”也。天曰神，地曰祇也。

孔安国曰：“子路失旨也。诔，祷篇名也。”诔者，谓如今行状也。诔之言累也，人生有德行，死而累列其行之迹为谥也。

子曰：“丘之祷之久矣。”子路既不达孔子意，而引旧祷天地之诔，孔子不欲非之，故云我之祷已久，今则不复须也。实不祷而云久祷者，圣人德合神明，岂为神明所祸病而祈之乎？栾肇曰：“案说者徒谓无过可谢，故止子路之请，不谓上下神祇非所宜祷也。在礼，天子祭天地，诸侯祈山川，大夫奉宗庙，此礼祀典之常也。然则祷尔于上下神祇，乃天子祷天地之辞也。子路以圣人动应天命，欲假礼祈福上〔一〕灵，孔子不许，直言绝之也。曰‘丘祷久矣’，岂此欲率旧之辞也〔二〕？自知无过可谢，而云‘丘之祷久矣’，岂其辞乎？夫圣行无违，凡庸所知也，子路岂诬夫子于神明哉！以为祈福自不主以谢过为名也。若以行合神明无所祷请，是圣人无祷请之礼，夫知如是，则礼典之言弃，金縢之义废矣。”侃谓：若案何集，则子路自不达旨，引得旧祷天地之诔，是子路之失，亦复何伤？若如栾义，则犹是使门人为臣之意也。然无臣非君，而子路欲此，亦不达之甚，乃得深于请祷之过耳。幸不须讥此而同彼，不如依何集为是也。

孔安国曰：“孔子素行合于神明，故曰‘丘祷之久矣’。”

子曰：“奢则不逊，俭则固。不逊者，僭滥不恭之谓也。固，陋也。人若奢华，则僭滥不恭；若俭约，则固陋不及礼也。**与其不逊也，宁固。”**二事乃俱为失，若不逊陵物，物必害之，倾覆之期，俄顷可待。若止复固陋，诚为不逊〔三〕，而物所不侵，故云与其不逊，宁为固陋也。

孔安国曰：“俱失之也。奢不如俭，奢则僭上，俭则不及礼耳。固，陋也。”

〔一〕“上”，斋本、库本作“二”。
〔二〕“岂此欲率旧之辞也”，斋本、库本作“此岂其辞乎？欲卒旧之辞也”。
〔三〕“逊”，斋本、库本作“逮”。

子曰："君子坦荡荡，坦荡荡，心貌宽旷，无所忧患也。君子内省不疾[一]故也。小人长戚戚。"长戚戚，恒忧惧也。小人好为罪过，故恒怀忧惧也。江熙曰："君子坦尔夷任，荡然无私；小人驰竞于荣利，耿介于得失，故长为愁府也。"

郑玄曰："坦荡荡，宽广貌也。长戚戚，多忧惧貌也。"

子温而厉，威而[二]不猛，恭而安。明孔子德也。亦有云子曰者，亦靡在[三]也。温，和润也。厉，严也。人温和者好不能严厉，孔子温而能厉也。又人作威者心事雄猛，孔子威能不猛也。又恭者好耸敛[四]不安，孔子恭而能安也。故王弼曰："温和不厉，厉不温[五]；威者心猛，不[六]猛者不威；恭则不安，安者不恭。此对反之常名也。若夫温而能厉，威而不猛，恭而能安，斯不可名之理全矣。故至和之调，五味不形；大成之乐，五声不分；中和备质，五材无名也。"

论语泰伯第八　　何晏集解　凡廿一章

疏泰伯者，周太王长子，能推位让国者也。所以次前者，物情见孔子栖遑，常谓实系心虑，今明太伯[七]贤人尚能让国，以证孔子大圣，虽位非九五，岂以糀[八]糠累真？故泰伯次述而也。

子曰："泰伯，其可谓至德也已矣。泰伯者，周太王之长子也。太王

〔一〕"疾"，斋本、库本作"疚"。

〔二〕"而"，斋本、库本无此字，脱。正平版何解、邢疏、朱注有"而"字。

〔三〕"靡在"，斋本、库本作"厉世"。

〔四〕"敛"，斋本、库本作"险"。堂本"耸敛"是。"耸"通"悚"，恐惧；"耸"又通"竦"，恭敬；"敛"：收敛。

〔五〕"温和不厉，厉不温"，斋本、库本作"温者不厉，厉者不温"。

〔六〕"不"，斋本、库本无，脱。

〔七〕"太伯"，斋本、库本作"泰伯"，下同。

〔八〕"糀"，误。堂本正误表以"粃"为正。

者，即古公亶甫。有〔一〕三子，大者太伯，次者仲雍，小者〔二〕季历。三子并贤，而太伯有让德深远，虽圣不能加，故云“其可谓至德也已矣”。其至德之事在下。范宁曰：“太，善大之称也。伯，长也。周太王〔三〕之元子，故号太伯。其德弘远，故曰至德〔四〕也。”**三以天下让，**此至德之事也。其让天下之位有三迹，故云“三以天下让”也。所以有让者，小弟季历生子文王昌，昌有圣人德。太伯知昌必有天位，但升天位者必须阶渐，若从庶人而起则为不易。太王是诸侯，已是太王长子，长子后应传国。今欲令昌取王位有渐，故让国而去，令季历传之也。其有三迹者，范宁曰：“有二释：一云：太伯少弟季历，生子文王昌，子〔五〕有圣德，太伯知其必有天下，故欲令传国于季历，以及文王。因太王病，托采药于吴越，不反。太王薨而季历立，一让也；季历薨而文王立，二让也；文王薨而武王立，于此遂有天下，是为三让也。又一云：太王病而托采药出，生不事之以礼，一让也；太王薨而不反，使季历主丧，死不丧〔六〕之以礼，二让也；断发文身示不可用，使季历主祭祀〔七〕，不祭之以礼，三让也。”缪协曰：“太伯三让之所为者，季历、文、武三人而王道成，是三以让天下〔八〕也。”**民无得而称焉。”**德让迹既隐，当时人民不觉，故无能称其让德者也。故范宁曰：“诡道合权，隐而不彰，故民无得而称，乃大德也。”缪协曰：“其让之迹诡，当时莫能知，故无以称焉，可谓至德也。”或问曰：“太伯若堪有天下，则不应让人；若人有天下，则太伯复无天下可让。今云三以天下让，其事如何？”或通云：“太伯实应传诸侯，今让者，诸侯位耳。而云让天下者，是为天下而让，今即之有阶，故云天下也。然仲雍亦随太伯而隐，不称仲雍者，国位在太伯，太伯让，是导仁轨也，仲雍随是，扬其波也。”

〔一〕“有”上，斋本、库本有“亶甫”二字。
〔二〕“小者”，斋本、库本作“少者”。
〔三〕“周”上，斋本、库本有“泰伯”二字。
〔四〕“德”，斋本、库本无此字。
〔五〕“子”，斋本、库本作“昌”。
〔六〕“丧”，斋本、库本作“葬”。
〔七〕“祀”，斋本、库本作“礼”。
〔八〕“让天下”，斋本、库本作“天下让”。

王肃曰："泰伯，周太王之太子也。次弟仲雍，少弟曰季历。季历贤，又生圣子文王昌。昌必有天下，故太伯以天下三让于王季。其让隐，故民家无得而称言之者，所以为至德也。"

子曰："恭而无礼则劳，此章明行事悉须礼以为节也。夫行恭逊，必宜得礼，则若恭而无礼，则逊在床下，所以身为自〔一〕劳苦也。慎而无礼则蕙〔二〕，蕙，畏惧过甚也。若〔三〕无礼，则畏惧之甚，于事不行也。

蒠，畏惧之貌也。言慎而不以礼节之，则常畏惧也。

勇而无礼则乱，勇而有礼，内则擎跪于庙堂之上，外则捍难于壃埸之所。若勇而无礼，则为杀害之乱也。直而无礼则绞。绞则刺之〔四〕也。直若有礼，则自行不邪曲；若不得礼，对面讥刺他人之非，必致怨恨也。

马融曰："绞，绞刺也。"

君子笃于亲，则民兴于仁；君子，人君也。笃，厚也。人君若自于亲属笃厚，则民下化之，皆竞兴起仁恩也。孝悌也者，其仁之本与也。故旧不遗，则民不偷。"故旧，谓朋友也。偷，薄也。人君富贵而不遗忘昔旧友朋，则下民效之不为薄行也。

苞氏曰："兴，起也。君能厚于亲属，不遗忘其故旧，行之美者也，则民皆化之，起为仁厚之行，不偷薄也。"

曾子有病〔五〕，召门弟子曰："启予足！启予手！启，开也。予，我也。孔子昔授孝经于曾子，曰"身体发肤受之父母，不敢毁伤"，曾子禀受至死不忘，故疾病临终日，召己门徒弟子，令开衾视我手足毁伤与不，亦示父母全

〔一〕"为自"，斋本、库本作"自为"。

〔二〕"蕙"，斋本、库本作"蒠"，是。

〔三〕"若"下，斋本、库本有"慎而"二字。

〔四〕"绞则刺之"，斋本、库本作"绞刺"。

〔五〕"病"，斋本、库本作"疾"。正平版何解、邢疏、朱注亦作"疾"。

而生己，己亦全而归之也。先足后手，手近足远，示急从远而视也。

郑玄曰："启，开也。曾子以为受身体于父母，不敢毁伤之，故使弟子开衾而视之也。"

诗云：'战战兢兢，如临深渊，如履薄冰。' 既令开衾，又引诗证己平生敬慎畏惧有毁伤之心也。战战，恐惧；兢兢，戒慎也。"如临深渊"，恐坠也。"如履薄冰"，恐陷也。夫人于高岩之顶，俯临万丈之深渊，必恐惧寒心，恒畏坠落也。冰之厚者犹不可履，况跪行薄冰之上，孰不敛身戒慎恐陷乎？言我平生畏慎身体之心，如人之临履深薄也。

孔安国曰："言此诗者，喻己常诫慎，恐有所毁伤也。"

而今而后，吾知免夫！ 引诗既竟，又语诸弟子也。而今，今日也。而后，即今日以后也。免，免毁伤也。既临终而得不毁伤，故知自今日以后，全归泉壤，得免毁伤之事也。**小子！"** 小子，诸弟子也。曾子言竟而呼诸弟子，语之令识己言也。

周生烈曰："乃今日而后，我自知免于患难矣。小子，弟子也。呼者，欲使听识其言也。"

曾子有疾，孟敬子问之。 敬子，鲁大夫[一]也。来参问曾子之疾也。

马融曰："孟敬子，鲁大夫仲孙捷也。"

曾子言曰："鸟之将死，其鸣也哀。人之将死，其言也善。 曾子得敬子之问疾，因而戒之也。将欲[二]戒之，故先发此言，欲明我所以相戒之意也。言鸟之临死，唯知哀鸣，而不知出善言，此则是鸟之常。人之将死，必宜云[三]善言，此则是人之常也。若人临死而无善言，则与鸟兽不异。今我将临死，故欲出善言以诫汝也。故李充曰："人之所以贵于禽兽者，以其慎终始在困不挠也。禽兽之将死，不遑择音，唯吐窘急之声耳。人若将死，而不思令

〔一〕"夫"下，斋本、库本有"仲孙捷"三字。
〔二〕"欲"，斋本、库本作"敬"。
〔三〕"云"，斋本、库本作"出"。

终之言，唯哀惧而已者，何以别于禽兽乎？是以君子之将终，必止存道，不忘格言，临死易箦，困不违礼，辨论三德，大加明训，斯可谓善〔一〕也。”

苞氏曰：“欲戒敬子，言我且将死，言善可用也。”此注亦明如向释。又缪协曰：“曾子谦不以远理自喻，且敬子近人，故以常言语悟之，冀其必纳也。”然缪解亦得会苞注也。或问曰：“不直云曾子曰而云言曰，何也？”答曰：“欲重曾子临终言善之可录，故特云言也。”又一通云：“出己曰言，答述曰语，曾子临终绵困，不堪答述也，示直出己之怀而已〔二〕。”

君子所贵乎道者三：此以下即曾子所述善言也。道犹礼也，言君子所贵礼者有三事也。**动容貌，斯远暴慢矣；**此所贵三之第一也。动容貌，谓成仪容举止也。君子坐则俨然，行则跄跻，如此则人望而畏之，不敢有暴慢之者，故云“斯远暴慢”也。故颜延之云：“动容则人敬其仪，故暴慢息也。”**正颜色，斯近信矣；**此所贵三之第二也。就凡人相见，先睹容仪，容仪故先也。次见颜色，颜色故为次也。人之颜色恒欲庄正，不数变动，则人不敢欺诈之，故云“近信”也。故颜延之云：“正色则人达其诚，故信者立也。”**出辞气，斯远鄙倍矣。**此所贵三之第三也。辞气，言语音声也。既见颜色，次接言语也，出言有章，故人又〔三〕敢鄙秽倍违之也。故颜延之云：“出辞则人乐其文，故鄙倍绝也。”侃谓：暴慢鄙信〔四〕同是恶事，故云远；而信是善事，故云近也。

郑玄曰：“此道，谓礼也。动容貌，能济济跄跄，则人不敢暴慢之也。正颜色，能矜庄严栗，则人不敢欺诞之也。诞，犹诈妄也。**出辞气，能顺而说，则无恶戾之言入**

〔一〕“善”下，斋本、库本有“言”字。
〔二〕“或问曰”至“而已”，斋本、库本放在解经文处，接于“斯可谓善也”句下。
〔三〕“又”，斋本、库本作“不”，是。
〔四〕“信”，斋本、库本作“倍”，是。

于耳也。”恶，鄙丑也。戾，背也。礼记曰：“言悖而出，亦悖而入。”若出能不悖，故鄙戾不入于耳也。

笾豆之事，则有司存。”笾豆，礼器也。竹曰笾，木曰豆，豆盛俎醢，笾盛果实，并容四升，柄尺二寸，下有跗也。旧云：敬子不存大事，大事即斥前三礼也。而好修饰笾豆，笾豆比三事为小事，故曾子先戒此三礼，若笾豆之事付于有司，不关汝也。有司，谓典笾豆之官也。

苞氏曰：“敬子忘大务小，故又戒之以此也。笾豆，礼器也。”苞〔一〕此注亦得如旧说也。若欲又为一通，亦得云敬子好务小事，而忽略笾豆，故曾子曰：汝不须务小，当使有司存于宗庙，笾豆之礼也。而缪协别通曰：“笾豆，礼器，可以致敬于宗庙者。言人能如上三贵，则祝史陈信无愧辞，故有司所存，笾豆而已。”

曾子曰：“以能问于不能，此明颜渊德也。能，才能也。时多夸竞，无而为有，虚而为盈，唯颜渊谦而反之也。颜渊实有才能，而恒如己不能，故见虽不能者犹谘问衷求〔二〕也。以多问于寡；多，谓识性之多也。己识虽多，常不敢自言己多，故每问于寡识者也。有若无，实若虚，又处人间，未曾〔三〕以己之才德为有为实，恒谦退如虚无也。犯而不校，校，报也。人有恶加犯己者，己不报之也。殷仲堪曰：“能问不能，多问于寡，或疑其负实德之迹，似乎为教而然。余以为外假谦虚黄中之道，冲而用之，每事必然。夫推情在于忘贤，故自处若不足。处物以贤善，故期善于不能。因斯而言，乃虚中之素怀，处物之诚心，何言于为教哉？犯而不校者，其亦不居物以非乎，推诚之理然也。非不争〔四〕也，应物之迹异矣，其为冲虚一也。”

苞氏曰：“校，报也。言见侵犯而不校之也。”

〔一〕“苞”上，斋本、库本有“依”字。

〔二〕“见虽”，斋本、库本作“虽见”。“衷求”，斋本、库本作“寻求”。“衷”义“诚恳”，似能解通。

〔三〕“曾”，斋本、库本作“尝”。

〔四〕“争”下，斋本、库本有“事”字。

昔者吾友尝从事〔一〕斯矣。”友谓颜渊也。曾子言：唯昔吾友能为上诸行也。江熙曰：“称吾友，言己所未能也。”

马融曰：“友谓颜渊也。”

曾子曰：“可以托六尺之孤，托谓凭托也。六尺之孤，谓童子无父而为国君者也。年齿幼少，未能自立，故凭托大臣，如成王托周公者也。

孔安国曰：“六尺之孤，谓幼少之君也。”

可以寄百里之命，百里谓国也，言百里举全数也。命者，谓国之教令也。幼君既未能行政，故寄冢宰摄之也，如周公摄政也。然幼孤云托、教令云寄者，有以故也。托是长凭无反之言，寄是暂寄有反之目也。君身尊重，故云托，示长凭于阿衡者也。教命待君年长而还，君自裁断，是有反也。

孔安国曰：“摄君之政令也。”

临大节而不可夺也，国有大难，臣能死之，是临大节不可夺也。

大节，安国家定社稷也。夺者，不可倾夺也。

君子人与？君子人也。”言为臣能受托幼寄命，又临大节不回，此是“君子人与”也。再言君子，美之深也。而缪协曰：“夫能托六尺于其臣，寄顾命于其下，而我无贰心，彼无二节，授任而不失人，受任而不可夺，故〔二〕必同乎君子之道，审契而要终者也。非君子之人与君子者，孰能要其终而均其致乎？”

曾子曰：“士不可以不弘毅，士，通谓丈夫也。弘，大也。毅，谓能强果断也。言丈夫居世，必使德行弘大而能果断也。任重而道远。释所以宜弘毅义也。即所任者重，所行者远，故宜德大而能断也。

苞氏曰：“弘，大也。毅，强而能决断也。士弘毅，然后能负重任致远路也。”

〔一〕“事”下，斋本、库本有“于”字。定州汉墓竹简论语、正平版何解、邢疏、朱注亦有“于”字。

〔二〕“故”下，斋本、库本有“齐”字。

仁以为己任,不亦重乎? 此解任重也。士既以仁为平生之任,此任岂得不谓为重乎? **死而后已,不亦远乎?"** 此释道远也。已,止也。言知行仁,不可小[一]时而止,必至死乃后而止耳。至死乃止,此道岂不远乎?

孔安国曰:"以仁为己任,重莫重焉。死而后已,远莫远焉也。"

子曰:"兴于诗, 此章明人学须次第也。兴,起也。言人学先从诗起,后乃次诸典也。所以然者,诗有夫妇之法,人伦之本,近之事父,远之事君故也。又江熙曰:"览古人之志,可起发其志也。"

苞氏曰:"兴,起也。言修身当先学诗也。"

立于礼, 学诗已明,次又学礼也。所以然者,人无礼则死,有礼则生,故学礼以自立身也。

苞氏曰:"礼者,所以立身也。"

成于乐。" 学礼若毕,次宜学乐也。所以然者,礼之用和为贵,行礼必须学乐,以和成己性也。

孔安国曰:"乐所以成性也。" 王弼曰:"言[二]为政之次序也。夫喜惧哀乐,民之自然,应感而动,则发乎声歌,所以陈诗采谣以知民志风。既见其风,则损益基焉,故因俗立制以达其礼也。矫俗检刑,民心未化,故又感以声乐以和神也。若不采民诗,则无以观风,风乖俗异,则礼无所立;礼若不设,则乐无所乐;乐非礼,则功无所济。故三体相扶,而用有先后也。"侃案:辅嗣之言可思也。且案内则明学次第:十三舞勺,十五舞象,二十始学礼,惇行孝悌,是先学乐,后乃学礼也。若欲申此注,则当云先学舞勺舞象,皆是舞诗耳,至二十学礼,后备听八音之乐,和之以终身成性,故后云乐也。

子曰:"民可使由之,不可使知之。" 此明天道深远,非人道所知也。

〔一〕"小",斋本、库本作"少"。

〔二〕"言"下,斋本、库本有"有"字。

由,用也。元亨日新之道,百姓日用而生,故云"可使由之"也。但虽日用而不知其所以,故云"不可使[一]知之"也。张凭曰:"为政以德,则各得其性,天下日用而不知,故曰'可使由之'。若为政以刑,则防民之为奸,民知有防而为奸弥巧,故曰'不可使知之'。言为政当以德,民由之而已,不可用刑,民知其术也。"

由,用也。可使用而不可使知者,百姓能日用而不能知也。

子曰:"好勇疾贫,乱也。好勇之人,若能乐道自居,此乃为可耳;若不能乐道,而憎疾己之贫贱,则此人必可[二]乱也。故缪协曰:"好勇则刚武,疾贫则多怨,以多怨之人习于武事,是使之为乱也。"

苞氏曰:"好勇之人而患疾己贫贱者,必将为乱也。"

人而不仁,疾之已甚,乱也。"夫不仁之人,当以理将养,冀[三]其感悟,若憎疾之太甚,则此不仁者近无所在,必为逆乱也。故郑康成曰:"不仁人疾之太甚,是使之为乱也。"

孔安国曰:"疾恶太[四]甚,亦使其为乱也。"

子曰:"如有周公之才之美,设使骄且悋,其余不足观已矣。"其余,谓周公之才伎也。言人假令有才能如周公旦之美,而用行骄吝,则所余如周公之才伎者,亦不足复可观者,以骄没才也。故王弼曰:"人之才美如周公,设使骄吝,其余无可观者,言才美以骄吝弃也。况骄吝者必无周公才美乎!假无设有,以其骄吝之鄙也。"

孔安国曰:"周公者,周公旦也。"

子曰:"三年学,不至于榖,不易得也已。"劝人学也。榖,善也。言学三年者,必至于善道也。若三年学而不至善道者,必无此理也,故云"不

〔一〕"使"字原脱,据斋本、库本补。

〔二〕"可",斋本、库本作"为"。

〔三〕"冀"上,斋本、库本有"或"字。下句"若"下,斋本、库本有"复"字。

〔四〕"太",斋本、库本作"大"。邢疏作"包曰:疾恶太甚,亦使其为乱"。

易得已也[一]”。孙绰曰:“穀,禄也。云三年学足以通业,可以得禄,虽时不得[二]禄,得禄之道也。‘不易得已’者,犹云不易已得也,此[三]教劝中人已下也。”

孔安国曰:“穀,善也。言人三岁学不至于善,不可得。言必无及也,所以劝人于学也。”

子曰:“笃信好学,此章教人立身法也。令笃厚于诚信,而好学先王之道也。守死善道。宁为善而死,不为恶而生,故云“守死善道”也。危邦不入,谓初仕时也。见彼国将危,则不须入仕也。乱邦不居。谓我国已乱,则宜避之不居住也。然乱时不居,则始危时犹居也。危者不入,则乱故宜不入也。天下有道则见,天下,谓天子也。见,谓出仕也。若世王有道,则宜出仕也。无道则隐。若时王无道则隐,枕石漱流也。陈文子弃马十乘而去,是乱邦不居也。

苞氏曰:“言行当常然也。危邦不入,谓始欲往也。乱邦不居,今欲去也。臣弑君,子弑父,乱也。危者,将乱之兆也。”

邦有道,贫且贱焉,耻也;国君有道,则宜运我才智,佐时出仕,宜始得富贵。而己独贫贱,则是才德浅薄不会明时,故为可耻也。邦无道,富且贵焉,耻也。”国君无道,而己出仕,招致富贵,则是己亦无道,得会恶逆之君,故亦为可耻也。江熙曰:“不枉道而事人,何以致无道宠?宠所以耻也。夫山林之士,笑朝廷之人束带立朝,不获逍遥也,在朝者亦谤山林之士褊厄,各是其所是,而非其所非,是以夫子兼知[四]出处之义,明屈申贵于当时也。”子曰:“不在其位,不谋其政也。”

〔一〕“已也”,斋本、库本作“也已”,同经文。
〔二〕“得”,斋本、库本无此字。
〔三〕“此”,斋本、库本无此字。
〔四〕“知”,斋本、库本作“弘”。

孔安国曰："欲各专一于其职也。"

子曰："师挚之始，关雎之乱，洋洋乎盈耳哉！"师，鲁太师也。挚，太师名也。始，首也。关雎，诗篇也。洋洋，声盛也。于时礼乐崩坏，正声散逸，唯鲁太师犹识关雎之声，而首理调定，使声盛盈于耳听也。

郑玄曰："师挚，鲁大师之名也。始，犹首也。周道既衰微，郑、卫之音作，正乐废而失节。鲁大师挚识关雎之声，而首理其乱者，洋洋乎盈耳哉，听而美也。"侃谓：即前篇孔子语其乐曰"乐其可知，始作翕如"之属，而其受孔子言而理之得正也〔一〕。

子曰："狂而不直，此章叹时世与古反也。狂者用行宜其直趣无回，不俟于善恶，而当时狂者不复直也。故下卷则云："古之狂也肆，今之狂也荡。"

孔安国曰："狂者进取，宜直也。"

侗而不愿，侗谓笼侗，未成器之人也。愿，谨愿也。人幼未成人者，情性宜谨愿，而当时幼者亦不谨愿也。

孔安国曰："侗，未成器之人也，宜谨愿也。"谨愿，无情愿貌也。

悾悾而不信，悾悾，谓野悫也。野悫之人宜可信，而于时野悫者皆诈诡，不复宜可信也。

苞氏曰："悾悾，悫悫也，宜可信也。"

吾不知之矣。"既与古时反，故孔子曰：非复我能知测也。王弼曰："夫推诚训俗，则民伪〔二〕自化；求其情伪，则俭心兹应。是以圣人务使民皆归厚，不以探幽为明；务使奸伪不兴，不以先觉为贤。故虽明并日月，犹曰'不知'也。"

孔安国曰："言皆与常度反，故我不知也。"

〔一〕"侃谓"至"正也"，斋本、库本放在解经文处，接于"使声盛盈于耳听也"句下。

〔二〕"伪"，斋本、库本作"俗"。

子曰："学如不及，犹恐失之。"言学之为法，急务取得，恒如追前人，欲取必及，故云"如不及"也。又学若有所得，则战战持之，犹如人执物恒恐去失，当录之为意也。

学自外入，至熟乃可长久。如不及，犹恐失之耳也。

如注意则云：如，若也。言人学宜熟，若学而不及于熟，虽得犹恐失之也。李充曰："学有交劳而无交利，自非天然好乐者，则易为懈矣。故如惧不及，犹恐失之，况可怠乎？"缪协称中正曰："学自外来，非夫内足，恒不懈惰，乃得其用。'如不及'者，已及也。'犹恐失'者，未失也。言能恐失之则不失，如不及则能及也〔一〕。"

子曰："巍巍乎！舜、禹之有天下也，而不与焉。"此美舜、禹也。舜、禹亦古圣天子也。巍巍，高大之称也，言舜、禹逢时遇世，高大可美也。舜受尧禅而有天下，禹受舜禅而有天下，此二圣得时有天下，并非身所预求，而君自禅之也。一云："孔子叹己不预见舜、禹之时也。若逢其时，则己宜〔二〕道当用也。"故王弼曰："逢时遇世，莫如舜、禹也。"江熙曰："舜、禹受禅有天下之极，故乐尽其善。叹不与并时，盖感道契在昔，而理屈当今也。"

美舜、禹，己不与求天下而得之也。巍巍者，高大之称也。

子曰："大哉尧之为君也！此美尧也。为禅让之始，故孔子叹其为君之法〔三〕大也。巍巍乎！唯天为大，唯尧则之。则，法也。言唯天德巍巍，既高既大，而唯尧能法而行之也。所以有则天之德者，夫天道无私，唯德是与，而尧有天位禅舜，亦唯德是与，功遂身退，则法天而行化也。

孔安国曰："则，法也。美尧能法天而行化也。"

荡荡乎！民无能名焉。荡荡，广远之称也。言尧布德广远，功用遍匝，故民无能识而名之者也。

〔一〕"李充曰"至"能及也"，斋本、库本放在解经文处，接于"当录之为意也"句下。

〔二〕"宜"，斋本、库本作"宣"，义胜。

〔三〕"法"，斋本、库本作"德"。观下文屡言"法"字，此亦当为"法"。

苞氏曰:“荡荡,广远之称也。言其布德广远,民无能识名焉。”王弼曰:“圣人有则天之德,所以称‘唯尧则之’者,唯尧于时全则天之道也。荡荡,无形无名之称也。夫名所名者,生于善有所章而惠有所存,善恶相倾[一],而名分形焉。若夫大爱无私,惠将安在?至美无偏,名将何生?故则天成化,道同自然,不私其子而君其臣,凶者自罚,善者自功,功成而不立其誉,罚加而不任其刑,百姓日用而不知所以然,夫又何可名也[二]?”

巍巍乎其有成功也,

功成化隆,高大巍巍也。

焕乎其有文章也!”

焕,明也。其立文垂制复著明也。

舜有臣五人而天下治。记者又美舜德也。五人者:禹一,稷二,契三,皋陶四,伯益五也。言舜有此五臣共治天下,故治也。

孔安国曰:“禹、稷、契、皋陶、伯益也。”

武王曰:“予有乱臣十人。”武王,周发也。予,我也。乱,理也。武王曰:我有共理天下者,有十人也。

马融曰:“乱,理也。理官者十人也,谓周公旦、第一也,周公名旦,是武王弟也。召公奭、第二也,亦武王弟也。太公望、第三也,谓吕望也。吕望本姓姜,氏吕[三],名尚。钓于磻溪,文王出猎,遥见而呼之曰:“望公七年矣,今乃见光景于斯。”于是接之上车,文王自御而还,因名为望。为周大师,故云太公也。毕公、第四也。荣公、

〔一〕“倾”,斋本、库本作“须”。“倾”是。“相倾”,谓相互对立而存在。老子云:“长短相形,高下相倾。”

〔二〕“王弼曰”至“名也”,斋本、库本放在解经文处,接于“故民无能识而名之者也”句下。

〔三〕“吕”下,斋本、库本有“望”字,衍。

第五也。**大颠**、第六也。**闳夭**、第七也。**散宜生**、第八也。**南宫适**，第九也。**其余一人谓文母也。”**文母，文王之妻也，是有辛氏[一]之女太姒也。十人有九丈夫、一妇人也。

孔子曰：“才难，不其然乎？记者先列虞、周二国之臣数，而后书孔子之言于下也。孔子叹曰：良才之难得不其如此乎？言如此。**唐、虞之际，于斯为盛，有妇人焉，九人而已。**此是才难之证也。唐、虞，尧、舜有天下之号也。际者，谓尧、舜交代之间也。斯，此也，此谓周也。言唐、虞二代交际共有此五臣，若比于此周，周最为盛。虽为盛，尚不满十人。十人之中，有文母一妇人，为十人之数。所以是“才难”也。季彪难曰：“舜之五臣，一圣四贤；八元、八凯，十有六人。据左氏明文，或称齐圣，或云明哲，虽非圣人，抑亦其次也。周公一人可与禹为对，太公、召公是当稷、契，自毕公以下恐不及元、凯。就复强相举继而数交少[二]，何故唐、虞人士反不如周朝之盛也耶？彪以为，斯，此也，盖周也。今云‘唐、虞之际，于此为盛’，言唐、虞之朝盛于周室。周室虽隆，不及唐、虞，由来尚矣。故曰巍巍、荡荡，莫之能名。今更谓唐、虞人士不如周室，反易旧义，更生殊说，无乃攻乎异端有害于正训乎？”侃案：师说曰：“季氏之意极自允会春秋[三]，合当尧、舜，但既多才胜周，而孔子唯云两代有五人者，别有以也。欲盛美周德隆于唐、虞，贤才多乎尧、舜，而犹事殷纣，故特云唐、虞五而周代十也。又明言有妇人者，明周代之盛，匪唯丈夫之才，抑妇人之能匡弼于政化也。”

孔安国曰：“唐者，尧号也。虞者，舜号也。际者，尧、舜交会之间也。斯，此也。此，斯[四]于周也。言尧、舜交会之间，比于此[五]，周最盛，多贤才，然尚有一妇人，

〔一〕“辛”，斋本、库本作“莘”。汉语大词典：“莘，古国名，亦称有辛、有莘、有侁。”

〔二〕“举”，斋本、库本作“攀”。“交少”，库本作“较少”。

〔三〕“春秋”下，斋本、库本有“传”字。

〔四〕“斯”，斋本、库本作“此”。此句正平版何解作“斯，此也，此于周也”。邢疏无“此斯于周也”五字。

〔五〕“此”下，斋本、库本有“周”字。正平版何解亦有“周”字。邢疏作“比于周”。

其余九人而已。大才难得，岂不然乎？"

参分天下有其二，以服事殷。参，三也。天下有九州，文王为雍州西伯，六州化属文王，故云三分天下有二，犹服事于殷也。周德其可谓至德也已矣！"虽圣德之盛，犹服事恶逆之君，故可谓为德之至极者也。

苞氏曰："殷纣淫乱，文王为西伯而有至〔一〕德，天下之归周者三分有其〔二〕二，而犹以服事殷，故谓之至德也。"殷家州牧曰伯，文王为雍州伯。雍州在纣西，故曰"西伯"也。

子曰："禹，吾无间然矣。此美禹也。间，犹非覵也。孔子美禹之德美盛，而我不知何以厝于非覵矣。郭象曰："尧〔三〕、舜、禹相承，虽三圣故一尧耳。天下化成则功美渐去，其所因修〔四〕常事而已，故史籍无所称，仲尼不能间，故曰'禹，吾无间然矣'。"李充曰："夫圣德纯粹，无法〔五〕不备，故尧有则天之号耳，舜称无为而治。又曰'巍巍乎！舜禹之有天下而弗与焉'，斯则美圣之极名、穷理之高咏矣。至于此章，方复以事迹叹禹者，而岂徒哉？盖以季世僻王，肆情纵欲，穷奢极侈丽，厚珍膳而简伪乎享祀，盛纤靡而阙慢乎祭服，崇台榭而不恤乎农政，是以亡国丧身，莫不由乎此矣。于有国有家者，观夫禹之所以兴也，览三季之所以亡，可不慎与也。"

孔安国曰："孔子推禹功〔六〕之盛，言己不能复间厕其间也。"

非饮食而致孝乎鬼神，此已〔七〕下皆是禹不可间之事也。其有三事：一

〔一〕"至"，斋本、库本作"圣"。正平版何解、邢疏亦作"圣"。

〔二〕"其"，斋本、库本无此字。正平版何解、邢疏亦无"其"字。

〔三〕"尧"，斋本、库本无此字。

〔四〕"修"，斋本、库本作"循"。

〔五〕"法"，斋本、库本作"往"。品味文意，"法"当理解为"法则"、"法度"、"德法"。德法，仁德之法。大戴礼记盛德曰"盛德则修法"，又曰："礼度，德法也。"尧舜禹法天顺民，德政治国，为政之法完备。"法"字义胜。

〔六〕"功"下，斋本、库本有"德"字。邢疏此语作"孔子推禹功德之盛美"。

〔七〕"已"，斋本、库本作"以"。

是饮食,饮食为急,故最先也。二是衣服,衣服缓于饮食,故为次也。三是居室,居室缓于衣服,故最后也。菲,薄也。禹自所饮食甚自粗薄,而祭祀牲牢极乎丰厚,故云"菲饮食致孝乎鬼神"也。

马融曰:"菲,薄也。致孝乎鬼神,祭祀丰洁也。"

恶衣服而致美乎黻冕,禹又〔一〕常衣服甚自粗恶,而祭祀之服大华美也。食饮供鬼神,故云孝。祭服供自己〔二〕,故云美也。然去〔三〕黻冕,冕是首服为尊,黻是十二章最下为卑。卑尊俱居,中可知也。一云:"黻非服章,政是韠黻之服也。举此则正服可知也。"

孔安国曰:"损其常服,以盛祭服也。"

卑宫室而尽力乎沟洫。沟洫,田土〔四〕通水之用也。禹自所居,土阶三尺,茅茨不剪,是卑宫室也。而通达畎亩,以利田农,是尽力沟洫也。

苞氏曰:"方里为井,井间有沟,沟广深四尺。十里为城,城间有洫,洫广深八尺也。

禹,吾无间然矣。"美禹既深,故重云"无间然"也。

论语义疏第四　经一千五百十四字　注二千三百七十七字

〔一〕"又"下,斋本、库本有"自"字。
〔二〕"己"下,斋本、库本有"身"字。
〔三〕"去",斋本、库本作"云",是。
〔四〕"土",斋本、库本作"上"。

论语义疏卷第五子罕 乡党

梁国子助教吴郡皇侃撰

论语子罕第九　何晏集解　凡卅一章　皇卅章

疏子，孔子也。罕，希也。此篇明时感者既少，故圣应亦希也。所以次前者，外远富贵，既为粃糠，故还反凝寂，所以希言。故子罕次太伯〔一〕也。

子罕言利与命与仁。子，孔子也。罕者，希也。言者，说也。利者，天道元亨利万物者也。与者，言语许与之也。命，天命穷通夭寿之目也。仁者，恻隐济众行之盛者也。弟子记孔子为教化所希言及所希许与人者也。所以然者，利是元亨利贞之道也，百姓日用而不知，其理玄绝，故孔子希言也。命是人禀天而生，其道难测，又好恶不同，若逆向人说，则伤动人情，故孔子希说与人也。仁是行盛，非中人所能，故亦希说许与人也。然希者，非都绝之称，亦有时而言与人也。周易文言是说利之时也。谓"伯牛亡之，命矣夫"，及云"若由也，不得其死然"，是说与人命也。又孟武伯问子路、冉求之属仁乎，子曰"不知"，及云楚令尹陈文子"焉得仁"，并是不与人仁也。而云"颜回三月不违仁"，及云管仲"如其仁"，则是说与人仁时也。故云"子罕言利与命与

〔一〕"太"，斋本、库本作"泰"。

仁”也。

罕者，希也。利者，义之和也。即引文言也。义者，宜也。和者，无害也。凡人世之利，利彼则害此，非义和也。若天道之利，利而无害，故万物得宜而和，故曰“义之和也”。命者，天之命也。人禀天而生，故云天命也。中庸曰“天命之谓性”是也。仁者，行之盛也。仁义礼智信五者，并是人之行，而仁居五者之首，主生，故曰“行盛”也。寡能及之，天道微妙，天命深远，仁道盛大，非人所能知及，故云“寡能及之”也。故希言也。为世人寡及，故孔子亦希言也。

达巷党人曰："大哉孔子！博学而无所成名。"五百家为党，党各有名。此党名达巷。达巷党中人美孔子道大，故曰“大哉”也。博，广也。言大哉孔子，广学道艺周遍，不可一一而称，故云“无所成名”也。犹如尧德荡荡，民无能名也。故王弼曰："譬犹和乐出乎八音，然八音非其名也。"江熙曰："言其弥贯六流，不可以一艺取名焉，故曰‘大’也。"

郑玄曰："达巷者，党名也。五百家为党。此党之人美孔子博学道艺，不成一名而已。"

子闻之，谓门弟子曰："吾何执？孔子闻达巷人美己，故呼弟子而语之也。彼既美我之博学，而我于道艺何所持执乎？欲自谦也。执御乎？执射乎？既欲谦己之不多，故陈六艺之下者以自许也。言吾所执，执于御及射乎。御，御车者也。吾执御矣。"向欲合以射御自许，又嫌太多，故又减射，而云吾执御者也。

郑玄曰："闻人美之，承以谦也，‘吾执御’者，欲名六艺之卑也。"六艺：一曰五礼，二曰六乐，三曰五射，四曰五驭，五曰六书，六曰九数也。今云执御，御比礼、乐、射为卑也。

子曰："麻冕，礼也。礼，谓周礼也。周礼有六冕，以平板为主，而用三十升麻布衣板,上玄下纁,故云"麻冕,礼也"。**今纯,俭也**〔一〕,今,谓周末孔子时也。纯,丝也。周末不复用卅〔二〕升布,但织丝为之,故云今也。三十升布,用功巨多,难得,难得则为奢华。而织丝易成,易成则为俭约,故云俭也。**吾从众**。众,谓周未〔三〕时人也。时既人人从易用丝,故孔子曰吾亦从众也。所以从之者,周末每事奢华,孔子宁欲抑奢就俭。今幸得众共用俭,故孔子从之也。

孔安国曰:"冕,缁布冠也。冠、冕,通名也。且周家委貌冠亦用卅升缁布也。**古者绩麻三十升布以为之。纯,丝也。丝易成,故从俭也。"**

拜下,礼也。下,谓堂下也。礼:君与臣燕,臣得〔四〕君赐酒,皆下堂而再拜,故云"拜下,礼也"。**今拜乎上,泰也**。今,谓周末孔子时也。上,谓堂上也。泰,骄泰也。当于时周末君臣饮燕,臣得君赐酒,不复下堂,但于堂上而拜,故云"今拜乎上,泰也"。拜不下堂,是由臣骄泰,故云"泰也"。**虽违众,吾从下。"**当时皆违礼而拜上者众,孔子不从拜上,故云"虽违众"也。违众而从旧礼拜于下,故云"吾从下"也。

王肃曰:"臣之与君行礼者,下拜然后升成礼。燕义曰:"君举旅于宾,及君所赐爵,皆降,再拜稽首,升,成拜。明臣礼也。"案:燕义之〔五〕宾皆是臣也。臣得君旅及赐爵,降下堂再拜。再拜竟,更升堂,又再拜,谓为"成拜"。"成拜"者,向在堂下之拜,若礼未成然,故更升堂以成之也。**时臣骄泰,故于上拜也**。周末时如此也。**今**

〔一〕"今纯俭也",斋本、库本作"今也纯俭"。正平版何解、邢疏、朱注、马国翰辑古论语亦作"今也纯俭"。

〔二〕"卅",斋本、库本作"三十"。

〔三〕"未",误,堂本正误表以"末"为正。

〔四〕"臣得",斋本、库本无此二字。

〔五〕"之",斋本、库本作"云",误。

从下，礼之恭也。” 孔子欲从下之礼，是〔一〕为恭也。

子绝四： 绝者，无也。明孔子圣人，无此下四事，故云“绝四”也。不云无而云绝者，据世人似〔二〕言之也。四事世人未能绝，而孔子绝之，故云“绝”也。故颜延之曰〔三〕：“谓绝人四者也。” **毋意，** 一也。此谓圣人心也。凡人有滞，故动静委曲自任用其意。圣人无心，泛若不系舟，豁寂同道，故无意也。

以道为度，故不任意也。

毋必， 二也。此谓圣人行化时也。物求则趣〔四〕应，无所抑必，故互乡进而与之是也。无所抑必由无意，故能为化，无必也。

用之则行，舍之则藏，故无自〔五〕专必也。

毋固， 三也。此圣人已应物行化故也。固，谓执守坚固也。圣虽已应物，物若不能得行，则圣亦不追固执之，“不反三隅，则不复”是也。亦由无意，故能无固也。

无可无不可，故无固行也。

毋我。 四也。此圣人行教功德成身退之迹也。圣人晦迹，功遂身退，恒不自异，故无我也。亦由无意，故能无我也。

述古而不自作，处群萃而不自异，唯道是从，故不自有其身也。 萃，聚也。或问曰：“孔子或拒孺悲，或‘天生德于予’，何得云无我〔六〕乎？”答曰：“圣人作教应机〔七〕，不可一准。今为其迹涉兹地，为物所嫌，恐心实如此，故正明绝此四以见本地也〔八〕。”

〔一〕“是”下，斋本、库本有“礼”字。

〔二〕“似”，斋本、库本作“以”。

〔三〕“故颜延之曰”，斋本、库本作“颜延之云”，无“故”字。

〔四〕“趣”，斋本、库本作“赴”。

〔五〕“自”，斋本、库本无此字。正平版何解、邢疏亦无“自”字。

〔六〕“无我”上，斋本、库本有“无必”二字。

〔七〕“机”，斋本、库本作“几”。“机”、“几”义同，皆可表示“时机”、“机会”、“机变”义。

〔八〕“或问曰”至“本地也”，斋本、库本放在解经文处，接于“故能无我也”句下。

子畏于匡，心服曰畏。匡，宋地名也。于时匡人误以兵围孔子，故孔子同物畏之也。孙绰曰："畏匡之人[一]说皆众家之言，而不释'畏'名，解书之理为漫。夫体神知几、玄定安危者，虽兵围百重，安若太山，岂有畏哉？虽然，兵事阻险，常情所畏，圣人无心，故即以物畏为畏也。"

苞氏曰："匡人误围夫子，以为阳虎也。阳虎尝暴于匡，夫子弟子颜克时又与阳虎[二]俱往，后克为夫子御，至于匡，匡人相与共识克，又夫子容貌与虎相似，故匡人以兵围之也。"释误围之由者也。

曰："文王既没，文不在兹乎？孔子得围而自说己德，欲使匡人知己也。兹，此也。孔子自此己也。言昔文王圣德，有文章以教化天下也。文王今既已[三]没，则文章宜须人传，传文章者非我而谁，故曰"文王既没，文不在兹乎"，言此我当传之也。

孔安国曰："兹，此也。言文王虽已没，其文见在此。此，自此其身也。"其[四]身，夫子身也。

天之将丧斯文也，后死者不得与于斯文也；既云传文在我，故更说我不可杀之意也。斯文，即文王之文章也。后死，孔子自谓也。夫生必有死，文王既没，己亦当终，但文王已[五]没于前，则己方死于后，故自谓为后死也。言天若将欲丧弃文王之文章，则不应今使我已得预知识之也。

孔安国曰："文王既没，故孔子自谓后死也。言天将丧此[六]文者，本不当使我知之；今使我知之，未欲丧也。"

〔一〕"人"，斋本、库本无此字。

〔二〕"阳"，斋本、库本无此字。正平版何解亦无"阳"字。邢疏此语作"阳虎曾暴于匡，夫子弟子颜克时又与虎俱行"。

〔三〕"已"，斋本、库本无此字。

〔四〕"其"，斋本、库本无此字。

〔五〕"已"，斋本、库本作"既"。

〔六〕"此"，斋本、库本作"斯"。正平版何解、邢疏作"此"。

天之未丧斯文也，匡人其如予何！”天今使我知之，是未欲丧此文也。既未欲丧此文，使己传之，则匡人岂能违天而害我乎？故曰“如予何”也。卫瓘曰：“若孔子自明非阳虎，必谓之诈。晏然而言若是，匡人是知非阳虎，而惧害贤，所以免也。”

马融曰：“如予何者，犹言奈我何也。天之未丧此文，则我当传之。匡人欲奈我何也，言〔一〕**不能违天而害己也。”**江熙云：“言文王之道为后代之轨，已未得述上天之明，必不使没也〔二〕。”

太宰问于子贡曰：“夫子圣者与？何其多能也？”太宰闻孔子圣，又闻孔子多能，而其心疑圣人务大，不应细碎多能，故问子贡，言孔子既圣，其那复多能乎？

孔安国曰：“大宰，大夫官名也。卿〔三〕大夫职有冢宰，或云大宰，故云是大夫官也。**或吴，或宋，未可分也。**既唯云大宰，不论名氏，故不知何人。而吴有大宰嚭，宋有大宰华督，故云“未可分也”。然此应是吴臣，何以知之？鲁哀公七年，公会吴于郐〔四〕，吴人征百牢，使子贡辞于大宰嚭。十二年，公会吴师于橐皋，吴子使大宰嚭请莅〔五〕盟，公不欲，使子贡对，将恐此时大宰嚭问子贡也。且宋大宰督去孔子世远，或其至后世所不论耳。**疑孔子多能于小艺也。”**

子贡曰：“固天纵之将圣，又多能也。”子贡答曰：孔子大圣，是天所固纵，又使多能也。固，故也。将，大也。

孔安国曰：“言天固纵之大圣之德，又使多能也。”

〔一〕“言”下，斋本、库本有“其”字。正平版何解、邢疏亦有“其”字。

〔二〕“江熙云”至“没也”，斋本、库本放在解经文处，接于“所以免也”句下。

〔三〕“卿”，斋本、库本作“乡”，误。周礼：“治官之属，大宰卿一人，小宰中大夫二人。”

〔四〕“郐”，误，堂本正误表以“鄫”为正。

〔五〕“莅”，斋本、库本作“寻”。十三经注疏本春秋左传正义作“寻”。寻盟：重温旧盟。

子闻之曰："大宰知我者乎！孔子闻大宰之疑而云知我，则许疑我非圣是也。缪协曰："我信多能，故曰知我。"江熙曰："大宰嫌多能非圣，故云知我，谦之意也。"吾少也贱，故多能鄙事。又说我非圣，而所以多能之由也。言我少小贫贱，故多能为粗鄙之事也。君子多乎哉？不多也。"更云，若圣人君子，岂多能鄙事乎？则不多能也。缪协曰："君子从物应务，道达则务简，务简则不多能也。"江熙曰："言君子所存远者大者，不应多能也。"

苞氏曰："我少小贫贱，常自执事，故多能为鄙人之事。君子固不当多能也。"栾肇曰："周礼百工之事，皆圣人之作也。明圣人兼材修〔一〕艺过人也。是以大宰见其多能，固疑夫子之圣也。子贡曰'固天纵之将圣，又多能'，故承以谦也，且抑排务言不以多能为君子也，谓君子不当多能也。明兼才者自然多能，多能者非所学，所以先道德后伎艺耳，非谓多能必不圣也。据孔子圣人而多能，斯伐柯之近鉴也〔二〕。"

牢曰："子曰：'吾不试，故艺。'"试，用也。子牢述孔子言，缘我不被时用，故得多学伎艺也。缪协曰："此盖所以不〔三〕多能之义也。言我若见用，将崇本息末，归纯反素，兼爱以忘仁，游艺以去艺，岂唯不多能鄙事而已。"

郑玄曰："牢，弟子子牢也。试，用也。言孔子自言：我不见用，故多能伎艺也。"

子曰："吾有知乎哉？无知也。知，谓有私意于其间之知也。圣人体道为度，无有用意之知，故先问弟子曰"吾有知乎哉"也。又〔四〕，"无知也"，明己不有知知之意也，即是无意也。

知者，知意之知也。知意，谓故用知为知也。圣人忘知，故无知知意也。言知者，言未必尽也。若用知者，则用意有偏，故其言未

〔一〕"修"，斋本、库本作"备"。
〔二〕"栾肇曰"至"近鉴也"，斋本、库本放在解经文处，接于"不应多能也"句下。
〔三〕"不"，斋本、库本无此字。
〔四〕"又"下，斋本、库本有"云"字。

必尽也。**今我诚尽也。**我以不知知，故于言诚无不尽也。

有鄙夫来问于我，空空如也。此举无知而诚尽之事也。鄙夫，鄙劣之夫也。空空，无识也。言有鄙夫来问我，而心抱空虚如也。**我叩其两端而竭焉。"**两端，事之终始也。言虽复鄙夫，而又〔一〕虚空来问于我，我亦无隐，不以用知处之，故即为其发事终始，竭尽我诚也。即是无必也。故李充曰："日月照临，不为愚智易光。圣人善诱，不为贤鄙异教。虽复鄙夫寡识，而率其疑，诚谘〔二〕于圣，必示之以善恶之两端，竭己〔三〕心以诲之也。"

孔安国曰："有鄙夫来问于我，其意空空然。我则发事之终始两端以语之也，而〔四〕竭尽所知，不为有所爱也。"缪协曰："夫名由迹生，故知从事显。无为寂然，何知之有？唯其无也，故能无所不应。虽鄙夫诚问，必为尽其本末也〔五〕。"

子曰："凤鸟不至，河不出图，吾已矣夫！"夫时人皆愿孔子有人主之事，故孔子释己不得以塞之也。言昔之圣人应王者，必有凤鸟、河图之瑞。今天无此瑞，故云"吾已矣夫"。已，止也。言吾已止，无此事也。故缪协曰："夫圣人达命，不复俟此乃知也。方遗知任事，故理至乃言。所以言者，将释众庶之望也。"

孔安国曰："有圣人受命，则凤鸟至，麟凤五灵，王者之嘉瑞也。**河出图，今天无此瑞。'吾已矣夫'者，不得见也。**圣人王，则有龙马及神龟负应王之图书从河而出，为瑞也。如龙图授伏羲〔六〕，龟书畀姒也。**河图，八卦是也。"**八卦，则易乾、坤等八方之

〔一〕"又"，斋本、库本作"心"。

〔二〕"谘"下，斋本、库本有"疑"字，恐衍。

〔三〕"竭己"，斋本、库本作"己竭"。

〔四〕"而"，斋本、库本无此字。下句"所"字，斋本、库本无。正平版何解、邢疏亦无"而"字、"所"字。

〔五〕"缪协曰"至"本末也"，斋本、库本放在解经文处，接于"竭己心以诲之也"句下。

〔六〕"羲"，斋本、库本作"牺"。下句"姒"下，斋本、库本有"禹"字，恐衍。

卦也。龙负之出授伏羲也。又孙绰曰："孔子所以及〔一〕发此言者，以体大圣之德，弟子皆禀绝异之质，垒落殊才，英伟命世之才。盖王德光于上，将相备乎下，当世之君咸有忌难之心，故称此以征己之不王，绝不达者之疑望也〔二〕。"

子见齐衰者，此记孔子哀人有丧者也。齐衰，五服之第二者也。言齐则斩从可知，而大功不预也。**冕衣裳者，**记孔子尊敬在位者也。冕衣裳者，周礼大夫以上之服也。大夫以上尊，则士不在列也。**与瞽者，**记孔子愍不成人也。瞽，盲者也。言与者，盲者卑，故加"与"字以别之也。言瞽者则聋者不预也，聋疾〔三〕轻于盲也。

苞氏曰："冕者，冕冠也，大夫之服也。瞽者，盲者也。"

见之，虽少者必作；言孔子见此三种人，虽复年少，孔子改坐而见之，必为之起也。**过之，必趋。**趋，疾行也。又明孔子若行过此三种人，必为之疾速，不取〔四〕自修容也。范宁曰："趋，就之也。"

苞氏曰："作，起也。趋，疾行也。此夫子哀有丧，尊在位，恤不成人之也。"恤，忧也。

颜渊喟然叹曰：孔子至圣，颜生上贤，贤圣道绝，故颜致叹也。

喟然，叹声也。

"仰之弥高，钻之弥坚。此所叹之事也。夫物虽高者，若仰瞻则可睹也；物虽坚者，若钻锥则可入也。颜于孔子道，愈瞻愈高，弥钻弥坚，非己厝力之能得也。故孙绰曰："夫有限之高，虽嵩岱可陵；有形之坚，虽金石可钻。若乃弥高、弥坚，钻仰所不逮。故知绝域之高、坚，未可以力至也。"

〔一〕"及"，误，堂本正误表以"乃"为正。

〔二〕"又孙绰曰"至"疑望也"，斋本、库本放在解经文处，接于"将释众庶之望也"句下。

〔三〕"疾"，斋本、库本无此字。

〔四〕"取"，斋本、库本作"敢"。

言不可穷尽也。

瞻之在前,忽焉在后。向明瞻仰[一]上下之绝域,此明四方之无穷也。若四方而瞻,后[二]为辽远,故恍惚非己所定,所以或前或后也。

言忽恍不可为形像[三]也。亦如向说。又一通曰:"愈瞻愈远,故云'瞻之在前'也;愈顾愈后,故云'忽焉在后'也。"故孙绰曰:"驰而不及,待而不至,不行不动,孰能测其妙所[四]哉?"江熙云:"慕圣之道,其殆庶几。是以欲齐其高,而仰之愈邈;思等其深,而钻凿愈坚;尚并其前,而俯仰尘绝,此其所以喟然者也[五]。"

夫子循循然善诱人,又叹圣道虽悬,而令人企慕也。循循,次序也。诱,进也。言孔子以圣道劝进[六]人,而有次序,故曰"善诱人"也。

循循,次序貌也。诱,进也。言夫子正以此道劝进人,有次序也。

博我以文,约我以礼,此说善诱之事也。博,广也。文,文章也。言孔子广以文章诱引于我,故云"博我以文章"也;又以礼教约束我,故云"约我以礼"也。**欲罢不能。**文博礼束,故我虽欲罢止而不能止也。**既竭吾才,**竭[七],尽也。才,才力也。我不能罢,故尽竭我之才力学之也。故孙绰曰:"既以文章博我视听,又以礼节约我以中,俯仰动止,莫不景行。才力已竭,犹不能已。"罢,犹罢息也。**如有所立卓尔。**此明绝地不可得言之处也。卓,高远貌也。言虽自竭才力以学,博文约礼,而孔子更有所言述创立,则卓尔高绝

〔一〕"瞻仰",斋本、库本作"仰钻"。

〔二〕"后",斋本、库本作"复",是。

〔三〕"像",斋本、库本作"象"。下句"亦如向说"四字,斋本、库本无。

〔四〕"妙所",斋本、库本作"所妙"。

〔五〕"又一通曰"至"喟然者也",斋本、库本放在解经文处,接于"所以或前或后也"句下。

〔六〕"劝进",斋本、库本作"进劝"。

〔七〕"竭",斋本、库本作"既"。"既"有"尽"义。观下句"故尽竭我之才力学之也","既"是。

也。**虽欲从之，末由也已。**”末，无也。言其好妙高绝〔一〕，虽已欲从之，而无由可及也。故孙绰曰：“常事皆修〔二〕而行之，若有所兴立，卓然出乎视听之表，犹天之不可阶而升，从之将何由也。此颜、孔所绝处也。”

孔安国曰：“言夫子既以文章开博我，又以礼节节约我，使我欲罢而不能已。竭我才矣，其有所立，则又卓然不可及。言己虽蒙夫子之善诱，犹不能及夫子之所立也。”

子疾病，孔子病〔三〕甚也。

苞氏曰：“疾甚曰病也。”

子路使门人为臣。子路以孔子圣人，宜为人君，且尝为大夫，大夫亦有家臣。今疾病，恐忽终亡，故使弟子行臣礼也。故江熙曰：“子路以圣人君道足，宜有臣，犹祷上下神祇也。”

郑玄曰：“孔子尝为大夫，故子路欲使弟子行其臣之礼也。”

病间，曰：“久矣哉，由之行诈也！孔子病少差也。小差〔四〕曰间。谓小差为间者，若病不差，则病病相续无间断也；若小差，则病势断绝有间隙也。当孔子病困时，不觉子路为立臣；至于小差，乃觉而叹子路行诈也。言子路有此行诈之心，非复一日，故曰“久矣哉”。**无臣而为有臣，**无臣而为有，所以是〔五〕行诈也。**吾谁欺？欺天乎？**我实无臣，今汝诈立之，持此诈欲欺谁乎？天下人皆知我无臣，则人不可欺。今日立之，此政是远欲欺天，故云“欺天乎”。

〔一〕“绝”上，斋本、库本有“已”字。

〔二〕“修”，斋本、库本作“循”。

〔三〕“病”，斋本、库本作“疾”。

〔四〕“小差”，斋本、库本作“少差”，下同。

〔五〕“所以是”，斋本、库本作“是所以”。

孔安国曰："病小差曰间也。言子路久〔一〕有是心，非唯今日也。" 夫立臣事大，非卒可定。汝今立之，是知有其心已久故也。

且予与其死于臣之手也，无宁死于二三子之手乎！ 又以理喻之，言在三事同，若以亲密〔二〕而言，则臣不及弟子也。予，我也。二三子，诸弟子也。无宁，宁也。言设使与我死于臣手，则我宁死弟子手也。臣礼就养有方，有方则隔；弟子无方，无方则亲也。

马融曰："无宁，宁也。二三子，门人也。就使我有臣而死其手，我宁死弟子手乎也。"

且予纵不得大葬， 又明在三同也。大葬，臣礼葬君也。君臣〔三〕葬礼大，故曰大葬也。

孔安国曰："君臣礼葬也。"

予死于道路乎？" 君〔四〕纵不得君臣礼葬，有二三子在，我岂复被弃掷于道路乎？言亦必得葬也。

马融曰："就使我不得以君臣之礼葬，有二三子在，我宁当忧弃于道路乎？"

子贡曰："有美玉于斯， 子贡欲观孔子圣德藏用何如，故托事以谘臧〔五〕否也。美玉，譬孔子圣道也。言孔子有圣道可重，如世间有美玉而在此也。

韫匵而藏诸？求善贾而沽诸？" 诸，之也。韫，裹之也。匵，谓匣柜之也。善贾，贵价〔六〕也。沽，卖也。言孔子圣道如美玉在此，为当韫匣而藏之，

〔一〕"久"，斋本、库本无此字。正平版何解亦无"久"字。邢疏有"久"字。
〔二〕"密"，斋本、库本作"察"，恐误。
〔三〕"臣"，斋本、库本无此字。
〔四〕"君"，斋本、库本作"若"，义胜。
〔五〕"臧"，斋本、库本作"衰"，误。
〔六〕"价"，斋本、库本作"贾"。

为当得贵价而卖之不〔一〕乎？假有人请求圣道，为当与之不耶？

马融曰：“韫，藏也。匵，匮也。藏诸匮中也。沽，卖也。得善贾宁肯〔二〕卖之耶也？”

子曰：“沽之哉！沽之哉！答云：我不衒卖之者也。故重云“沽之哉”，明不衒卖之深也。**我待贾者也。”**又言，我虽不衒卖，然我亦待贵贾耳，有求者则与之也。

苞氏曰：“沽之哉，不衒卖之辞也。我居而待贾者也。”王弼曰：“重言‘沽之哉’，卖之不疑也。故孔子乃聘诸侯以急行其道也〔三〕。”

子欲居九夷。孔子圣道不行于中国，故托欲东往居于九夷也，亦如“欲乘桴浮海”也。

马融曰：“九夷，东方之夷，有九种也。”四方，东有九夷：一玄兔〔四〕，二乐浪，三高丽，四满饰，五岛臾，六索家，七东屠，八倭人，九夭鄙。南有八蛮：一天竺，二吹首，三焦尧，四跂踵，五穿胸，六儋耳，七狗邦，八虎春。西有六戎：一羌夷，二依貊，三织皮，四耆羌，五鼻息，六天冈。北有五狄：一月支，二濊貊，三匈奴，四单于，五白屋也。

或曰：“陋，如之何？”或人不达孔子意，谓之实居，故云“陋如之何”，言夷狄鄙陋，不可居也。**子曰：“君子居之，何陋之有？”**孔子答曰：君子所居即化，岂以鄙陋为疑乎？不复远申己意也。孙绰曰：“九夷所以为陋者，以无礼义也。君子所居者化，则陋有泰也。”

〔一〕“不”，斋本、库本作“否”。下句“不”字同。

〔二〕“肯”，斋本、库本无此字。正平版何解亦无“肯”字。邢疏有“肯”字。

〔三〕“王弼曰”至“道也”，斋本、库本放在解经文处，接于“明不衒卖之深也”句下。

〔四〕“兔”，斋本、库本作“菟”。下面几句中的“岛臾”，斋本、库本作“凫更”，“夭鄙”作“天鄙”，“吹首”作“咳首”，“焦尧”作“僬侥”，“狗邦”作“狗轵”，“虎春”作“旁脊”，“羌夷”作“侥夷”，“耆羌”作“耆羌”（库本作“羗”），“天冈”作“天刚”。斋本、库本的底本是日本根本逊志本，这些名目的不同，盖为根本逊志据尔雅李注改订所致。

马融曰:“君子所居者,皆德[一]化也。”圣人所在则化,九夷变中夏也。

子曰:“吾自卫反于鲁,然后乐正,雅、颂各得其所。”孔子去鲁后而鲁礼乐崩坏,孔子以鲁哀公十一年从卫还鲁,而删诗、书,定礼、乐,故乐音得正。乐音得正,所以雅、颂之诗各得其本所也。

郑玄曰:“反鲁,鲁哀公十一年冬也。是时道衰乐废,孔子来还,乃正之也,故曰‘雅、颂各得其所’也。”雅、颂是诗义之美者,美者既正,则余者正亦可知也[二]。

子曰:“出则事公卿,公,君也。卿,长也。人子之礼,移事父孝以事于君则忠,移事兄悌以事于长则从也。故出仕朝廷、必事公卿也。**入则事父兄,**孝以事父,悌以事兄,还入闺门,宜尽其礼也。先言朝廷、后云闺门者,勖已仕者也,犹“仕而优则学”也。**丧事不敢不勉,**勉,强也。父兄天性,续莫大焉;公卿义合,厚莫重焉。若有丧事,则不敢不勉强也。**不为酒困,**虽“唯酒无量不及乱”,时多沉酗,故戒之也。卫瓘曰:“三事为酒兴也。”侃按:如卫意,言朝廷、闺门及有丧者,并不为酒所困,故云“三事为酒兴也”。**何有于我哉?”**言我何能行此三事,故云“何有于我哉”。又一云:人若能如此,则何复须我,故云“何有于我哉”也。缘人不能,故有我应世耳。

马融曰:“困,乱也。”

子在川上曰:“逝者如斯夫,不舍昼夜。”逝,往去之辞也。孔子在川水之上,见川流迅迈,未尝停止,故叹人年往去,亦复如此。向我非今我,故云“逝者如斯夫”也。斯,此也。夫,语助也。日月不居,有如流水,故云“不舍昼夜”也。江熙云:“言人非南山,立德立功,俯仰时过,临流兴怀,能不慨然

〔一〕“德”,斋本、库本无此字。正平版何解亦无“德”字。邢疏此语作“马曰:君子所居则化”。

〔二〕“雅、颂”至“可知也”,斋本、库本放在解经文处,接于“所以雅、颂之诗各得其本所也”句下。

乎？圣人以百姓心为心也。”孙绰云：“川流不舍，年逝不停，时已晏矣，而道犹不兴，所以忧叹也。”

郑玄曰：“逝，往也。言凡往者如川之流也。”

子曰：“吾未见好德如好色者也。”时人多好色而无好德，孔子患之，故云“未见”，以厉之也。

疾时人薄于德而厚于色也，故以发此言也。本注〔一〕云：责其心也。

子曰：“譬如为山，未成一篑，止，吾止也；此戒人为善垂成而止者也。篑，土笼也。言人作善垂足而止，则善事不成。如为山垂足，唯少一笼土而止，则山不成。此是建功不笃，与不作无异，则吾亦不以其前功多为善。如为善不成，吾亦不美其前功多也，故云“吾止也”。

苞氏曰：“篑，土笼也。此劝人进于道德也。为山者其功虽已多，未成一笼而中道止者，我不以其前功多而善之也。见其志不遂，故不与也。”

譬如平地，虽覆一篑，进，吾往也。”此奖人始为善而不住者也。譬于平地作山，山乃须多土，而始覆一笼，一笼虽少，交是其有欲进之心可嘉。如人始为善，善乃未多，交求进之志可重，吾不以其功少而不善之。善之有胜于垂成而止者，故云“吾往也”。

马融曰：“平地者将进加功，虽始覆一篑，我不以其见功少而薄之也。据其欲进而与之也。”

子曰：“语之而不惰者，其回也与！”惰，疲懈也。余人不能尽解，故闻孔子语而有疲懈。唯颜回体之，故闻语即解，所以曰“语之而不惰者，其回也与”。

颜渊解〔二〕，故语之不惰；余人不解，故有惰语之时也。

〔一〕“本注”，斋本、库本无此二字。

〔二〕“解”上，斋本、库本有“则”字。正平版何解亦有。邢疏无“则”字。

子谓颜渊曰："惜乎！吾见其进也，未见其止也。"颜渊死后，孔子有此叹也。云见进未见止，惜其神识犹不长也。然颜渊分已满至于屡空，而此云"未见其止"者，勖[一]引之言也。故殷仲堪曰："夫贤之所假，一悟[二]而尽，岂有弥进之[三]实乎？盖其轨物之行日见于迹，夫子从而咨嗟以盛德之业也。"

苞氏[四]曰："孔子谓颜渊进益未止，故[五]痛惜之甚也。"

子曰："苗而不秀者有矣夫！秀而不实者有矣夫！"又为叹颜渊为譬也。万物草木，有苗稼蔚茂，不经秀穗遭风霜而死者；又亦有虽能秀穗，而值沴焊气，不能有粒实者，故并云有是矣夫也。物既有然，故人亦如此，所以颜渊摧芳兰于早年矣。

孔安国曰："言万物有生而不育成者，喻人亦然也。"

子曰："后生可畏也，后生，谓年少在己后生者也。可畏，谓有才学可心服者也。**焉知来者之不如今也？**焉，安也。来者，未来之事也。今，谓我今师徒也。后生既可畏，亦安知未来之人师徒教化不如我之今日乎？曰不可诬也。

后生，谓年少也。

四十五十而无闻焉，斯亦不足畏也已矣。"又言后生虽可畏，若年四十五十而无声誉闻达于世者，则此人亦不足可畏也。孙绰曰："年在知命，蔑然无闻，不足畏也。"**子曰："法语之言，能无从乎？改之为贵。**言彼人有过失，若我以法则语之，彼人闻法，当时无不口从而云止当不敢复为者，故云"能无从乎"。但若口虽从而身为失不止者，则此口从不足为贵也。

〔一〕"勖"，斋本、库本作"劝"。"勖"、"劝"义近，皆有"劝勉"义。应遵堂本。
〔二〕"悟"，斋本、库本作"语"。
〔三〕"之"，斋本、库本作"勖"。堂本是。
〔四〕"苞氏"，斋本、库本作"马融"。正平版何解作"苞氏"。邢疏作"包曰"。
〔五〕"故"，斋本、库本无此字。正平版何解、邢疏亦无。

我所贵者，在于口从而行亦改者耳，故云“改之为贵”也。

孔安国曰：“人有过，以正道告之，口无所不顺从之，能必[一]改乃为贵也。”

巽与之言，能无说乎？绎之为贵。巽，恭逊也。绎，寻绎[二]也。言有彼人不逊，而我谦逊与彼恭言，故云“逊[三]与之言”也。彼不逊者，得我逊言逊彼，彼必亦特逊为悦，故云“能无悦乎”。然虽悦人逊己，而己不能寻绎，行此逊事，是虽悦不足为贵也。我所贵者，在寻绎行逊耳，故云“绎之为贵”也。

马融曰：“巽，恭也。谓恭巽谨敬之言，闻之无不悦者也。能寻绎行之，乃为贵也。”

悦而不绎，从而不改，吾末如之何也已矣。”不绎不改，圣所不教，故孔子曰“末如之何也”。末，无也。孙绰曰：“疾夫形服心不化也。”子曰：“主忠信，无友不如己者，过则勿惮改。”此事再出也。所以然者，范宁曰：“圣人应于物作教，一事时或再言。弟子重师之训，故又书而存焉。”

慎其所主、所友，有过务改，皆所以为益也。

子曰：“三军可夺帅也，匹夫不可夺志也。”此明人能守志，虽独夫亦不可夺；若其心不坚，虽众必倾。故三军可夺，匹夫无回也。谓为“匹夫”者，言其贱，但夫妇相配匹而已也。又云：“古人质，衣服短狭，二人衣裳唯共用一匹，故曰‘匹夫’、‘匹妇’也。”

孔安国曰：“三军虽众，人心非一，则其将帅可夺之而取。匹夫虽微，苟守其志，不可得而夺也。”

〔一〕“必”下，斋本、库本有“自”字。正平版何解无“自”字。邢疏此语作“口无不顺从之，能必自改之，乃为贵”。

〔二〕“绎”，斋本、库本作“续”，下同。堂本是。

〔三〕“逊”，斋本、库本作“巽”，是。

子曰:“衣弊缊袍,与衣狐貉者立而不耻者,其由也与?衣,犹着也。弊,败也。缊,枲着也。狐貉,轻裘也。由,子路也。当时人尚奢华,皆以恶衣为耻,唯子路能果敢率素,虽服败麻枲着袍裘,与服狐貉轻裘者并立而不为羞耻,故云“其由也与”。

孔安国曰:“缊,枲着也。”枲,麻也。以碎麻着裘也。碎麻曰缊,故絮亦曰缊,玉藻曰“缊为袍”是也。颜延之曰:“狐貉缊袍,诚不足以荣耻。然自非勇于见义者,或以心战,不能素泰也〔一〕。”

‘不忮不求,何用不臧?’”孔子更引疾贪恶之诗证子路德美也。忮,害也。求,贪也。臧,善也。言子路之〔二〕人身不害,物不贪求。德行如此,何用不谓之为善乎?言其善也。

马融曰:“忮,害也。臧,善也。言不忮害,不贪求,何用为不善?疾贪恶忮害之诗也。”

子路终身诵之。子路得孔子美己才以为美,故终身长诵“不忮不求,何用不臧”之言也。子曰:“是道也,何足以为〔三〕臧?”孔子见子路诵之不止,故抑之也。言此“不忮不求”乃可是道,亦何足过为善,而汝诵之不止乎?言尚复有胜于此者也。颜延之曰:“惧其伐善也。”

马融曰:“臧,善也。尚复有美于是者,何足以为善也。”

子曰:“岁寒,然后知松柏之后彫〔四〕。”此欲明君子德性与小人异也,故以松柏匹于君子,众木偶乎小人矣。言君子小人若同居圣世,君子性本自善,小人服从教化,是君子小人并不为恶。故尧舜之民,比屋可封,如松柏

〔一〕“颜延之”至“素泰也”,斋本、库本放在解经文处,接于“故云其由也与”句下。其“荣耻”一词,斋本、库本作“策耻”,误。

〔二〕“之”下,斋本、库本有“为”字。

〔三〕“为”,斋本、库本无此字。正平版何解、邢疏、朱注亦无“为”字。

〔四〕“彫”,斋本、库本作“凋”,下同。经典释文云:“依字当作‘凋’。”“彫”是假借字。

与众木同处春夏。松柏有心,故木〔一〕蓊郁;众木从时,亦尽其茂美者也。若至无道之主,君子秉性无过〔二〕,故不为恶;而小人无复忌惮,即随世变改。故〔三〕桀纣之民,比屋可诛,譬如松柏众木同在秋冬,松柏不改柯易叶,众木枯零先尽。而此云"岁寒然后知松柏后彫"者,就如平叔之注意。若如平岁之寒,众木犹有不死,不足致别。如平世之小人,亦有修饰而不变者。唯大寒岁,则众木皆死;大乱,则小人悉恶,故云"岁寒"也。又云"然后知松柏后彫"者,"后"非俱时之目,"彫"非枯死之名。言大寒之后,松柏形小彫衰,而心性犹存。如君子之人,遭值积恶,外逼闇世,不得不逊迹随时,是小彫矣。而性犹不变,如松柏也。而琳公曰:"夫岁寒别木,遭困别士。寒丽〔四〕霜降,知松柏之后彫。谓异凡木也。遭乱世,小人自变,君子不改其操也。"

大寒之岁,众木皆死,然后知松柏小彫伤也。平岁,则众木亦有不死者,故须岁寒而后别之。喻凡人处治世,亦能自修整,与君子同;在浊世,然后知君子之正,不苟容也。

子曰:"智者不惑,此章谈人性分不同也。智以照了为用,故于事无疑惑也。故孙绰曰:"智能辨物,故不惑也。"

苞氏曰:"不惑乱也。"

仁者不忧,忧,患也。仁人常救济为务,不尝侵物,故不忧物之见侵患也。孙绰曰:"安于仁,不改其乐,无〔五〕忧也。"

孔安国曰:"无〔六〕忧患也。"内省不疚,故无忧患也。

勇者不惧。"勇以多力为用,故无怯惧于前敌也。缪协曰:"见义而不为〔七〕畏

〔一〕"木",斋本、库本作"本",恐误。
〔二〕"过",斋本、库本作"回"。
〔三〕"故",斋本、库本无此字。
〔四〕"丽",斋本、库本作"严",是。
〔五〕"无"上,斋本、库本有"故"字。
〔六〕"无",斋本、库本作"不"。正平版何解、邢疏作"无"。
〔七〕"不为",斋本、库本作"为不",是。

强御，故不惧也。”

子曰：“可与共学，未可与适道；此章明权道之难也。夫正道易行，权事难达，既欲明权，故先从正起也。道，谓所学之道也。言凡人乃可与同处师门共学而已。既未得彼性，则未可便与为友，共适所志之道也。

适，之也。虽学，或得异端，未必能之道也。异端，非正典也。人各自有性，彼或不能宁学正道，而唯能读史、子，故未可便与之共之于正道也。

可与适道，未可与立；立，谓谋议之立事也。亦人性各异，或能学问，而未必能建立世中正事者。故可与共适所学之道，而未便可与共立事也。

虽能之道，未必能以有所成立也。

可与立，未可与权。权者，反常而合于道者也。自非通变达理，则所不能。故虽可共立于正事，而未可便与之为权也。故王弼曰：“权者道之变，变无常体，神而明之，存乎其人，不可豫设，最〔一〕至难者也。”

虽能有所立，未必能权量其轻重之极也。能权量轻重，即是晓权也。张凭云：“此言学者渐进阶级之次耳。始志于学，求发其蒙，而未审所适也。既向道矣，而信道未笃，则所立未固也。又既固，又未达变通之权也。明知反而合道者，则日劝之业，亹亹之功，其几乎此矣〔二〕。”

‘唐棣之华，偏其反而。引明权之逸诗以证权也。康棣〔三〕，逸诗〔四〕也。华，花也。夫树木之花，皆先合而后开；唐棣之花，则先开而后合。譬如正道，则行之有次，而权之为用，先反后至于大顺，故云“偏其反而”也。言偏者，明唯其道偏与常反也。**岂不尔思？室是远而。’”**言凡思其人而不得见

〔一〕“最”，斋本、库本作“尤”。

〔二〕“张凭云”至“此矣”，斋本、库本放在解经文处，接于“最至难者也”句下。此段中的“向道”，斋本、库本作“向方”，观上下文，“道”是。

〔三〕“康”，误，堂本正误表以“唐”为正。

〔四〕“逸诗”，斋本、库本作“棣树”。

者,其居室辽远故也。人岂不思权?权道或[一]玄邈,如其室奥远故也。

逸诗也。唐棣,移也,华反而后合。赋此诗,以言权道反而后至[二]大顺也。初逆而后从也。**思其人而不得见者,其室远也。以言思权道[三]而不得见者,其道远也。**如前释。

子曰:"未之思也,夫何远之有哉?"又引孔子言证权可思也。言权道易思,但未有思之者耳;若反道而思之,则必可得,故云"夫何远之有"也。

夫思者当思其反。反是不思,所以为远也。能思其反,何远之有?言权可知,唯不知思耳。思之有次序,斯可知之耳。

论语乡党第十　　何晏集解　凡一章

疏乡党者,明孔子教训在于乡党之时也。所以次前者,既朝廷感希,故退还应于乡党也。故乡党次于子罕也。

孔子于乡党,此一篇至末,并记孔子平生德行也。于乡党,谓孔子还家教化于乡党中时也。天子郊内有乡党,郊外有遂鄙。孔子居鲁,鲁是诸侯,今云乡党,当知诸侯亦郊内为乡、郊外为遂也。孔子家当在鲁郊内,故云"于乡党"也。**恂恂如也,**恂恂,温恭貌。既还乡党,乡党宜须和恭以相接,故"恂恂如"也。**似不能言者。**既其温恭,则言语寡少,故一往观之,如"似不能言者"也。

王肃曰:"恂恂,温恭之貌也。"

〔一〕"或",斋本、库本无此字。
〔二〕"至"下,斋本、库本有"于"字。正平版何解无"于"字。邢疏有"于"字。
〔三〕"道",斋本、库本无此字。正平版何解、邢疏亦无"道"字。

其在宗庙朝廷，便便言，唯谨尔。谓孔子助君祭，在宗庙及朝廷也。既在君朝，应顺酬答。及入大庙，每事须问，并不得不言也。言须流㖞，故云"便便言"也。言虽流㖞，而必谨敬，故云"唯谨尔"也。

郑玄曰："便便，辨[一]貌也。虽辨而谨敬也。"

朝，与下大夫言，侃侃如也；侃侃，和乐貌也。下大夫贱，孔子与之言，宜用将接，故和乐如也[二]。

孔安国曰："侃侃，和乐之貌也。"

与上大夫言，訚訚如也。上大夫，卿也。訚訚，中正貌也。卿贵，不敢和乐接之，宜以谨正相对，故"訚訚如也"。

孔安国曰："訚訚，中正之貌也。"

君在，踧踖如也，君在，谓君出视朝时也。踧踖，恭敬貌也。礼：君[三]每日旦，诸臣列在路门外以朝君，君至日出而[四]视之。视之则一一揖卿大夫，而都一揖士。当此君视朝之时，则臣皆起恭敬之貌，故孔子"踧踖如也"。与与如也。虽须踧踖，又不得急速，所以形容举动每须"与与如也"。与与，犹徐徐也，所以恭而安也。

马融曰："君在者，君视朝也。踧踖，恭敬之貌也。与与，威仪中适貌也。"

君召使摈，摈者，为君接宾也。谓有宾来，君召己迎接之也。

郑玄曰："君召使摈者，有宾客使迎之也。"聘礼曰"卿为上摈，大夫为承摈，士为绍摈"是也。

〔一〕"辨"，当为"辩"，"辩"通"便"。邢疏作"便便，辩也"。"辨"上，斋本、库本有"言"字，衍。

〔二〕"宜用将接，故和乐如也"，斋本、库本作"宜用和乐相接，故侃侃如也"。

〔三〕"君"，斋本、库本无此字。

〔四〕"而"下，斋本、库本有"出"字。

色勃如也，既召已接摈[一]，故已宜变色起敬，故勃然如[二]也。

孔安国曰："必变色也。"

足躩如也。躩，盘辟貌也。既被召，不敢自容，故速行而足盘辟也。故江熙曰："不暇闲步。躩，速貌也。"

苞氏曰："盘辟之貌也。"盘辟即是[三]足转速也。

揖所与立，左右其手，衣前后，襜如也。此谓君出迎宾，已为君副，列摈时也。宾副曰命介，主人副曰摈副。且作敌[四]国而言，若公诣公法也，宾至主人大门外西边而向北，去门九十步而下车，面向北而倚。宾则九副在宾北而东向，逦迤而西北，在四十五步之中。主人出门东边，南向而倚。主人是公则五摈，主人是侯伯则四摈，主人是子男则三摈，不随命数。主人谦，故并用强半数也。公陈摈，在公之南而西向，逦迤而东南，亦在四十五步中。使主人下摈与宾下介相对，而中间相去三丈六尺。列宾主介摈既竟，主人语上摈，使就宾请辞，问所以来之意。于是上摈相传，以至于下摈；下摈进前揖宾之下介，而传语问之。下介传问，而以次上至宾。宾答语，使上介传以次而下至下介，下介亦进揖下摈，下摈传而上以至主人。凡相传，虽在列位，当授受言语之时，皆半转身戾手相揖。既并立而相揖，故曰"揖所与立"也。若揖左人，则移其手向左；若揖右人，则移其手向右，故云"左右其手"也。既半回身，左右回手，当使身上所着之衣，必襜襜如有容仪也。故江熙云："揖两手，衣裳襜如动也。"

郑玄曰："揖左人，左其手；揖右人，右其手。一俯一仰，故衣前后则襜如也。"

趋进，翼如也。谓摈迎宾进，在庭行时也。翼如，谓端正也。徐趋，衣裳端正，如鸟欲翔舒翼时也。

〔一〕"摈"，斋本、库本作"宾"。

〔二〕"如"，斋本、库本无此字。

〔三〕"是"，斋本、库本无此字。

〔四〕"敌"上，斋本、库本有"匹"字，衍。

孔安国曰："言端正也。"

宾退，必复命曰："宾不顾矣。"谓君使己送宾时也。复命，反命也。反命，谓初受君命以送宾，宾退，故反还君命，以白君道"宾已去"。云"不顾"者，旧云主人若礼送宾未足，则宾犹回顾；若礼足〔一〕送，则宾直去不复回顾。此明则送宾礼足，故云"不顾"也。

郑玄〔二〕曰："复命白君：'宾已去也。'"言反白君道："宾已去也。"然云"宾已去"，亦是不复来见顾也。

入公门，鞠躬如也，如不容。公，君也。谓孔子入君门时也。鞠，曲敛也。躬，身也。臣入君门，自曲敛身也。君门虽大，而己恒曲敛，如君门之狭，不见容受〔三〕为也。

孔安国曰："敛身也。"

立不中门，谓在君门倚立时也。中门，谓枨闑之中也。门中央有闑，闑以硋门两扉〔四〕之交处也。门左右两枨边各竖一木，名之为枨。枨以御车过，恐触门也。闑东是君行之道，闑西是宾行之道也。而臣行君道，示系属于君也。臣若倚门立时，则不得当君所行枨闑之中央，当中是不敬，故云"不中门"也。

行不履阈。履，践也。阈，限也。若出入时，则不得践君之门限也。所以然者，其义有二：一则忽上升限，似自高矜；二则人行跨限，己若履之则污限，污限则污跨者之衣也。

孔安国曰："阈，门限也。"

过位，色勃如也，足躩如也，谓臣入朝君时也。位，君常所在外之位也。谓在宁屏之门〔五〕揖宾之处也。即君虽不在此位，此位可尊，故臣行入，从

〔一〕"足"上，斋本、库本有"已"字。

〔二〕"郑玄"，斋本、库本作"孔安国"。下句"白"字，斋本、库本无。邢疏此语作"郑曰：复命白君，宾已去矣"。

〔三〕"受"，斋本、库本无此字。

〔四〕"扉"，斋本、库本作"扇"。

〔五〕"门"，斋本、库本作"间"。

君位边过[一]，而色勃然、足躩为敬也。

苞氏曰："过君之空位也。"如前释也[二]。

其言似不足者。既入过位，渐以近君，故言语细下，不得多言，如言不足之状也。不足，少若不能也。**摄齋[三]升堂，鞠躬如也。**至君堂也。摄，抠也。齋，衣[四]裳下缝也。既至君堂，当升之未升之前，而抠提裳前，使齋下去地一尺，故云"摄齋升堂"也。升堂将近君，故又自敛，鞠躬如也。必摄齋者，为妨履缀行故也。**屏气似不息者。**屏，叠除貌也。息，亦气也。已至君前，当叠除藏其气，如似无气息者也。不得咆哱枨君[五]也。

孔安国曰："皆重慎也。衣下曰齋。摄齋者，抠衣也。"

曲礼云"两手抠衣去齋尺"是也。

出，降一等，逞颜色，怡怡如也。降，下也。逞，申也。出降一等，谓见君已竟而下堂至阶第一级时也。初对君[六]既屏气，故出降一等而申气。气申则颜色亦申，故颜容怡悦也。

孔安国曰："先屏气，下阶舒气，故怡怡如也。"

没阶，趋进，翼如也。没，犹尽也。尽阶谓下阶[七]级尽至平地时也。既去君远，故又徐趋而翼如也。

孔安国曰："没，尽也。下尽阶也。"

复其位，踧踖如也。位，谓初入时所过君之空位也。今出至此位，而更踧踖为敬也。

孔安国曰："来时所过位也。"

〔一〕"从君位边过"，斋本、库本作"从位之边过"。
〔二〕"如前释也"，斋本、库本无此四字。
〔三〕"齋"，斋本、库本作"齊"，下同。"齋""齊"通假。
〔四〕"衣"，斋本、库本无此字，是。
〔五〕"咆哱枨君"，斋本、库本作"炰烋振君"。"枨"是。"咆""炰"通。
〔六〕"君"下，斋本、库本有"时"字。
〔七〕"阶"，斋本、库本作"诸"。

执圭，鞠躬如也，如不胜。谓为君出使聘问邻国时也。圭，瑞玉也。周礼：五等诸侯各受王者之玉以为瑞信，公桓圭九寸，侯信圭七寸，伯躬圭七寸，子谷璧五寸，男蒲璧五寸。五等若自执朝王，则各如其寸数。若使其臣出聘邻国，乃各执其君之玉，而减其君一寸也。今云执圭，鲁是侯，侯执信圭，则孔子所执，执君之信圭也。初在国及至他国，执圭皆为敬慎。圭虽轻而己执之恒如圭重，似己不能胜，故曲身如不胜也。

苞氏曰："为君使以聘问邻国，执持君之圭。鞠躬者，敬慎之至也。"

上如揖，谓欲授受圭时[一]容仪也。上如揖，谓就下取玉上授与人时也。俯身为敬，故如揖时也。**下如授。**谓奠玉置地时也。虽奠置地，亦徐徐俯偻，如授与之[二]时也。**勃如战色，**通谓执、受[三]、行及授时之颜色也。临阵斗战[四]，则色必惧怖，故今重君之玉，使己颜色恒如战时也。**足蹜蹜如有循也。**谓举玉行时容也。蹜蹜，犹蹴蹴也。循，犹缘循也。言举玉行时，不敢广步速进，恒如足前有所蹴，有所缘循也。

郑玄曰："上如揖，授玉宜敬也。下如授，不敢忘礼也。战色，敬也。足蹜蹜如有循，举前曳踵行也。"解蹜蹜有循之事也。举足前恒使不至地，而踵曳成[五]不离地，如车轮也。

享礼，有容色。享者，聘后之礼也。夫诸侯朝天子，及五等更相朝聘礼，初至皆先单执玉行礼，礼王谓之为朝，使臣礼主国之君，谓之为聘。聘，问也。政言久不相见，使臣来问于安否也。既是初至，其礼质敬，故无他物，唯有瑞玉，表至诚而已。行朝聘既竟，次行享礼。享者，献物也。亦各有玉，玉不与聘

〔一〕"欲"，斋本、库本作"初"。"时"，斋本、库本作"之"。
〔二〕"之"，斋本、库本作"人"。
〔三〕"受"，斋本、库本无此字。
〔四〕"斗战"，斋本、库本作"战斗"。
〔五〕"曳成"，斋本、库本作"或"。

玉同也。又皆有物将之，或用皮马，或用绵[一]绣。又献土地所生，罗列满庭，谓之庭实。其中差异，不复曲论。但既是次后行礼，以多为贵，则质敬之事犹稍轻。故有容貌采章及裼以行事，故云“有容色”也。

郑玄曰：“享，献也。聘礼既聘而享，享用圭璧，有庭实也。”亦有圭璧，所执不同聘时也。

私觌，愉愉如也。私，非公也。觌，见也。愉愉，颜色和也。谓行聘享，公礼已竟，别日使臣私赍己物以见于主君，故谓为私觌也。既私见非公，故容仪转以自若，故颜色容貌有和悦之色，无复勃战之容也。

郑玄曰：“觌，见也。既享，乃以私礼见。愉愉，颜色之和也。”私礼谓束帛弃[二]马之属也。

君子不以绀緅饰，君子有[三]，自士以上也。士以上衣服有法，不可杂色也。绀緅者，孔意言绀是玄色也，緅是浅绛色也。饰者，衣之领袖缘也。所以不用绀緅为衣领袖饰者，玄是斋服，若用绀为衣饰，是似衣斋服，故不用也。又三年之丧，练而受浅绛为缘也，若用緅为衣饰，是似衣丧服，故不敢用也。故云“君子不以绀緅饰”也。

孔安国曰：“一入曰緅，饰者不以为领袖缘也。绀者，斋服盛色，以为饰，似衣斋服也。緅者，三年练，以緅饰衣，为其似衣丧服，故皆不以饰衣也。”然案孔以绀为斋服盛色，或可言绀深于玄，为似斋服，故不用也。而礼家三年练，以縓为深衣领缘，不云用緅。且检孝工记[四]“三入为纁，五入为緅，七入为缁”，则緅非复浅绛明矣。故解者相承，皆云孔此注误也。

红紫不以为亵服。红紫，非正色也。亵服，私亵之服，非正衣也。亵尚

〔一〕“绵”，斋本、库本作“锦”。

〔二〕“弃”，斋本、库本作“乘”，是。

〔三〕“有”，斋本、库本作“者”，是。

〔四〕“孝”，误，堂本正误表以“考”为正。

不衣，则正服故宜不用也。所以言此者，为时多重红紫，弃正色，故孔子不衣之也，故后卷云"恶紫之夺朱"也。

王肃曰："亵服，私居非公会之服，皆不正。亵尚不衣，正服无所施也。"郑玄注论语〔一〕云："绀緅，紫玄之类也，红纁之类也。玄纁所以为祭服，尊〔二〕其类也。绀緅石染，不可为衣饰；红紫草染，不可为亵服而已。饰，谓纯缘也。"侃案：五方正色，青、赤、白、黑、黄。五方间色，绿为青之间，红为赤之间，碧为白之间，紫为黑之间，缁为黄之间也。故不用红紫，言是间色也。所以为间者，颖子严云：东方木，木色青，木克于土。土色黄，以青加黄，故为绿。绿为东方之间也。又南方火，火色赤，火克金。金色白，以赤加白，故为红。红为南方间也。又西方金，金色白，金克木。木色青，以白加青，故为碧。碧为西方间也。又北方水，水色黑，水克火。火色赤，以黑加赤，故为紫。紫为北方间也。又中央土，土色黄，土克水。水色黑，以黄加黑，故为缁黄。缁黄为中央间也。缁黄，黄黑之色也。又一注云：东，甲乙木。南，丙丁火。中央，戊己土。西，庚辛金。北，壬癸水。以木克土，戊以妹己嫁于木甲，是黄入于青，故为绿也。又火克金，庚以妹辛嫁于丙，是白入于赤，故为红也。又金克木，甲以妹乙嫁于庚，是青入于白，故为碧也。又水克火，丙以妹丁嫁于壬，是赤入于黑，故为紫也。又土克水，壬以妹癸嫁于戊，是黑入黄，故为缁黄者也〔三〕。

当暑，袗絺綌，必表而出。暑，热也。袗，单也。絺，细练葛也。綌，大练葛也。表，谓加上衣也。古人冬则衣裘，夏则衣葛也。若在家，则裘葛之上，亦无别加衣。若出行、接宾，皆加上衣。当暑虽热，絺綌可单，若出，不可单，则必加上衣。故云"必表而出"也。然裘上出亦必加衣，而独云"当暑絺綌"者，嫌暑热不加，故特明之也。然又衣里之裘，必随上衣之色，使衣裘相称。则葛

〔一〕"论语"，斋本、库本无此二字。

〔二〕"尊"，斋本、库本作"等"。下句"石染"，斋本、库本作"木染"。"石染"是。

〔三〕"郑玄注"至"者也"，斋本、库本放在解经文处，接于"故后卷云恶紫之夺朱也"句下。

之为衣,亦未必随上服之色也。

孔安国曰:"当〔一〕暑则单服。絺綌,葛也。必表而出,加上衣也。"

缁衣,羔裘;裘色既随衣,故此仍明裘上之衣也。缁染黑七入者也,玄则六入色也。羔者,乌羊也。裘与上衣相称,则缁衣之内,故曰羔裘也。缁衣服者,玄冠十五升缁布,衣素积裳也。素积者,用素为之襞,积摄之无数,故云素积也。此是诸侯日视朝服也。诸侯视朝与群臣同服,孔子是鲁臣,故亦服此服以日朝君也。**素衣,麑裘;**素衣,谓衣裳并用素也。麑,鹿子也。鹿子色近白,与素微相称也。谓国有凶荒,君素服则群臣从之。故孔子鲁臣,亦服之也,丧服则大鹿为裘也,故檀弓云"鹿裘横长袪"是也。此凶荒之服既轻,故裳〔二〕用鹿子。鹿子文胜于大鹿也。或云:"大蜡祭百物之神,皮弁素服也。"故郑玄注郊特牲云:"皮弁素服而祭,以送终也。"注云:"素服者,衣裳皆素也。"**黄衣,狐裘。**此服谓蜡祭宗庙五祀也。岁终大蜡报功,象物色黄落,故着黄衣黄冠也。而狐貉亦黄,故特为裘以相称也。孔子为臣助蜡祭,亦随君着黄衣也。故礼运云"昔者仲尼预于蜡宾"是也。郑玄注郊特牲云:"'黄衣黄冠而祭'注云:'祭,谓既蜡,而〔三〕腊先祖五祀也。'"又云:"论语云:'黄衣,狐裘。'"案:郑以论语"黄衣"是〔四〕郊特牲蜡腊祭庙服也。**亵裘长,短右袂。**亵裘,谓家中常着裘也。上无加衣,故不云衣也。家居主温暖,故长为之〔五〕也。而右臂是有事之用,故短为右袂,使作事便也。袂,谓衣裷〔六〕属身者也。手〔七〕间属袂者则名袪,亦曰袖也。

〔一〕"当",斋本、库本无此字。正平版何解、邢疏亦无"当"字。

〔二〕"裳",误,堂本正误表以"裘"为正。

〔三〕"而",斋本、库本无此字。十三经注疏本礼记郊特牲亦无"而"字。

〔四〕"是"上,斋本、库本有"即"字。

〔五〕"之",斋本、库本作"衣"。

〔六〕"裷",库本作"袂",斋本空缺。

〔七〕"手"上,斋本、库本有"若"字。

孔安国曰:“服皆中外之色相称也〔一〕。私家裘长,主温也。短右袂者,便作事也。”

必有寝衣,长一身有半。寝衣,谓被也。被〔二〕宜长,故长一身有半也。

孔安国曰:“今之被也。”

狐貉之厚以居。此谓在家接宾客之裘也。家居主温,故厚为之也。既接宾客,则其上亦应有衣也。

郑玄曰:“在家以接宾客也。”然前亵裘亦应是狐貉之厚也。

去丧,无所不佩。去丧,谓三年丧毕,丧服已除也。无所不佩,谓佩已今吉,所宜得佩者悉佩之也。嫌既经丧亲,恐除服后犹宜有异,故特明之也。

孔安国曰:“去,除也。非丧则备佩所宜佩也。”备佩所宜佩者,若为大夫而玄冕、公侯衮鷩之属,及佩玉佩之饰也。

非帷裳,必杀之。帷裳,谓帷幔之属也。杀,谓缝之也。若非帷幔裳,则必缝杀之,以杀缝之面置里,不杀之面在外,而帷裳但刺连之。如今服帊不有里外,杀缝之异也。所以然者,帷幔内外并为人所见,必须饰,故刺连之而已也。所以丧服云:“凡裳内削幅,裳外不削幅。”郑注云:“削,犹杀也。”而郑〔三〕此云,帷裳谓朝祭之服,其制正幅如帷也。非者,谓余衣也。杀之者,削其幅,使缝齎倍〔四〕腰也。

王肃曰:“衣必有杀缝,唯帷裳无杀也。”

羔裘玄冠不以吊。吊,吊丧也。丧凶主素,故羔玄不用吊也。

孔安国曰:“丧主素,吉主玄。吉凶异服,故不相吊也。”

〔一〕该句,斋本、库本接于经文“黄衣狐裘”下;下句“私家”至“事也”,斋本、库本接于经文“亵裘长短右袂”下,句上有“孔安国曰”四字。

〔二〕“被”,斋本、库本无此字。

〔三〕“郑”下,斋本、库本有“注”字。

〔四〕“倍”,斋本、库本作“陪”。“倍”为“陪”的古字。

吉月，必朝服而朝。吉月者，月朔也。朝服者，凡言朝服，唯是玄冠缁布衣素积裳。今此言朝服，谓皮弁十五升白布衣素积裳也。所以亦谓为朝服者，天子用之以日视朝，今云朝服，是从天子受名也。诸侯用之以视朔〔一〕，孔子鲁臣，亦得与君同服，故月朔必服之也。然鲁自文公不视朔，故子贡欲去告朔之饩羊。而孔子是哀公之臣，应无随君视朔之事。而云必服之者，当是君虽不见〔二〕朔，而孔子月朔必服而以朝，是"我受〔三〕其礼"也。

孔安国曰："吉月，月朔也。朝服，皮弁服也。"皮弁，以鹿皮为弁，弁形如今祭酒道士扶容冠，而无边叶也。身着十五升白布衣素积裳，而头着皮弁也。天子皮弁服内则着素锦衣、狐白裘，诸侯皮弁服内着狐黄裘、黄锦衣也。卿大夫不得衣锦，而皮弁服内当着麑〔四〕裘青豻褎，绞衣以裼之者也。

斋〔五〕，必有明衣，布也。谓斋浴时所着之衣也。浴竟身未燥，未堪着好衣，又不可露肉，故用布为衣，如衫而长身也，着之以待身燥，故玉藻云"君衣布晞身"是也。

孔安国曰："以布为沐浴之衣也。"然浴时乃用布，使〔六〕乎待肉燥。江熙曰："沐者当是沐浴时，亦衣此服，置〔七〕上以辟身湿也。"

斋必变食，方应接神，欲自洁净，故变其常食也。

孔安国曰："改常食也。"

居必迁坐。亦不坐恒居之座〔八〕也。故于祭前先散斋于路寝门外七月，又致斋于路寝中三日也。故范宁曰："斋以敬洁为主，以期神明之享，故改常之

〔一〕"朔"及下文"随君视朔"之"朔"，斋本、库本作"朝"。

〔二〕"见"，斋本、库本作"视"，是。

〔三〕"受"，斋本、库本作"爱"，是。

〔四〕"麑"，斋本、库本作"麛"。"麑"为"麛"的借字。

〔五〕"斋"，斋本、库本作"齐"，下同。"齐"为"斋"的借字。

〔六〕"使"，斋本、库本作"便"，义胜。下句"江熙曰"，斋本、库本作"江长云"，恐误。

〔七〕"置"下，斋本、库本有"衣"字。

〔八〕"座"，斋本、库本作"坐"。"坐"同"座"。下句"月"字，斋本、库本作"日"，是。

食，迁居斋室者也。”

孔安国曰：“易常处也。”

食不厌精，此兼明平常礼也。食若粗，则误人生病〔一〕，故调和不厌精洁也。**脍不厌细。**细切鱼及肉，皆曰脍也。既腥食之，故不厌细也。**食饐而餲，**饐，谓饮食经久而腐臭〔二〕也。餲，谓经久而味恶也，如干鱼干肉久而味恶也。

孔安国曰：“饐餲，臭味变也。”饐，臭变也。餲，味变也。尔雅曰：“食饐谓之餲。”李充注曰：“皆饮食坏败之名也〔三〕。”

鱼馁而肉败，不食。馁，谓肉〔四〕臭坏也。鱼败而馁馁然也。尔雅云：“肉谓之败，鱼谓之馁。”李巡曰：“肉败久则臭，鱼脮〔五〕肉烂也。”不食者，自食饐而餲以下，并不可食也。

孔安国曰：“鱼败曰馁也。”

色恶，不食。食失常色，是为色恶。色恶则不可食也。**臭恶，不食。**臭恶，谓馔臭不宜食，故不食也。**失饪，不食。**饪〔六〕，谓失生熟节也。煮食或未熟，或已过熟，并不食也。

孔安国曰：“失饪，失生熟之节也。”

不时，不食。不时，非朝夕日中时也。非其时则不宜食，故不食也。江熙曰：“不时，谓生非其时，若冬梅李实也。”

郑玄曰：“不时，非朝夕日中时也。”

〔一〕“病”，斋本、库本作“疾”。

〔二〕“臭”，斋本、库本作“臰”，下同。“臰”为“臭”的俗字。

〔三〕“尔雅曰”至“名也”，斋本、库本放在解经文处，接于“如干鱼干肉久而味恶也”句下。

〔四〕“肉”，斋本、库本作“鱼”，是。

〔五〕“脮”，斋本、库本作“馁”。“脮”“馁”通。

〔六〕“饪”上，斋本、库本有“失”字，是。

割不正，不食。一云〔一〕："古人割肉必方正，若不方正割之，则不食也。"江熙曰："杀不以道为不正也。"**不得其酱，不食。**食味各有所宜，羸〔二〕醢菰食，鱼脍芥酱并相宜也。故若食不得所宜酱，则不食也。

> **马融曰："鱼脍非芥酱不食也。"**古者酱荠〔三〕菹三者通名也。芥酱，即芥荠也。

肉虽多，不使胜食气。胜犹多也。食谓他馔也。食气多而肉少，则肉美。若肉多他食少，则肉不美。故不使肉胜食气也。亦因杀止多杀也。**唯酒无量，不及乱。**一云〔四〕："酒虽多无有限量，而人宜随己能而饮，不得及至于醉乱。"一云："不格人为量，而随人所能，而莫乱也。"**沽酒市脯，不食。**酒不自作则未必清净，脯不自作则不知何物之肉，故沽市所得，并所不食也。或问曰："沽酒不饮，则诗那云'无酒沽我'乎？"答曰："论所明是祭神不用，诗所明是人得用也。"**不撤姜食，**撤，除也。斋禁薰物，姜辛而不薰，嫌亦禁之，故明食时不除姜也。

> **孔安国曰："撤者，去也。斋禁薰物，姜辛不臭〔五〕，故不去也。"**

不多食。多则伤廉，故不多也。

> **孔安国曰："不过饱也。"**江熙曰："少所啖也〔六〕。"

祭于公，不宿肉。祭于公，谓孔子仕时助君祭也。助祭必得赐俎，得赐俎，还即分赋食之，不得留置经宿，经宿是慢鬼神余也。

〔一〕"一云"，斋本、库本无此二字。下句"则不食也"之"则"，斋本、库本作"故"。

〔二〕"羸"，斋本、库本作"嬴"。"羸"通"嬴"。"菰"，斋本、库本作"菰"，误。

〔三〕"荠"，斋本、库本作"齐"。"荠"、"齐"通"齑"，"齑"是正字，指用酱拌和切碎的菜和肉，泛指酱菜和腌菜。

〔四〕"一云"，斋本、库本无此二字。

〔五〕"姜辛不臭"，斋本、库本作"姜辛而不薰"。堂本是。

〔六〕"江熙曰"至"啖也"，斋本、库本放在解经文处，接于"故不多也"句下。

周生烈曰:"助祭于君所得牲体,归则以班赐,不留神惠也。"谓之牲体[一],随臣贵贱,以牲骨体为俎赐之。祭统云"贵者得贵骨,贱者得贱骨"是也。

祭肉不出三日,出三日,不食之矣。谓家自祭也。自祭肉多,故许经宿,但不得出三日,出三日是亵慢鬼神之余,故人[二]不得后食之也。

郑玄曰:"自其家祭肉也。过三日不食也,是亵鬼神之余也。"

食不语,寝不言。言是宜出己,语是答述也。食须加益,故许言而不许语。语则口可惜,亦不敬也。寝是眠卧,眠卧须静,若言则惊闹于人,故不言之也。(寝,子鸩切[三]。)虽疏[四]食菜羹苽祭,必斋如也。蔬食,粗食也。菜羹苽祭,谓用粗食菜羹及苽,持此三物供祭也。三物虽薄,而必宜尽斋敬之理,鬼神飨德不飨味故也。

孔安国曰:"斋,严敬之貌也。三物虽薄,祭之必敬也。"

席不正,不坐。旧说云:"铺之不周正则不坐之也。"故范宁曰:"正席,所以恭敬也。"或云:"如礼所言,诸侯之席三重,大夫再重,是各有其正也。"乡人饮酒,杖者出,斯出矣。乡人饮酒,谓乡饮酒之礼也。杖者,老人也。礼:"五十杖于家,六十杖于乡。"故呼老人为杖者也。乡人饮酒者贵齿[五]崇年,故出入以老者为节也。若饮酒礼毕,杖者先出,则同饮之人乃从之而出,故云"杖者出,斯出矣"也。

孔安国曰:"杖者,老人也。乡人饮酒之礼主于老者,

〔一〕"谓之",斋本、库本无此二字,"牲体"下有"谓"字。
〔二〕"人"下,斋本、库本有"亦"字。
〔三〕"寝子鸩切",斋本、库本无此四字。
〔四〕"疏",斋本、库本作"蔬"。"疏"是。"疏食",粗粝的食物。
〔五〕"齿",斋本、库本作"龄"。下句"老者",斋本、库本作"老人者","人"字衍。

老者礼毕出，孔子从而后出也。”

乡人傩，傩者，逐疫鬼也。为阴阳之气不即时退，厉〔一〕鬼随而为人作祸，故天子使方相氏黄金四目，蒙熊皮，执戈扬楯，玄衣未〔二〕裳，口作傩傩之声，以驱疫鬼也。一年三过为之，三月、八月、十二月也。故月令季春云：“命国傩。”郑玄曰：“此傩，傩阴气也。阴气〔三〕至此不止，害将及人，厉鬼随之而出行。”至仲秋又云：“天子乃傩。”郑玄曰：“此傩，傩阳气也。阳暑至此不衰，害亦将及人，厉鬼亦随人〔四〕而出行。”至季冬又云：“命有司大傩。”郑玄〔五〕曰：“此傩，傩阴气也。至此不止，害将及人〔六〕，厉鬼将随强阴出害人也。”侃案：三傩，二是傩阴，一是傩阳。阴阳乃异，俱是天子所命。春是一年之始，弥畏灾害，故命国民家家悉傩。八月傩阳，阳是君法，臣民不可傩君，故称天子乃傩也。十二月傩虽是阴，既非一年之急，故民亦不得同傩也。今云“乡人傩”，是三月也。

朝服而立于阼阶。阼阶，东阶，主人之阶也。孔子闻乡人逐鬼，恐见惊动宗庙，故着朝服而立〔七〕阼阶以侍先祖，为孝之心也。朝服者，玄冠缁布衣素积裳，是卿大夫自祭之服〔八〕也。礼：唯孤卿爵弁自祭。若卿大夫以下，悉玄冠以自斋祭。斋祭不异冠服也。

孔安国曰：“傩，驱逐疫鬼也。恐惊先祖，故朝服立于庙之阼阶也。”

问人于他邦，再拜而送之。问者，谓更相聘问也。他邦，谓邻国之君也。谓孔子与邻国交游而遣使往彼聘问时也。既敬彼君，故遣使〔九〕者去，则

〔一〕“厉”，斋本、库本作“疫”。

〔二〕“未”，斋本、库本作“朱”，是。

〔三〕“气”，斋本、库本作“寒”。

〔四〕“人”，斋本、库本作“之”。

〔五〕“玄”，斋本、库本无此字。

〔六〕“至此不止害将及人”，斋本、库本无此八字。

〔七〕“立”下，斋本、库本有“于”字。下文“孔安国曰”中的“立于庙”，斋本、库本无“于”字。

〔八〕“自祭之服”，斋本、库本作“之祭服”。

〔九〕“使”，斋本、库本作“使使”，衍一“使”字。

再拜送之也。为人臣礼乃无外交，而孔子圣人，应聘东西无疑也。

孔安国曰："拜送使者敬之也。"

康子馈药，拜而受之。馈，饷也。鲁季康子饷孔子药也。孔子得彼饷而拜受，是礼也。

苞氏曰："遗孔子药也。"

曰："丘未达，不敢尝之。"达，犹晓解也。孔子虽拜受而不遂饮，故称名曰：丘未晓此药治何病，故不敢饮尝之也。

孔安国曰："未知其故，故不尝，礼也。"

厩焚，厩，养马处也。焚，烧也。孔子家养马处被烧也。子退朝，孔子早上朝，朝竟而退还家也。少仪云"朝廷曰退"也。曰："伤人乎？"不问马。从朝还退，见厩遭火。厩是养马处。而孔子不问伤马，唯问人之乎〔一〕，是重人贱马，故云"不问马"也。王弼曰："孔子时为鲁司寇，自公朝退而之火处〔二〕。不问马者，矫时重马者也。"

郑玄曰："重人贱畜也。退朝者，自鲁之君〔三〕之朝来归也。"

君赐食，必正席先尝之。席，犹坐也。君赐孔子食，孔子虽不嗜食，必正坐先尝之，敬君之惠也。

孔安国曰："敬君之惠也。既尝之，乃以班赐之也。"

君赐腥，必孰而荐之。谓君赐孔子腥肉也。荐，荐宗庙也。孔子受之，煮熟而荐宗庙，重荣君赐也。赐熟食不荐者，熟为亵也。

孔安国曰："荐，荐先〔四〕祖也。"

〔一〕"人之乎"，斋本、库本作"伤人乎"。

〔二〕"处"，斋本、库本作"所"。

〔三〕"之君"，斋本、库本无此二字。正平版何解作"退朝，自鲁君之朝来归"。邢疏作"退朝，自君之朝来归"。

〔四〕"先"上，斋本、库本有"其"字。正平版何解亦有"其"字。邢疏此语作"孔曰：荐其先祖"。

君赐生，必畜之。生，谓活物也。得所赐活物，当养畜之，待至祭祀时充牲用也。**侍食于君，**谓孔子侍君共食时也。**君祭，先饭。**祭，谓祭食之物[一]也。夫礼，食必先取食，种种出片子置俎豆边地，名为祭。祭者，报昔初造此食者也。君子得惠不忘报，故将食而先出报也。当君政祭食之时，而臣先取饭食之，故云"先饭"。饭，食也。所以然者，示为君先尝食，先知调和之是非也。

郑玄曰："于君祭，则先饭矣，若为君[二]先尝食然也。"

疾，君视之，疾，谓孔子疾病时也。孔子病而鲁君来视之也。此君，是哀公也。**东首，**病者欲生，东是生阳之气，故眠首[三]东也。故玉藻云"君子之居，恒当户；寝，恒东首"者是也。**加朝服，拖绅。**加，覆也。朝服，谓健时从君日视朝之服也。拖，犹牵也。绅，大带也。孔子既病，不能复着之[四]，而见君不宜私服，故加朝服覆于体上，而牵引大带于心下至足[五]，如健时着衣之为也。

苞氏曰："夫子疾，处南牖之下，病本当户在北壁下，东首。君既来，而[六]不宜北面，故移处南窗[七]之下，令君入户而西转面得南向也。故栾肇曰："南窗下，欲令南面视之也。"**东首，加其朝服，拖绅。绅，大带。不敢不衣朝服见君也。"**

君命召，不俟驾行矣。谓君有命召见孔子时也。君尊命重，故得召不俟驾车，而即徒趋以往也。故玉藻曰"君命召以三节：一节以趋，二节以走。

〔一〕"物"，斋本、库本作"先"。

〔二〕"君"，斋本、库本无此字。正平版何解亦无"君"字。邢疏有"君"字。陆德明经典释文曰："'若为尝食然'，一本作'若为君尝食然'。"

〔三〕"首"上，斋本、库本有"头"字，衍。下句"恒当户"，斋本、库本"当"下有"于"字。

〔四〕"着之"，斋本、库本作"著衣"。

〔五〕"足"，斋本、库本作"是"，误。

〔六〕"而"下，斋本、库本有"君"字。

〔七〕"窗"，斋本作"窗"，库本作"牕"。三字异体。下句"栾肇曰南窗下"，斋本、库本作"栾肇云南牖下"。"窗""牖"义同。

在官[一]不俟屦,在家不俟车"是也。

郑玄曰:"急趋君命也。行出而车既驾从之也[二]。"大夫不可徒行,故后人驾车而随之,使乘之也。

入大庙,每事问。或云:"此句烦重。"旧通云:"前是记孔子对或人之时,此是录平生常行之事,故两出也。"

郑玄曰:"为君助祭也。大庙,周公庙也。"

朋友死,无所归,曰:"于我殡。"殡,谓停丧于寝,以待葬也。时孔子有朋友既[三]在孔子之家死,而此朋友无亲情来奔丧者,故云"无所归"也。既未有所归,故曰"于我家[四]殡"也。

孔安国曰:"重朋友之恩也。无所归,无亲昵也。"

朋友之馈,虽车马,非祭肉,不拜。谓朋友有物见饷也。车马,家财之大者也。朋友有通财之义,故虽复见饷车马,而我不拜谢也。所可拜者,若朋友见饷其家之祭肉,虽小亦拜受之,敬祭[五]也。故云"虽车马,非祭肉,不拜"也。

孔安国曰:"不拜,有通财之义也。"

寝不尸,寝,眠也。尸,谓死尸也。眠当小欹,不得直脚申布似死人也[六]。

苞氏曰:"不偃卧四体布展手足似死人也。"偃,却[七]眠也。展,舒也。曲礼云"寝无伏",此云"不偃卧四体展舒手足似死人",则不得覆却,唯当欹而小屈也。

〔一〕"官",斋本、库本作"宫"。十三经注疏本礼记玉藻作"在官不俟屦,在外不俟车"。

〔二〕"行出而车既驾从之也",斋本、库本作"出行而车既驾随之"。正平版何解作"行出而车既驾从也"。邢疏作"行出而车驾随之"。

〔三〕"既",斋本、库本无此字。

〔四〕"家",斋本、库本无此字。

〔五〕"祭"下,斋本、库本有"故"字。

〔六〕"似死人也",斋本、库本作"似于死人者也"。

〔七〕"却",斋本、库本此字空缺。

居不容。谓家中常居也。家主和怡，燕居貌〔一〕温温，故不为容自处也。

孔安国曰："为家室〔二〕之敬难久也。"

子见齐衰者，虽狎，必变。狎，谓素相亲狎也。衰〔三〕有丧，故必变。必变，谓必作必趋也。

孔安国曰："狎，素相亲狎也。"

见冕者与瞽者，虽亵，必以貌。亵，谓无亲而卑数者也。尊在位，恤不成人，故"必以貌"。以貌变色对之也。变重貌轻，亲狎重，故言变；卑亵轻，故以貌也。

周生烈曰："亵，谓数相见也。必当以貌礼也。"然前篇必作必趋，谓见疏者也〔四〕。

凶服者，必〔五〕式之。凶服，送死人之衣物也。孔子见他人送死之衣物，必为敬而式之也。式者，古人乘露车〔六〕，如今龙旂车，皆于车中倚立。倚立难久，故于车箱上安一横木，以手隐凭之，谓之为较，诗曰"倚重较兮"是也。又于较之下未至车床半许，安一横木，名为式〔七〕。若在车上应为敬时，则落手凭轼。凭轼则身俯偻，故云"式之"。式，轼也。式负板〔八〕者。负，谓担揭也。板，谓邦国图籍也。古未有纸，凡所书画皆于板，故云"板"也。孔子见人担揭国之图板者，皆式敬之也。

孔安国曰："凶服者，送死之衣物。此释式凶服也。负板

〔一〕"貌"，斋本、库本作"先"，误。

〔二〕"家室"，斋本、库本作"室家"。正平版何解作"家室"。邢疏作"室家"。

〔三〕"衰"，斋本、库本作"哀"，是。

〔四〕"然前篇"至"疏者也"，斋本、库本放在解经文处，接于"故以貌也"句下。

〔五〕"必"，斋本、库本无此字。正平版何解、邢疏、朱注、马国翰辑古论语无"必"字。

〔六〕"露车"，斋本、库本作"路车"。"露车"是，无帷盖的车子。"路车"同"辂车"，多指帝王所乘之车。

〔七〕"式"，斋本、库本作"轼"。

〔八〕"板"，斋本、库本作"版"，下同。

者,持邦国之图籍者也。”郑司农注宗伯[一]职云:“板,名籍也。以板为之,今时乡户籍,谓之户板。”郑康成注内宰云:“版,谓宫中阍寺之属及其子第[二]录籍也。图,王及后世子之宫,宫中史官形象[三]也。”

有盛馔,必变色而作。作,起也。孔子见主人食馔有盛平常,故变色而起也。所以然者,主人自亲馈,故客起敬也。

孔安国曰:“作,起也。敬主人之亲馈也。”亲馈,谓主人自执食设之也。

迅雷风烈必变。迅,疾也。风雨[四]雷疾急名为烈也。风疾而雷,此是阴阳气激为天之怒,故孔子必[五]自整变颜容以敬之也。故玉藻云“若有疾风迅雷甚雨,则必变。虽夜必兴,衣服冠而坐”是也。

郑玄曰:“敬天之怒,风疾雷为烈也。”

升车,必正立,执绥。谓孔子升车礼也。绥,牵以上车之绳也。若升车时,则正立而执绥以上,所以为安也。

周生烈曰:“必[六]正立执绥,所以为安也。”

车中不内顾,内,犹后也。顾,回头也。升在车上,不回头后顾也。所以然者,后人从己,有[七]不能常正,若转顾见之,则不掩人之私不备[八],非大德之所为,故不为也。卫[九]瓘曰:“不掩人之不备也。”

〔一〕“宗”,斋本、库本作“宫”。
〔二〕“第”,斋本、库本作“弟”,是。
〔三〕“宫宫中史官形象”,斋本、库本作“宫中吏官府之形象”。十三经注疏本周礼“内宰”郑注作“图,王及后世子之宫中吏官府之形象也”。
〔四〕“雨”,斋本、库本作“而”。
〔五〕“必”,斋本、库本无此字。下句“若有”,斋本、库本无“有”字。十三经注疏本礼记玉藻有“有”字。
〔六〕“必”,斋本、库本无此字。正平版何解、邢疏有“必”字。
〔七〕“有”,斋本、库本无此字。
〔八〕“则不掩人之私不备”,斋本、库本作“则掩人私不备”。
〔九〕“卫”上,斋本、库本有“故”字。

苞氏曰："舆中不内顾者，前视不过衡枙也，车床名舆，故云"舆中"也。衡枙，辕端也。若前视不得远，故曲礼云："立视五巂。"五巂，九丈九尺地也。"式视马尾。"马尾，近在车床栏间也。并是不过衡枙之类也。**傍〔一〕视不过輢毂也。"**旁，谓两边也。輢，竖在车箱两边，三分居前之一承较者也。毂在箱外，当人两边，故云"旁视不过輢毂也"。

不疾言，疾，高急也。在车上言易高，故不疾言，为惊〔二〕人也。故缪协曰："车行则言伤疾也。"**不亲指。**车上既高，亦不得乎〔三〕有所亲指点，为惑下人也。**色斯举矣，**谓孔子在处睹〔四〕人颜色而举动也。

马融曰："见颜色不善则去之也。"缪协曰："自亲指以上，乡党恂恂之礼，应事适用之迹详矣。有其礼而无其时，盖天运之极也。将有远感高兴，故'色斯举矣〔五〕'。"

翔而后集。谓孔子所至之处也，必回翔审观之后乃下集也。

周生烈曰："回翔审观而后下止也。"

曰："山梁雌雉，时哉时哉！"此记者记孔子因所见而有叹也。山〔六〕梁者，以木架水上，可践渡水之处也。孔子从山梁间见有此雌雉也〔七〕。时哉者，言雉逍遥得时〔八〕也。所以有叹者，言人遭乱世，翔集不得其所，是失时矣。而不如梁〔九〕间之雉，十步一啄，百步一饮，是得其时，故叹之也。独云"雌"者，

〔一〕"傍"，斋本、库本作"旁"。正平版何解、邢疏作"傍"。"傍""旁"义同。

〔二〕"惊"下，斋本、库本有"于"字。

〔三〕"乎"，斋本、库本作"手"，是。

〔四〕"睹"，斋本、库本作"观"。

〔五〕"缪协曰"至"举矣"，斋本、库本放在解经文处，接于"谓孔子在处睹人颜色而举动也"句下。语中"恂恂之礼"，斋本、库本作"拘拘之礼"。

〔六〕"山"，斋本、库本无此字。

〔七〕"孔子从山梁间见有此雌雉也"，斋本、库本作"孔子从山梁间过，见山梁间有此雌雉也"。

〔八〕"时"下，斋本、库本有"所"字，衍。

〔九〕"梁"上，斋本、库本有"山"字。

因所见而言矣。**子路供之，**子路不达孔子“时哉时哉”之叹，而谓叹雌雉是时月之味，故驰逐駈[一]拍，遂得雌雉，煮熟而进以供养孔子，故曰“子路供之”也。**三嗅而作。**臭[二]，谓歆翕其气也。作，起也。子路不达孔子意，而供此熟雉，乖孔子本心。孔子若直尔不食者，则恐子路生怨；若遂而食之，则又乖我本心，故先三歆[三]气而后乃起，亦如得食不食之间也。

言山梁雌雉得其时，而人不得时，故叹之。子路虽[四]以其时物，故供具之。非其本意，不苟食，故三嗅而起也。顾欢曰：“夫栖迟一丘，雉之[五]适也。不以刚武伤性，雉之德也。故于翔集之下，继以斯叹。而仲由之献，偶与叹谐[六]。若即飧之，则事与情反；若弃而弗御，则似由之[七]有失，故三嗅而起，则心事双合。”虞氏赞曰：“‘色斯举矣，翔而后集’，此以人事喻于雉也。雉之为物，精儆难狎。譬人在乱世，去危就安，当如雉也。曰‘山梁雌雉时哉’，以此解上义也。时者，是也。供，犹设也。言子路见雉在山梁，因设食物以张之。雉性明儆，知其非常。‘三嗅而作’者，不[八]食其供也。正[九]言‘雌’者，记子路所见也。”

论语义疏第五　经一千四百六十二字　注二千二百九十七字

〔一〕“駈”，斋本、库本作“驱”。“駈”同“驱”。
〔二〕“臭”，斋本、库本作“嗅”。下句“谓”下，斋本、库本有“鼻”字。
〔三〕“歆”，斋本、库本作“嗅”。
〔四〕“虽”，斋本、库本无此字，是。正平版何解、邢疏亦无“虽”字。
〔五〕“之”下，斋本、库本有“道”字，疑衍。下句“雉之德”之“雉”，斋本、库本作“雌”。
〔六〕“谐”上，斋本、库本有“不”字。
〔七〕“之”，斋本、库本作“也”。
〔八〕“不”上，斋本、库本有“去”字，疑衍。
〔九〕“正”，斋本、库本作“止”。

论语义疏卷第六先进 颜渊

梁国子助教吴郡皇侃撰

论语先进第十一　　何晏集解　凡二十三章

疏先进者，此篇明弟子进受业者先后也。所以次前者，既还教乡党，则进受业者宜有先后，故先进次乡党也。

子曰："先进于礼乐，野人也；后进于礼乐，君子也。此孔子将欲还淳反素，重古贱今，故[一]礼乐有君子野人之异也。先进、后进者，谓先后辈人也。先辈谓五帝以上也，后辈谓三王以还也。进于礼乐者，谓其时辈人进行于礼乐者也。野人，质朴之称也。君子，会时之目也。孔子言：以今人文观古，古质而今文。文则能随时之中，此故为当世之人[二]君子也。质则朴素而违俗，此故为当世之人野人也[三]。

先进、后进，谓士先后辈也。礼乐因世损益，时淳则礼乐损，时浇则礼乐益。若以益观损，损则为野人。若以损行益，益则为君

〔一〕"故"下，斋本、库本有"称"字。

〔二〕"人"，斋本、库本无此字。

〔三〕"此故为当世之人野人也"，斋本、库本作"是故为当世之野人也"。

子也。**后进与礼乐俱得时之中，斯君子矣。**此谓以益行益，俱得时中，故谓为君子也。**先进有古风，斯野人也。**以今观昔时〔一〕，则有古风。以古比今，故为野人也。

如用之，则吾从先进。"如犹若也。若比方先后二时而用为教，则我从先进者也。所以然者，古为纯素，故可从式也。

苞氏曰："将移风易俗，归之纯素，先进犹近古风，故从之。"先进比三王乃为古，比结绳则为今，故云近古也。

子曰："从我于陈、蔡者，皆不及门者也。"孔子言时世乱离，非唯我道不行，只我门徒经〔二〕从我在陈、蔡者，亦失于时，不复及仕进门也。张凭云："道之不行，命也。唯圣人安时而处从，故不期于通塞。然从我于陈、蔡者，何能不以穷达为心耶？故感于天地将闭，君子道消，而恨二三子不及开泰之门也。"

郑玄曰："言弟子之从我而厄于陈、蔡者，皆不及仕进之门而失其所也。"

德行：颜渊、闵子骞、冉伯牛、仲弓。此章初无"子曰"者，是记者所书，并从孔子印可而录在论之中也。孔子门徒三千，而唯有此以下十人名为四科。四科者，德行也，言语也，政事也，文学也。德行为人生之本，故为第一以冠初也。而颜、闵及二冉合其名矣。王弼云："此四科者，各举其才长也。颜渊德行之俊，尤兼之矣。"范宁云："德行，谓百行之美也。四子俱虽在德行之目，而颜子为其冠也。"**言语：宰我、子贡。**第二科也，宰我及端木二人合其目也。范宁云："言语，谓宾主相对之辞也。"**政事：冉有、季路。**第三科也，冉、仲二人合其目也。范宁云："政事，谓治国之政也。"**文学：子游、子夏。**第四科也，言〔三〕及卜商二人合其目也。范宁云："文学，谓善先

〔一〕"时"，斋本、库本无此字。
〔二〕"经"，斋本、库本作"虽"。
〔三〕"言"下，斋本、库本有"偃"字。

王典文。"王弼云:"弟子才不徒俱[一]十,盖举其美者以表业分名,其余则各以所长从四科之品也。"侃案:四科次第,立德行为首,乃为可解。而言语为次者,言语,君子枢机,为德行之急,故次德行也。而政事是人事,则[二]比言语为缓,故次言语也。文学指是[三]博学古文,故比三事为泰,故最后也。**子曰:"回也非助我者也,于吾言无所不悦[四]。"**圣人为教,须贤启发。于[五]参之徒,闻言辄问,是助益于我以增晓道[六]。颜渊默[七]识,闻言悦解,不尝口谘于我,教化无益,故云"非助我者,于吾言无所不悦"也。

孔安国曰:"助,犹益也。言回闻言即解,无可发起增益于己也。"孙绰云:"所以每悦吾言,理自玄同耳。非为助我也,言此欲以晓众且明理也[八]。"

子曰:"孝哉闵子骞!人不间于其父母昆弟之言。"间,犹非也。昆,兄也。谓兄为昆,昆,明也,尊而言之也。言子骞至孝,事父母兄弟尽于美善,故凡人物论无有非间之言于子骞者也。故颜延之云:"言之无间谓尽美也。"

陈群曰:"言闵子骞为人,上事父母,下顺兄弟,动静尽善,故人不得有非间之言也。"

南容三复白圭,复,犹反也。诗云:"白圭之玷,尚可磨也;斯言之玷,不可为也。"是白圭有所玷缺[九],尚可磨治令其全好,若人言忽有瑕玷,则驷马不

〔一〕"俱",斋本、库本无此字。
〔二〕"则",斋本、库本作"之别",属上句,误。
〔三〕"是",斋本、库本无此字。
〔四〕"悦",斋本、库本作"说"。下文"悦"同。
〔五〕"于",斋本、库本作"游"。
〔六〕"道",斋本、库本作"导"。
〔七〕"颜渊默识",斋本、库本作"而颜渊嘿识"。"嘿"同"默"。
〔八〕"孙绰云"至"明理也",斋本、库本放在解经文处,接于"于吾言无所不悦也"句下。
〔九〕"是白圭有所玷缺",斋本、库本作"是白玉有玷缺"。

及，故云“不可为也”。南容慎言语，读诗至“白圭”之句，乃三过反覆，修玩无已之意也。

孔安国曰：“诗云：‘白圭之玷，尚可磨也；斯言之玷，不可为也。’南容读诗至此，三反覆之，是其心慎言也。”

孔子以其兄之子妻之。重明南容蒙孔子之姻，其善非一，故更记之也。范述云：“南容深味白圭，拟志无玷，岂与缧绁非罪同其流致？犹夫子之情实深天属，崇义弘教，必自亲始。观二女攸归，见夫子之让心也。”侃已有释在公冶长篇中也。**季康子问：“弟子孰为好学？”孔子对曰：“有颜回者好学，不幸短命死矣。今也则亡，未闻好学者也。”**孙绰云：“不应生而生为幸，不应死而死曰不幸。”侃谓：此与哀公问同而答异者。旧有三〔一〕通：一云：缘哀公有迁怒贰过之事，故孔子因答，以箴之也。康子无此事，故不烦言也。又一云：哀公是君之尊，故须具答，而康子是臣为卑，故略以相酬也。故江熙云：“此与哀公问同。哀公虽无以赏，要以极对。至于康子，则可量其所及而答也。”

颜渊死，颜路请子之车以为之椁。颜路，颜渊父也。渊家贫，死无椁，故其父就孔子请车，卖以营椁也。

孔安国曰：“颜路，颜渊之父也。家贫，故欲请孔子之车，卖以营〔二〕椁。”缪协曰：“颜路之家贫，无以备礼；而颜渊之德美，称于圣师。‘丧予’之感，痛之愈深。二三子之徒将厚其礼，路率〔三〕情而行，恐有未允。而未审制义之轻重，故托请车以求圣教也。”

子曰：“才不才，亦各言其子也。孔子将不以车与之，故先说此以拒之。才，谓颜渊也。不才，谓鲤也。言才与不才诚当有异，若各本天属，于其父则同是其子也。**鲤死，有棺而无椁。**既天属各深，昔我子死，我自有车，

〔一〕“三”，斋本、库本作“二”，是。

〔二〕“营”，斋本、库本作“作”。正平版何解、邢疏作“作”。

〔三〕“率”，斋本、库本作“卒”，误。“率”含“轻率”、“草率”义。

尚不卖之营椁。今汝子死，宁欲请我之车耶？缪协云："子虽才，不可贫求备；虽不才，而丰俭亦各有礼，制之由父。故鲤死也[一]无椁也。"**吾不可徒行以为之椁。**又解所以不为鲤作椁之由也。徒，犹步也。言我不卖车而步行为子作椁也。**以吾从大夫之后，吾以不可徒行。"**又解不步行之意也。言大夫位爵已尊，不可步行故也。然实为大夫，而云"从大夫后"者，孔子谦也。犹今人为府国官，而云"在府末国末"也。

孔安国曰："鲤，孔子之子伯鱼也。孔子时为大夫，故言'吾从大夫之后，不可以徒行'，是谦之辞也。"江熙云："不可徒行，距之辞也。可则与，故仍脱左骖赠于旧馆[二]。不可则距，故不许路请也。'鲤也无椁'，将以悟[三]之，且塞厚葬也。"

颜渊死。子曰："噫！噫，痛伤之声也。渊死，遣使报孔子，孔子伤痛之，故云"噫"也。

苞氏曰："噫，痛伤之声也。"

天丧予！天丧予！"丧，犹亡也。予，我也。夫圣人出世也，必须贤辅，如天将降雨，必先山泽出云。渊未死，则孔道犹可冀，纵不为君，则亦得共[四]为教化。今渊既死，是孔道亦亡，故云天丧我也。刘歆云："颜是亚圣人之偶，然则颜孔自然之对物，一气之别形，玄妙所以藏寄，道[五]旨所由赞明，叙颜渊死则夫子体缺，故曰'天丧予'。噫，谅率[六]实之情，非过痛之辞。将求圣贤之域，宜自此觉之也。"缪播曰："夫投竿测深，安知江海之有悬也？何者？俱不究其极也。是以西河之人疑子夏为夫子，武叔贤子贡于仲尼，斯非其类耶？颜回尽形，形外者神，故知孔子理在回，知渊亦唯孔子也。"

〔一〕"也"下，斋本、库本有"而"字。
〔二〕"赠"，斋本、库本作"赙"。"于"，斋本、库本空缺。"馆"下，斋本、库本有"人"字。
〔三〕"悟"，斋本、库本空缺。
〔四〕"共"，斋本、库本空缺。
〔五〕"道"上，斋本、库本有"既"字。
〔六〕"率"，斋本、库本作"卒"，误。"率实"：坦率真实。

"天丧予"者,若丧己也。再言之,则[一]痛惜之甚也。

颜渊死,子哭之恸。谓颜渊死,孔子往颜家哭之也。恸,谓哀甚也。既如丧己,所以恸也。郭象云:"人哭亦哭,人恸亦恸,盖无情者与物化也。"缪协曰:"圣人体无哀乐,而能以哀乐为体,不失过也。"

马融曰:"恸,哀过也。"

从者曰:"子恸矣。"子曰:"有恸乎?从者,谓诸弟子也,随孔子往颜渊家者。见[二]孔子哀甚,故云"子恸矣"。

孔安国曰:"不自知己之悲哀过也。"

非夫人之为恸而谁为恸?"初既不自知,又向诸弟子明所以恸意也。夫人,指颜渊也。言若不为颜渊哀恸,而应为谁耶?言恸[三]也。颜渊死,门人欲厚葬之。颜渊之门徒也,见师贫而己欲厚葬之也。一云,是孔子门人欲厚葬朋友。子曰:"不可。"孔子止门人之厚葬,故云"不可"也。王弼云:"有财,死则有礼;无财,则已止焉。无而备礼,则近厚葬矣,故云孔子不听也。"

礼:贫富各有宜。颜渊家贫,而门人欲厚葬之,故不听也。

门人厚葬之。不从孔子言也。范宁云:"厚葬非礼,故不许也。门人欲葬何也?缘回父有厚葬之意,故欲遂门人之深情也。"子曰:"回也,视予犹父也,予不得视犹子也。回事我在三如一,故云"视予犹父也"。我葬鲤无椁,而不能止回无椁,是视回不得犹子也。非我也,夫二三子也。"言此贫而过礼厚葬,非是我意也,政[四]是夫二三子意也。二三子则颜

〔一〕"再言之,则痛惜之甚也",斋本、库本作"再言之者,痛惜之甚也"。
〔二〕"见"上,斋本、库本有"有"字。
〔三〕"耶言恸",斋本、库本"耶言"二字空缺,"恸"下有"事"字。
〔四〕"政",斋本、库本作"故"。

路亦在其中也。范宁云："言回虽以父事我，我不得以子遇回。虽曰师徒，义轻天属。今父欲厚葬，岂得制止？言厚葬非我之教，出乎门人之意耳。此以抑门人而救世弊也。"

马融曰："言回自有父，父意欲听门人厚葬之，我不得制止也。非其厚葬，故云尔也。"非，犹鄙薄。

季路问事鬼神。外教无三世之义，见乎此句也。周孔之教，唯说现在，不明过去未来。而子路此问事鬼神，政言鬼神在幽冥之中，其法云何也。此是问过去也。**子曰："未能事人，焉能事鬼？"**孔子言：人事易，汝尚未能，则何敢问幽冥之中乎？故云"焉能事鬼"也。**曰："敢问事〔一〕死。"**此又问当来之事也。言问今日以后死事复云何也。**曰："未知生，焉知死？"**亦不答之也。言汝尚未知即见生之事难明，焉能豫问知死后〔二〕也。

陈群曰："鬼神及死事难明，语之无益，故不答也。"顾欢曰："夫从生可以善死，尽人可以应神，虽幽显路殊，而诚恒一。苟未能此，问之无益，何处问彼耶〔三〕？"

闵子骞侍侧，訚訚如也；卑者在尊者之侧曰侍。此明子骞侍于孔子座侧也。訚訚，中正也。子骞性中正也。**子路，行行如也；**亦侍孔子座侧也。行行，刚强貌也。子路性刚强也。**冉有、子贡，侃侃如也。**此二人亦侍侧也。侃侃，和乐也。二子并和乐也。**子乐，**孔子见四子之各极其性，无所隐情，故我亦欢乐也。

郑玄曰："乐各尽其性也。行行，刚强之貌也。"

曰："若由也，不待〔四〕其死然。"孔子见子路独刚强，故发此言也。由，

〔一〕"事"，斋本、库本无此字。邢疏、朱注无"事"字。正平版何解有"事"字。

〔二〕"焉"上，斋本、库本有"又"字。"后"，斋本、库本作"没"。

〔三〕"顾欢曰"至"问彼耶"，斋本、库本放在解经文处，接于"焉能豫问知死后也"句下。

〔四〕"待"，斋本、库本作"得"，是。

子路名也。不得其死然，谓必不得寿终也。后果死卫乱也。

孔安国曰："不得以寿终也。"袁氏曰："道直时邪，自然速祸也〔一〕。"

鲁人为长府。鲁人，鲁君臣为政者。为，作也。长府〔二〕，藏名也。鲁人为政，更造作长府也。闵子骞曰："仍旧贯，如之何？何必改作？"子骞讥鲁人也。仍，因也。贯，事也。言为政之道，因旧事自足〔三〕。"如之何"，何必须更〔四〕有所改作耶？"如之何"，犹奈何也。

郑玄曰："长府，藏名也。藏货〔五〕曰府。货，钱帛也。藏钱帛曰府，藏兵甲曰库也。仍，因也。贯，事也。因旧事则可，何乃复更改作也？"

子曰："夫人不言，言必有中。"夫人，指子骞也。言子骞性少言语，言语必中于事理也。

王肃曰："言必有中，善其不欲劳民更改作也。"

子曰："由之鼓瑟，奚为于丘之门？"子路性刚，其鼓琴瑟亦有壮气。孔子知其必不得以寿终，故每抑之，言〔六〕：汝鼓瑟何〔七〕得在于我门？我门文雅，非用武之所〔八〕也。故自称名以抑之。奚，何也。侃谓：此门非谓孔子之所住之门，正〔九〕是圣德深奥之门也。故子贡答武叔云："得其门者，或寡也。"

马融曰："子路〔一〇〕鼓瑟，不合雅颂也。"

〔一〕"袁氏曰"至"祸也"，斋本、库本放在解经文处，接于"后果死卫乱也"句下。

〔二〕"府"，斋本、库本作"者"。

〔三〕"足"，斋本、库本作"是"。

〔四〕"更"，斋本、库本作"臾"。

〔五〕此处及下句"货"上，斋本、库本有"财"字。

〔六〕"言"，斋本、库本无此字。

〔七〕"何"，斋本、库本无此字。

〔八〕"所"，斋本、库本作"处"。

〔九〕"正"，斋本、库本作"故"。

〔一〇〕"子"上，斋本、库本有"言"字。正平版何解亦有"言"字。邢疏无"言"字。

门人不敬子路。门人见孔子讥瑟，便不复敬子路也。**子曰："由也升堂矣，未入于室也。"**孔子见门人不敬子路，故又为解之也。古人当屋栋下隔断窗户〔一〕，窗户之外曰堂，窗户之内曰室。孔子言：子路为弟子，才德已大，虽未亲入我室，亦已登升我堂，未易可轻慢也。若近而言之，即〔二〕以屋之堂室为喻；若推而广之，亦谓圣人妙处为室，粗处为堂。故子路得堂，颜子入室。故下章说善人，云"亦不入于室"是也。所以此前言入于门，而门人不敬；为其不敬，故引之于堂也。

马融曰："升我堂矣，未入室耳。门人不解，谓孔子言为贱子路，故复解之也。"孔子讥瑟，本非谓子路可轻，政在于"行行〔三〕"耳。而门人不达斯意，承而慢之，故〔四〕孔子解说之也。

子贡问曰："师与商也孰贤乎？"师，子张；商，子夏也。孰，谁也。子贡问孔子，欲辨师、商谁为贤胜也。**子曰："师也过，**过，谓子张性繁冗，为事好在僻过而不止也。**商也不及。"**言子夏性疏阔，行事好不及而止也。

孔安国曰："言俱不得中也。"

曰："然则师愈与？"愈，胜也。子贡又问：若师为事好过，好过则为胜耶？**子曰："过犹不及也。"**答言：既俱不得中，则过与不及无异也，故云"过犹不及也"。江熙云："圣人动为物轨，人之胜否未易轻言。两既俱未得中，是不明其优劣，以贻于来者也。"

愈，犹胜也。

季氏富于周公，季氏，鲁臣也。周公，天子臣，食菜〔五〕于周，爵为公，故

〔一〕"窗户"，斋本、库本作"为"，其下空缺一字。
〔二〕"即"，斋本、库本作"既"。
〔三〕"行行"，斋本、库本只一"行"字。上文有"子路行行如也"一语，"行行"是。
〔四〕"故"，斋本、库本无此字。
〔五〕"菜"，斋本、库本作"采"。"菜"通"采"。

请[一]为周公也。盖是[二]公旦之后也。天子之臣，地广禄大，故周公宜富。诸侯之臣，地狭禄小，季氏宜贫。而今僭滥，遂胜天子臣，故云"季氏富于周公"也。

孔安国曰："周公，天子之宰，卿士也。"天子之宰，即谓冢宰也。冢宰是有事之职，故云卿士。士，事也[三]。

而求为之聚敛而附益也。求，冉求也。季氏已富，而求时仕季氏，为季氏邑宰，又助敛聚急赋税，以附益季氏之富也。

孔安国曰："冉求为季氏宰，为之急赋税也。"急赋税，谓敛民下财帛也。

子曰："非吾徒也，徒，门徒也。孔子言：冉求昔虽是我门徒，而我门徒皆尚仁义，今冉求遂为季氏急聚敛，则非复吾门徒也。故礼云："孟献子曰：'百乘之家，不畜聚敛之臣；与其畜聚敛之臣，宁有盗臣。'"言盗臣乃伤财，而聚敛之臣则伤仁义，伤财不如伤仁义。**小子鸣鼓而[四]攻之可也。"**小子，门徒诸弟子也。攻[五]，治也。求既为季氏聚敛，故孔子先云非复我门徒，又使诸弟子鸣鼓治之也。所以鸣鼓者，若直尔而治，不言其过，则闻之者局，故鸣鼓而且言之，则闻者众也。缪协云："季氏不能纳谏，故求也莫得匡救。匡救不存，其义屈，故曰'非吾徒'也。致讥于求，所以深疾季氏。子然之问，明其义也。"

郑玄曰："小子，门人也。鸣鼓，声其罪以责也。"

柴也愚，此以下评数子各有累也。柴，弟子也，其累在于愚也。王弼云："愚，好仁过也。"

弟子高柴也，字子羔。愚，愚直之愚也。

〔一〕"请"，堂本正误表以"谓"为正。
〔二〕"是"，斋本、库本作"周"。
〔三〕"士事也"，斋本、库本无此三字。
〔四〕"而"，斋本、库本无此字。正平版何解、邢疏有"而"字。
〔五〕"攻"，库本作"政"，误。

参也鲁，参，曾参也。鲁，迟钝也。言曾子性迟钝也。王弼云："鲁，文胜质[一]也。"

孔安国曰："鲁，钝也。曾子迟钝也。"

师也僻，师，子张也。子张好文其过，故云僻也。王弼云："僻，饰过差也。"

马融曰："子张才过人，失在邪僻文过。"

由也喭。由，子路也。子路性刚，失[二]吸喭也。王弼云："喭，刚猛也。"

郑玄曰："子路之行，失于吸喭也。"

子曰："回也其庶乎，屡空。记者上列四子病重于先，自此以下引孔子曰，更举颜子精能于后。解此义者凡有二通：一云：庶，庶几也。屡，每也。空，穷匮也。颜子庶慕于几，故匮[三]忽财利，所以家每空贫而箪瓢陋巷也。故王弼云："庶几慕圣，忽忘财业，而屡[四]空匮也。"又一通云：空，犹虚也。言圣人体寂，而心恒虚无累，故几动即见。而贤人不能体无，故不见几，但庶几慕圣，而心或时而虚，故曰"屡空"。其虚非一，故"屡"名生焉。故颜特进云："空非回所体，故庶而数得。"故顾欢云："夫无欲于无欲者，圣人之常也；有欲于无欲者，贤[五]人之分也。二欲同无，故全空以目圣；一有一无，故每虚以称贤。贤人自有观之，则无欲于有欲；自无观之，则有欲于无欲。虚而未尽，非'屡'如何？"大史叔明申之云："颜子上贤，体具而敬[六]则精也，故无进退之事，就义上以立'屡'名。按其遗仁义，忘礼乐，隳支体，黜聪明，坐忘大通，此亡[七]有之义也。忘有顿尽，非空如何？若以圣人验之，圣人忘忘，大贤不能忘忘。不能忘忘，心复为未尽。一未一空，故'屡'名生也焉。"**赐不受命，而货殖焉**，此孔子又评子贡累也。亦有二通：一云：不受命者，谓子贡性动，不能信天

〔一〕"文胜质"，斋本、库本作"质胜文"，是。
〔二〕"失"下，斋本、库本有"在"字。
〔三〕"匮"，斋本、库本作"遗"，义胜。
〔四〕"屡"，斋本、库本作"数"。
〔五〕"贤"，斋本、库本作"圣"，误。
〔六〕"敬"，斋本、库本作"微"，是。
〔七〕"亡"，斋本、库本作"忘"，是。

任命,是“不受命”也。而货殖者,财物曰货,种艺曰殖。子贡家富,不能清素,所以为恶也。又一通云:殷仲堪云:“不受骄[一]君命。”江熙云:“赐不荣浊世之禄,亦几庶道者也。虽然,有货殖之业,恬愉不足,所以不敢望回耳。亦曰‘不受命’者,谓子贡不受孔子教命,故云‘不受命’也。”**忆则屡中。**此亦有二通:一云:忆谓心忆度事宜也。言子贡性好忆度是非,而屡幸中,亦是失也,故君子不忆不信也。又一通云:虽不虚心如颜,而忆度事理必亦能每[二]中也。故左传:“郲隐公朝鲁,执玉高,其容仰。鲁定公受玉卑,其容俯。子贡曰:‘以礼观之,二君皆有死亡。君为主,其先亡乎?’是岁定公卒。仲尼曰:‘赐不幸而言中,是[三]赐多言也。’”此忆中之类也。王弼云:“命,爵命也。忆,忆度也。子贡虽不受爵命而能富,虽不穷理而幸中,盖不逮颜之‘庶几’。轻四子所病,故称‘子曰’以异之也。”

言回庶几圣道,虽数空匮,而乐在其中矣。赐不受教命,唯财货是殖,忆度是非。是[四]盖美回,所以励赐也。此注与前通并会。**一曰:屡,犹每也。空,犹虚中也。**此以下并是后解也。中,犹心也,谓虚心也。礼曰:“虚中以治之。”**以圣人之善道,**谓孔子也。**教数子之庶几,**柴、参之属也。并被孔子教于“庶几”之事也。**犹不至于知道者,各内有此害也。**道,谓庶几之道也。缘其各有愚、鲁、僻、喭之害,故不能至知“庶几”之道[五]。**其于庶几,每能虚中者,唯回怀道深远。**唯回一人能怀道深远,故庶几虚心。**不虚心,不能知道。**更明所以须虚心之义也。庶几之道既[六]深远也,欲知庶几者,虚心乃知其道也。**子贡**

〔一〕“骄”,斋本作“娇”,库本作“矫”。“骄”是。“骄君”指骄横无道之君。
〔二〕“每”,斋本、库本作“屡”。
〔三〕“是”下,斋本、库本有“使”字。十三经注疏本左传亦有“使”字。
〔四〕“是”,斋本、库本无此字。正平版何解、邢疏亦无“是”字。
〔五〕“道”,斋本、库本作“事”。
〔六〕“既”,斋本、库本无此字。

无数子病，无愚、鲁、僻、喭之病也。**然亦不知道者，**既无病，应能庶几。何亦不能乎？**虽不穷理而幸中，**说[一]其不知之由也，申先解“亿则屡中”也。言子贡不能虚心，心好亿度，虽不能穷理如颜，而有时幸中。幸中故不能知大道也。**虽非天命而偶富，**此释“不受命而货殖焉”也。“虽非天命”者，谓虽非受当时天子之命也。“偶富”者，谓家自偶富，非禄位所得也。然虽非时禄而富之，亦非清虚之士，故亦不知大道。**亦所以不虚心也。**亿事幸中，及家富荣心，所以并不虚心也。

子张问善人之道，此问善人，非圣人也。问其道云：何而可谓为善人也？**子曰：“不践迹，**亦[二]善人之法也。践，循也。迹，旧迹也。言善人之道亦当别宜创建善事，不得唯依循前人旧迹而已。**亦不入于室。”**又虽有创立，而未必使能入圣人奥室也。能入室者，颜子而已。

孔安国曰：“践，循也。言善人不但循追旧迹而已，亦多少能创业。然亦不能入于圣人之奥室也。”创业谓创仁义之业也。“圣人之奥室”，即前云“子路升堂矣，未入于室”是也。

子曰：“论笃是与？君子者与[三]？色庄者乎？”此亦答善人之道也。当是异时之问，故更称“子曰”。俱是答善，故共在一章也。笃，厚也。言善人有所论说，必出笃厚谨敬之辞也，故云“论笃是与”也。又能行君子之行，故云“君子者乎”。又须颜色庄严，故云“色庄者乎”。

“论笃”者，谓口无择言。择者，除粗取好之谓也。论笃是言语并善，故复无可择之言也。**“君子”者，谓身无鄙行也。**所行皆善，故无鄙恶也。然此注亦与上互也。**“色庄”者，不恶而严，以远小人者也。**威而不猛是也。**言此三者，皆可以为善人**

〔一〕“说”，斋本、库本作“解”。

〔二〕“亦”，误，堂本正误表以“答”为正。

〔三〕“与”，斋本、库本作“乎”，是。

道〔一〕**也**。三者，言、行、色也。云必备三，皆可为善人。明若能有一，则亦可为善人，不必备三也。殷仲堪云："夫善者，淳穆之性，体之自然，虽不拟步往迹，不能入窥奥室，论笃质正，有君子之一致焉。"

子路问："闻斯行诸？"斯，此也。此，此于振〔二〕穷救乏之事也。诸，之也。子路问孔子，若闻有周穷救乏事，便得行之不乎？

苞氏曰："赈穷救乏之事也。"

子曰："有父兄在，人子无私假与，故若有事，必先启告父兄也。**如之何其闻斯行之也？"**既由父兄，故己如何闻而行乎？言不可也。

孔安国曰："当白父兄，不可得自专也。"

冉有问："闻斯行诸？"与子路问同也。**子曰："闻斯行之。"**此答异也。言闻而即行之也。**公西华曰："由也问'闻斯行诸'，子曰'有父兄在'；**公西华疑二人问同而答异，故领〔三〕二人之问答也。此领子路问答也。**求之问'闻斯行诸'，子曰'闻斯行之'。**此领冉有之问答也。求，冉有名也。**赤也惑，**惑，疑〔四〕也。二人问同而孔子答异，故己生疑惑，故云"惑"〔五〕。赤，公西华名也。**敢问。"**敢，果敢也。既惑其深，故果敢而问之。

孔安国曰："惑其问同而答异也。"

子曰："求也退，故进之；答所以答异义也。言冉求谦退，故引之令进，所以不云先白父兄也。**由也兼人，故退之。"**言子路性行行兼人，好在率尔，故抑退之，必令白父兄也。

郑玄曰："言冉有性谦退，子路务在胜尚人，各因其人

〔一〕"道"，斋本、库本无此字。正平版何解、邢疏亦无"道"字。

〔二〕"振"，斋本、库本作"赈"。"振""赈"义同，"振"有"赈济"、"救助"义。

〔三〕"领"上，斋本、库本有"先"字。

〔四〕"疑"下，斋本、库本有"惑"字。

〔五〕"故云惑"，斋本、库本无此三字。

之失而正之也。"或问曰:礼若必谘父兄,则子路非抑;若必不谘,则冉求非引。今夫子云进退,请问其旨。或答曰:夫赈施之理,事有大小。大者车马,小或一飡。若其大者必谘,小可专行,而由施无大小,悉并不谘,求大小悉谘,今故抑由之不谘,欲令其并谘,引冉之必谘,令其并不谘也。但子路性进,虽抑而不患其退;冉求性退,虽引不嫌其过也〔一〕。

子畏于匡,犹是前被匡人误围。颜渊后。时颜渊与孔子俱为匡围,孔子先得出还至家,而颜渊后乃得出还至也。

孔安国曰:"言与孔子相失,故在后也。"于围中相失也。

子曰:"吾以汝为死矣。"渊后至,而孔子云:汝不还,我言汝当死于匡难中。曰:"子在,回何敢死?"颜渊之答,其有以也。夫圣贤影响,如天降时雨,山泽必先为出云。孔子既在世,则颜回理不得死,死则孔道便绝,故渊死而孔云"天丧予"也。庾翼云:"颜子未能尽穷理之妙,妙有不尽,则不可以涉险津;理有未穷,则不可以冒屯路。故贤不遭圣,运否则必隐;圣不值贤,微言不显。是以夫子因畏匡而发问,颜子体其致〔二〕而仰酬。称入室为指南,启门徒以出处,岂非圣贤之诚言互相与为"起予"者也?

苞氏曰:"言夫子在,已无所敢死也。"李充云:"圣无虚虑之悔,贤无失理之患,而斯言何兴乎?将以世道交丧,利义相蒙,或殉名以轻死,或昧利以苟生。苟生非存理,轻死非明节。故发颜子之死,对以定死生之命也〔三〕。"

季子然问:"仲由、冉求,可谓大臣与?"季子然,季氏家之子弟也。时仲由、冉求仕季氏家,子然〔四〕自夸己家能得此二贤为臣,故问孔子,以谓此

〔一〕"或问曰"至"其过也",斋本、库本放在解经文处,接于"必令白父兄也"句下。

〔二〕"致",斋本、库本作"旨"。

〔三〕"李充云"至"对以定死生之命也",斋本、库本放在解经文处,接于"起予者也"句下。

〔四〕"子然"上,斋本、库本有"季"字。

二人可谓大臣不也。

孔安国曰："季子然，季氏之子弟也。自多得臣此二子，故问之也。"自多，犹言己有豪势，能得臣此二人为多也。

子曰："吾以子为异之问，此因答而拒之也。子，指子然也。言子今所尚〔一〕是异事也。所以是异事之问者，由、求非大臣，而汝云可谓大臣，故谓汝为异事之问也。**曾由与求之问。**此是举异问也。曾，犹则也。言汝问所以是异者，则问由与求，是异问也。

孔安国曰："谓子问异事耳。谓汝所问为异事之问也。**则此二人之问安足为大臣乎？"**如前释也〔二〕。（问，去声。言则问此由、求二人，安足为汝家大臣乎也？）

所谓大臣者，以道事君，不可则止。此明大臣之事也。以道事君，谓"君有恶名必谏"也。不可则止，谓"三谏不从，则越境而去"者也。**今由与求也，可谓具臣矣。"**言今由、求二人亦不谏，谏若不从则亦不去，不可名此为大臣，则〔三〕乃可名为备具之臣而已也。缪协称中正曰："所以假言二子之不能尽谏者，以讥〔四〕季氏虽知贵其人而不能敬其言也。"

孔安国曰："言备臣数而已也。"

曰："然则从之者与？"子然闻孔子云二人不为大臣，故更问〔五〕云：既不"以道"及"不可则〔六〕止"，若如此者，其君有恶事则二人皆从君为之不乎？

孔安国曰："问为臣皆当从君所欲耶？"

子曰："杀父与君，亦不从也。"答言：虽不谏不止，若君有杀上之事，则二人亦所不从也。

〔一〕"尚"，斋本、库本作"问"。

〔二〕"如前释也"及下面括号内文字，斋本、库本无。

〔三〕"则"，斋本、库本无此字。

〔四〕"讥"，斋本、库本作"说"。

〔五〕"问"，斋本、库本无此字。

〔六〕"则"下，斋本、库本有"不"字，义胜。

孔安国曰："二子虽从其主，亦不与为大逆也。"孙绰云："二子者皆政事之良也，而不出具臣之流，所免者唯杀〔一〕之事，其罪亦岂少哉？夫抑扬之教不由乎理，将以深激子然，以重季氏之责也〔二〕。"

子路使子羔为费宰，费，季氏采邑也。季氏邑宰叛，而子路欲使子羔为季氏邑宰也。**子曰："贼夫之人子〔三〕。"**贼，犹害也。夫人之子，指子羔也。孔子言子羔习学未习熟，若使其为政，则为〔四〕必乖僻，乖僻则为罪累所及，故云"贼夫人之子"也。

苞氏曰："子羔学未熟习，而使为政，所以贼害人之也。"张凭云："季氏不臣，由不能正，而使子羔为其邑宰，直道而事人，焉往不致弊？枉道而事人，不亦'贼夫人之子'乎〔五〕？"

子路曰："有民人焉，有社稷焉，何必读书然后为学？"子路云：既邑有民人、社稷，今为其宰，则是习治民事神，此即是学，亦何必在于读书，然后方谓为学乎？

孔安国曰："言治民事神，于是而习，亦学也。"

子曰："是故恶夫佞者。"孔子以此语骂子路也。佞，口才也。我言子羔学未习熟，所以不欲使之为政，而汝仍云有民神，亦是学，何必读书，此是佞辩之辞，故古人所以恶之也。

孔安国曰："疾其以口给应，遂己非而不知穷者也。"缪协云："子路以子羔为学艺可仕矣，而孔子犹曰不可者，欲令愈精愈究也。而于时有以佞才惑世，窃位要名，交不以道，仕不由学，以之宰牧，徒有民人社稷。比之子羔，则长短相形。子路举兹以对者，所以深疾当

〔一〕"杀"，斋本、库本作"弑"。

〔二〕"孙绰云"至"责也"，斋本、库本放在解经文处，接于"则二人亦所不从也"句下。

〔三〕"贼夫之人子"，斋本、库本作"贼夫人之子"，是。

〔四〕"为"，斋本、库本无此字。

〔五〕"张凭云"至"之子乎"，斋本、库本放在解经文处，接于"故云贼夫人之子也"句下。

时,非美之也。夫子善其来旨,故曰'是故恶夫佞者'。此乃斥时,岂讥由乎也[一]?"

子路、曾晳[二]、

孔安国曰:"曾晳,曾参父也,名点。"

冉有、公西华侍坐。此四弟子侍孔子坐也。子曰:"以吾一日长乎尔,无吾以也。孔子将欲令四子言志,故先说此言以劝引之也。尔,汝也。言吾今一日年齿长大于汝耳,汝等无以言吾年长而不敢言己志也。

孔安国曰:"言我问汝,汝无以我长,故难对也。"

居则曰:'不吾知也。'居,谓弟子常居时也。吾,弟子自指[三]也。言汝等常居之日,则皆自云无知吾者也。

孔安国曰:"汝常居云:人不知己也。"

如或知尔,则何以哉?"言如或有人欲知用汝等,汝等则志各欲何为治哉?

孔安国曰:"如有用汝者,则何以为治乎也?"

子路卒[四]尔而对曰:礼:"侍坐于君子,君子问,更端则起而对",及宜顾望而对。而子路不起,又不顾望,故云"卒尔对"也。卒尔,谓无礼仪也。

卒尔先三人对也。

"千乘之国,摄乎大国之间,此子路言志也。千乘,大国也。摄,迫也。大国,又大于千乘者也。言己愿得治于大国,而此大国又有迫近他大国间,所谓他大国挟己国于中也。加之以师旅[五],因之以饥馑,乏谷为饥,乏

〔一〕"缪协云"至"岂讥由乎也",斋本、库本放在解经文处,接于"故古人所以恶之也"句下。

〔二〕"晳",斋本、库本作"皙",是。全章"晳"字下同。

〔三〕"指",斋本、库本作"谓"。

〔四〕"卒",正平版何解、邢疏、朱注作"率"。

〔五〕"加之以师旅"下,斋本、库本有疏文"言他大国以师旅兵刃加陵于己所治之国也"十八字

菜为馑。言己国既被四方大国兵陵，又自国中因大荒饿也。

苞氏曰："摄，摄迫乎大国之间也。"

由也为之，为，犹治也。言己国以为他兵所加，又荒饥日久，而〔一〕由愿得此国治之。比及三年，可使有勇，且知方也。"比，至也。言由治此国，至于三年，而使民人皆勇健，又皆知识义方也。

方，义方也。

夫子哂之。哂，笑也。孔子闻子路之言而笑之也。

马融曰："哂，笑也。"齿本曰哂。大笑口开则哂见，故谓哂为笑者也。

"求，尔何如？"哂由既竟，而余三人无言，故孔子又问冉求：汝志何如也？对曰："方六七十，求答曰〔二〕，言志也。言愿得国地方六七十里者，而己治之也。如五六十，意又自嫌向所言方六七十为大，故又退言如方五六十里者也。

求性谦退，言欲得方六七十如五六十里小国治之而已也。一云：愿六七十者如五六十大者，己欲得其小也〔三〕。

求也为之，比及三年，可使足民也。言己愿治此小国，若至三年，则能使民人足也。如其礼乐，以俟君子。"又谦也。言己乃能使〔四〕足民而已。若教民之礼乐，则己所不能，故请俟君子为之也。

孔安国曰："求自云能足民而已，谓衣食足也。若礼乐之化，当以待君子。谦之辞也。"

"赤，尔何如？"求答已竟，故更问公西华也。对曰："非曰能之，愿

〔一〕"而"，斋本、库本无此字。

〔二〕"曰"，斋本、库本无此字。

〔三〕"一云"至"小也"，斋本、库本放在解经文处，接于"故又退言如方五六十里者也"句下。

〔四〕"使"，斋本、库本无此字。

学焉。赤答也。非曰,犹非谓也。答曰:己非谓自能,愿从此而后学为之也。**宗庙之事,如会同,**此以下并言愿所学之事也。宗庙之事,谓人君祭祀之事。如会同,谓〔一〕诸侯有会同之事时也。**端章甫,愿为小相焉。"**端,玄端之服也。章甫,谓章甫之冠也。言愿君有祭祀及会同之事,而己玄端服章甫之冠也。为小相,相君之礼也。

郑玄曰:"我非自言能也,愿学为之。宗庙之事,谓祭祀也。四时及禘祫皆是也。**诸侯时见曰会,殷见曰同。**周礼六服,各随服而来,是正朝有数也。而时见曰会,此无常期。诸侯有不庭服者,王将有征讨之事。则因朝竟,王命为坛于国,外合诸侯,而发禁亦随其方。若东方不服,则命与东方诸侯共征之。此是"时见曰会"也。又王十二年一巡狩,若王有事故,则六服诸侯并来京师,朝王受法。此是"殷见〔二〕曰同"也。而郑玄注云:"殷覜曰同"者,周礼又有"时聘曰问"、"殷覜曰视",并是诸侯遣臣来京师也。王有事故,诸侯不得自来,而遣臣来聘王,此亦无定时,是"问〔三〕聘曰问"也。又元年六服唯侯服独来朝,京师人少,故诸侯并遣臣来京师视王,是"殷覜曰视"也。郑玄"殷覜〔四〕曰同"者,广"覜"、"见"之言通也。**端,玄端也。衣玄端,冠章甫,**章甫,殷冠也。**诸侯日视朝之服也。**然周家诸侯日视朝之服,服缁布衣素积裳,冠委貌。此云"玄端,日视朝"者,容是周末礼乱者也。**小相,谓相君礼者。"**宗庙及会同,皆是君事,而己愿相之耳。

"点,尔何如?"赤答既竟,又问曾晳也。**鼓瑟希。**鼓,犹弹也。希,疏也。点政弹瑟,既得孔子之问,将思所以对之言,故弹瑟手迟而声希也。

孔安国曰:"思所以对,故其音希也。"

〔一〕"谓",斋本、库本无此字。

〔二〕"见",斋本、库本作"覜"。辞源"殷见""殷覜"同义,指周代诸侯朝见天子之礼。

〔三〕"问",斋本、库本作"时",是。

〔四〕"覜",斋本、库本作"见"。

铿尔，舍瑟而作，铿，投瑟声也。舍，投也。作，起也。点思所以[一]对之辞，将欲仰答，故投瑟而起对也。起对者，礼也。点独云起，则求、赤起可知也。**对曰："异乎三子者之撰。"**撰，具也。点起而对云：己所志者异于路、求、赤三子之志所具。"所具"，即千乘之国等是也。

孔安国曰："置瑟起对也。撰，具也，为政之具也。铿尔者，投瑟之声也。"

子曰："何伤乎？亦各言其志也。"孔子闻点志异，故云：人生[二]所志各异，亦何伤乎？汝但当言之。

孔安国曰："各言己志，于义无伤也。"

曰："暮春者，春服既成，此点言志也。暮春，谓建辰夏之三月也。年有四时，时有三月，初月为孟，次者为仲，后者为季。季春是三月也。不云季春而云暮春者，近月末也。月末其时已暖也。"春服成"者，天时暖而衣服单袷者成也。**得冠者五六人，**已加冠成人者也。五六者，趣举其数也。**童子六七人，**童子，未冠之称也。又有未冠者六七人也。或云，"冠者五六"，冠者[三]三十人也；"童子六七"，六七四十二人也。四十二就三十合为七十二人也。孔子[四]升堂者七十二人也。**浴乎沂，**沂，水名也。暮春者既暖，故与诸朋友相随，往沂水而浴也。**风乎舞雩，**风，风凉也。舞雩，请雨之坛处也。请雨祭谓之雩。雩，吁也。民不得雨，故吁嗟也。祭而巫舞，故谓为"舞雩"也。沂水之上有请雨之坛，坛上有树木，故入沂浴，出登坛，庇于树下，逐风凉也。故王弼云"沂水近孔子宅，舞雩坛在其上，坛有树木，游者托焉"也。**咏而归。"**浴竟凉罢，日光既稍晚，于是朋友咏歌先王之道，归还孔子之门也。

苞氏曰："暮春者，季春三月也。春服既成者，衣单袷

〔一〕"以"，斋本、库本无此字。
〔二〕"生"，斋本、库本作"性"。
〔三〕"冠者"，斋本、库本作"五六"。
〔四〕"子"，斋本、库本作"门"。

之时也。我欲得冠者五六人，童子六七人，浴于沂水之上，风凉于舞雩之下，歌咏先王之道，归夫子之门也。”

夫子喟然叹曰：“吾与点也。”孔子闻点之愿，是以喟然而叹也。既叹而云“吾与点也”，言我志与点同也。所以与同者，当时道消世乱，驰竞者众，故诸弟子皆以仕进为心，唯点独识时变，故与之也。故李充云：“善其能乐道知时、逍遥游咏之至也。夫人各有能，性各有尚，鲜能舍其所长而为其所短。彼三子者之云，诚可各言其志矣。然此诸贤既已渐染风流，飡服道化，亲仰圣师，诲之无倦，先王[一]之门岂执政之所先乎？呜呼！遽不能一忘鄙愿，而暂同于雅好哉！谅知情从中来，不可假已。唯曾生起[二]然，独对扬德音，起予风仪。其辞精而远，其指高而适，亹亹乎！固盛德之所同也。三子之谈，于兹陋矣。”

周生烈曰：“善点之独知时之。”

三子者出，子路、求、赤三人见孔子与点，故已并先出去也。曾皙后，在后未去。曾皙曰：“夫三子者之言如何[三]？”皙既留后，故问孔子也。言向者三子所言者，其理如何也。子曰：“亦各言其志也已矣。”孔子答言，三子之言虽各不同，然亦各是其心所志也。曰：“吾子何哂由也？”点呼孔子为吾子也。点又云：若各亲是言志，则孔子何独笑子路乎？故云“何”也。子曰：“为国以礼，其言不让，是故哂之。答笑子路之所由也。言我笑子路，非笑其志也，政是笑其卒尔不让故耳。夫为国者必应须礼让，而子路既愿治国，而卒尔其言，无所谦让，故笑之耳。

苞氏曰：“为国以礼，礼道贵让，子路言不让，故笑之也。”

〔一〕“王”，斋本、库本作“生”，是。
〔二〕“起”，斋本、库本作“超”，是。
〔三〕“如何”，斋本、库本作“何如”。

唯求则非邦也与？安见方六七十如五六十而非邦也者？孔子更证我笑非笑子路之志也。若笑子路有为国之志，则冉求亦是志于为国，吾何独不笑耶也？既不笑求，岂独笑子路乎？故云"唯求非邦也与"，言是邦也。"安见方六七十如五六十非邦也者"，亦云是邦也。**唯赤则非邦也与？宗庙之事如**〔一〕**会同，非诸侯如之何？**又引赤证我不笑子路志也。赤云"宗庙会同"，宗庙〔二〕会同即是诸侯之事，岂曰非邦？而我何独不笑乎？又明笑非笑志也。

孔安国曰："明皆诸侯之事，与子路同徒。徒，犹党辈也。言求等所言，皆是诸侯事，与子路犹是一党辈耳。**笑子路不让也。"**本〔三〕是笑其不让也。

赤之〔四〕**为之小相，孰能为之大相？"**又因不许赤谦也。言赤之〔五〕才德之〔六〕自愿为小相，若以亦〔七〕为小，谁堪大者乎？赤又是有明己不笑之故，因美之也。

孔安国曰："赤谦言小相耳，孰能为大相者也？"

论语颜渊第十二　　何晏集解　凡二十四章

疏颜渊，孔子弟子也，又为门徒之冠者也。所以次前者，进业之冠莫过颜渊，故颜渊次先进也。

颜渊问仁，问孔子为仁之道也。**子曰："克己复礼为仁。**克，犹约

〔一〕"之事如"三字，库本脱。

〔二〕"宗庙"，斋本、库本无此二字。

〔三〕"本"上，斋本、库本有"笑者"二字。

〔四〕"之"，堂本正误表以"也"为正。

〔五〕"之"，堂本正误表以"也"为正。

〔六〕"之"，斋本、库本作"云"。

〔七〕"亦"，误，堂本正误表以"赤"为正。

也。复，犹反也。言若能自约俭己身，还[一]反于礼中，则为仁也。于时为奢泰过礼，故云"礼"也。一云：身能使礼返反[二]身中，则为仁也。范宁云："克，责也。复礼，谓责克己失礼也。非仁者则不能责己复礼，故能自责己复礼则为仁矣。"

马融曰："克己，约身也。"孔安国曰："复，反也。身能反礼则为仁矣。"

一日克己复礼，天下归仁焉。更解克己复礼所以为仁之义也。言人君若能一日克己复礼，则天下之民咸归于仁君也。范宁云："乱世之主，不能一日克己，故言'一日'也。"

马融曰："一日犹见归，况终身乎？"

为仁由己，而由人乎哉？"行仁一日，而民见归，所以是由己不由他人也。

孔安国曰："行善在己，不在人者也。"范宁云："言为仁在我，岂俟彼为仁耶[三]？"

颜渊曰："请问其目。"渊又请求克己复礼之条目也。

苞氏曰："知其必有条目，故请问之也。"

子曰："非礼勿视，非礼勿听，非礼勿言，非礼勿动。"此举复礼之目也。既每事用礼，所以是复礼也。

郑玄曰："此四者，克己复礼之目也。"

颜渊曰："回虽不敏，请事斯语矣。"回闻条目而敬受之也。敏，达也。斯，此也。言回虽不达仁礼之理，而请敬事此语[四]。

〔一〕"还"，斋本、库本作"返"。

〔二〕"返反"，斋本、库本作"反返"。

〔三〕"范宁云"至"为仁耶"，斋本、库本放在解经文处，接于"所以是由己不由他人也"句下。

〔四〕"语"下，斋本、库本有"事犹用也"四字。此四字当在"敏达也"之后。"犹"字似衍。

王肃曰："敬事此语，必行之。"

仲弓问仁，亦谘仁也。子曰："出门如见大宾，使民如承大祭。亦答仁道也。言若行出门，恒起恭敬，如见大宾。见大宾必起敬也。又若使民力役，亦恒用心敬之，如承事大祭。大祭，祭郊庙也。然范宁云："大宾，君臣嘉会也。大祭，国祀〔一〕也。仁者举动使民事如此也。传称：'臼季〔二〕出门如宾，承事如祭，仁之则也。'"

孔安国曰："为仁之道，莫尚乎敬也。"

己所不欲，勿施于人。恕己及物，则为仁也。先二事明敬，后一事明恕。恕、敬二事乃为仁也。在邦无怨，在家无怨。"在邦为诸侯也，在家为卿大夫也。既出门、使〔三〕民皆敬，又恕己及物，三事并足，故为民人所怀，无复相怨者也。

苞氏曰："在邦为诸侯也，在家为卿大夫也。"

仲弓曰："雍虽不敏，请事斯语矣。"事，用也〔四〕。司马牛问仁，司马牛是桓魋弟也，亦问仁也。子曰："仁者，其言也讱。"答之也。讱，难也。古者言之不出，恐行之不逮，故仁者必不易出言，故云"其言也讱"。一云：仁道既深，不可〔五〕轻说，故言于人仁事，必为难也。王弼云："情发于言，志浅则言疏，思深则言讱也。"

孔安国曰："讱，难也。牛，宋人，弟子司马犁也。"名牛也〔六〕。

曰："其言也讱，斯可谓之仁已矣乎〔七〕？"牛又疑云：言语之难，便

〔一〕"祀"，斋本、库本作"祭"。
〔二〕"季"下，斋本、库本有"言"字，是。
〔三〕"使"上，斋本、库本有"及"字。
〔四〕"事用也"，斋本、库本无此三字。
〔五〕"可"，斋本、库本作"得"。
〔六〕"名牛也"，斋本、库本作"犁牛名也"。
〔七〕"斯可谓之仁已矣乎"，库本作"斯谓之仁矣乎"，脱"可""已"二字。

可谓此为仁乎？一云：不轻易言于仁事，此便可谓为仁乎？**子曰："为之难，言之得无讱乎？"**又答也。为，犹行也。凡行事不易，则言语岂得妄出而不难乎？又一云：行仁既难，言仁岂得易？故江熙云："礼记云：'仁之为器重，其为道远，举者莫能胜，行者莫能致也。勉于仁者不亦难乎？'夫易言仁者，不行之者也。行仁，然后知勉仁为难，故不敢轻言也。"

孔安国曰："行仁难，言仁亦不得不难矣。"

司马牛问君子，问行君子之道也。**子曰："君子不忧不惧。"**答也。君子坦荡[一]，故不忧惧也。

孔安国曰："牛兄桓魋将为乱，牛自宋来学，常忧惧，故孔子解之。"言牛常愁其兄之罪过及己，故孔子释云：君子不应忧惧者也。

曰："不忧不惧，斯可谓君子已乎？"牛嫌君子之行不啻不忧惧而已，故又谘之。**子曰："内省不疚[二]，夫何忧何惧？"**内省，谓反自视己心也。疚，病也。言人生若外无罪恶，内忖视己心无有愆病，则何所忧惧乎？

苞氏曰："疚，病也。内省无罪恶，无[三]可忧惧也。"

司马牛忧，为其兄桓魋有罪，故己恒忧也。所以孔子前答云"君子不忧"也。**曰："人皆有兄弟，我独亡。"**此所忧之事也。亡，无也。牛兄行恶，必致残灭，不旦则夕，即今虽暂在，与无何异，故云"我独亡"也。

郑玄曰："牛兄桓魋行恶，死丧无日，我独为无兄弟也。"无日，犹无后余一日也[四]。

子夏曰："商闻之矣：商，子夏名也。闻牛之言，故自称名而为牛解之也。不敢言出己，故云"闻之"。**死生有命，富贵在天。**此是我所闻，为说不

〔一〕"坦荡"，斋本、库本作"坦荡荡"。

〔二〕"疚"，斋本、库本作"疚"，下同。正平版何解、邢疏亦作"疚"。

〔三〕"无"下，斋本、库本有"所"字。

〔四〕"无日"至"日也"，斋本、库本放在"死丧无日"句下。

须忧之事也。言死生富贵，皆禀天所得，应至不可逆忧，亦不至不可逆求，故云"有命""在天"也。然同是天命，而死生云命、富贵云天者，亦互之而[一]不可逃也。死生于事为切，故云命；富贵比死生者为泰，故云天。天比命，则天为缓也。缪播云："死生者，所禀之性分；富贵者，所遇之通塞。人能命养之以福，不能令所禀易分。分不可易，命也。能修道以待贾，不能遭时必泰，泰不可必，天也。天之为言自然之势运，不为主人之贵贱也。"**君子敬而无失，**死生富贵，既理不易，故当委之天命。此处无忧，而此句以下自可人事易为修理也。敬而无失，是广爱众也。君子自敬己身，则与物无失者也。**与人恭而有礼。**此谓恭而亲仁也。人犹仁也，若彼有仁者，当恭而礼之也。**四海之内，皆为兄弟也。**疏恶者无失，善者恭敬[二]，故四海九州皆可亲礼如兄弟也。**君子何患乎无兄弟？"**既远近可亲，故不须忧患于无兄弟也。

苞氏曰："君子疏恶而友贤，九州之人皆可以礼亲也。""疏恶"解"敬而无失"，"友贤"释"与人恭而有礼"也。

子张问明，问人行何事而可谓之明乎。**子曰："浸润之谮，**答也。浸润犹渐渍也。谮，谗谤也。夫拙为谗者则人易觉，巧为谗者日日渐渍，细进谮，当时使人受而不觉，如水之浸润渐渍，久久必湿也，故谓能谗者为"浸润之谮"也。**肤受之愬，**肤者，人肉皮上之薄绉也。愬者，相诉讼谗也。拙相诉者亦易觉也，若巧相诉害者，亦日日积渐稍进，如[三]人皮肤之受尘垢，当时不觉，久久方睹不净，故谓能诉害人者为"肤受之愬"也。**不行焉，可谓明也已矣。**言人若觉彼浸谮、肤诉害，使二事不行，则可谓为有明也。

郑玄曰："谮人之言，如水之浸润，以渐成人之祸也。"此巧谮者。**马融曰："肤受之愬，皮肤外语，非其内实也。"**巧愬者也。如马意，则谓内实之诉可受，若皮肤外语虚妄，则谓为

〔一〕"而"，斋本、库本无此字。
〔二〕"敬"，斋本、库本作"礼"。
〔三〕"如"上，斋本、库本有"为"字。

肤受也。然马此注与郑不类也。若曲曰使相类，则当云皮肤外语非内实者，即是肤愬积渐入于皮肤，非内实也。

浸润之谮，肤受之愬，不行焉，可谓远也已矣。”又广答也。言若使二事不行，非唯是明，亦是高远之德也。孙绰云：“问明而及远者，其有高旨乎？夫赖明察以胜谗，犹火发灭之以水，虽消灾有方，亦已殆矣。若远而绝之，则佞根玄拔，鉴巧无迹，而远体默全。故知二辞虽同，而后喻弥深，微显之义其在兹乎？”颜延之云：“谮润不行，虽由于明，明见之深，乃出于体远。体远不对于情伪，故功归于明见。斥言其功故曰‘明’，极言其本故曰‘远’也。”

马融曰：“无此二者，非但为明，其德行高远，人莫能及之也。”

子贡问政，问为政之法也。**子曰：“足食，足兵，令民信之矣。”**答之也。食为民本，故先须足食也。时浇后〔一〕须防卫，故次足兵也。虽有食有兵，若君无信，则民众离背，故必使民信之也。**子贡曰：“必不得已而去，于斯三者何先？”**已，止也。子贡又谘云：已奉知治国可〔二〕须食、兵、信三事，若假令被逼，必使除三事之一，而辞不得止，则三事先去何者耶？**曰：“去兵。”**答也。兵比二者为劣，若事不获已，则先可去兵也。**曰：“必不得已而去，于斯二者何先？”**又〔三〕，子贡又问：虽余食、信二事，若假令又被逼使去二事一，则先去何者也？**曰：“去食。**孔子又答云：若复被逼去二中之一，则先去食。**自古皆有死，民不信不立。”**孔子既答云“去食”，又恐子贡致嫌，故更此为解之也。言人若不食，乃必致死。虽然，自古迄今虽复皆〔四〕食，亦未有一人不死者。是食与不食，俱是有死也。而自古迄今，未有一国无信而国安立者。今推其二事，有死，自古而有；无信国立，自古而

〔一〕“后”，斋本、库本作“复”。
〔二〕“可”，斋本、库本作“必”。
〔三〕“又”，斋本、库本无此字。
〔四〕“皆”，斋本、库本无此字。

无。今宁从其有者，故我云去食也。故李充云："朝闻道夕死，孔子之所贵；舍生取义，孟轲之所尚。自古有不亡之道，而无有不死之人。故有杀身非丧己，苟存非不亡己也。"

孔安国曰："死者，古今常道也，人皆有之。治邦不可失信也。"

棘子城曰："君子质而已矣，何以文为？"棘子城云：君子所行，但须[一]质朴而足，何必用于文华乎？

郑玄曰："旧说云：棘子城，卫大夫也。"

子贡曰："惜乎，夫子之说君子也！子贡闻子城之言而讥之也。夫子，谓呼子城为夫子也。言汝所说君子用质不用文，为过失之甚，故云"惜乎，夫子说君子"。驷不及舌。此所惜之事也。驷，四马也。古用四马共牵一车，故呼四马为驷也。人生过言一出口，则虽四马骏足追之，亦所不及，故[二]"驷不及舌"。

郑玄曰："惜乎夫子之说君子也。过言一出，驷马追之，不及舌也。"

文犹质也，质犹文也。更为子城解汝所说君子用质不用文所以可惜之理也。将欲解之，故此先述其意也。言汝意云：文犹质，质犹文，故曰何用文为者耳。虎豹之鞟，犹犬羊之鞟也。"述子城意竟，故此又譬之不可也。鞟者，皮去毛之称也。虎豹所以贵于犬羊者，政[三]以毛文炳蔚为异耳。今若取虎豹及犬羊皮，俱灭其毛，唯余皮在，则谁复识其贵贱，别于虎豹与犬羊乎？譬于君子所以贵者，政以文华为别。今若遂[四]使质而不文，则何以别于君子与众人乎？

孔安国曰："皮去毛曰鞟。虎豹与犬羊别者，正以毛文

〔一〕"须"，斋本、库本作"备"。
〔二〕"故"下，斋本、库本有"云"字。
〔三〕"政"，库本作"正"，下同。"政"通"正"。
〔四〕"若遂"，斋本、库本作"遂若"。

异耳。今使文质同者,何以别虎豹与犬羊耶?"

哀公问于有若曰:"年饥,用不足,如之何?"鲁哀公愚暗,政苛赋重,故民废其业,所以积年饥荒,国用不足。公苦此恶,故问有若,求不饥而用足之法也。有若对曰:"盍彻乎?"盍,何不也。彻,谓十而税一也。鲁起宣公而十税二,至于哀公亦犹十二。赋税既重,民饥国乏,由于十二也。故有若答云今依旧十一,故云"何不彻"也。

郑玄曰:"盍者,何不也。周法十一而税,谓之彻。彻,通也。为天下通法也。"彻字训通,故汉武名彻,而改天下宜言彻者,一切云通也。今依王制云:"古者公田藉而不税。"郑玄曰:"'藉'之言借也。借民力作〔一〕公田,美恶取于是,不税民之所自治也。孟子曰:'夏后氏五十而贡,殷人七十而助,周人百亩而彻。'则所云古者,谓殷时也。其实皆十一也。"侃案:如记注,夏家民人盛多〔二〕,则一夫受田五十亩。殷承夏末,民人稍少,故一夫受田七十亩。周承于纣,人民凋尽,故一夫受田百亩。三代虽异,同十分彻一,故彻一为通法也。夏云贡者,是分田与民作之,所获随丰〔三〕俭,十分贡一,以上于王也。夏民犹淳,少于欺诈,故云贡也。殷人渐浇,不复所可信,故分田与民,十分取一,为君借民力以耕作,于一年丰俭,随其所得还君,不复税民私作者也。至周大文,而王畿内用夏之贡法。所以然者,为去王近,为王视听所知,兼乡遂公邑之吏,旦夕从民事,为其役之以公,使不得恤其私也。若王畿外邦国诸侯,悉用殷之助法。所以然者,为诸侯专一国之政,贪暴税民无法故也。故诗有"雨我公田,遂及我私"。又宣公十五年初税亩,传曰:"非礼也,谷出不过藉,以丰财也。"按此二文说,既有公私税,又云不过藉,则知诸侯助法也。又以周礼载师篇〔四〕论之,则畿内用夏之贡法也。其中有轻重,轻重不同,自各有意,此不复具言也。

〔一〕"作",斋本、库本作"治"。下句"是",斋本、库本作"此"。
〔二〕"多",斋本、库本作"大"。
〔三〕"丰",原作"豊",据斋本、库本改,下同。
〔四〕"篇",斋本、库本无此字。

曰:"二,吾犹不足,如之何其彻也?"公闻有若使为十一,故拒之也。言税十取二,吾国家之用犹尚不足,今若为令我十〔一〕取一乎?故云"如之何其彻也"。

孔安国曰:"二,谓十二而税也。"

对曰:"百姓足,君孰与不足?有若答君所以合十一之理也。言君若轻税,则民下百姓得宽,各从其业。业从人宽,则家家丰足。民既丰足,则岂有事君而不足耶?故云"百姓足,君孰与不足"也。孰,谁也。百姓不足,君孰与足?"又云:君既重税,一则民从公失〔二〕丰,二则贫无粮粮〔三〕,故家家食空竭,人人不足。既人人不足,故君岂得足?故云"君谁与足"也。故江熙云:"为家者与一家俱足,乃可谓足,岂可足己而谓之足也?夫俭以足用,宽以爱民,日计之可不足,而岁计则有余。十二而行,日计可有余,岁计则不足。行十二而不足,不思损而益,是扬汤止沸,疾行遁影。有子之所以发德音者也。"

孔安国曰:"孰,谁也。"

子张问崇德辨惑,问求崇重有德、辨别疑惑之法也。

苞氏曰:"辨,别也。"

子曰:"主忠信,徙义,崇德也。此答崇德义也。言若能以〔四〕忠信为主,又若见有义之事则徙意从之,此二条是崇德之法也。

苞氏曰:"徙义,见义则徙意从之也。"

爱之欲其生也,此答辨惑也。中人之情不能忘于爱恶,若有人从己,己则爱之。当爱此人时,必愿其生活于世也。恶之欲其死也。既欲其生也,又欲其死,是惑也。犹是前所爱者而彼〔五〕违己,己便憎恶。憎恶

〔一〕"十"下,斋本、库本有"而"字。
〔二〕"失",斋本、库本作"先",误。
〔三〕"粮",斋本、库本空缺。
〔四〕"能以",堂本正误表以"能复以"为正。
〔五〕"彼"下,斋本、库本有"忽"字。

之既深，便愿其死也。犹是一人，而爱憎生死起于我心，我心不定，故为惑矣。

苞氏曰："爱恶当有常，一欲生之，一欲死之，是心惑也。"

'诚不以富，亦祇以异。'"引诗证为惑人也。言生死不定之人，诚不足以致富，而只以为异事之行耳也。

郑玄曰："此诗小雅也。祇，适也。言此行诚不可以致富，适以足[一]为异耳。取此诗之异义以非之也。"

齐景公问政于孔子，于时齐弱，为其臣陈恒所制，景公患之，故问政方法于孔子也。孔子对曰："君君，臣臣，父父，子子。"孔子随其政恶而言之也。言为风政之法，当使君行君德，故云"君君"也。君德谓惠也。臣当行臣礼，故云"臣臣"也。臣礼谓忠也。父为父法，故云"父父"也。父法谓慈也。子为子道，故云"子子"也。子道谓孝也。

孔安国曰："当此时，陈恒制齐，君不君，臣不臣，父不父，子不子，故以此对也。"

公曰："善哉！信如君不君，臣不臣，父不父，子不子，公闻孔子言而服之也。言我国信有此四事也。虽有粟，吾岂得而食诸？"诸，之也。公又言国既方乱，我虽有粟米俸禄，我岂得长食之乎？

孔安国曰："言将危也，陈氏果灭齐也。"后陈恒杀[二]齐君是也。江熙云："景公喻旨，故复远述四弊不食粟之忧，善其诚言也[三]。"

子曰："片言可以折狱者，其由也与？"片，犹偏也。折狱，谓判辨狱讼之事也。由，子路也。夫判辨狱讼，必须二家对辞，子路既能果断，故偏听一

〔一〕"足"，斋本、库本作"是"，误。正平版何解作"足"。邢疏此句作"适足以为异耳"。

〔二〕"杀"，斋本、库本作"弑"。

〔三〕"江熙云"至"诚言也"，斋本、库本放在解经文处，接于"我岂得长食之乎"句下。

辞而能折狱也。一云:子路性直,情无所隐者。若听子路之辞,亦则一辞亦足也。故孙绰云:"谓子路心高而言信,未尝文过以自卫。听讼者便宜以子路单辞为正,不待对验而后分明也。非谓子路闻人片言而便能断狱也。"

孔安国曰:"片,犹偏也。听讼必须两辞以定是非。偏信一言以折狱者,唯子路可也。"就此注意亦得两通也。

子路无宿诺。宿,犹逆也。诺,犹许也。子路性笃信,恐临时多故,晓有言不得行,故不逆言许人。

宿,犹[一]豫也。子路笃信,恐临时多故,故不豫诺也。

子曰:"听讼,吾犹人也。孔子言,若有讼而使我听出决之,则我与人不异,故云"吾犹人"。

苞氏曰:"言与人等也。"

必也使无讼乎!"言我所以异于人者,当讼未起,而化之使不讼耳。故孙绰云:"夫讼之所生,先明其契,而后讼不起耳。若讼至后察,则不异于凡人也。此言防其本也。"

王肃曰:"化之在前也。"

子张问政,问为政方法也。子曰:"居之无倦,行之以忠。"答云,言身居政事,则莫懈倦。又凡所行用于民者,必尽忠心[二]也。

王肃曰:"言为政之道,居之于身,无得懈倦;行之于民,必以忠信之也矣。"

子曰:"君子博学于文,约之以礼,能以礼约束也。亦可以弗畔矣夫。"畔,违背也。言人广学文章,而又以礼自约束,则亦得不违背正理也。

弗畔[三],不违道也。

〔一〕"犹",斋本、库本无此字。
〔二〕"心",斋本、库本作"信"。
〔三〕"弗畔"上,斋本、库本有"郑玄曰"三字,邢疏有"郑曰"二字。

子曰:“君子成人之美,不成人之恶。美与己同,故成之也;恶与己异,故不成之也,小人反是。”恶与己同,故成之也;美与己背[一]异,故不成之也,故与君子反。季康子问政于孔子,亦问为政之法于孔子也。孔子对曰:“政者,正也。解字训以答之也。言所以谓治官为政者,政训中正之正也。子帅而正,孰敢不正?”又解政所以训正之义也。言民之从上,如影随身表,若君上自率己身为正之事,则民下谁敢不正者耶?

郑玄曰:“季康子,鲁上卿,诸臣之帅也。”帅,犹先也。既为上卿,故为同朝诸臣之先也。李充云:“我好静而民自正也[二]。”

季康子患盗,问于孔子,患国内多偷盗,故问孔子[三],问于孔子求除盗之法也。孔子对曰:“苟子不欲,虽赏之不窃。”孔子答多盗之由也。子,指季康子也。窃,犹盗也。言民所以为盗者,由汝贪欲不厌,故民从汝而为盗耳。若汝心苟无欲,假令重赏于民,令民为盗,则民亦不为也,是从汝故也。

孔安国曰:“欲,多情欲也。言民化于上,不从其所令,从其所好也。”虽赏不窃,是不从其所令也。康子患之,而民为之不止,是从其所好也。李充云:“我无欲而民自朴者也。”

季康子问政于孔子曰:“如杀无道以就有道,何如?”就,成也。康子问孔子而言:为政欲并杀无道之人,而成就爵禄有道者,其事好不?故云“何如”也。

孔安国曰:“就,成也。欲多杀以止奸也。”

孔子对曰:“子为政,焉用杀?孔子不许其杀也。言汝自为政,为政由汝,焉用多杀乎?子欲善,而民善矣。民有道无道,终由于汝。汝若

〔一〕“背”,斋本、库本无此字。

〔二〕“李充云”至“自正也”,斋本、库本放在解经文处,接于“则民下谁敢不正者耶”句下。

〔三〕“问孔子”,斋本、库本无此三字,是。

善，则民自善。自善岂复无道乎？令[一]之无道，由汝无道之故也。**君子之德风也，小人之德草也，**更为民从上之譬也。君子，人君。小人，民下也。言人君所行，其德如风也；民下所行，其事[二]如草。**草尚之风，必偃。”**尚，犹加也。偃，卧也。言君如风，民如草，草上加风，则草必卧。东西随风，如民从君也。

孔安国曰：“亦欲令康子先自正也。偃，仆也。仆，亦踣卧也。**加草以风，无不仆者，犹民之化于上也。”**

子张问：“士何如斯可谓之达？”士，通谓大夫也。达，谓身名[三]通达也。子张问为士之法，何若为德行，而得谓[四]为达士耶也？**子曰：“何哉，尔所谓者达矣[五]？”**孔子知子张意非，故反质问之也。言汝意谓若为事是达而问之也。故云“何哉，尔所谓达者”也。**子张对曰：“在邦必闻，在家必闻。”**在邦，谓仕诸侯也。在家，谓仕卿大夫也。子张答云：己所谓达者，言若仕为诸侯及卿大夫者，必并使有声举[六]远闻者，是为达也。

郑玄曰：“言士之所在，皆能有名誉也。”

子曰：“是闻也，非达也。孔子曰：汝所言者，则闻耳，非是达也。缪协云：“闻者达之名，达者闻之实，而殉为名者众，体实者寡，故利名者饰伪，敦实者归真。是以名分于闻，而道隔于达也。”**夫达者，质直而好义，**既谓子张之达是闻，故此更为其说达也。言夫达者，质性正直，而所好者义也。**察言而观色，**达者，人[七]能察人言语、观人容色者也。**虑以下人。**既察

〔一〕“令”，斋本、库本作“今”，是。
〔二〕“事”，斋本、库本作“德”。
〔三〕“名”，斋本、库本作“命”，误。
〔四〕“得谓”，斋本、库本作“谓得”。
〔五〕“者达矣”，斋本、库本作“达者”。
〔六〕“举”，斋本、库本作“誉”，是。
〔七〕“人”，斋本、库本作“又”，是。

于言色，又须怀于谦退，思以下人也。

马融曰："常有谦退之志，察言语，见颜色，知其所欲，其念虑常欲以下人也。"

在邦必达，有〔一〕家必达。 此人所在，必有此诸行以达于人，故云"必达"也。

马融曰："谦尊而光，卑而不可逾也。" 引谦卦证"虑以下人"所以是以〔二〕达之义也。既谦光尊不可逾，故所在必达也。

夫闻者，色取仁而行违， 孔子更为子张说闻非达也。时多佞颜色，一往亦能假颜色为仁，而不能行之，故云"色取仁而行违"也。**居之不疑。** 既能为假，能为假故居此假而能使人不疑之也。非唯不为他所疑而已，亦自不复自疑也。

马融曰："此言佞人也。佞人假仁者之色，行之则违。安居其伪，而不自疑者也。"

在邦必闻，在家必闻。" 既佞人党多，故所在必闻也。缪协云："世乱则佞人多，党盛则多闻，斯〔三〕所谓叹衰运，疾弊俗。"

马融曰："佞人党多也。" 沈居士云："夫闻之与达为理自异。达者德立行成，闻者有名而已。夫君子深渊隐默，若长沮、桀溺、石门、晨门，有德如此，始都不闻于近世〔四〕。巍巍荡荡，有实如此，而人都不知，是不闻也〔五〕。并终年〔六〕显称名，则是达也。汉书称：'王莽始折节下士，乡党称孝，州闾称悌，至终年豺狼迹著，而母死不临。'班固云：'此所谓在邦必闻，在家必闻，色取仁而行违者也。'闻者达之名，达者闻之实。

〔一〕"有"，斋本、库本作"在"，是。正平版何解、邢疏、朱注亦作"在"。
〔二〕"以"，斋本、库本作"必"。
〔三〕"斯"字，库本脱。
〔四〕"不闻于近世"，斋本、库本作"不闻于世近世"，衍上"世"字。
〔五〕"也"，斋本、库本作"世"。
〔六〕"年"，斋本、库本作"然"。下句"至终年豺狼迹著"之"年"字同。

有家[一]者必有名，有名者[二]不必有实，实深乎本，闻浮于末也。”

樊迟从游于舞雩之下，此舞雩之处近孔子家，故孔子往游其檀树之下，而弟子樊迟从也。

苞氏曰：“舞雩之处有坛墠树木，故其下可游也。”

曰：“敢问崇德、修慝、辨惑。”既从游而问此三事也。修，治也。慝，恶也。谓治恶为善也。问崇德、治恶、辨惑之事也。

孔安国曰：“慝，恶也。修，治也。治恶为善也。”

子曰：“善哉[三]问！将欲答之，故先美其问之善[四]也。**先事后得，非崇德与？**答崇德。先事，谓先为勤劳之事也。后得，谓后得禄位己劳也。若能如此，岂非崇德与？言其是也。故范宁云：“物莫不避劳而处逸。今以劳事为先，得事为后，所以崇德也。”

孔安国曰：“先劳于事，然后得报也。”

攻其恶，毋攻人之恶，非修慝与？答修慝也。攻，治也。言人但自治己身之恶，改之为善，而不须知他人恶事。若能如此，岂非修慝与？**一朝之忿，忘其身，以及其亲，非惑与？”**答辨惑也。君子有九思，忿则思难。故若人触惑[五]者，则思后有患难，不敢遂肆我忿以伤害于彼也。若遂肆忿忘[六]我身，又灾过[七]及己亲，此则已为惑。故宜辨明，知而不为也。**樊迟问仁，**问为仁之道也。**子曰：“爱人。”**仁以恻隐济众，故曰“爱人”也。**问智，**樊迟又问智也。**子曰：“知人。”**孔子答曰：能知人者则为智也。

〔一〕“家”，斋本、库本作“实”。
〔二〕“者”，库本脱。
〔三〕“哉”，库本作“或”，误。
〔四〕“善”，库本作“事”，误。
〔五〕“触惑”，堂本正误表以“触威”为正。
〔六〕“忘”下，斋本、库本有“于”字。
〔七〕“过”，斋本、库本作“祸”。

樊迟未达。达，犹晓也。已晓爱人之言，而问〔一〕晓知人之旨也。子曰："举直错诸枉，能使枉者直。"错，废也。枉，邪也。樊迟既未晓知人之旨，故孔子又为说之也。言若举直正〔二〕之人在位用之，而废置邪枉之人不用，则邪枉之人皆改枉为直以求举之。

苞氏曰："举正直之人用之，废置邪枉之人，则皆化为直也。"

樊迟退，见子夏，樊迟犹未晓"举直错诸枉"之言，故退而往见子夏，欲问之。曰："向也吾见于夫子而问智，子曰'举直错诸枉，能使枉者直'，何谓也？"樊迟既见于子夏，而述夫子之言，问之何谓也。子夏曰："富哉是言乎！子夏得问而晓孔子语，故先美之也。富，盛也，云孔子之言甚盛。

孔安国曰："富，盛也。"

舜有天下，选于众，举皋陶，不仁者远矣。引事以答举直错枉也。言舜昔有天位，选择诸民众中，举得皋陶，在位用之，则是"举直"也。而不仁者不敢为非，故云"远矣"，即是"枉者直"也。汤有天下，选于众，举伊尹，不仁者远矣。"恐樊迟犹未晓，故又举一条事也。

孔安国曰："言舜、汤有天下，选择于众，举皋陶、伊尹，则不仁者远矣，仁者至矣。"蔡谟云："何谓'不仁者远'？远者，去也。若孔子言能使枉者去，则是智也。今云'能使枉者直'，是化之也。孔子言其化，子夏谓之去者，亦为商之未达乃甚于樊迟也。子夏言此者，美舜、汤之知人，皋陶、伊尹之致治也。无缘说其道化之美，但言不仁者去。夫言远者，岂必足陟遐路，身适异邦？贤愚相殊，是亦远矣，故曰'性相近也，习相远也'。不仁之人感化迁善，去邪枉，正直是与，故

〔一〕"问"，斋本、库本作"未"，是。
〔二〕"直正"，斋本、库本作"正直"。

谓远也。"案:蔡氏之通,与孔氏无异,但孔氏云"不仁者远",少为纡耳。若味而言之,则远是远其〔一〕恶行,更改为善行也。

子贡问友。谘求朋友之道也。**子曰:"忠告而以〔二〕善导之,**朋友主切磋,若见有不善,当尽己忠心告语之,又以善事更相诱导也。**否则止,无自辱焉。"**否,谓彼不见从也。若彼苟不见从,则使〔三〕止而不重告也。若重告不止,则彼容反见骂辱,故云"无自辱焉"。

苞氏曰:"忠告,以是非告之也。以善导之,不见从则止。必言之,或见辱也。"若必更言之,己或反见辱也。

曾子曰:"君子以文会友,言朋友相会,以文德为本也。

孔安国曰:"友以文德合也。"

以友辅仁。"所以须友者,政持〔四〕辅成己仁之道故也。

孔安国曰:"友有相切磋之道,所以辅成己之仁也。"讲学以会友,则道益明;取善以辅仁,则德日进〔五〕。

论语义疏第六　经二千六十二字　注一千九百四十六字

〔一〕"其",斋本、库本无此字。
〔二〕"以"字,库本脱。
〔三〕"使",库本作"便"。
〔四〕"持",斋本、库本作"以"。
〔五〕"讲学"至"日进",斋本、库本无此十八字。

论语义疏卷第七 子路 宪问

梁国子助教吴郡皇侃撰

论语子路第十三　　何晏集解　凡三十章

疏子路，孔子弟子也，武为三千之标者也。所以次前者，武劣于文，故子路次颜渊也。

子路问政。问为政之法也。**子曰："先之劳之。"**答也。先之，谓先行德信及于民也。劳之，谓使劳役也。为政之法，先行德泽，然后乃可劳役也。

孔安国曰："先导之以德，使民信之，然后劳之。易曰'说以使[一]民，民忘其劳'也。"引易证上先有德泽可悦，后乃可劳民也。

请益。子路嫌为政之法少，故就孔子更求请益也。**曰："无倦。"**孔子答云：但行"先之劳之"二事，无有懈倦，则自为足也。

孔安国曰："子路嫌其少，故请益。曰'无倦'者，行此上事无倦，则可也。"

〔一〕"使"，当为"先"。十三经注疏本周易兑卦此句作"说以先民，民忘其劳"。

仲弓为季氏宰,问政。仲弓将往费为季氏采邑之宰,故先谘问孔子,求为政之法也。**子曰:"先有司,**有司,谓彼邑官职属吏之徒也。言为政之法,未可[一]自逞聪明,且先委任其属吏,责以旧事。

王肃曰:"言为政当先任有司,而后责其事。"

赦小过,过,误也。又当放赦民间小小过误犯之罪者也。**举贤才。"**又当举民中有才智者,荐之于君者也。**曰:"焉知贤才而举之?"**焉,安也。仲弓又谘云:己识暗昧,岂辨得贤才而可举之也? **曰:"举尔所知。尔所不知,人其舍诸?"**仲弓既云"焉知贤才",故孔子又答云:但随所识[二]而举之,尔所不知,他人举之。汝为民主,汝若好举贤才,则民心必从汝所好,亦[三]各各自举其所知贤才,皆遂不见于弃舍[四]。诸,之也。人其舍于之乎?范宁云:"仲弓以非不欲举贤才,识暗[五]不知人也。孔子以所知者则举之,尔不知者,他人自举之。各举所知,则贤才岂弃乎?"

马融曰[六]:"女所不知者,人将自举之。各举其所知,则贤才无遗也。"

子路曰:"卫君待子而为政,子将奚先?"子,孔子也。奚,何也。子路谘孔子云:卫国之君欲待子共为政化,子若往卫与彼共为政,则先行何事为风化也?

苞氏曰:"问往将何所先行也。"

子曰:"必也正名乎!"孔子答曰:若必先行,正百物之名也。所以先须正名者,为时昏礼乱,言语翻杂,名物失其本号,故为政必以正名为先也。所以

〔一〕"可",斋本、库本作"有"。
〔二〕"随所识",斋本、库本作"随尔所知"。
〔三〕"亦",斋本、库本无此字。
〔四〕"于弃舍",斋本、库本作"舍弃"。
〔五〕"暗",斋本、库本作"昧"。
〔六〕"马融曰",斋本、库本作"孔安国曰"。正平版何解作"孔安国曰",邢疏作"孔曰"。

下卷云“邦君之妻，君称之曰夫人”之属，是正名之类也。

马融曰：“正百事之名也。”韩诗外传曰：“孔子侍坐季孙，季孙之宰通曰：‘君使人价[一]马，其与之不乎？’孔子曰：‘君取臣谓之取，不谓之价。’季孙悟，告宰[二]曰：‘今日以来，云君有取谓之取，无曰假也。’故孔子正假马之名，而君臣之义定也[三]。”

子路曰：“有是哉，子之迂也！奚其正？”迂，远也。子路闻孔子以正名为先，以为不是，故云“有是哉”，言正名非是也。又云“子之迂也”，谓孔子所言正名，于为政之事赊远，不近于事实。又云“奚其正”，言何须正也。

苞氏曰：“迂，犹远也。言孔子之言疏远于事也。”谓正名与事相乖远[四]者也。

子曰：“野哉，由也！野，不达也。由，子路名也。子路不晓正名之理，更[五]谓孔子言远于事实，故孔子责之云“野哉，由也”。所以前卷云：“由，诲汝知之乎，不知为不知，是知也。”

孔安国曰：“野，犹不达也。”

君子于其所不知，盖阙如也。既先责之云“野哉”，此[六]戒之言：君子之人，若事于己有所不知，则当阙而不言。今汝不知正名之义，便谓为迂远，何乎？

苞氏曰：“君子于其所不知，当阙而勿据。今由不知正名之义，而谓之迂远也。”

名不正，则言不顺。戒之既竟，更又为说正名之义。言所以为政先须正

〔一〕“价”，斋本、库本作“假”，下同。
〔二〕“宰”下，斋本、库本有“通”字。
〔三〕“韩诗外传”至“定也”，斋本、库本放在解经文处，接于“是正名之类也”句下。
〔四〕“远”，斋本、库本作“违”。
〔五〕“更”，斋本、库本作“便”。
〔六〕“此”下，斋本、库本有“又”字。

名，且夫名以召实，实以应名，名若倒错不正，则[一]言语纰僻，不得顺序也。**言不顺，则事不成。**事，谓国家所行之事。若言不从顺序，则政行触事不成也。**事不成，则礼乐不兴。**兴，犹行也。若国事多失，则礼乐之教不通行也。**礼乐不兴，则刑罚不中。**礼以安上治民，乐以移风易俗，若其不行，则君上不安，恶风不移，故有淫刑滥罚，不中于道理也。

苞氏曰："礼以安上，乐以移风，二者不行，则有淫刑滥罚也。"

刑罚不中，则民无所错[二]手足。错，犹置立也。刑罚既滥，故下民畏惧刑罚之滥，所以局天蹐地，不敢自安，是无所自措立手足也。**故君子名之必可言也，**既民无所措手足，由于名之不正，故君子为政者宜正其名，必使顺序而可言也。**言之必可行也。**言既顺序，则事所以可行也。

王肃曰："所名之事，必可得而明言也；所言之事，必可得而遵行也。"

君子于其言，无所苟而已矣。"言必使可行，政于其言不得苟且而不正也。郑注云："正名，谓正书字也。古者曰名，今世曰字。"礼记曰："百名已上，则书之于策。"孔子见时教不行，故欲正其文字之误。

樊迟请学稼。樊须，字子迟。稼者，种谷之名。樊迟请于孔子，求学种五谷之术也。**子曰："吾不如老农。"**农者，浓也，是耕田之人也。言耕田所以使国家仓廪浓厚也。樊迟既请学稼于孔子，孔子言我门唯有先王之典籍，非耕稼之所，汝若欲学稼，当就农夫之老者学之，故云"吾不如老农"。**请学为圃，**圃者，种菜之事也。既请农不许，又更就孔子求学种菜之术也。**子曰："不[三]如老圃。"**又答云：我不如种菜之老圃者也。

〔一〕"则"下，斋本、库本有"当"字。

〔二〕"错"，斋本、库本作"措"。邢疏作"错"，朱注作"措"。"错"通"措"。

〔三〕"不"上，斋本、库本有"吾"字。正平版何解、邢疏、朱注亦有"吾"字。

马融曰:“树五谷曰稼,树,种殖也。五谷,黍、稻、稷、粱[一]之属。种之曰稼,收敛曰穑。稼犹嫁也,言种谷欲其滋长田苗,如人稼娶[二]生于子孙也。穑,吝啬也,言谷熟而敛藏之,如悭贪吝啬之人聚物也。树菜蔬曰圃。”蔬,犹菜也。种菜曰圃。圃之言布也,取其分布于地。若种果实则曰园。园之言蕃也,种果于圃外,为蕃盛也。

樊迟出。既请二者不为师所许,故出去。子曰:“小人哉,樊须也!小人是贪利者也。樊迟出后,孔子呼名骂之。君子喻于义,小人喻于利,樊迟在孔子之门,不请学仁义忠信之道,而学求利之术,故云“小人”也。上好礼,则民莫敢不敬。责之既竟,此又说学君子之道胜学小人之事也。言[三]上若好礼,则民下谁敢不敬,故云“莫敢不敬”。礼主敬故也。上好义,则民莫敢不服。君[四]若裁断得宜,则民下皆服。义者,宜也。上好信,则民莫敢不用情。君上若信[五],则民下尽敬不复欺,故相与皆服[六]于情理也。李充云:“用情,犹尽忠也。行礼不以求敬,而民自敬。好义不以服民,而民自服。施信不以结心,而民自尽信。言民之从上,犹影之随形也。”

孔安国曰:“情,情实也。言民化其上,各以情实应也。”

夫如是,则四方之民襁负其子而至矣,夫,发语端也。是者,此也。负子以器曰襁,言[七]上若好行上三事,夫得如此,四方之民大小归化,故并器负其子而来至也。李充云:“负子以器,言化之所感,不召而自来。”焉用

〔一〕“黍稻稷粱”,斋本、库本作“黍稷稻粱”。
〔二〕“稼娶”,堂本正误表以“嫁娶”为正。
〔三〕“言”下,斋本、库本有“君”字。
〔四〕“君”下,斋本、库本有“上”字。
〔五〕“信”上,斋本、库本有“好”字。下句“尽”字,斋本、库本作“有”。
〔六〕“服”,斋本、库本作“尽”。
〔七〕“言”下,斋本、库本有“君”字。

稼？” 焉，犹何也。行此三事而四方自归，则何用学稼乎？李充云：“余谓樊迟虽非入室之流，然亦从游侍侧，对扬崇德辨惑之义。且圣教殷勤，唯学为先，故言‘君子谋道不谋食’。又曰‘耕也馁在其中矣，学也禄在其中矣’，而迟亲禀明诲，乃谘圃稼，何顽之固甚〔一〕哉！纵使樊迟欲舍学营生，犹足知非圣师之谋矣。将恐三千之徒，虽同学圣门，而未能皆忘荣禄。道教之益，奢惰〔二〕之患切，箪食不改其乐者，唯颜回堪之耳。迟之斯问，将必有由，亦如宰我问丧之谓也。”

苞氏曰：“礼义与信，足以成德，何用学稼以教民乎！负者以器，曰襁也。” 襁者，以竹为之，或云以布为之。今蛮夷犹以布帊裹儿，负之背也。

子曰：“诵诗三百， 不用文，背文而念曰诵。亦曰口读曰诵。诗有三百五篇，云“三百”，举全数也。言人能诵诗之至〔三〕也。**授之以政，不达；** 达，犹晓也。诗有六义，国风、二雅并是为政之法。今授政与此诵诗之人，不能晓解也。袁氏云：“诗有三百篇，是以为政者也。”**使于四方，不能专对。** 专，犹独也。孔子语鲤云“不学诗，无以言”，又云“可以群，可以怨。近之事父，远之事君，多识于草木鸟兽之名”者，今使此诵诗之人聘问邻国，而不能专独〔四〕应对也。袁氏云：“古人使，赋诗而答对。”**虽多，亦奚以为？”** 奚，何也。诵诗宜晓政，而今不达；又应专对，而今不能，虽复诵诗〔五〕之多，亦何所为用哉？故云“亦奚以为”也。

专，犹独也。

子曰：“其身正，不令而行。 如直形而影自直。范宁云：“上能正己以率物，则下不令而自从也。”**其身不正，虽令不从。”** 如曲表而求直影，影

〔一〕“顽之固甚”，斋本、库本作“顽固之甚”。

〔二〕“惰”，斋本、库本作“情”。

〔三〕“至”上，斋本、库本有“过”字。

〔四〕“独”下，斋本、库本有“犹”字，衍。

〔五〕“诗”，斋本、库本作“咏”。

终不直也。范宁云:“上行理僻,而制下使正,犹立邪表责直影,犹东行求郢,而此终年不得矣。”

令,教令也。

子曰:“鲁、卫之政,兄弟。”鲁是周公之封,卫是康叔之封,周公、康叔是兄弟。当周公初时,则二国风化,政亦俱能治化如兄弟。至周末,二国风化俱恶,亦如兄弟。故卫瓘云:“言治乱略同也。”

苞氏曰:“鲁,周公之封。卫,康叔之封也。周公、康叔既为兄弟,康叔睦于周公,其国之政亦如兄弟也。”睦,亲也。言康叔亲于周公,故风政得和好也。

子谓卫公子荆善居室。卫公子荆,是卫家公子也。诸侯之庶子,并称公子。居其家能治,不为奢侈,故曰“善居室”也。

王肃曰:“荆与蘧瑗、史鳝并为君子也。”蘧瑗,字伯玉。后卷云“君子哉蘧伯玉”亦是也。吴公子札出聘于上国,适卫,说蘧瑗、史狗、史鳝、公子荆、公子叔、公子朝,曰:“卫多君子,未有患已[一]。”事在(春秋第十九卷)襄公二十九年[二]也。

始有,曰:“苟合矣。”此是善居室之事。始有,谓为居初有财帛时也。曰,犹云也。苟,苟且也。苟且非本意也。于时人皆无而为有,虚而为盈,奢华过实。子荆初有财帛,不敢言己才力所招,但云是苟且遇合而已。少有,曰:“苟完矣。”少有,谓更复多少胜于始有时也。既少胜于前始有,但云苟且得自全完而已,不敢言欲为久富贵也。富有,曰:“苟美矣。”富有,谓家道遂大富时也。亦云苟且为美,非是性之所欲,故云“苟美矣”。子适卫,冉子仆。适,往也。仆,御车也。孔子往卫,冉有时为孔子御车也。

孔安国曰:“孔子之卫,冉有御也。”

〔一〕“已”,斋本、库本作“也”。十三经注疏本左传亦作“也”。
〔二〕“年”下,斋本、库本有“传”字。

子曰："庶矣哉！"庶，众也。孔子叹卫人民之众多也矣。

孔安国曰："庶，众也。言卫民众多也。"

冉有曰："既庶矣，又何加焉？"加，益也。冉有言其民既众多，复何以滋之也？曰："富之。"孔子云：宜益以富。曰："既富矣，又何加焉？"冉有又问：既已富益，又复何以益之？ 曰："教之。"既富而后，可以教化之。范宁云："衣食足，当训义方也。"子曰："苟有用我者，期月而已可也，苟，诚也。期月，谓年一周也。可者，未足之辞也。言若诚能用我为治政者，一年即可小治也。一年天气一周变，故人情亦小〔一〕改也。三年有成。"成，大成也。三年一闰，是天道一成。故为政治，若得三年，风政亦成也。

孔安国曰："言诚有用我于政事者，期月而可以行其政教，必三年乃有成功也。"

子曰："'善人为邦百年，亦可以胜残去杀矣。'善人，谓贤人也。为者，治也。为邦，谓为诸侯也。胜残，谓政教理胜而残暴之人不起也。去杀，谓无复刑杀也。言贤人为诸侯已百年，则残暴不起，所以刑辟无用。袁氏曰："善人，谓体善德贤人也。言化当有渐也，任善用贤，则可止刑；任恶，则杀愈生也。"

王肃曰："胜残者，胜残暴之人，使不为恶也。去杀者，不用刑杀也。"

诚哉，是言也！"诚，信也。古旧有此语，故孔子称而美信之。

孔安国曰："古有此言，故孔子信也。"

子曰："如有王者，必世而后仁。"王者，谓圣人为天子也。世，卅〔二〕年也。圣人化速，故卅年而政乃大成。必须世者，旧被恶化之民已尽，新生之民

〔一〕"小"，斋本、库本作"少"。

〔二〕"卅"，斋本、库本作"三十"，下同。

得卅年，则所禀圣化易成。故颜延之云："革命之王，必渐化物以善道，染乱之民，未能从道为化，不得无威刑之用，则仁施未全。改物之道，必须易世，使正化德教，不行暴乱，则刑罚可措，仁功可成。"栾肇曰："习乱俗，虽畏法刑而外必犹未能化也。必待世变人改，生习治道，然后仁化成。刑措成、康，化隆文、景，由乱民之世易，殷、秦之俗远也。"

孔安国曰："三十年曰世。如有受命王者，必三十年，仁政乃成也。"

子曰："苟正其身矣，于从政乎何有？苟，诚也。言诚能自正其身，则为政不难，故云"何有"。**不能正身，其如正人何**〔一〕**？"**其身不正，虽令不从，故云"如正人何"也。故江熙云："从政者以正人为事也，身不正那能正人乎？"**冉子退朝，**退朝，谓且〔二〕朝竟而还家。朝廷曰退也。

周生烈曰："谓罢朝于鲁君也。"冉子尔时仕季氏，且上朝于鲁君，当是季氏，冉有从之朝鲁君也。

子曰："何晏也？"晏，晚也。冉子还晚于常朝，故孔子问之：今还何晏也？范宁云："冉求早朝晚退，故孔子疑而问之。"**对曰："有政。"**答所以退晚之由也。言在朝论于政事，故至晏也。

马融曰："政者，有所改更匡正〔三〕**也。"**

子曰："其事也。孔子谓冉有所云"有政"非之也，应是凡所行小事耳，故云"其事也"。

马融曰："事者，凡所行常事也。"

如有政，虽不吾以，吾其与闻之。"孔子更说所以知非政之由也。以，用也。言若必是有政事，虽不吾既必应用，而吾既为卿大夫，亦当必应参预

〔一〕"不能正身，其如正人何"，斋本、库本作"不能正其身，如正人何"。邢疏、朱注与斋本、库本同。

〔二〕"且"，斋本、库本作"旦"，是。下文"且上朝"之"且"字，亦当作"旦"。

〔三〕"正"，斋本、库本作"政"。正平版何解、邢疏作"正"。

闻之。今既不闻,则知汝所论非关政也。

马融曰:"如有政事,非常之事。我为大夫,虽不见任用,必当与闻也。"栾肇云:"案称政事,冉有、季路,未有不知其名,而不[一]能职其事者。斯盖微言以讥季氏专政之辞。若以家臣无专[二]政之理,则二三子为宰而问政者多矣,未闻夫子有讥焉[三]。"

定公问:"一言而可以兴邦,有诸?"定公,鲁君也。诸,之也。问孔子有出一言而能兴邦者不乎。**孔子对曰:"言不可以若是,**若是者,犹如此也。答云:岂有出言[四]而兴得邦国乎?言不可得顿如此也。**其几。**几,近也。然一言虽不可即使兴,而有可近于兴邦者,故云"其几"也。

王肃曰:"以其大要,一言不能正兴国也。几,近也。有近一言可兴国也。"

人之言而[五]曰:'为君难,为臣不易。'此已下是一言近兴邦之言。设有人云,在上为君,既为人主,不可轻脱,罪归元首,故为"难"也。又云:为人臣者,国家之事应知无不为也,必致身竭命,故云"不易"也。**如知为君难也,不几乎一言而兴邦乎?"**如,若也。若知为君难,而云不敢作,此言则岂不近一言兴邦[六]乎?不云为臣不易者,从可知也。且君道尊贵,为人所贪,故特举君也。

孔安国曰:"事不可以一言而成也,知如此,则可近也。"

曰:"一言而可以丧邦,有诸?"定公又问,有一言而令邦国即丧者不

〔一〕"不",斋本、库本无此字。

〔二〕"专",斋本、库本作"与"。

〔三〕"栾肇云"至"有讥焉",斋本、库本放在解经文处,接于"则知汝所论非关政也"句下。

〔四〕"言"上,斋本、库本有"一"字。

〔五〕"而",斋本、库本无此字。正平版何解、邢疏、朱注亦无"而"字。

〔六〕"邦",斋本、库本作"国"。

乎?孔子对曰:“言不可以若是,其几也。亦如前答,亦有言近之者也。人之言曰:‘予无乐乎为君,唯其言而乐莫予违也。’此举近丧邦之言也。设有人言,我本无乐为人之君上,所以乐为君者,正言我有言语而人异我,无敢违距〔一〕我者,为此故,所以乐为君耳。

孔安国曰:“言无乐于为君,所乐者,唯乐其言而不见违也。”

如其善而莫之违也,不亦善乎?将说〔二〕其恶,故先发此句也。此若为君而出言必善,而民不违,如此者乃可为善耳,故云“不亦善乎”。如不善而莫之违也,不几乎一言而丧邦乎?”又答:若为君而言不善,使民若〔三〕不违,则此言不近一言而丧邦乎?

孔安国曰:“人君所言善,无违之者,则善也;其所言不善,而无敢违之者,则近一言而丧国也。”

叶公问政。叶公亦问孔子为政之道。子曰:“近者悦,远者来。”言为政之道,若能使近民欢悦,则远人来至也。江熙云:“边国之人,豪气不除,物情不附,故以悦近以〔四〕谕之。”子夏为莒父宰,问政。子夏欲往莒父为宰,故先问孔子为政之法也。

郑玄曰:“旧说曰:莒父,鲁下邑也。”

子曰:“无欲速,言为政之道,每当闲缓,不得仓率〔五〕求速成也。毋见小利。政贵有恒,不得见小财利而曲法为之。欲速则不达,解欲速之累也。若不安缓,每事而欲速成,则不通达于事理也。见小利则大事不成。”若见小利而枉法曲教,则为政之大事无所成就也。

〔一〕“距”,斋本、库本作“拒”。“距”通“拒”。

〔二〕“说”,斋本、库本作“讥”。

〔三〕“若”,斋本、库本无此字。

〔四〕“以”,斋本、库本无此字。

〔五〕“率”,斋本、库本作“卒”。

孔安国曰："事不可以速成，而欲其速，则不达矣。见小利，妨大事，则大事不成也。"

叶公语孔子曰："吾党有直躬者，叶公称己乡党中有直躬之人，欲自矜夸于孔子也。

孔安国曰："直躬，直身而行也。"躬，犹身也。言言无所邪曲也〔一〕。

其父攘羊，而子证之。"此直躬者也。攘，盗也。言党中有人行直，其父盗羊，而子与失羊之主〔二〕证明，道父之盗也。

周生烈曰："有因而盗，曰攘也。"谓他人物来己家而藏隐取之，谓之攘也。

孔子曰："吾党之直者异于是。拒于叶公，故云：吾党中有直行者，则异于证父之盗为直者。父为子隐，子为父隐，直在其中矣。"孔子举所异者，言为风政者，以孝悌为主。父子天性，率由自然至情，宜应相隐。若隐惜则自不为非，故云直在其中矣。若不知相隐，则人伦之义尽矣。樊光云："父为子隐者，欲求子孝也，父必先为慈，家风由父，故先称父。"范宁云："夫子〔三〕所谓直者，以不失其道也。若父子不相隐讳，则伤教破义，长不孝之风焉，以为直哉？故相隐乃可为直耳。今王法则，许期亲以上得相为隐，不问其罪，盖合先王之典章。"江熙云："叶公见圣人之训，动有隐讳，故举直躬欲以訾毁儒教，抗提行〔四〕中国。夫子答之，辞正而义切，荆蛮之豪丧其夸矣。"樊迟问仁。问孔子行仁之道也。子曰："居处恭，答仁道。居，谓常居。恒以恭逊为用也。燕居温温是也。执事敬，谓行礼执事时，礼主于敬也。与人忠。谓交接朋友时，宜尽忠不相欺。虽之夷狄，不可弃也。"假令

〔一〕"躬犹"至"邪曲也"，斋本、库本放在解经文处，接于"欲自矜夸于孔子也"句下。"言言"，斋本、库本不重。

〔二〕"与失羊之主"，斋本、库本作"告失羊主"。

〔三〕"子"，斋本、库本无此字。

〔四〕"提行"，斋本、库本作"衡"，义胜。

之人夷狄无礼义之处,亦不可舍弃于此三事,此则是仁也。江熙云:"恭、敬、忠,君子任性而行己,所以为仁也。本不为外物,故以夷狄不可弃而不行也。若不行于无常,则伪斯见矣。伪见则去仁邈也。"

苞氏曰:"虽之夷狄无礼仪之处,犹不可弃去而不行也。"

子贡问曰:"何如斯可谓之士矣?"谓问在朝为士之法,是卿大夫可知也。**子曰:"行己有耻,**答士行也。言自行己身,恒有可耻之事,故不为也。李充云:"居正惜[一]者当迟退,必无者其唯有耻乎?是以当其宜行,则耻己之不及;及其宜止,则耻己之不免;为人臣,则耻其君不如尧舜;处浊世,则耻[二]不为君子;将出言,则耻躬之不逮。是故孔子之称丘明,亦贵其同耻义,苟孝悌之先者也。"

孔安国曰:"有耻,有所不为也。"

使于四方,不辱君命,君号令出使于四方之国,则必使称当,不使君命之见凌辱也。故李充云:"古之良使者,受命不受辞。事有权宜,则与时消息。排患释难、解纷挫锐者,可谓良也。"**可谓士矣。"**能有耻及不辱二事,并行无亏,乃可谓为士矣。此行最高,故在先也。**曰:"敢问其次?"**子贡闻士之上者,故敢更问士之次者。**曰:"宗族称孝[三],乡党称悌焉。"**孝是事父母,为近。悌是事兄长,为远。宗族为近,近故称孝。乡党为远,故称悌也。缪协曰:"虽孝称于宗族,悌及于乡党,而孝或为未优,使于四方,犹未能备,故为之次者也。"**曰:"敢问其次?"**子贡又问:求次于士者也。**曰:"言必信,行必果,**此答士之次也。君子达士,贞而不谅。言不期苟信,舍藏随时,何期必遂?若小行之士,言必须信,行必须果也。**硁硁然小人哉!**果,必信为譬也。硁硁,坚正难移之貌也。小人为恶,坚执难化。今小

〔一〕"惜",斋本、库本作"情",义胜。
〔二〕"耻"下,斋本、库本有"独"字。
〔三〕"孝"下,斋本、库本有"焉"字。正平版何解、邢疏、朱注亦有"焉"字。

人之士，必行信果，守志不回，如小人也。**抑亦可以为次矣。”**抑，语助也。凡事欲强使相关，亦多云“抑”也。言此小行，亦强可为士之次也。李充云：“言可覆而行必成，虽为小器，取其能有所立。”缪协云：“果，成也。言必合乎信，行必期诸成。君子之体，其业大矣。虽行硁硁小器，而能必信必果者，取其[一]有成，抑亦可为士之次也。”

郑玄曰：“行必果，所欲行必敢为之。硁硁者，小人之貌也。抑亦其次，言可以为次也。”

曰：“今之从政者何如？”子贡又问云：今士之从政者复云何如？**子曰：“噫！斗筲之人，何足算也？”**噫，不平声。筲，竹器也，容一斗二升，故云“斗筲”也。算，数也。子贡已闻古之是，而又问今之非，故云“噫”也。不平之声既竟，故又云今之人也。言今之小人器量，如斗筲之器耳，何足数也。

郑玄曰：“噫，心不平之声也。筲，竹器，容斗二升者也。算，数也。”

子曰：“不得中行而与之，中行，行能得其中者。当时伪多实少，无复所行得中之人，故孔子叹云：不得中行而与之，谓共处于世乎。**必也狂狷乎！**狂，谓应直进而不退也。狷，谓应退而不进者也。二人虽不得中道，而能各任天然，而不为欺诈。故孔子云：既不得中道者而与之，而得与此二人亦好，故云“狂狷乎”。言世亦无此人。江熙云：“狂者知进而不知退，知取而不知与；狷者急狭，能有所所[二]不为，皆不中道也。然率其天真，不为伪也。季世浇薄，言与实违背，必[三]以恶时饰诈以夸物，是以录狂狷之一法也。”

苞氏曰：“中行，行能得其中者也。言不得中行，则欲得狂狷者也。”

狂者进取，狷者有所不为也。”此说狂狷之行。言狂者不为恶，唯直

〔一〕“其”下，斋本、库本有“共”字，衍。

〔二〕“所所”，斋本、库本不重，是。

〔三〕“必”，斋本、库本作“心”。

进取善,故云“进取”。狷者应进而不迁,故云“有所不为也”。

苞氏曰:“狂者进取于善道,进而不为恶,故云取善道也。**狷者守节无为,**不进,故云守节无为也。**欲得此二人者,以时多进退,取其恒一也。”**说时多伪,而狂狷天然恒一,故云取之也。

子曰:“南人有言曰:‘人而无恒,不可以作巫医。’南人,南国人也。无恒,用行无常也。巫,接事鬼神者。医,能治人病者。南人旧有言云:人若用行不恒者,则巫医为治之不差,故云不可作巫医也。

孔安国曰:“南人,南国之人也。”郑玄曰:“言巫医不能治无常之人也。”一云:人[一]不可使无恒之人为巫医也。卫瓘云:“言无恒之人乃不可以为巫医。巫医则疑误人也,而况其余乎[二]!”

善夫!孔子述南人言,故先称之,而后云“善夫”也矣。

苞氏曰:“善南人之言也。”

‘不恒其德,或承之羞。’”孔子引易恒卦不恒之辞证无恒之恶。言人若为德不恒,则必羞辱承之。羞辱必承,而云“或”者,或,常也,言羞辱常承之也。何以知“或”是常?案诗云:“如松柏之茂,无不尔或承。”郑[三]云:“或,常也。”老子曰:“湛兮似或存。”河上公注云:“或,常也。”

孔安国曰:“此易恒卦之辞也。言德无常,则羞辱承之也。”

子曰:“不占而已矣。”此记者又引礼记孔子语来证无恒之恶也。言无恒人非唯不可作巫医而已,亦不可为作卜筮[四]。卜筮亦不能占无恒之人,故云“不占而已矣”。礼记云:“南人有言曰:人而无恒,不可为作卜筮,古之遗言

〔一〕“人”,斋本、库本作“言”。
〔二〕“一云”至“余乎”,斋本、库本放在解经文处,接于“故云不可作巫医也”句下。
〔三〕“郑”下,斋本、库本有“玄”字。
〔四〕“不可为作卜筮”,斋本、库本作“不可以为卜筮”。下同。

与？龟与筮犹不知〔一〕，而况于人乎？”是明南人有两时两语，故孔子两称之，而礼记、论语亦各有所录也。

郑玄曰：“易所以占吉凶也。无恒之人，易所不占也。”

子曰：“君子和而不同，和，谓心不争也。不同，谓立志各异也。君子之人千万，千万其心和如一，而所习立之志业不同也。小人同而不和。”小人为恶如一，故云“同”也。好斗争，故云“不和”也。

君子心和，然其所见各异，故曰不同；小人所嗜好者同，然各争其利，故曰不和也。

子贡问曰：“乡人皆好之，何如？”子贡问孔子云：设有一人，为乡人共所崇好之，则此人如何？子曰：“未可也。”孔子不许，故云“未可也”。知所以未可者，设一乡皆恶，而此人为恶，与物同党，故为众人共见称美，故未可信也。“乡人皆恶之，如何〔二〕？”既云皆好为未可，故更问：设其乡之人皆共憎恶此人，则何如？子曰：“未可也。孔子亦所以未许者，设一乡皆恶，而此人独为善，不与众同，故为群恶所疾，故未可信也。不如乡人之善者好之，其不善者恶之也。”向答既并云“未可”，故此说其可之事也。言若此人为乡人善者所好，又为不善者所恶，如此则是善人，乃可信也。

孔安国曰：“善人善己，恶人恶己，是善善明，己〔三〕善人，为善人之所好，故是善善明也。恶恶著也。”恶人恶己，则非己恶，故是恶恶著也。一通云：子贡问孔子曰：与一乡人皆亲好，何如？孔子答云：未可。又问曰：与一乡人皆为疏恶，何如？孔子又答云：未可。既频答未可，所以故〔四〕更为说云：不如择乡人善者与之亲好，若不善者与之

〔一〕“龟与筮犹不知”，斋本、库本作“龟筮犹不能知也”。

〔二〕“如何”，斋本、库本作“何如”。

〔三〕“己”下，斋本、库本有“为”字。

〔四〕“故”，斋本、库本无此字。

为疏恶也[一]。

子曰:“君子易事而难说也。君子忠恕,故易事也。照见物理,不可欺诈,故难悦也。(说音悦[二]。)

孔安国曰:“不责备于一人,故易事也。”

说之不以道,不说也。此释难悦也。君子既照识理深,若人以非道理之事来求使之悦,已则识之,故不悦也。及其使人也,器之。此释易事也。器,犹能也。君子既不责备于一人,故随人之能而用之,不过分责人,故易事。

孔安国曰:“度才而任官也。”

小人难事而易说。小人不识道理,故难事也,可以非法欺之也。说之虽不以道,说也。此释易悦也。既不识道理,故虽不以道之事悦之,亦既悦之。及其使人也,求备焉。”此解难事也。不测度他人器量,而过分责人,故难事也。子曰:“君子泰而不骄,君子坦荡荡,心貌怡平,是泰而不为憍[三]慢也。小人骄而不泰。”小人性好轻凌,而心恒戚戚自纵泰[四],是骄而不泰也。

君子自纵泰,似骄而不骄。小人拘忌,而实自骄矜也。

多拘忌,是不泰也[五]。

子曰:“刚、毅、木、讷,近仁。”言此四事与仁相似,故云“近仁”。刚者性无求欲,仁者静,故刚者近仁也。毅者性果敢,仁者必有勇,周穷济急,杀身成仁,故毅者近仁也。木者质朴,仁者不尚华饰,故木者近仁也。讷者言语迟钝,仁者慎言,故讷者近仁也。

〔一〕“一通云”至“疏恶也”,斋本、库本放在解经文处,接于“乃可信也”句下。

〔二〕“说音悦”,斋本、库本无此三字,疑涉何解“君子自纵泰”而衍。

〔三〕“憍”,斋本、库本作“骄”。“憍”同“骄”。

〔四〕“自纵泰”,斋本、库本无此三字,疑涉何解“君子自纵泰”而衍。

〔五〕“多拘忌是不泰也”,斋本、库本无此七字。

王肃曰:"刚,无欲也。毅,果敢也。木,质朴也。讷,迟钝也。有此四者,近于仁也。"

子路问曰:"何如也斯可谓士矣?"问为士之行,和悦切磋之道也。子曰:"切切偲偲,怡怡如也,可谓士矣。答也。切切偲偲,相切磋之貌也。怡怡,和从之貌也。言为士之法,必须有切磋,又须和从也。朋友切切偲偲,向答虽合云怡怡三事,而不可专施一人,故更分之也。若是朋友,义在相益,故须切偲也。兄弟怡怡如也。"兄弟骨肉,理在和顺,故须怡怡如也。缪协云:"以为朋友不唯切磋,亦贵和谐;兄弟非但怡怡,亦须戒厉。然友〔一〕道缺,则面朋而匿怨;兄弟道缺,则阋墙而外侮。何者?忧乐本殊,故重弊至于恨匿。将欲矫之,故云朋友切切偲偲、兄弟怡怡〔二〕也。"偲偲〔三〕,相切责之貌也。怡怡,和顺之貌也。

马融曰:"切切偲偲,相切责之貌。怡怡,和顺之貌也。"

子曰:"善人教民七年,亦可以即戎矣。"善人,贤人也。即戎,谓就兵战之事。夫教民三年一考,九岁三考,三考黜陟幽明,待具〔四〕成者,九年则正可也。今云七年者,是两考已竟,新入三考之初者也。若有可急,不假〔五〕待九年,则七年考亦可。亦可者,未全好之名。缪协云:"亦可以即戎,未尽善义也。"江熙云:"子曰:'苟有用我者,期月而以可〔六〕,三年有成。'善人之教,不逮机理,倍于圣人,亦可有成。六年之外,民何〔七〕用也。"

苞氏曰:"即戎,就兵,可以攻战也。"

〔一〕"友"上,斋本、库本有"朋"字。

〔二〕"怡怡"下,斋本、库本有"如"字。

〔三〕"偲偲"上,斋本、库本有"切切"二字。

〔四〕"具",斋本、库本作"其"。

〔五〕"假",斋本、库本作"暇"。"假"有"须""必"义,在此能够讲得通。

〔六〕"期月而以可",斋本、库本作"朞月而已可也"。"期月"同"朞月",有时指一整月,有时指一整年。辞源释此处含义为一整年。

〔七〕"何",斋本、库本作"可"。

子曰："以不教民战，是谓弃之。"民命可重，故孔子慎战。所以教至七年，犹曰"亦可"。若不经教战而使之战，是谓弃掷民也。江熙云："善人教民如斯，乃可即戎，况乎不及善人，而驰蹔〔一〕不习之民战，以肉馁〔二〕虎，徒弃而已。"琳公曰："言德教不及于民，而令就战，民无不死也，必致破败，故曰'弃'也。"

马融曰："言用不习民使之攻战，必破败，是谓弃之也。"

论语宪问第十四　　何晏集解　凡卅四章

疏宪者，弟子原宪也。问者，问于孔子进仕之法也。所以次前者，颜、路既允文允武，则学优者宜仕，故宪问次于子路也。

宪问耻。弟子原宪问孔子凡行事最为可耻者也。**子曰："邦有道，穀。**答可耻事也。将言可耻者，先举不耻者也。穀，禄也。若有道，则以可〔三〕仕而食其禄也。

孔安国曰："穀，禄也。邦有道，当食其禄也。"

邦无道，穀，耻也。"此可耻者。若君无道而仕食其禄，则可为耻也。

孔安国曰："君无道，而在其朝，食其禄，是耻辱也。"

"克、伐、怨、欲不行焉，可以为仁矣？"克，胜也，谓性好凌人也。伐，谓有功而自称。怨，谓小小忌怨。欲，贪欲也。原宪又问：若人能不行此四事，可以得为仁也？

马融曰："克，好胜人也。伐，自伐其功也。怨，忌小怨

〔一〕"蹔"，斋本、库本作"驱"。"蹔"同"驱"。

〔二〕"馁"，斋本、库本作"餧"，是。"餧"：喂养。"餧"又同"馁"，义"饥饿"、"鱼腐烂"。

〔三〕"以可"，斋本、库本作"可以"。

也。欲,贪欲也。”

子曰:“可以为难矣,仁则吾不知也。”孔子不许。能不行前四事则为难耳,谓为仁则非吾所知也。仁者必不伐,不伐必有仁。颜渊无伐善,夷、齐无怨,老子云“少私寡欲”,此皆是仁也。公绰之不欲,孟之反不伐,原宪蓬室不怨,则未及于仁,故云“不知也”。

苞氏曰:“此四者行之难者,未足以为仁也。”

子曰:“士而怀居,不足以为士矣。”怀居,犹居求安也。不足为士,谓非士也。君子居无求安,士也。若怀居,非为士也。

士当志道不求安,而怀其居,非士也。

子曰:“邦有道,危言危行。危,厉也。君若有道,必以正理处人,故民以可〔一〕得严厉其言行也。

苞氏曰:“危,厉也。邦有道,可以厉言行也。”

邦无道,危行言逊。”君若无道,必以非理罪人,故民下所行乃严厉不同乱俗,而言不可厉,厉必获罪,当逊顺随时也。江熙云:“仁者岂以岁寒亏贞松之高志?于〔二〕言语可以免害,志知愈深。孔子曰:‘诺,吾将仕矣。’此皆逊辞以远害也。”

逊,顺也。厉行不随俗,顺言以远害也。

子曰:“有德者必有言,既有德,则其言语必中,故必有言也。

德不可以忆中,故必有言也。夫德之为事,必先有言语教喻,然后其德成,故有德者必有言。有言,是不可忆度中事也。

有言者不必有德。人必多言,故不必有德也。殷中堪〔三〕云:“修理蹈道,德之义也。由德有言,言则末矣。末可矫而本无假,故有德者必有言,有言者不必有德也。”李充曰:“甘辞利口,似是而非者,佞巧之言也;敷陈成败,合

〔一〕“以可”,斋本、库本作“可以”,疑是。

〔二〕“于”下,斋本、库本有“其”字。下句“志知”,斋本、库本作“知志”。

〔三〕“殷中堪”,误,堂本正误表以“殷仲堪”为正。

纵连横[一]者,说客之言也;凌夸之谈,多方论者,辩士之言也;德音高合,发为明训,声满天下,若出全[二],有德之言也。故有德必有言,有言不必有德也。"**仁者必有勇,**杀身成仁,故必有勇也。**勇者不必有仁。"**暴虎冯[三]河,不必有仁也。殷仲堪云:"诚爱无私,仁之理也。见危授命,若身手之相救焉。存道忘生,斯为仁矣。若夫强以肆武,勇以胜物,陵超在于要利轻死,元非以为仁。故云'仁者必有勇,勇者不必仁[四]'。"李充云:"陆行[五]不避虎兕者,猎夫之勇也;水行不避蛟龙者,渔父之勇也;锋刃交于前,视死若生者,烈士之勇也;知穷之有命,知通之有时,临大难而不惧者,仁者之勇也。故'仁者必有勇,勇者不必有仁'也。"**南宫适** 姓南宫,名适,字敬叔。

孔安国曰:"适,南宫敬叔,鲁大夫也。"

问于孔子曰:"羿善射,奡荡舟,适问孔子之事也。云古有一人名羿,而善能射,故云"羿善射"。淮南子云:"尧时有十日并出,草木焦[六]枯,尧命羿令射之,中其九日,日中乌皆死焉。"奡者,古时多力人也。荡,推也。舟,船也。能陆地推舟也。

孔安国曰:"羿,有穷之君也。有穷,夏时诸侯国名也。其君名羿也。**篡夏后相之位,**篡,夺也。夏后,禹之后,世为天子。名相,即位为君。有穷之君篡夏后相之位,杀夺之。**其臣寒浞杀之,**羿夺相位而自立为君,其位号有穷之君,不修德政,好田[七]猎,臣寒浞杀之,而篡其位。**因其室而生奡。**因,犹通也。室,妻也。浞[八]既杀羿而通于羿妻,遂有孕,生奡。**奡多力,能陆地行舟,**奡是浞之

〔一〕"合纵连横",斋本、库本作"合连纵横"。
〔二〕"全"下,斋本、库本有"者"字。
〔三〕"冯",斋本、库本作"凭"。"凭"同"冯"。
〔四〕"仁"上,斋本、库本有"有"字。
〔五〕"行"下,斋本、库本有"而"字。
〔六〕"焦",斋本、库本作"燋"。"燋"通"焦"。
〔七〕"田",斋本、库本作"畋"。"田"、"畋"音义同,狩猎。
〔八〕"浞",斋本作"促",误。

子，多力，于陆地推舟。**为**〔一〕**少康所杀也。"**夏后少康，亦夏禹后世子孙，又杀奡而自立为天子也。

俱不得其死然。言羿、奡二人虽能射及多力，俱为人所杀，不终天寿，故云"俱不得其死然"。

孔安国曰："此二子者，皆不得以寿终也。"

禹、稷躬稼而有天下。"禹，夏禹。禹帝姓姒，名文命，黄帝玄孙，鲧之子。谥法："受禅成功曰禹。"治水九年也。稷，后稷。事舜，莳百谷也。躬稼，播种也。有天下，谓为天子也。言禹身治沟洫，手足时胼胝，勤劳九州，稷播种百谷。二人不为篡，并有德为民，禹即身为天子，稷子孙为天子。适所问孔子者，以孔子之德比于禹、稷，则孔子亦当必有王位也。**夫子不答。**孔子知适以禹、稷比己，故谦而不答也。

马融曰："禹尽力于沟洫，稷播殖百谷，故曰躬稼也。禹及其身，禹身得天子也。**稷及后世，**文王、武王得天下也。**皆王也。**皆为天子也。**适意欲以禹、稷比孔子，孔子谦，故不答也。"**

南宫适出。孔子不答，适自退出。**子曰："君子哉若人！尚德哉若人！"**孔子不对面答适，是谦也。适出后而美之，欲天下皆知尚德也。若人，如此人也。言适知贱于羿、奡，贵重禹、稷，所以〔二〕君子尚德如此人也。

孔安国曰："贱不义，羿、奡之不义，故适贱之。**而贵有德，**禹、稷有德，故贵重也。**故曰君子也。"**然就此南宫适非周有十士之南宫适也〔三〕。

〔一〕"为"下，斋本、库本有"夏后"二字。正平版何解、邢疏亦有"夏后"二字。

〔二〕"以"，斋本、库本作"德也"，语义不顺。

〔三〕"然就"至"适也"，斋本、库本放在解经文处，接于"所以君子尚德如此人也"句下。

子曰："君子而不仁者有矣夫，此谓贤人已下不仁之君子也。未能圆足，时有不仁。如管氏有三归，官事不摄，后则一匡天下，九霸[一]诸侯，是长也。袁氏云："此君子无定名也。利仁慕为仁者，不能尽体仁，时有不仁一迹也。"夫，语助也。未有小人而仁者也。"小人并为恶事，未能有行民善，达于仁道，故云"未有小人而仁者也"。又袁氏曰："小人性不及仁道，故不能及仁事者也。"

孔安国曰："虽曰君子，犹未能备也。"王弼云："谓假君子以甚小人之辞，君子无不仁也[二]。"

子曰："爱之，能勿劳乎？爱，慕也。凡人有[三]志在心，见形于外也。既有心爱慕此人，学问之道，不无劳赖之辞也。忠焉，能勿诲乎？"忠者，尽中心也。诲，教也。有人尽中心来者，不无教诲之辞也。

孔安国曰："言人有所爱，必欲劳来之。有所忠，必欲教诲之也。"李充曰："爱志不能不劳心，尽忠不能不教诲[四]。"

子曰："为命，为，作也。命，君命也。此谓郑国之事也，作盟会之书也。裨谌草创之，裨谌，郑国大夫，性静怯弱，谓其君作盟会之辞，则入于草野之中，以创之获之。

孔安国曰："卑[五]谌，郑大夫名也。谋于野则获，谋于国则否。此注是（春秋十九卷）鲁襄公三十一年传语也。获，得也。谌入野为盟会之辞则成，于国中则辞不成也。郑国将有诸侯之事，则使乘车以适野，而谋作盟会之辞也。"

〔一〕"霸"，斋本、库本作"合"。"霸"义为"诸侯联盟的首领"，在此作动词用，似能讲得通。

〔二〕"王弼云"至"仁也"，斋本、库本放在解经文处，接于"故不能及仁事者也"句下。语中"谓"字，斋本、库本无。

〔三〕"有"，斋本、库本作"在"。

〔四〕"李充曰"至"教诲"，斋本、库本放在解经文处，接于"不无教诲之辞也"句下。

〔五〕"卑"，斋本、库本作"裨"。据经文当作"裨"。

世叔讨论之，世叔，亦是郑大夫也。讨，治也。论者，评也。世叔有不能草创，学问寡才藻，盟会之辞，但能讨论治正谌〔一〕所造之辞。**行人子羽修饰之，**子羽，亦郑大夫。行人，是掌使者官名也。不能始创，又不能讨治，能取前人创治者〔二〕，更雕修饰之。**东里子产润色之。"**居郑之东里，因为氏。姓又公孙，侨名，亦曰国侨，字子产。才学过超前之三贤，加添润色周旋盟会〔三〕之辞也。有此四贤，鲜有过失。

马融曰："世叔，郑大夫游吉也。讨，治也。卑〔四〕谌既造谋，世叔复治而论之、详而审之也。行人，掌使之官也。子羽，公孙挥也。子产居东里，因以为号也。更此四贤而成，故鲜有败事也。"更，经也。鲜，少也。事经此裨谌等之四人也，故郑国少有败事也。

或问子产。或人问于孔子，郑之子产德行于民何如？**子曰："惠人也。"**答或人也。言子产之德，于民不吝家资，拯救于民，甚有恩惠，故云"惠人也"。

孔安国曰："惠，爱也。子产，古之遗爱也。"子产德行流于后世，有古人之遗风。子产卒，仲尼闻之，出涕曰："古之遗爱也。"事在春秋（第二十四卷）鲁昭公二十四年冬〔五〕也。

问子西。或人又问孔子，郑之大夫子西德业如何？郑之公孙夏，或云楚令尹子西。**曰："彼哉！彼哉！"**又答或人，言人自是彼人耳，无别行可称也。

〔一〕"谌"，斋本、库本作"谋"，误。

〔二〕"能取前人创治者"，斋本、库本作"但能取前人所创治者"。下句"更"下，斋本、库本有"唯"字。

〔三〕"盟会"，斋本、库本作"会盟"。

〔四〕"卑"，斋本、库本作"裨"。参见前校。

〔五〕"冬"下，斋本、库本有"传"字。

马融曰："子西，郑大夫。'彼哉！彼哉'，言无足称也。或曰楚令尹子西也。"

问管仲。更或人问[一]孔子，齐大夫管仲之德行于民如何也矣？曰："人也。答云：管仲是人也。

犹[二]诗言"所谓伊人"也。诗云"所谓伊人，于焉逍遥"，是美此人。今云管仲"人也"，是美管仲也。

夺伯氏骈邑三百，释所以是"人"之事也。伯氏，名偃，大夫。骈邑者，伯氏所食采邑也。时伯氏有罪，管仲相齐，削夺伯氏之地三百家也。饭蔬食，没齿无怨言。"饭，犹食也。蔬，犹粗也。没，终；齿，年也。伯氏食邑时，家资丰足。夺邑之后，至死而贫，但食粗粝，以终余年，不敢有怨言也。所以然者，明管仲夺之当理，故不怨也。

孔安国曰："伯氏，齐大夫。骈邑，地名也。齿，年也。伯氏食邑三百家，管仲夺之。使至蔬食而没齿无怨言，以当其理故也。"

子曰："贫而无怨，难。贫交困于饥寒，所以有怨，若能无怨者，则为难矣。江熙云："颜原[三]无怨，不可及也。"富而无骄，易。"富贵丰足，无所应怨，然应无骄则为易也。江熙云："若子贡不骄，犹可能也。"子曰："孟公绰为赵、魏老则优，此明人生性分各有所能。赵、魏皆晋卿[四]地也。老者，采邑之室老也。优，犹宽闲也。公绰性静寡欲，若为采邑之时[五]，则宽缓

〔一〕"更或人问"，斋本、库本作"或人更问"，语顺。下句中的"如何"，斋本、库本作"何如"。

〔二〕"犹"上，斋本、库本有"郑玄曰"三字。正平版何解、邢疏无。

〔三〕"原"，斋本、库本作"愿"。此处似言颜渊，"原"、"愿"当作"渊"。

〔四〕"卿"，斋本、库本无此字。

〔五〕"时"，斋本、库本作"臣"，义胜。

有余裕也矣。**不可以为藤**[一]**、薛大夫也。”**藤、薛,皆小国。职烦,公绰不能为大夫也。

孔安国曰:“公绰,鲁大夫也。赵、魏,皆晋卿也。家臣称老。公绰性寡欲,赵、魏贪贤,贤[二]人多,职不烦杂,故家臣无事,所以优也。**家老无职,故优。藤、薛小国,大夫职烦,故不可为也。”**藤、薛二国不贪贤,贤人小[三],其职烦杂,故不可使公绰为之。

子路问成人。问:人何所行德可为成人乎?**曰**[四]**:“若臧武仲之知**[五]**,**答也。若德成人者,使智如臧武仲。然武仲唯有求立后于鲁,而[六]孔子所讥,此亦非智者。齐侯将与[七]臧纥田,臧孙闻之,见齐侯,与之言伐晋。对曰:“多则多矣,抑君似鼠。夫鼠,昼伏夜动,不穴于寝庙,畏人故也。今君闻晋之乱而后作焉,宁将事之,非鼠如何?”乃弗与田。臧孙知齐侯将败,不欲受其邑,故以比鼠,欲使怒而止。仲尼曰:智之难也。有臧武仲之智,(谓能避齐祸。)而不容于鲁国,抑有由也。作不顺而施不恕也夫。夏书曰“念兹在兹”,顺事恕施也。此是智也。事在(春秋第十七卷)襄公廿三年[八]也。

马融曰:“鲁大夫臧孙纥也。”

公绰之不欲,非唯须智如武仲,又须无欲如公绰。不欲,不贪欲。所以唯能为赵、魏老也。范宁云:“不欲,不营财利也。”

马融曰:“鲁大夫孟公绰也。”

〔一〕“藤”,斋本、库本作“腾”,下同。
〔二〕“贤”上,斋本、库本有“赵魏”二字。
〔三〕“小”,斋本、库本作“少”,是。下句“职”下,斋本、库本有“事”字。
〔四〕“曰”上,斋本、库本有“子”字。邢疏、朱注亦有“子”字。正平版何解无“子”字。
〔五〕“知”,斋本、库本作“智”。
〔六〕“而”下,斋本、库本有“为”字。
〔七〕“与”,斋本、库本作“为”。
〔八〕“年”下,斋本、库本有“传”字。

卞庄子之勇，又非但公绰之无欲，又须勇如卞庄子之勇。庄子能独挌虎。一云：卞庄子与家臣卞庄〔一〕寿，途中见两虎共食一牛，庄子欲前以剑挥之。家臣曰：牛者虎之美食，牛尽虎未饱，二虎必斗，大者伤，小者亡，然后可以挥之。信而言之，果如卞寿之言也。

周生烈曰："卞邑大夫也。"

冉求之艺，又非但勇如庄子，又须有艺如求也。**文之以礼乐，**言备有上四人之才智，又须加礼乐以文饰之也。

孔安国曰："加之以礼乐，文成也。"

亦可以为成人矣。"亦可，未足之辞。言才智如上四人，又加礼乐，则亦可谓为成。明人之难也。 **曰："今之成人者何必然？**曰者，谓也。向之所答，是说古之成人耳。若今之成人，亦不必然也。**见利思义，**此已下说下成人之法，是今也。若见财利思〔二〕仁义，合宜之财然后可取。颜特进云："见利取〔三〕思义，虽不及公绰之不欲，犹顾义也。"

马融曰："义然后取，不苟得也。"

见危授命，若见其君之危，则当授命竭身，不苟免也，曲礼云"临财无苟得，临难无苟免"是也。颜特进云："见危授命，虽不及卞庄子之勇，犹顾义，不苟免也。"**久要不忘平生之言，**久要，旧约也。平生者，少年时也。言成人平生期约虽久，至今不得忘少时之言。**亦以可〔四〕为成人矣！"**言如见利思义，竭身致命，至老不忘平生之言，则亦可得为今之成人也。

孔安国曰："久要，旧约也。平生，犹少时也。"

子问公叔文子于公明贾。孔子见公明贾相访，而问公叔文子之事。时公明贾仕公叔文子，故问之者也。**曰："信乎，夫子不言、不笑、不**

〔一〕"庄"，斋本、库本无此字。参下文"卞寿"，"庄"字似衍。

〔二〕"思"下，斋本、库本有"是"字，衍。

〔三〕"取"，堂本正误表曰"取字衍"。

〔四〕"以可"，斋本、库本作"可以"，疑是。

取乎？”此是问公叔文子之事也。夫子呼公叔文子为“夫子”，言人传文子平生不言不笑不取财利，此三事悉[一]孔子未信，故见公明贾而问之也。

孔安国曰：“公叔文子，卫大夫公孙拔。文，谥也。”

公明贾对曰：“以告者过也。过，误也。答孔子云：文子有此三事，是为误耳。实理不然也。夫子时然后言，人不厌其言也。先云是告者误，后答言似[二]实事对。言我夫子非时不语，语必得之中。既得之中，故世人不厌其言也。乐然后笑，人不厌其笑也。夫笑为乐，若不乐而强笑，必为人所厌。更云事言讫然后笑也。义然后取，人不厌其取也。”夫取利，若非义取，则为人所厌。我夫子见得思义，义而后取，故人不厌其取也。子曰：“其然，然，如此也。言今汝所说者当如此也。岂其然乎？”谓人所传三事不言、不笑、不取，岂容如此乎？一云：“其然”是惊其如此；“岂其然乎”，其不能悉如此也。袁氏云：“‘其然’，然之。此则善之者。恐其不能，故设疑辞。”

马融曰：“美其得道，释“其然”也。嫌其不能悉然也。”释“岂其然”也。

子曰：“臧武仲以防求为后于鲁，姓臧，名纥。武，谥也。防是武仲故食采邑也。为后，谓立后也。武仲鲁襄公二十三年为孟氏所谮，出奔邾。后从邾还防，而使人请于鲁，为其后于防，故云以防[三]为后于鲁。虽曰不要君，吾不信也。”要，谓要君也。不先尽忠，而先欺君也。武仲出奔，而犹求立后于其故邑，时人皆谓武仲此事非要。孔子据其理是要，故云“虽曰不要，吾不信也”，是不信时人不要之言也。袁氏云：“奔不越境，而据私邑求立先人之后，此正要君也。”

孔安国曰：“防，武仲故邑。武仲食邑于防，既已出奔故邑。

〔一〕“悉”，斋本、库本无此字。

〔二〕“似”，斋本、库本作“以”。

〔三〕“防”下，斋本、库本有“求”字，同经文。

为后，立后也。其既自出奔，欲更立后于防也。**鲁襄公二十三年，武仲为孟氏所谮，出奔邾。**季武子无適子，有公子鉏，是公弥也。及纥，是悼子也。季氏爱纥，欲立之。又公子鉏年长，而臧纥谋为立纥，季氏从之。孟孙死，又废大立小。是依季氏家用事，故孟氏家恶臧纥。闭门谮于季孙曰："臧氏将为乱，不使我葬，欲为公鉏仇臧氏。"季孙不信。后孟氏除葬道，臧孙使正夫助之除于东门，介甲从己而视之。孟氏又告季孙，怒，命攻臧氏之家。臧纥斩鹿门之关以出，奔邾。**自邾如防，使为以大蔡纳请。**大蔡，是大龟也。纳，进也。进龟请立后。臧纥有异母兄臧贾、臧为二人在铸，（在舅氏国也。）纥在邾，先遣使以龟告鲁，求立为后。贾闻命矣，再拜受龟，而使弟臧为以纳请。纥遣使后，乃自邾还防。**曰：'纥非敢害也，智不足也。**纥至防，使臧为为使，至鲁传纥之言。初，孟氏谮纥以甲自随，谓欲为乱，季孙信而攻之，故纥令谢之，而言：己以介甲从己而视之，非敢欲为害，正是智不足也。**非敢私请，苟守先祀，**又言今日之请，非敢私求还，正是欲求立后，守先人之祀，是为先人之请。**无废二勋，**是〔一〕臧文仲、宣叔也。是纥之祖父，并于鲁有功勋。今愿得立祀，是不敢废二世之勋也。**敢不避邑？'**若二勋〔二〕大勋不废，得有守祀之人，则纥敢不避邑。**乃立臧为。**鲁得纥请，仍立臧为为后也。所以立〔三〕者，臧为于时又私自为请求立立〔四〕己也。**纥致防而奔齐。**纥得立臧为后竟，故致防与臧为而奔齐。**此所谓要君也。"**还据私邑，求为先而立后，要望鲁邑，即此是要君也。事在（春秋第十七卷）襄公廿三年之传也。

子曰："晋文公谲而不正，晋文公，是晋献公之子重耳也。初为骊姬之

〔一〕"是"上，斋本、库本有"二勋"二字。

〔二〕"勋"，斋本、库本无此字。

〔三〕"立"下，斋本、库本有"臧为"二字。

〔四〕"立立"，斋本、库本不重，是。

难，遂出奔新城，游历诸国。至三十八年，受命为侯伯，遂为之主。此评其有失也。谲，诡诈也。文公为霸主，行诡诈而不得为正礼。时天子是周襄王，微弱。文公欲为霸主，大合诸侯，而欲事天子以为名义，自嫌强大，不敢朝天子，乃喻诸天子，令出畋狩，因此尽君臣之礼。天子遂至晋河阳之地。此是文公谲而不正礼也。事在〔一〕僖公廿八年。

郑玄曰："谲者，诈也，谓召于天子而使诸侯朝之。仲尼曰：以臣召君，不可以训。故书曰'天王狩于河阳'，是'谲而不正'也。"此臣无召君之礼，而文公召之，故不为教训也。故春秋不云晋公〔二〕召君，但云"天王狩于河阳"，言是天子自狩以至河阳也。

齐桓公正而不谲。"此是齐侯为霸主依正而行，不为诈谲，是胜于晋文公也。江熙云："言此二君霸迹不同，而所以翼佐天子，以〔三〕绥诸侯，使车无异辙、书无异文也。"

马融曰："伐楚以公义，责苞〔四〕茅之贡不入，问昭王南征不还，是正而不谲也。"鲁僖公三年冬，齐侯与蔡姬乘舟于囿，荡公。蔡姬，齐侯夫人。荡，摇也，是摇荡船也。公惧变色，禁之不可，公怒归之，未之绝也。蔡人嫁之。至明年，四年春，齐侯之师侵蔡，蔡溃散也，遂伐楚。楚子使与师言曰："君处北海，寡人处南海，唯是风马牛不相及也。不虑君之涉吾地也，何故？"齐侯使管仲对曰："昔召康公命我先君太公曰：'五侯九伯，汝实征之，以夹辅周室。'赐我先君履，东至于海，西至于河，南至于穆陵，北至于无棣。尔贡包茅不入，王祭不供，无以缩酒，寡人是征。昭王南征不还，寡人是问。"对曰："贡之不入，寡君之罪也，敢不供给！昭王之不还，君其问诸水滨。"接〔五〕春秋，齐侯伐

〔一〕"在"下，斋本、库本有"春秋七卷"四字。

〔二〕"公"，斋本、库本作"侯"。

〔三〕"以"，斋本、库本无此字。

〔四〕"苞"，斋本、库本作"包"。"苞"通"包"。

〔五〕"接"，斋本、库本作"按"。"春秋"下，斋本、库本有"传"字。

楚，责此二事，是正不谲也。楚地出好茅，贡王祭，将缩酒。缩酒者，谓束茅而灌之以酒，谓之缩酒。楚既久不贡茅，故周王祭时无茅以供缩酒，乃就齐征求之。又昭王是成王之孙，南巡狩涉汉，船坏而溺死。周人讳而不赴，诸侯不知其故，故问之。所以伐楚，楚受不贡包茅之失，而不受昭王溺水之咎。于时溺水之地不属楚境，故云"问诸水滨"也。事在(春秋第五卷)僖四年春〔一〕也。

子路曰："桓公杀公子纠，桓公是齐公之子，名小白也，是僖公庶子〔二〕。子纠是桓公之庶兄。桓公与子纠争国，而杀子纠也。**召忽死之，**召忽是子纠之傅，子纠被杀，故召忽赴敌而同死也。**管仲不死。**管仲亦是子纠辅相，召忽既死，管仲犹生，故曰"不死"。**曰：未仁乎？"**曰者，谓也。是时人物议者，皆谓管仲不死，是不仁之人也。管仲非唯不死，亦回复辅相桓公，故为无仁恩也。

孔安国曰："齐襄公立，无常。此注至"召忽死之"，并是春秋鲁庄公八年〔三〕传文，是记前时之事也。襄公者，是齐僖公之適子，名诸兒，作倪字呼，是桓公之兄。既得立为君，风化不恒，为政之恶，故曰"无常"。**鲍叔牙曰：'君使民慢，乱将作矣。'**齐僖公有三子：长是襄公，是(鲍叔牙者，小白之辅。)〔四〕適。次子纠，是庶。小者是小白也，亦是庶〔五〕。僖公薨，襄公继父之位为君，政不常。相见襄公风政无常，故云"乱将作矣"。**奉公子小白出奔莒。**叔牙见襄公危政，不居乱邦，故奉小白奔往莒国。**襄公从弟公孙无知杀襄公，**小白奔后，而襄公从弟公母弟夷仲年之子名无知，作乱而杀襄公，自立为君。礼：诸侯之子曰公子，公子之子曰公孙，公孙之子曰公族。**管夷吾、召**

〔一〕"春"下，斋本、库本有"传"字。

〔二〕"桓公"至"庶子"，斋本、库本作"桓公是齐僖公之庶子，名小白也"。

〔三〕"八年"下，斋本、库本有"九年"二字。

〔四〕括号中文字，当在下文"相见襄公"之上。"辅相"二字连读。

〔五〕"亦是庶"，斋本、库本脱此三字。

忽奉公子纠出奔鲁。夷吾,管仲也。襄公死后,管仲、邵[一]忽二人奉持子纠出奔鲁。齐人杀无知,齐人是雍廪也。子纠出奔后,公孙得为君,恶虐于雍廪,齐[二]大夫也。至九年春,雍廪杀无知。鲁伐齐纳子纠。子纠奔鲁,齐人又杀无知,而齐无君。至鲁庄公九年夏四月伐齐,入子纠,欲拟立为齐君。纳,入也。小白自莒先入,是为桓公。小白先奔在莒,闻鲁伐齐纳子纠,故先子纠而入,遂为君,死谥为桓公。乃杀子纠,召忽死也。"小白既入得为君,遂杀庶兄子纠于生窦,在鲁地也,故云"桓公杀公子纠,召忽死之"。一云:召忽投河而死。事在庄公八年九年也[三]。

子曰:"桓公九合诸侯,不以兵车,孔子答子路,说管仲有仁之迹。齐桓公为霸主,遂经九过盟会诸侯,不用兵车而能辨也。不用兵车而诸侯九会[四],管仲之力也。史记云:"兵车之会三,乘车之会六。"穀梁传云:"衣裳之会十一。"范宁注云:"十三年会北杏,十五[五]年又会鄄,十六年会幽,二十七年又会幽,僖元年会于[六]柽,二年会于贯,三年会于阳谷,四年盟于召陵[七],五年会于首止[八],七年会于宁母,九年会于葵丘,凡十一会。(又非十一会。)郑不取北杏及阳谷,为九会。"管仲之力也。如其仁!如其仁!"管仲不用民力,而天下平静,谁如管仲之智乎?再言之者,深美其仁也。

孔安国曰:"谁如管仲之仁矣。"

子贡曰:"管仲非仁者与?问孔子,嫌管仲非是仁者乎。桓公杀公

〔一〕"邵",斋本、库本作"召",与经文一致。

〔二〕"齐"上,斋本、库本重出"雍廪"二字。

〔三〕此句,斋本、库本作"事在春秋第三卷庄公八年九月传也"。查春秋左传,该事发生在庄公八年、九年间。

〔四〕"会",斋本、库本作"合"。

〔五〕"十五"上,斋本、库本有"十四年会鄄"一语。

〔六〕"于"及下几句中的"于"字,斋本、库本无。

〔七〕"四年盟于召陵",斋本、库本无此句。

〔八〕"首止",斋本、库本作"首戴",是。范宁所述十一会,斋本、库本与邢疏同。

子纠，不能死，又相之。”此举管仲非仁之迹。言管仲是子纠之相，而桓公是子纠之贼，管仲既不为子纠致命杀雠，而更相公〔一〕，非为仁也。**子曰：“管仲相桓公，霸诸侯，一匡天下，**孔子说管仲为仁之迹也。管仲得相桓公者，管仲为子纠争国〔二〕，仲射桓公中钩带。子纠死，管仲奔鲁。初鲍叔牙与管仲同于南阳拯相〔三〕，敬重叔牙。叔牙〔四〕后相桓公，而欲取管仲还，无渐，因〔五〕告老辞位。桓公问叔牙：“谁复堪为相者？”牙曰：“唯管仲堪之。”桓公曰：“管仲射朕钩带，殆近死，今日岂可相乎？”牙曰：“在君为君，谓忠也。至君有急，当射彼人钩带。”桓公从之。遣使告鲁，不放，欲杀〔六〕管仲。遣使者曰：“管仲射我君钩带，君自斩之。”鲁还之，遂得为相。庄九年夏云：小白既先入，而鲁犹辅子纠，至秋，齐与鲁战于乾时，鲁师败绩。鲍叔牙志欲生管仲，乘胜进军，来告鲁曰：（子纠，亲，请君讨之。管、召，雠也，请受而甘心焉。）子纠是我亲也，我不忍杀，欲令鲁杀之。管仲、召忽，是我欲自得而杀之。鲁乃杀子纠于生窦，召忽死之，管仲请囚，鲍叔牙受之，及堂阜而脱之，遂使为相也。霸诸侯，使辅天子。合诸俟〔七〕，故曰霸诸侯也。一匡天下，一切皆正也。

马融曰：“匡，正也。天子微弱，桓公率诸侯以尊周室，一正天下也。”

民到于今受其赐。赐，犹恩惠也。于时夷狄侵逼中华，得管仲匡霸桓公，今不为夷狄所侵，皆由管仲之恩赐也。

受其赐者，谓不被发左衽之惠也。王弼曰：“于时戎狄交侵，

〔一〕“公”上，斋本、库本有“桓”字。
〔二〕“管仲为子纠争国”，斋本、库本作“桓公与子纠争国”。下句“仲”上，斋本、库本有“管”字。
〔三〕“同于南阳拯相”，斋本、库本作“同游南阳极相”。
〔四〕“叔牙”，斋本、库本无此二字。
〔五〕“因”上，斋本、库本有“既”字。
〔六〕“不放欲杀”，斋本、库本作“不欲放杀”。
〔七〕“俟”，斋本、库本作“侯”，是。

亡荆[一]灭卫,管仲攘戎狄而封之。南服楚师,北伐山戎,而中国不移,故曰'受其赐'也。"

微管仲,吾[二]被发左衽矣。 此举受赐之事也。被发,不结也。左衽,衣前从右来向左。孔子言:若无管仲,则今我亦为夷狄,故被发左衽矣也。

马融曰:"微,无也。无管仲,则君不君,臣不臣,皆为夷狄也。"

岂若匹夫匹妇之为谅也,自经于沟渎而莫之知也?" 孔子更语子贡,喻召忽死之不足为多,管仲不死不足为小也。谅,信也。匹夫匹妇无大德,而守于小信,则其宜也。自经,谓经死于沟渎中也。沟渎小处,非宜死之处也。君子直而不谅,事存济时济世,岂执守小信,自死于沟渎,而世莫知者乎?喻管仲存于大业,不为召忽守小信。而或云:召忽投河而死,故云沟渎。或云:自经,自缢也。白虎通云:"匹夫匹妇者,谓庶人也。言其无德及远,但夫妇相为配匹而已。"

王肃曰:"经,经死于沟渎之中也。管仲、召忽之于公子纠,君臣之义未正成,故死之未足深嘉,不死未足多非。 二人并足[三]为是非也。**死事既难,亦在于过厚。** 死是人生之难,而召忽于子纠未成君臣,今为之死,亦是过厚,不及管仲不死也。**故仲尼但美管仲之功,亦不言召忽不当死也。"**

公叔文子之臣大夫僎, 即前孔子所问公明贾之文子也。有臣名僎,亦为大夫也。**与文子同升诸公。** 升,朝也。诸,之也。公,卫君也。文子是卫大夫,僎本是家臣,见之有才德[四],不将为己之臣,恐掩贤才,乃荐于卫君。卫君用之,亦为大夫,与文子尊卑使敌,恒与文子齐列同班者也。

〔一〕"荆",斋本、库本作"邢",是。春秋庄公三十二年:"狄伐邢。"

〔二〕"吾"下,斋本、库本有"其"字。正平版何解、邢疏、朱注亦有"其"字。

〔三〕"足"上,斋本、库本有"不"字。

〔四〕"德",斋本、库本作"能"。

孔安国曰:“大夫僎,本文子家臣也,荐之使与己并为大夫,同升在公朝也。”

子闻之曰:“可以为文矣。”子,孔子也。闻文子与家臣同升,而美之也。言谥为〔一〕文也。以其德行必大,得谥为文矣。谥,音志〔二〕。

孔安国曰:“言行如是,可谥为文也。”

子曰:“卫灵公之无道久也。”孔子叹卫灵〔三〕无道。康子曰:“夫如是,奚而不丧?”康子,鲁季康子也。夫,指卫灵公也。奚,何也。康子问〔四〕孔子叹卫君无道,故致其言:夫无道者必须丧倾邦,灵公奚无道行意不丧亡其邦〔五〕乎?孔子曰:“仲叔圉治宾客,祝鮀治宗庙,王孙贾治军旅。夫如是,奚其丧?”孔子答康子,言灵公无道邦国不丧之由也,此〔六〕三臣各掌其政也。丧,亡也。或问曰:灵公无道,焉得有好臣?答曰:或是先人老臣未去者也,或是灵公少时可得良臣,而后无道,故臣未去也。

孔安国曰:“言君虽无道,所任者各当其才,何为当亡乎也?”

子曰:“其言之不怍,则其为之难也。”怍,惭也。人内心虚诈者,外言貌必惭。若内有其实,则外貌无惭。时多虚妄,无惭怍少〔七〕,故王弼曰:“情动于中而外形于言,情正实而后言之不怍。”

马融曰:“怍,惭也。内有其实,则言之不惭。积其实者,为之难也。”

〔一〕“为”,斋本、库本无此字。

〔二〕“谥音志”,斋本、库本无此三字。

〔三〕“卫灵”,斋本、库本作“卫君”。

〔四〕“问”,斋本、库本作“闻”,是。

〔五〕“邦”,斋本、库本作“国”。

〔六〕“此”上,斋本、库本有“有”字。

〔七〕“少”,斋本、库本作“也”,是。

陈成子杀简公。陈恒[一]也,谥成子。鲁哀公十四年甲午,齐陈恒杀其君壬于舒州。**孔子沐浴而朝,告于哀公。**鲁、齐同盟,分灾救患,故齐乱则鲁宜讨之。礼:臣下凡欲告君谘谋,必先沐浴。孔子是臣,故先沐浴,告于哀公。孔丘三日齐[二],而请伐齐。**曰:"陈恒杀其君,请讨之。"**此[三]哀公之事也。哀公言:"鲁为齐弱久矣。子之伐之,将若之何?"对曰:"陈恒杀其君,民不与者半,以鲁众加齐之半,可克。"是孔子对曰也。

马融曰:"陈成子,齐大夫陈恒也。将告君,故先齐,齐必沐浴也。"

公曰:"告夫二三子。"二三子是三卿:仲孙、叔孙、季孙。公得孔子告,不敢自行,更令孔子往告三卿。孔子辞之而不告也。

孔安国曰:"谓三卿也。"

孔子曰:"以吾从大夫之后,不敢不告也。孔子得公令告三卿,故言此答之。言我是大夫,大夫闻事,应告于[四]主君。云"从大夫之后"者,孔子谦也。**君曰'告夫二三子'者。"**我礼[五]应告君,本不应告三子,今君使我告三子,我当往告。

马融曰:"我于礼当告君,不当告二三子。君使我往,故复往也。"

之二三子,之,往也。孔子从君命而往。**告,不可。**三子告孔子曰不可讨齐也。**孔子曰:"以吾从大夫之后,不敢不告。"**三子既告孔子云齐不可讨,故孔子复以此辞语之曰[六]止也。

〔一〕"陈恒"上,斋本、库本有"陈成子"三字。
〔二〕"孔丘三日齐",斋本、库本无此五字。
〔三〕"此"下,斋本、库本有"告"字,当从。
〔四〕"于",斋本、库本作"先",误。
〔五〕"我礼",斋本、库本作"礼我"。
〔六〕"曰",斋本、库本作"而",义胜。

马融曰："孔子由君命，之二三子，告，不可，故复以此辞语之而止之也。"

子路问事君。问孔子求事君之法。子曰："勿欺也，而犯之。"答事君当先尽忠而不欺也。君若有过，则必犯颜而谏之也。礼云："事君有犯而无隐，事亲有隐而无犯。"

孔安国曰："事君之道，义不可欺，当能犯颜色谏争也。"

子曰："君子上达，上达者，达于仁义也。小人下达。"下达，谓达于财利。所以与君子反也。

本为上，末为下也。明今古有异也〔一〕。

子曰："古之学者为己，古人所学，己未善，故学先王之道，欲以自己行之，成己而已也。今之学者为人。"今之世，学非以〔二〕复为补己之行阙，正是图能胜人，欲为人言己之美，非为己行不足也。

孔安国曰："为己，履〔三〕而行之也。为人，徒能言之也。"徒，空也。为〔四〕人言之而已，无其行也。一云：徒则图也，言徒为人说也。

蘧伯玉使人于孔子。使人往孔子处。孔子与之坐而问焉，孔子与伯玉之使者坐而问之。

孔安国曰："伯玉，卫大夫蘧瑗也。"

曰："夫子何为？"此孔子所问之事。孔子指伯玉为夫子，问使者：汝家夫子何所作〔五〕为耶？对曰："夫子欲寡其过而未能也。"使者答言：我

〔一〕"明今古有异也"，斋本、库本放在经文处，接于"古之学者为己"句下，当从。
〔二〕"以"，斋本、库本无此字。
〔三〕"履"下，斋本、库本有"道"字。正平版何解、邢疏无"道"字。
〔四〕"为"上，斋本、库本有"外空"二字。
〔五〕"作"，斋本、库本无此字。

家夫子恒自修省,夙夜戒慎,欲自寡少于过失,而未能寡于过也。

言夫子欲寡其过,而未能无过也。

使者出。使者答竟而出。子曰:"使乎!使乎!"孔子美使者之为美,故再言"使乎"者,言伯玉所使得为[一]其人也。颜子尚未能无过,况伯玉乎!而使者云"未能",是得伯玉之心而不见欺也。

陈群曰:"再言'使乎',善之也,言使得其人也。"

子曰:"不在其位,不谋其政。"诫人各专己职,不得滥谋图他人之政也。曾子曰:"君子思不出其位。"君子思虑当己分内,不得出己之外,而思他人事。思于分外,徒劳不[二]得。袁氏云:"不求分外。"

孔安国曰:"不越其职也。"

子曰:"君子耻其言之过其行也。"君子之人,顾言慎行。若空出言而不能行遍,是言过其行也。君子耻之,小人则否。子曰:"君子道者三,我无能焉:言君子所行之道者[三]三。夫子自谦,我不能行其一也。我者,孔子自言也。仁者不忧,一,乐天知命,内省不疚[四],是无忧。智者不惑,二,智者以昭了为用,是无疑惑。勇者不惧。"三,既有才力,是以捍难卫侮,是无惧敌也。子贡曰:"夫子自导[五]也。"孔子云无,而实有也,故子贡云:孔子自道说也。江熙云:"圣人体是极于冲虚,是以忘其神武,遗其灵智,遂与众人齐其能否,故曰'我无能焉'。子贡识其天真,故曰'夫子自道之'也。"子贡方人。方,比方人也。子贡以甲比乙,论彼此之胜劣者。

孔安国曰:"比方人也。"

子曰:"赐也贤乎我夫哉?夫人行难知,故比方人优劣之不易,且谁闻

〔一〕"得为",斋本、库本作"为得"。
〔二〕"不"下,斋本、库本有"可"字。
〔三〕"者",斋本、库本作"有"。
〔四〕"疾",斋本、库本作"疚"。
〔五〕"导",斋本、库本作"道"。邢疏、朱注作"道"。正平版何解作"导"。

己之劣？故圣人不言。圣人不言，而子贡专辄比方之，故抑之而[一]云贤乎哉。**我则不暇。”**事既为难，故我则不暇有比方之说。

孔安国曰：“不暇比方人也。”江熙云：“比方人不得不长短相倾，圣人诲人不倦，岂当相藏[二]否？故云‘我则不暇’。是以问师[三]之贤而无毁誉，长物之风于是乎[四]。”

子曰：“不患人不己知，患己无能。”言不患人之不知我之有才能也，正患无才能以与人知耳。

王肃曰：“徒患己之无能也。”

子曰：“不逆诈，逆者，返[五]也。君子含弘接纳，不得逆欺物以诈伪也。李充云：“物有似真而伪，亦有似伪而真者。信僭则惧及伪人，诈滥则惧及真人。宁信诈则为教之道弘也。”**不亿不信，**亿，亿必也。事必须验，不得亿必，悬期人之不信。李充云：“人而无信，不知其可也。然闲邪存诚，不在善察，若见失信于前，必亿其无信于后，则容长之风亏，而改过之路塞矣。”（亿，音忆。）**抑亦先觉者，是贤乎？”**言若逆诈及亿不信者，此乃是先少觉人情者耳，宁可谓是为贤者之行乎？李充云：“夫至觉忘觉，不为觉以求觉[六]。先觉虽觉，同逆诈之不觉也。”

孔安国曰：“先觉人情者，是宁能为贤乎？或时反怨人也。”言先觉或滥，则反受怨责也。颜特进云：“能无此者，虽未穷明理，而亦先觉之次也[七]。”

〔一〕“而”，斋本、库本无此字。

〔二〕“藏”，斋本、库本作“臧”，是。

〔三〕“师”，斋本、库本作“人”。

〔四〕“乎”下，斋本、库本有“畅”字。“江熙云”至“是乎”，斋本、库本放在解经文处，接于“故我则不暇有比方之说”句下。

〔五〕“返”，斋本、库本作“迎”。

〔六〕“觉”上，斋本、库本有“先”字。

〔七〕“颜特进云”至“次也”，斋本、库本放在解经文处，接于“同逆诈之不觉也”句下。末句“亦”字上，斋本、库本有“抑”字。

微生亩谓孔子曰:"丘何为是栖栖者与?无乃为佞乎?"微生亩见孔子东西遑遑,屡适不合,故呼孔子名而问之也。言丘何是为此栖栖乎?将欲行诈佞之事于时世乎也。

苞氏曰:"微生,姓也。亩,名也。"

孔子对曰:"非敢为佞也,疾固也。"孔子答云:我之栖栖,非敢诈佞,政是忿疾世固陋,我欲行道以化之故耳。

苞氏曰:"疾世固陋,欲行道以化之〔一〕也。"

子曰:"骥不称其力,称其德也。"骥者,马之上善也。于时轻德重力,故孔子引譬言〔二〕之也。言伯乐曰,骥非重其力,政是称其美德耳。骥既如此,而人亦宜然。

郑玄曰:"德者,谓调良之德也。"江熙云:"称伯乐曰,骥有力而不称,君子虽有兼能,而惟称其德也〔三〕。"

或曰:"以德报怨,何如?"或人问孔子曰:彼与此有怨,而此人欲行德以报彼怨,其事理何如也?**子曰:"何以报德?**孔子不许也。言彼有怨,而德以报彼,设彼有德于此,则又何以报之也?

德,恩惠之德也。

以直报怨,以德报德。"既不许"以德报怨",故更答以此也。不许"以德报怨",言与我有怨者,我宜用直道报之;若与我有德者,我以备德报之。所以不持〔四〕德报怨者,若行怨而德报者,则天下皆行怨以要德报之,如此者是取怨之道也。**子曰:"莫我知也夫!"**莫,无也。孔子叹世人无知我者。

子贡曰:"何为其莫知子也?"子贡怪夫子有此言,云:何谓莫知子乎?何为,犹若为也。

〔一〕"之",斋本、库本作"人"。正平版何解亦作"人"。邢疏作"之"。

〔二〕"言",斋本、库本作"抑"。

〔三〕"江熙云"至"德也",斋本、库本放在解经文处,接于"而人亦宜然"句下。

〔四〕"持",斋本、库本作"以"。

子贡怪夫子言何为莫知己，故问也。

子曰："不怨天，不尤人。孔子答无知我之事。尤，责也。言我不见用，而世人咸言我应怨天责人，而我实无此心也。人不见知而我不责人，天不见用我亦不怨天也。

马融曰："孔子不用于世，而不怨天；人不知己，亦不尤人也。"

下学而上达，解无知我所以不怨天不尤人之由也。下学，学人事。上达，达天命。我既学人事，人事有否有泰，故我〔一〕不尤人。上达天命，天命有穷有通，故我不怨天也。

孔安国曰："下学人事，上知天命也。"

知我者其唯〔二〕天乎！"人不见知我，我不怨不尤者，唯天知之耳。

圣人与天地合其德，故曰唯天知己也。圣人德合天地，天地无怨责，故亦不怨责之也〔三〕。

公伯寮愬子路于季孙。愬，谮也。子路时仕季氏，而伯寮谗季氏，令信谗〔四〕谮子路也。

马融曰："愬，谮也。伯寮，鲁人，弟子也。"亦是孔子弟子，其家在鲁，故云"鲁人，弟子也"。

子服景伯以告，子服景伯闻〔五〕伯寮谮子路，故告孔子。

马融曰："鲁大夫子服何忌也。告，告孔子也。"

曰："夫子固有惑志，此景伯所告之辞。夫子者，季孙为夫子也。惑志，谓季孙信伯寮之谗子路也。

〔一〕"我"，斋本、库本无此字。

〔二〕"唯"，斋本、库本无此字。正平版何解、邢疏、朱注亦无"唯"字。

〔三〕"天地无怨责，故亦不怨责之也"，斋本、库本作"天地无可怨责，故我亦不怨责之也"。

〔四〕"谗"，斋本、库本作"讥"，误。

〔五〕"闻"下，斋本、库本有"公"字。

孔安国曰："季孙信谗[一]，恚子路也。"

于公伯寮也，吾力犹能肆诸市朝。"景伯既告孔子云：季子[二]犹有惑志，而又说此[三]助子路，使子路无罪，而伯寮致死。言若于他人絯[四]有豪势者，则吾力势不能诛耳。主[五]于伯寮者，则吾之力势，是能使季孙审子路之无罪，而杀伯寮于市朝也。肆者，杀而陈尸也。

郑玄曰："吾势能辨子路之无罪于季孙，使之诛伯寮而肆也。有罪既刑，陈其尸，曰肆也。"殷礼：杀大夫已上于朝，杀士于市，杀而犹陈曝其尸以示百姓，曰肆也。

子曰："道之将行也与，命也。孔子答景伯以子路无罪，言人死生有命，非伯寮之谮如何。言人之道德得行于世者欤，此是天之命也。道之将废也与，命也。公伯寮其如命何！"又言人君道废坠不用于世者，此亦是天之命也。子路之道废兴，由天之命耳。虽公伯寮之谮，其能违天命而兴废于子路耶？江熙云："夫子使景伯辨子路，则不过季孙为甚，拒之则逆其区区之诚，故以行废之命期之，或有如不救而大救也。"子曰："贤者避世，圣人磨而不磷，涅而不缁，无可无不可，故不以治乱为隔。若贤者去就顺时，若天地闭塞，则[六]贤人便隐，高蹈尘外，枕石漱流[七]。天子不得而臣，诸侯不得而友，此谓避世之士也。

孔安国曰："世主莫得而臣[八]之也。"

其次避地，谓中贤也。未能高栖绝世，但择地处，去乱就治，此是避地之

[一] "谗"，斋本、库本作"纔"，误。
[二] "季子"，斋本、库本作"季氏"。
[三] "说此"，斋本、库本作"此说"。
[四] "絯"，斋本、库本作"该"。"絯"有"拘束"、"约束"义，"该"有"谮"义，比较而言，"该"字义胜。
[五] "主"，斋本、库本作"若"，义顺。
[六] "则"字，库本脱。
[七] "枕石漱流"，斋本、库本作"枕流漱石"，误。
[八] "臣"，斋本、库本作"匡"，误。

士也。

马融曰:"去乱国,适治邦也。"

其次避色,此次中之贤也。不能预择治乱,但临时观君之颜色,颜色恶则去,此谓避色之士也。

孔安国曰:"色斯举也。"

其次避言。"此又次避色之贤者。不能观色斯举矣,唯但听君言之是非,闻恶言则去,此谓避言之士也。

孔安国曰:"有恶言,乃去也。"

子曰:"作者七人矣。"引孔子言,证能避世已〔一〕下,自古已来,作此行者唯七人而已矣。

苞氏曰:"作,为也。为之者凡七人,谓长沮、桀溺、丈人、石门、荷篑〔二〕、仪封人、楚狂接舆也。"七人,是注中有七人也。王弼云:"七人:伯夷、叔齐、虞仲、夷逸、朱张、柳下惠、少连也。"郑康成云:"伯夷、叔齐、虞仲,避世者;荷莜、长沮、桀溺,避地者;柳下惠、少连,避色者;荷篑、楚狂接舆,避言者也。"七,当为十字之误也。

子路宿于石门。石门,地名也。子路行住石门宿也。云〔三〕石门者,鲁城门外也。石门晨门曰:"奚自?"晨门,守石门晨昏开闭之吏也,鲁人也。自,从也。子路既在石门,守门之吏朝早开见子路从石门行过,故问子路云:汝将从何而来耶?

晨门者,阍人也。守昏晨者也。

子路曰:"自孔氏。"子路答曰:我此行,从孔子〔四〕处来也。曰:"是知

〔一〕"已",斋本、库本作"以"。

〔二〕"篑",斋本、库本作"蒉",下同。正平版何解、邢疏作"蒉"。

〔三〕"云"上,斋本、库本有"一"字。

〔四〕"孔子",斋本、库本作"孔氏"。

其不可而为之者与?”晨门闻子路云从孔子[一],故知是孔子也。言孔子知世不可教化,而强周流东西,是知其不可为之,故问之。

苞氏曰:“言孔子知世不可为,而强为之也。”

子击磬于卫,孔子时在卫,而自以槌击磬而为声也。有荷蒉而过孔子[二]之门者,荷,担扬[三]也。蒉,织草为器,可贮物也。当孔子击磬之时,有一人担扬草器而过孔子之门也。曰:“有心哉,击磬乎!”荷蒉者闻孔子磬声而云:非是平常之其声乎,有别所志,故云“有心哉”。

蒉,草器也。有心,谓契契然也。契契,谓心别有所志。诗云:“契契寤叹。”

既而曰:“鄙哉,既而,犹既毕也。荷蒉既云“有心”而察之,察之既毕,又云“鄙哉”,言磬中之声甚可鄙劣也。硁硁乎!莫己知也,此鄙哉之事,言声中硁硁,有无知己之也。斯己而已矣。又言孔子硁硁,不肯随世变,唯自信己而已矣。

此硁硁徒信己而已,言亦无益也。徒,空也。时既不行,而犹空信己道欲行之,是于教化无所益也。

深则厉,浅则揭。”荷蒉者又引言[四]为譬,以谏孔子也。以衣涉水为厉,褰衣涉水曰揭。言人之行道化世,当随世盛衰,如涉水也。若水深者,则不须揭衣,揭衣曾是无益,当合而厉之。水若浅[五]者,涉当褰揭而度。譬如为教,若世不可教,则行之如不揭也。若世可教,则行之如揭衣以涉水也。尔雅云:“繇膝以下为揭,繇膝以上为厉。”繇,犹由也。

苞氏曰:“以衣涉水为厉。揭,揭衣。言随世以行己,

〔一〕“孔子”,斋本、库本作“孔氏”,语义更顺。

〔二〕“孔子”,斋本、库本作“孔氏”。邢疏、朱注亦作“孔氏”。

〔三〕“扬”,斋本、库本作“揭”,是。下同。“揭”有“担”“负”义。

〔四〕“言”,斋本、库本作“事”。

〔五〕“水若浅”,斋本、库本作“若水浅”。

若遇水必以济，知其不可则当不为也。”

子曰：“果哉，末之难矣！”孔子闻荷蒉讥己，而发此言也。果者，敢也。末，无也。言彼未解我意，而便讥我，此则为果敢之甚也，故云“果哉”。但我道之深远，彼是中人，岂能知我？若就彼中人求无讥者，则为难矣。玄风之攸在，贤圣〔一〕相与，必有以也。夫相与于无相与，乃相与之至。相为于无相为，乃相为之远。苟各修本，奚其泥也？同自然之异也。虽然，未有如荷蒉之谈讥甚也。案文索义，全近则泥矣，其将远则通理。尝试论之，武王从天应民，而夷齐叩马，谓之杀君。夫子疾固勤诲，而荷蒉之听以为硁硁。言其未达那〔二〕，则彼皆贤也。达之先于众矣。殆以圣人作而万物都睹，非圣人，则无以应万方之求，救天下之弊。然救弊之迹，弊之所缘。勤诲之累，则焚书坑儒之祸起。革命之弊，则王莽、赵高之衅成。不格击其迹，则无振希声之极致。故江熙云：“隐者之谈夫子，各致此出处不乎。”

未知己志，而便讥己，所以为果也。末，无也。无难者，以其不能解己道也。

子张曰：“书云：‘高宗谅阴，三年不言。’何谓也？”高宗，殷中兴之王也，名武丁。殷家卅帝，水德，王六百廿九年。高宗是第二十二帝也，前帝小乙之子也。其武丁登祚之时，殷祚已得三百四十三年。其德高而可宗，故谓为高宗也。谅，信也。阴，默也。尚书云：“祚〔三〕其即位，乃或亮阴，三年不言。”是武丁起其即王位，则小乙死，乃有信默，言其孝行著。子张读尚书，见之不晓，嫌与世异，故发问孔子“何谓也”。

孔安国曰：“高宗，殷之中兴王武丁也。谅，信也。阴，犹默也。”或呼倚庐为谅阴，或呼为梁闇，或呼梁庵，各随义而言之。

子曰：“何必高宗，古之人皆然。孔子答子张古之人君也。言古之

〔一〕“贤圣”，斋本、库本作“圣贤”。

〔二〕“那”，斋本、库本作“耶”。

〔三〕“祚”，斋本、库本作“作”。下句“亮阴”，斋本、库本作“谅阴”。十三经注疏本尚书无逸作“作其即位，乃或亮阴，三年不言”。

人君有丧者，皆三年不言，何必独美高宗耶？此言亦激时人也。**君薨，百官总己，**说人君之丧，其子得不言之由。若君死，则群臣百官不复谘询于君，而各总束己之事，故云"总己"也。

马融曰："己，己百官也。"具〔一〕己于百官，各自束己身也。

以听于冢宰三年。"冢宰，上卿也。百官皆束己职三年，听冢宰，故嗣君〔二〕三年不言也。

孔安国曰："冢宰，天官卿，佐王治者也。三年丧毕，然后王自听政之也。"

子曰："上好礼，则民易使之也。"礼以敬为主，君既好礼，则民莫敢不敬，故易使也。民莫敢不敬，故易使之也〔三〕。**子路问君子。**问为君子之法也。**子曰："修己以敬。"**身正则民从，故君子自修己身而自敬也。

孔安国曰："敬其身也。"

曰："如斯而已乎？"子路嫌其少，故重更谘问孔子如此而已乎。斯，此也。**曰："修己以安人。"**答子路，言当能先自修敬己，而后安人也。

孔安国曰："人谓朋友九族也。"

曰："如斯而已乎？"子路又嫌少也。**曰："修己以安百姓。**又答云：先修敬己身，然后乃安于百姓也。**修己以安百姓，尧、舜其犹病诸！"**病，难也。诸，之也。言先能内自修己而外安百姓，此事为大难也。尧、舜之〔四〕圣，犹患此事为难，故云"病诸"也。卫瓘云："此难事，而子路狭掠之，再云'如斯而已乎'，故云：过此则尧、舜所病也。"郭象云："夫君子者不能索足，故修己者索己。故修己者仅可以内敬其身，外安同己之人耳，岂足安百姓

〔一〕"具"上，斋本、库本有"己"字。

〔二〕"君"上，斋本、库本有"王"字。

〔三〕"民莫敢不敬，故易使之也"，此句斋本、库本为何晏注文。正平版何解、邢疏亦为何晏注文。

〔四〕"之"下，斋本、库本有"至"字。下句"为"字，斋本、库本无。

哉？百姓百品，万国殊风，以不治治之，乃得其极。若欲修己以治之，虽尧、舜必病，况君子乎？今见〔一〕尧、舜非修之也，万物自无为而治，若天之自高，地之自厚，日月之明，云行雨施而已，故能夷畅条达、曲成不遗而无病也。"

孔安国曰："病，犹难也。"

原壤夷俟。原壤者，方外之圣人也，不拘礼教〔二〕，与孔子为朋友。夷，踞也。俟，待也。壤闻孔子来，而夷踞竖膝以待孔子之来也。

马融曰："原壤，鲁人，孔子故旧也。夷，踞也。俟，待也。踞待孔子也。"

子曰："幼而不逊悌，长而无述焉，孔子方内圣人，恒以礼教为事。见壤之不敬，故历数之以训门徒也。言壤少而不以逊悌自居，至于年长犹自放恣，无所效述也。老而不死，是为贼。"言壤年已老而未死，行不敬之事，所以贼害于德也。

贼，为〔三〕贼害也。

以杖叩其胫。胫，脚胫也。膝上曰股，膝下曰胫。孔子历数言之既竟，又以杖叩击壤胫，令其胫而不夷踞也。

孔安国曰："叩，击也。胫，脚胫也。"

阙党童子将命矣。五百家为党。此党名阙，故云阙党也。童子，未冠者之称。将命，是传宾主之辞。谓阙党之中有一小儿，能传宾主之辞出入也。

马融曰："阙党之童子将命者，传宾主之语出入之也。"

或问之曰："益者与？"或见小儿传辞，故问孔子云：此童子而传辞，是自求进益之道也与？子曰："吾见其居于位也，孔子答云：其非求益之事

〔一〕"见"，斋本、库本无此字。

〔二〕"教"，斋本、库本作"敬"。

〔三〕"为"，斋本、库本作"谓"。邢疏亦作"谓"。正平版何解作"为"。

也。礼:童子隅坐无有别[一]位,而此童子不让,乃与或[二]人并居位也。

童子隅坐无位,成人乃有位也。 隅,角也。童子不令[三]与成人并位,但就席角而坐,是无位也矣。

见其与先生并行也。 先生者成人,谓先己之生也,非谓师也。礼:"父之齿随行,足[四]之齿雁行。"此童子行不让于长,故云"与先生并行也"。**非求益者也,欲速成者也。"** 孔子又云:此童子既居位并行,则非自求进益之道,正是欲速成人耳。违礼欲速成者,非是求益之道也。

苞氏曰:"先生,成人也。并行,不差在后也。违礼,欲速成者也,则非求益者之也。"

论语义疏第七　经二千三百九十四字　注二千五百五十六字

〔一〕"别",斋本、库本作"列",是。
〔二〕"或",斋本、库本作"成",是。
〔三〕"令",斋本、库本作"合"。
〔四〕"足",斋本、库本作"兄",是。

论语义疏卷第八卫灵公 季氏

梁国子助教吴郡皇侃撰

论语卫灵公第十五　　何晏集解　凡卅章

疏卫灵公者，卫国无道之君也。所以次前者，宪既问仕，故举时不可仕之君，故〔一〕卫灵公次宪问也。

卫灵公问阵于孔子。孔子至卫，欲行文教，而灵公不慕胜业，唯知问于军阵之事也。

孔安国曰："军阵，行列之法也。"

孔子对曰："俎豆之事，则尝闻之矣。俎豆，礼器也。孔子武文自然兼能，今抑灵公，故〔二〕唯尝闻俎豆事也。

孔安国曰："俎豆，礼器也。"

军旅之事，未之学也。"拒之，故云不尝〔三〕学军旅也。郑玄曰："万二千

〔一〕"故"下，斋本、库本有"以"字。

〔二〕"故"下，斋本、库本有"云"字。

〔三〕"尝"，斋本、库本无此字。

五百人为军，五百人为旅也。”周礼小司徒职云：“五人为伍，五五[一]为两，四两为卒，五卒为旅，五旅为师，五师为军也。”

郑玄曰：“万二千五百人为军，五百人为旅也。军旅，末事。本未立，则不可教以末事也。”本，谓文教也。灵公未能文，故不教之武者也。

明日遂行。孔子至卫，既为问武，故其明日遂行，不留卫[二]也。**在陈绝粮，**明日遂行，初往曹，曹不容。又往宋，在宋遭匡人之围。又往陈，遇吴伐陈，陈大乱，故乏绝粮食矣。**从者病，莫能兴。**从者，诸[三]弟子从孔子行在陈者也。病，饥困也。兴，起也。既绝粮，故从行弟子皆饿困，莫能起者也。

孔安国曰：“从者，弟子。兴，起也。孔子去卫如曹，曹不容。如，往也。**又之宋，遭匡人难。**之，亦往也。**又之陈，会吴伐陈，陈乱，故乏食也。”**会，犹遇也。

子路愠见。诸[四]子皆病，无能起者，唯子路刚强，独能起也。心恨君子行道乃至如此困乏，故便愠色而见孔子也。**曰：“君子亦[五]穷乎？”**此愠见之辞也。曾闻孔子云“学也禄在其中”，则君子不应穷乏，今日如此，与孔子言乖，故问云：君子亦穷乎？**子曰：“君子固穷，小人穷斯滥矣。”**孔子言[六]此答，因抑小人也。言君子之人固穷，亦有穷时耳。若不安[七]穷而为滥溢，则是小人，故云“小人穷斯滥”者矣。

滥，溢也。君子固亦有穷时，但不如小人穷则滥溢为

〔一〕 下“五”字，斋本、库本作“伍”，是。

〔二〕 “卫”下，斋本、库本有“国”字。

〔三〕 “诸”上，斋本、库本有“谓”字。

〔四〕 “诸”，斋本、库本作“弟”。

〔五〕 “亦”下，斋本、库本有“有”字。邢疏、朱注亦有“有”字。观疏文“故问云君子亦穷乎”，证无“有”字。

〔六〕 “言”，斋本、库本无此字。

〔七〕 “安”，斋本、库本作“守”。

非也。

子曰："赐也，汝以予为多学而识之者与？"时人见孔子多学[一]识，并谓孔子多学世事而识之，故孔子问子贡而释之也。对曰："然，然，如此也。子贡答云：赐亦谓孔子多学，故如此多识之也。

孔安国曰："然者，谓多学而识之也。"

非与？"子贡又嫌孔子非多[二]而识，故更问定云"非与"。非与[三]，与，不定辞也。

孔安国曰："问今不然耶。"

曰："非也，孔子又答曰：非也，言定非又[四]多学而识之也。予一以贯之。"贯，犹穿也。既答曰"非也"，故此更答所以不多学而识之由也。言我所以多识者，我以一善之理贯穿万事，而万事自然可识，故得知之，故云"予一以贯之"也。

善有元，事有会。元，犹始也。会，犹终也。元者善之长，故云"善有元"也。事各有所终，故云"事有会"也。天下殊涂而同归，解"事有会"也。事虽殊涂，而其要会皆同，有所归也。百虑而一致。解"善有元"。致，极也。人虑乃百，其元极则同起一善也。知其元则众善举矣，故不待多学，一以知之也。是善长举元，则众善自举，所以不须多学，而自能识之也。

子曰："由，知德者鲜矣！"由，子路也。呼子路语之也，云夫知德之人难得，故为少也。

王肃曰："君子固穷，而子路愠见，故谓之少于知德者

〔一〕"学"，斋本、库本无此字。
〔二〕"多"下，斋本、库本有"学"字。
〔三〕"非与"，斋本、库本无此二字。
〔四〕"言"下，斋本、库本有"我"字。"又"字，斋本、库本无。

也。”按如注意，则孔子此语为问绝粮而发[一]之也。

子曰：“无为而治者，其舜也与？舜上受尧禅于己，己又不[二]禅于禹，受授得人，故孔子叹舜无为而能治也。夫何为哉？恭己正南面而已矣。”既授受[三]善得人，无劳于情虑，故云“夫何为哉”也。既垂拱而民自治，故[四]所以自恭敬而居天位，正南面而已也。

言任官得其人，故无为而治也。由授受[五]皆圣，举十六相在朝，故是任官得其人也。蔡谟云：“谟昔闻过庭之训于先君曰：尧不得无为者，所承非圣也。禹不得无为者，所授非圣也。今三圣相系，舜居其中，承尧授禹，又何为乎？夫道同而治异者，时也。自古以来，承至治之世，接二圣之间，唯舜而已，故特称之焉[六]。”

子张问行。问人立身居世修善，若为事而其道事，可得行于世乎？子曰：“言忠信，行笃敬，答也。云欲使道行于世者，出言必使忠信，立行必须笃厚恭敬也。虽蛮貊之邦，行矣。若身自修[七]前德，无论居处于华夏，假令居住蛮貊远国，则己之道德无所不行也。言不忠信，行不笃敬，虽州里，行乎哉？又云：若不能修身[八]前德，而身虽居中国州里之近，而所行亦皆不行，故云“行乎哉”，言不行也。

郑玄曰：“万二千五百家为州，五家为邻，五邻为里。此王畿远郊内外民居地名也。‘行乎哉’，言不可行也。”

〔一〕“发”上，斋本、库本有“讥”字。
〔二〕“不”，斋本、库本作“下”，是。
〔三〕“授受”，斋本、库本作“受授”。
〔四〕“故”，斋本、库本作“政”。
〔五〕“授受”，斋本、库本作“受授”。
〔六〕“蔡谟云”至“称之焉”，斋本、库本放在解经文处，接于“正南面而已也”句下。
〔七〕“自修”，斋本、库本作“修”。
〔八〕“修身”，斋本、库本作“身修”。

立则见其参然[一]于前也，参，犹森也。言若敬德之道行，己立在世间，则自想见忠信笃敬之事，森森满亘于己前也。在舆则见其倚于衡也，倚，犹凭依也。衡，车衡轭也。又若在车舆之中，则亦自想见忠信笃敬之事，罗列凭依满于衡轭之上也。夫然后行也。"若能行存想不忘，事事如前，则此人身无往而不行，故云"夫然后行也"。

苞氏曰："衡，轭也。言思念忠信，立则常想见参然在前，在舆则若倚衡轭也。"

子张书诸绅。绅，大带也。子张闻孔子之言可重，故书题于己衣之大带，欲日夜在[二]录不忘也。

孔安国曰："绅，大带也。"

子[三]曰："直哉，史鱼！美史鱼之行正直也。

孔安国曰："卫大夫史䲡也。"

邦有道，如矢。邦无道，如矢。证其为直，譬矢箭也，性唯直而不曲。言史鱼之德，恒直如箭，不似[四]国有道无道为变曲也。

孔安国曰："有道无道，行直如矢，不曲也。"

君子哉，蘧伯玉！又美蘧瑗也。进退随时，合时之变，故曰"君子哉"也。邦有道，则仕。出其君子之事也。国若有道，则肆其聪明以佐时也。邦无道，则可卷而怀之。"国若无道，则韫[五]光匿智，而怀藏以避世之害也。

苞氏曰："卷而怀，谓不与时政，柔顺不忤于人也。"

〔一〕"然"字，库本脱。
〔二〕"在"，斋本、库本作"存"，义胜。
〔三〕"子"，原作"民"，据斋本、库本改。
〔四〕"似"，斋本、库本作"以"，是。
〔五〕"韫"，斋本、库本作"韬"。"韫""韬"义同，皆有"藏"义。

子曰:“可与言而不与言,失人;谓此人可与共言,而己不[一]与之言,则此人不复见顾,故是失于可言之人也。不可与言而与之言,失言。言与不可言之人共言,是失我之言者也。智者不失人,亦不失言。”唯有智之士,则备照二途,则人及言并无所失也。

所言皆是,故无所失者也。

子曰:“志士仁人,谓心有善志之士及能行仁之人也。无求生以害仁,既志善行仁,恒欲救物,故不自求我之生以害于仁恩之理也。生而害仁,则志士不为也。有杀身以成仁。”若杀身而仁事可成[二],则志士仁人必杀身为之,故云“有杀身成仁”也。杀身而成仁,则志士所不吝也。

孔安国曰:“无求生而害仁,死而后成仁,则志士仁人不爱其身也。”缪播云:“仁居理足,本无危亡。然贤而图变,变则理穷,穷则任分,所以有杀身之义,故比干割[三]心,孔子曰:‘殷有三仁也[四]。’”

子贡问为仁。问为仁人之法也。子曰:“工欲善其事,必先利其器。将欲答于为仁术,故先为设[五]譬也。工,巧师也。器,斧斤之属也。言巧师虽巧艺若般输[六],而作器不利,则巧事不成。如欲其所作事善,必先磨利其器也。居是邦也,事其大夫之贤者,友其士之仁者也。”合譬成答也。是,犹此也。言人虽有贤才美质,而居住此国,若不事贤不友[七]仁,则其行不成,如工器之不利也。必欲行成,当事此国大夫之贤者,又友此国士之仁者也。大夫贵,故云“事”。士贱,故云“友”也。大夫言贤,士云仁,互言

〔一〕“不”下,斋本、库本有“可”字,衍。
〔二〕“成”下,斋本、库本有“仁也”二字,衍。
〔三〕“割”,库本作“剖”。
〔四〕“缪播云”至“三仁也”,斋本、库本放在解经文处,接于“则志士所不吝也”句下。
〔五〕“设”,斋本、库本作“说”,恐误。
〔六〕“般输”,斋本、库本作“输般”,是。
〔七〕“友”下,斋本、库本有“于”字。

之也。

孔安国曰:“言工欲[一]以利器为用,人以贤友为助也。”

颜渊问为邦。为,犹治也。颜渊,鲁人。当时鲁家礼乱,故问治鲁国之法也。**子曰:“行夏之时,**孔子此答,举鲁旧法以为答也。行夏之时,谓用夏家时节以行事也。三王所尚正朔、服色虽异,而田猎祭祀播种并用夏时,夏时得天之正故也。鲁家行事亦用夏时,故云“行夏之时”也。

据见万物之生,以为四时之始,取其易知也。解所以周[二]用夏时之义也。夏之春,物出地上,和暖著见,已故易知之也。

乘殷之辂,亦鲁礼也。殷辂,木辂也。周礼天子自有五辂:一曰玉[三],二曰金,三曰象,四曰革,五曰木。五辂并多文饰,用玉辂以郊祭。而殷家唯有三辂:一曰木辂,二曰先辂,三曰次辂。而木辂最质素无饰,用以郊天。鲁以周公之故,虽得郊天,而不得事事同王,故用木辂以郊也。故郊特牲说鲁郊云:“乘素车,贵其质也。旂十有二旒,旒[四]龙章而设日月,以象天也。”郑玄注云:“设日月画于旂上也。素车,殷辂也。鲁公之郊,用殷礼也。”案如记注,则鲁郊用殷之木辂也。

马融曰:“殷车曰大辂。左传曰:‘大辂,越席也,昭其俭也。’”左传之言,亦说鲁礼[五]也。

服周之冕,亦鲁礼[六]也。周礼有六冕:一曰大衮冕,二曰衮,三曰鷩,四曰毛毳,五曰絺,六曰玄。周王郊天以大衮而冕,鲁虽[七]郊不得用大衮,但用衮以郊也。郊特牲云:“祭之日,王被[八]衮以象天。”郑玄注曰:“谓有日月星辰

〔一〕“欲”,斋本、库本无此字。正平版何解、邢疏亦无“欲”字。
〔二〕“周”,斋本、库本无此字。
〔三〕“玉”下,斋本、库本有“辂”字,衍。
〔四〕“旒”,斋本、库本无此字。
〔五〕“礼”字,库本脱。
〔六〕“礼”,斋本、库本作“郊”。
〔七〕“鲁虽”,斋本、库本作“虽鲁”。
〔八〕“被”,库本作“披”。

之章也。"此鲁礼也。周礼:王祀昊天上帝,则服大衮而冕,祀五帝亦如之。鲁侯之服,自衮冕而下冕也〔一〕。案此记注即是鲁郊用衮也。然鲁庙亦衮。或问曰:鲁既用周次冕以郊,何不用周金辂以郊耶?答曰:周郊乘玉辂以示文,服用大衮以示质,但车不对神,故亦〔二〕示文。服以接天,故用质也。

苞氏曰:"冕礼,冠也。周之礼文而备也,取其黈纩塞耳,不任视听也。"周既文,民人多过,君上若任己视听,见民犯罪者多,数用刑辞〔三〕过。若见过不治,则非谓人君之法,故冕服。前后垂旒以乱眼,左右两边垂瑱以塞耳,示不任视听也。黈,黄色也。纩,新绵也。当两耳垂黄绵,纩〔四〕绵之下又系玉,名为瑱也。

乐则韶舞。谓鲁所用乐也。韶舞,舜乐也。周用六代乐:一曰云门,黄帝乐也;二曰咸池,尧乐也;三曰大韶,舜乐也;四曰大夏,夏禹乐也;五曰大濩,殷汤乐也;六曰大武,周乐也。若余诸侯,则唯用时王之乐。鲁既得用天子之事,故赐四代礼乐,自虞而下,故云舜乐〔五〕也。所以明堂位云:"凡四代之服器官,鲁兼用之。"是故鲁王礼也,而用四代,并从有虞氏为始也。又春秋鲁襄公二十九年传:"吴公子季札聘鲁,请观周乐,乃为之舞,自周以上,至见舞韶前〔六〕者。曰:'至矣哉,大矣!如天之无不帱,如地之无不载也。虽甚盛德,其蔑以加于此矣。观止矣!若有他乐,吾不敢请已也。'"杜注云:"鲁用四代之乐,故及韶前,而季子知其终也。"

韶,舜乐也。尽善尽美,故取之也。解鲁所以极韶,不取尧乐义也。

放郑声,远佞人。亦鲁礼法也。每言礼法,亦因为后教也。郑声淫也,鲁礼无淫乐,故言放之也。佞人,恶人也。恶人坏乱邦家,故黜远之也。**郑声**

〔一〕"鲁侯之服,自衮冕而下冕也",斋本、库本作"鲁公之服,自衮冕而下也"。
〔二〕"亦",斋本、库本无此字。
〔三〕"辞",误,堂本正误表以"辟"为正。
〔四〕"纩",斋本、库本无此字。
〔五〕"舜乐",斋本、库本作"乐韶舞"。
〔六〕"前",斋本、库本作"箾",是。下同。

淫,佞人殆。”出郑声、佞人所以宜放远之由也。郑地声淫,而佞人斗乱,使国家为危殆也。

孔安国曰:“郑声、佞人,亦俱能感人心,与雅乐、贤人同。而使人淫乱危殆,故当放远之也。”案乐记云:“郑音好敖放僻,滥骄淫志。”所以是淫也〔一〕。

子曰:“人而无远虑,必有近忧。”人生当思渐虑远,防于不〔二〕然,则忧患之事不得近至。若不为远虑,则忧患之来不朝则夕,故云“必有近忧”也。

王肃曰:“君子当思虑而预防也。”

子曰:“已矣!吾未见好德如好色者也。”既先云已矣,明〔三〕久已不见也,疾时色兴德废,故起斯欲〔四〕也。此语亦是重出,亦孔子再时行教也。

子曰:“臧文仲,其窃位者与!鲁〔五〕大夫也。窃,盗也。臧文仲虽居位,居位不当,与盗位者同,故云“窃位者欤”也。**知柳下惠之贤,而不与立也。”**此臧文仲窃位之由也。凡在位者,当助君举贤才以共匡佐。而文仲在位,知柳下惠之贤而不荐之于君,使与己同立公朝,所以是素飡盗位也。

孔安国曰:“柳下惠,展禽也。知其贤而不举,为窃位也。”

子曰:“躬自厚而薄责于人,则远怨矣。”躬,身也。君子责己厚,小人责人厚。责人厚则为怨之府,责己厚人不见怨,故云“远怨”。

〔一〕“案乐记”至“淫也”,斋本、库本作“按乐记云:‘郑音好滥淫志,宋音燕女溺志,卫音趋数烦志,齐音傲僻骄志。’所以是淫也”。斋本、库本源自根本逊志本,所引乐记文字与十三经注疏本礼记乐记基本相同,唯末句中的“傲僻骄志”,十三经注疏本礼记乐记作“敖辟乔志”。又,斋本、库本此段放在解经文处,接于“使国家为危殆也”句下。

〔二〕“不”,斋本、库本作“未”。下句“忧患”,库本作“忧虑”,误。

〔三〕“明”,库本作“则”。

〔四〕“欲”,斋本、库本作“叹”,是。

〔五〕“鲁”上,斋本、库本有“臧文仲”三字。

孔安国曰:“自责己厚,责人薄,所以远怨咎也。”蔡谟云:“儒者之说,虽于义无违,而于名未安也。何者?以自厚者为责己,文不辞矣。厚者谓厚其德也,而人又若己所未能而责物以能,故人心不服。若自厚其德而不求多于人,则怨路塞。责己之美虽存乎中,然自厚之义不施于责也。”侃案:蔡虽欲异孔,而终不离孔辞,孔辞亦得为蔡之释也〔一〕。

子曰:“不曰‘如之何,不曰,犹不谓也。如之何,谓事卒至,非己力势可奈何者也。言人生常当思虑,卒有不可如何之事,逆而防之,不使有起。若无虑而事欻起,是“不曰如之何”事也。李充云:“谋之于其未兆,治之于其未乱,何当至于临难而方曰‘如之何’也。”

孔安国曰:“不曰如之何者,犹言不曰奈是何也。”

如之何’者,吾末如之何也已矣。”若不先虑而如之何之事,非唯凡人不能奈何矣,虽圣人亦无如之何也,故云“吾末如之何也已矣”。

孔安国曰:“如之何者,言祸难已成,吾亦无如之何也。”

子曰:“群居终日,言不及义,三人以上为群居。群居共聚有所说谈〔二〕,终于日月而未曾有及义之事也。好行小惠,难矣哉!”小惠,小小才智也,若安陵调谑之属也。以此处世,亦难为成人也。

郑玄曰:“小惠,谓小小才智也。难矣哉,言终无成功也。”

子曰:“君子义以为质,义,宜也。质,本也。人识性不同,各以其所宜为本。礼以行之,虽各以所宜为本,而行之皆须合礼也。逊以出之,行及合礼而言出之,必使逊顺也。信以成之。行信〔三〕合礼,而言逊顺而出

〔一〕“蔡谟云”至“释也”,斋本、库本放在解经文处,接于“故云远怨”句下。
〔二〕“说谈”,斋本、库本作“谈说”。
〔三〕“信”,斋本、库本作“之”。

塞[一],终须信以成之也。**君子哉!"**如上义,可谓为君子之行之也。

郑玄曰:"义以为质,谓操行也。逊以出之,谓言语也。"

子曰:"君子病无能焉,不病人之不己知也。"病,犹患也。君子之人,常患己无才能耳,不患己有才能而人不见知之也。

君[二]子之人,但病无圣人之道,不病人不知己。

子曰:"君子疾没世而名不称焉。"没世,谓身没以后也。身没而名誉不称扬为人所知,是君子所疾也。故江熙云:"匠终年运斧[三]不能成器,匠者病之;君子终年为善不能成名,亦君子病之也。"

疾,犹病也。

子曰:"君子求诸己,小人求诸人。"求,责也。君子自责己德行之不足,不责人也。小人不自责己,而责人之也。

君子责己,小人责人。

子曰:"君子矜而不争,矜,矜庄也。君子自矜庄己身,而己不与人争也。故江熙云:"君子不使其身俛[四]焉若不[五],终日自敬而已,非[六]与人争胜之也。"

苞氏曰:"矜,矜庄也。"

群而不党。"君子乃朋群义聚而不相阿党为私也。故江熙曰:"君子以道知[七]相聚,聚则为群,群则似党,群居所以切磋成德,非于私也。"

孔安国曰:"党,助也。君子虽众,不相私助,义之与

〔一〕"塞",斋本、库本作"之"。
〔二〕"君"上,斋本、库本有"苞氏曰"三字。邢疏有"包曰"二字。
〔三〕"斧",斋本、库本作"斤"。
〔四〕"俛",斋本、库本作"倪"。"倪":轻率,洒脱不羁。
〔五〕"不",斋本、库本作"非"。
〔六〕"非",斋本、库本作"不"。
〔七〕"知",斋本、库本无此字。

比也。”

子曰：“君子不以言举人，举人必须知其德行，不可听言而荐举之，故君子不为也。

苞氏曰：“有言者不必有德，故不可以言举人也。”

不以人废言。”言又不可以彼人之卑贱而废其美言而不用也。故李充云：“询于刍荛，不耻下问也。”

王肃曰：“不可以无德而废善言也〔一〕。”

子贡问曰：“有一言而可以终身行者乎也？”问求善事，欲以终身奉行之也。子曰：“其恕乎！此是可终身行之一言也。恕谓内忖己心，外以处物。言人在世，当终身行于恕也，故云“其恕乎”。己所不欲，勿施于人。”此释恕事也。夫事非己所欲者，不可施度与人也。既己所不欲，亦必人所不欲也。子曰：“吾之于人，谁毁谁誉？孔子曰：我之于世，平等如一，无有憎爱毁誉之心，故云“谁毁谁誉”之也。如有可誉者，其有所试矣。既平等一心，不有毁誉，然君子掩恶扬善，善则宜扬。而我从来若有所称誉者，皆不虚妄，必先试验其德，而后乃誉之耳，故云“其有所试矣”。

苞氏曰：“所誉辄试以事，不空誉而已矣。”注意如向说。又通云：我乃无毁誉，若民人百姓有相称誉者，则我亦不虚信而美之，其必以事试之也〔二〕。

斯民也，三代之所以直道而行也。”斯民者，谓若此养民也。三代，夏、殷、周也。言养民如此无私毁誉者，是三代圣王治天下用直道而行之时也。郭象云：“无心而付之天下者，直道也。有心而使天下从己者，曲法者也〔三〕。故直道而行者，毁誉不出于区区之身，善与不善，信之百姓。故曰吾之于人，谁

〔一〕“王肃曰”至“善言也”，斋本、库本无此句。正平版何解亦无此句。邢疏有此句。
〔二〕“又通云”至“试之也”，斋本、库本放在解经文处，接于“故云其有所试也”句下。
〔三〕“者也”，斋本、库本无此二字。

毁谁誉,如有所与〔一〕,必试之斯民也。”

马融曰:“三代,夏、殷、周也。用民如此,无所阿私,所以云‘直道而行也’。”

子曰:“吾犹及史之阙文也。孔子此叹世浇流迅速,时异一时也。史者,掌书之官也。古史为书,若于字有不识者,则悬而阙之,以俟知者,不敢擅造为者也。孔子自云己及见昔史有此时阙文也。

苞氏曰:“古之良〔二〕史,于书字有疑,则阙之以待知者也。”

有马者借人乘之,孔子又曰:亦见此时之马难调,御者不能调,则借人乘服之也。今则亡矣夫!”亡,无也。当孔子末年时,史不识字,辄擅而不阙,有马不调,则耻云其不能,必自乘之,以致倾覆,故云“今亡也矣夫”。

苞氏曰:“有马者不能调良,则借人使乘习之。孔子自谓及见其人如此,至今无有矣。言此者,以俗多穿凿也。”

子曰:“巧言乱德。辞达而已,不须巧辩〔三〕。巧辩文多,更于德为乱之也。小不忍则乱大谋。”人须容忍,则大事乃成。若不能忍小,则大事之谋乱也。又一通云:凡为人法,当依事以断,事无大小,皆便求了。若小小不忍,有所慈为,则大谋不成也。

孔安国曰:“巧言利口,则乱德义。小不忍,则乱大谋也。”

子曰:“众恶之,必察焉。设有一人,为众所憎恶者,必当察其德,不可从众雷同而恶之也。所以然者,此人或特立不群,为众佞共所陷害,故必察之

〔一〕“与”,斋本、库本作“誉”,是。

〔二〕“良”,斋本、库本无此字。正平版何解亦无“良”字。邢疏有“良”字。

〔三〕“辩”,斋本、库本作“辨”。下同。

也。**众好之,必察焉。”**又设有一人,为众所好爱者,亦当必察,不可随众而崇重之也。所以然者,或此人行恶,为群恶之所党爱,故亦必察也。卫瓘云:“贤人不与俗争,则莫不好爱也。俗人与时同好,亦则见好也。凶邪害善,则莫不恶之。行高志远,与俗违忤,俗亦恶之。皆不可不察也。”

王肃曰:“或众阿党比周,或其人特立不群,故好恶不可不察也。”

子曰:“人能弘道,非道弘人也。”道者,通物之妙也。通物之法,本通于可通,不通于不可通。若人才大,则道随之而大,是人能弘道也。若人才小,则道小,不能使大,是非道弘人之也。

材大者,道随大,材小者,道随小,故不能弘人也。故蔡谟云:“道者寂然不动[一],行之由人。人可适道,故曰‘人能弘道’。道不适人,故云‘非道弘人’之也[二]。”

子曰:“过而不改,是谓过矣。”人有过能改,如日食反明,人皆仰之,所以非过。遂[三]而不改,则成过也。江熙云:“过[四]容恕,又文则成罪也。”

子曰:“吾尝终日不食,终夜不寝,以思,无益,不如学也。”劝人学也。终,犹竟也。寝,眠也。言我尝竟日终夕不食不眠,以思天下之理,唯学益人,余事皆无益,故云“不如学也”。郭象曰:“圣人无诡教,而云不寝不食以思者何?夫思而后通、习而后能者,百姓皆然也。圣人无事,而不与百姓同事。事同则形同,是以见形以为己唯[五],故谓圣人亦必勤思而力学,此百姓之情也,故用其情以教之。则圣人之教,因彼以教彼,安容诡哉!”

子曰:“君子谋道不谋食。谋,犹图也。人非道不立,故必谋道也。自古皆有死,不食亦死,死而后已,而道不可遗,故“谋道不谋食”之也。**耕也,**

〔一〕“动”,库本作“同”,误。
〔二〕“故蔡谟”至“之也”,斋本、库本放在解经文处,接于“是非道弘人也”句下。
〔三〕“遂”,斋本、库本作“过”,是。
〔四〕“过”上,斋本、库本有“一”字。
〔五〕“唯”,斋本、库本作“异”,义更胜。

馁在其中矣。馁,饿也。唯知耕而不学,是无知[一]之人也。虽有谷,必他人所夺,而不得自食,是饿在于其中也。**学也,禄在其中矣。**虽不耕而学,则昭识斯明,为四方所重。纵不为乱君之所禄,则门人亦共贡赡,故云"禄在其中矣"。故子路使门人为臣,孔子曰"与其死于臣之手,无宁死二三子之手"是也。**君子忧道不忧贫。"**学道必禄在其中,所以忧己无道而已也。若必有道,禄在其中,故不忧贫也。

> **郑玄曰:"馁,饿也。言人虽念耕而[二]不学,故饥饿。学则得禄,虽不耕,而不饥饿。此[三]劝人学也。"**江熙云:"董仲舒云:'遑遑求仁义,常患不能化民者,大人之意也。遑遑求财利,常恐匮乏者,小人之意也。'此君子小人谋之不同者也。虑匮乏,故勤耕。恐道阙,故勤学。耕未必无饿,学亦[四]未必得禄。禄在其中,恒有之势是未必。君子但当存大而遗细,故忧道不忧于贫也[五]。"

子曰:"智及之,仁不能守之,谓人有智识,能任[六]得及为官位者,故云"智及之"也。虽谋智能及,不[七]能用仁守官位,故云"仁不能守之"也。此皆谓中人,不备德者也。**虽得之,必失之。**禄位虽由智而得为之,无仁以恃[八]守之,必失禄位也。

> **苞氏曰:"智能及治其官,而仁不能守,虽得之,必失之也。"**

智及之,仁能守之,不庄以莅之,则民不敬。莅,临也。又言若

〔一〕"知",斋本、库本作"智"。
〔二〕"而"下,斋本、库本有"与"字,衍。正平版何解、邢疏无"与"字。
〔三〕"此",斋本、库本无此字。
〔四〕"亦"字,库本脱。
〔五〕"江熙云"至"贫也",斋本、库本放在解经文处,接于"故不忧贫也"句下。
〔六〕"能任",斋本、库本无此二字。
〔七〕"不"下,斋本、库本有"及"字。
〔八〕"恃",斋本、库本作"持"。

虽能智及仁守,为〔一〕临民不用庄严,则不为民所敬。

苞氏曰:“不严以临之,则民不敬从其上也。”

智及之,仁能守之,庄以莅之,动之不以礼,未善也。”虽智及、仁守、莅庄,而动静必须礼以将之,若动静不用礼,则为未尽善也。

王肃曰:“动必以礼,然后善也。”李充云:“夫智及以惠,其失也荡。仁守以静,其失也宽。庄莅以威,其失也猛。故必须礼,然后和之。以礼制智,则精而不荡。以礼辅仁,则温而不宽。以礼御庄,则威而不猛。故安上治民莫善于礼也。”颜特进曰:“智以通其变,仁以安其性,庄以安其慢,礼以安其情。化民之善必备此四者也〔二〕,必有大成量也。”

子曰:“君子不可小知,而可大受也。君子之道深远,不与凡人可知,故云“不可小知”也。德能深润物,物受之深,故云“而可大受也”。张凭云:“谓之君子,必有大成之量,不必能为小善也。故宜推诚閽信,虚以将受之,不可求备,责以细行之也。”小人不可大受,而可小知也。”小人道浅,故曰“不可大受”。浅则易为物所见,故可以小知也。

君子之道深远,不可以小了知,而可大受。小人之道浅近,可以小了知,而不可大受也。

子曰:“民之于仁也,甚于水火。甚,犹胜也。仁、水、火三事,皆民人所仰以生者也。水火是人朝夕所须,仁是万行之首,故非水火则无以食,非仁则无有恩义。若无恩及饮食,则必死,无以立世。三者并为民人所急也。然就三事之中,仁最为胜,故云“甚于水火”也。

马融曰:“水火与仁,皆民所仰而生者也,仁最为甚也。”

〔一〕“为”,斋本、库本作“若”。

〔二〕“李充云”至“四者也”,斋本、库本放在解经文处,接于“则为未尽善也”句下。其中的“智及以惠”,斋本、库本作“智及以得”;末句“必有大成量也”,斋本、库本无。

水火，吾见蹈而死者矣，未见蹈仁而死者也。”此明仁所以胜水火事也。水火乃能治民人，民人若误履蹈之，则必杀人，故云“水火吾见蹈而死者”也。仁〔一〕是恩爱，政行之，故宜为美，若误履蹈而〔二〕则未尝杀人，故云“未见蹈仁而死者也”。

马融曰：“蹈水火，或时杀人。蹈仁，未尝杀人者也。”王弼云：“民之远于仁，甚于远水火也。见有蹈水火者，不尝见蹈仁者也〔三〕。”

子曰：“当仁不让于师。”仁者，周穷济急之谓也。弟子每事则宜让师，唯行仁宜急，不得让师也。

孔安国曰：“当行仁之事，不复让于师，行仁急也。”张凭云：“先人后己，外身爱物，履谦处卑，所以为仁。非不好让，此道非所以让也〔四〕。”

子曰：“君子贞而不谅。”贞，正也。谅，信也。君子权变无常，若为事苟合道，得理之正，君子为之，不必存于小信，自经于沟渎也。

孔安国曰：“贞，正也。谅，信也。君子之人正其道耳，言不必有信也。”一通云：君子道无不正，不能使人信之也〔五〕。

子曰：“事君，敬其事而后其食。”国家之事，知无不为，是“敬其事”也。必有缠勋绩，乃受禄赏，是“后其食”也。江熙云：“格〔六〕居官次，以达其道，事君之意也。盖伤时利禄以事君之也。”

孔安国曰：“先尽力，然后食禄也。”

子曰：“有教无类。”人乃有贵贱，同宜资教，不可以其种类庶鄙而不教

〔一〕“仁”上，斋本、库本有“而”字。

〔二〕“而”，斋本、库本作“之”。

〔三〕“王弼云”至“者也”，斋本、库本放在解经文处，接于“故云未见蹈仁而死者也”句下。末二句，斋本、库本作“见有蹈水火死者，未尝见蹈仁死者也”。

〔四〕“张凭云”至“让也”，斋本、库本放在解经文处，接于“不得让师也”句下。

〔五〕“一通云”至“之也”，斋本、库本放在解经文处，接于“自经于沟渎也”句下。

〔六〕“格”，斋本、库本作“恪”，是。

之。教之则善,无本类之也〔一〕。

马融曰:“言人在见教,无有种类。”缪播曰:“世咸知斯言之崇教,未信斯理之谅深。生生之类,同禀一极,虽下愚不移,然化所迁者,其万倍也。生而闻道,长而见教,处之以仁道,养之以德,与道终始,为乃非道者,余所不能论之也〔二〕。”

子曰:“道不同,不相为谋。”人之为事,必须先谋。若道同者共谋,则精审不误;若道不同而与共谋,则方圆义凿枘,事不成也。子曰:“辞,达而已矣。”言语之法,使辞足宜达其事而已,不须美奇其言以过事实也。

孔安国曰:“凡事莫过于实〔三〕也,辞达则足矣,不烦文艳之辞也。”

师冕见,师冕,鲁之乐师也。见,来见孔子也。

孔安国曰:“师,乐人盲者也,名冕也。”

及阶,及,至也。阶,孔子家堂阶也。师冕来见,至孔子家阶也。子曰:“阶也。”师冕盲,来见至阶,孔子语之云“阶也”,使之知而登之也。及席也〔四〕,冕已升阶,至孔子堂上席也。子曰:“席也。”皆坐。孔子语〔五〕之云“至席”,令其登席而坐。皆,俱也。孔子见瞽者必起,师既起,则弟子亦〔六〕随而起。冕至席已坐,故孔子亦坐,弟子并坐,故云“皆坐”之也。子告之曰:“某在斯,某在斯。”某,坐〔七〕中人。冕无目,不识坐〔八〕上人,故孔子历

〔一〕“无本类之也”,斋本、库本作“本无类也”,义明。

〔二〕“缪播曰”至“论之也”,斋本、库本放在解经文处,接于“无本类之也”句下。此段中的“斯言”,斋本、库本作“斯旨”;“生而”上,斋本、库本有“若”字。

〔三〕“实”下,斋本、库本有“足”字。正平版何解亦有“足”字。邢疏无“足”字。

〔四〕“也”,斋本、库本无此字,义更胜。

〔五〕“语”上,斋本、库本有“又”字。

〔六〕“亦”,斋本、库本作“又”。

〔七〕“坐”,斋本、库本作“席”。

〔八〕“坐”,斋本、库本作“座”。“坐”同“座”。

告之以坐上人之姓名也。既多人,故再云"某在斯,某在斯"也。随人百十,每一一告之云子张在此、子贡在此也。

孔安国曰:"历告以坐中人姓字[一]及所在处也。"

师冕出。见孔子事毕而出去也。**子张问曰:"与师言之道与?"**道,犹礼也。子张见孔子告之阶席人姓名字,故冕出而问孔子:向与师冕言之是礼与[二]也?**子曰:"然,**答曰:是礼者也。**固相师之道也。"**又云:冕既无目,故主人宜为之导[三]相,所以历告也。

马融曰:"相,道也。"

论语季氏第十六　　何晏集解　凡四十章

疏季氏者,鲁国上卿,豪强僭滥者也。所以次前者,既明君恶,故据臣凶,故以季氏次卫灵公也。

季氏将伐颛臾。此章明季氏专征滥伐之恶也。颛臾,鲁之附庸也。其地与季氏采邑相近,故季氏欲伐而并之也,故云"季氏将伐颛臾"。**冉有、季路见于孔子。**二人时仕季氏为臣,见季氏欲滥伐,故来见孔子,告道之也。**曰:"季氏将有事于颛臾。"**此冉有告孔子之辞也。有事,谓有征伐之事也。

孔安国曰:"颛臾,宓牺之后,风姓之国。本鲁之附庸,当时臣属鲁。季氏贪其土[四]地,欲灭而有之,冉有与季路为季氏臣,来告孔子[五]也。"

〔一〕"字",库本作"氏"。
〔二〕"与"上,斋本、库本有"不"字,衍。
〔三〕"导",库本作"道"。
〔四〕"土",斋本、库本无此字。
〔五〕"子",斋本、库本作"氏"。正平版何解、邢疏作"子"。

孔子曰:“求!无乃尔是过与?求,冉有名也。尔,汝也。虽二人俱来而告,冉有独告,嫌冉有又为季氏有聚敛之失,故孔子独呼其名而问云:此征伐之事,无乃是汝之罪过与?言是其教道〔一〕季氏为之也。

孔安国曰:“冉求为季氏宰,相其室,为之聚敛,故孔子独疑求教也。”

夫颛臾,昔者先王以为东蒙主。孔子拒冉有不听伐之也。言颛臾是昔先王圣人之所立,以主蒙山之祭。蒙山在东,故云“东蒙主”也。既是先王所立,又为祭祀之主,故不可伐也。

孔安国曰:“使主祭蒙山也。”

且在邦域之中矣,言且颛臾在鲁七百里封内,故云在邦域中之也。

孔安国曰:“鲁七百里之邦,颛臾为附庸,在其域中也。”

是社稷之臣也,国主社稷,颛臾既属鲁国,故是社稷之臣也。何以为伐也?”既历陈不可伐之事,而此改问其何以用伐灭之为也〔二〕。

孔安国曰:“已属鲁为社稷之臣,何用灭之为也。”郑注诗云:“诸侯不臣附庸。”而此云是社稷臣者,当尔时已臣属鲁故也〔三〕。

冉有曰:“夫子欲之。夫子,指季氏也。冉有言伐颛臾之事是季氏所欲,故云“夫子欲之”也。吾二臣者,皆不欲也。”称吾二臣,是冉有自谓及子路也。言我二臣皆不欲伐之也。冉有恐孔子不独信己,故引子路为俦证也。

孔安国曰:“归咎于季氏也。”

孔子曰:“求!孔子不许冉有归咎于季氏,故云〔四〕又呼求名语之也。周

〔一〕“道”,斋本、库本作“导”。

〔二〕“既历陈”至“为也”,斋本、库本无此句,脱。

〔三〕“郑注”至“故也”,斋本、库本放在解经文处,接于“故是社稷之臣也”句下。

〔四〕“云”,斋本、库本无此字。

任有言曰：'陈力就列[一]，不能者止。' 此语之辞也。周任，古之良史也。周任有言云：人生事君，当先量后入，若计陈我才力所堪，乃后就其列次，治其职任耳。若自量才不堪，则当止而不为也。

马融曰："周任，古之良史也。言当陈其才[二]力，度己所任，以就其位，不能则当止也。"

危而不持，颠而不扶，则将焉用彼相矣？ 既量而就，汝今为人之臣，臣之为用，正至匡弼，持危扶颠。今假季氏欲为滥伐，此是危颠之事，汝宜谏止。而汝不谏止，乃云夫子欲之，吾等不欲，则何用汝为彼之辅相乎？若必不能，是不量而就之也。

苞氏曰："言辅相人者，当能持危扶颠，若不能，何用相为也。"

且尔言过矣。虎兕出柙，龟玉毁椟中，是谁之过与？" 又骂之而设譬也。兕，如牛而色青。柙，槛也，槛贮于虎兕之器也。椟，函也，贮[三]龟玉之匣也。言汝云吾二臣皆不欲也，此是汝之罪也。汝为人辅相，当主谏君失。譬如为人掌虎兕龟玉，若使虎兕破槛而逸出，及龟玉毁碎于函匮[四]之中，此是谁过？则岂非守槛函者过乎？今季氏滥伐，此是谁过？则岂非汝辅相之过乎？何得言吾二臣不欲邪！

马融曰："柙，槛也。椟，柜也。失毁，非典守者之过邪也？" 柜，即函也。栾肇云："阳虎家臣而外叛，是出虎兕于槛也。伐颛臾于邦内，是毁龟玉于椟中也。"张凭曰："虎兕出柙，喻兵擅用于外也。龟玉毁于椟中，喻仁义废于内之也[五]。"

〔一〕"陈力就列"，库本作"陈列就力"。斋本、邢疏、正平版何解皆作"陈力就列"。

〔二〕"才"字，库本脱。

〔三〕"贮"上，斋本、库本有"函"字。

〔四〕"匮"，斋本作"柜"，库本作"樻"。"匮""柜""樻"音义同。

〔五〕"栾肇云"至"内之也"，斋本、库本放在解经文处，接于"何得言吾二臣不欲耶"句下。

冉有曰："今夫颛臾，固而近于费。固，谓城郭甲兵坚利。费，季氏采邑名也。冉有既得孔子骂及譬喻，而输诚服罪，更说颛臾宜伐之意也。言所以伐颛臾者，城郭甲兵坚利，复与季氏邑相近之也。

马融曰："固，谓城郭完坚，兵甲利也。费，季氏之邑也。"兵，刃也。甲，铠也。

今不取，后世必为子孙忧。"子孙，季氏之子孙也。冉有又言颛臾既城郭坚甲兵利，又与费邑相近，其势力方豪，及其〔一〕今日犹可扑灭，若今日伐取〔二〕，则其后世必伐于费，所以为后世子孙之忧也。**孔子曰："求！君子疾夫，**孔子闻冉有言，知其虚妄，故更呼而语之也。夫，夫冉有之言也。季氏欲伐，实是贪颛臾之地。今汝不言季孙是贪颛臾欲伐取之，而假云颛臾固而近费，恐为子孙忧，如汝此言，是君子之所谓疾也，故云"君子疾夫"也。

孔安国曰："疾如汝之言也。"

舍曰欲之，而必更为之辞。此是君子所疾者也。舍，犹除也。冉有不道季氏贪欲滥伐，是舍曰欲之，而假称颛臾固近费，是是而必为之辞。

孔安国曰："舍其贪利之说，而更作他辞，是所疾也。"

丘也闻有国有家者，不患寡而患不均，孔子骂冉有既竟，而更自称名，为其说季氏子孙之忧不颛臾也。将欲言之，故先广陈其理也。不敢云出己，故曰闻也。有国，谓诸侯也。有家，谓卿大夫也。言夫为诸侯及卿大夫者，不患土地人民寡少，所患政之不能均平耳。今季氏为政，不能均平，则何用滥伐，欲多土地人民为也。

孔安国曰："国，诸侯也。家，卿大夫也。不患土地人民之寡少，患政治之不均平也。"

不患贫而患不安。为国家者，何患民贫乏耶，政患不能使民安。

孔安国曰："忧不能安民耳，民安则国富。""百姓足，君孰

〔一〕"及其"，斋本、库本作"其及"。
〔二〕"今日伐取"，堂本正误表以"今日不伐取"为正。

与不足”是也。

盖均无贫，结前事也[一]。此结前不贫之事也。若为政均平，则国家自富，故无贫乏也。**和无寡，**此结不寡也。言政若能和，则四方来至，故土地民人不寡少也。**安无倾。**若能安民，则君不倾危也。然上云“不患寡患不均，不患贫患不安”，则应云“均无寡，安无倾[二]”。今云“均无贫，和无寡”，又长云“安无倾”者，并相互为义，由均和，故“安无倾”之也。

苞氏曰：“政教均平，则不患贫矣。上下和同，不患寡矣。小大安宁，不倾危也。”

夫如是，故远人不服，则修文德以来也。此明不患寡少之由也。如是，犹如此也。若国家之政能如此安不倾者，若远人犹有不服化者，则我广修文德于朝，使彼慕德而来至也。故舜舞干羽于两阶，而苗民至。**既来之，则安之。**远方既至，则又用德泽抚安之。**今由与求也，相夫子，**夫子，季氏也。言今汝及由二人相于季氏，无恩德也。**远人不服而不能来也，**言汝二人为季氏相，不能修文德以来服远人也。**邦分崩离折[三]而不能守也，**言汝二人相季氏，季氏治鲁，既外不来远人，而内又离折，不能守国也。

孔安国曰：“民有异心曰分，欲去曰崩，不可会聚曰离拆[四]也。”

而谋动干戈于邦内。汝二人既不能来远安近，而唯知与动干戈以自伐邦国内地，何也？

孔安国曰：“干，楯也。戈，戟也。”

吾恐季孙之忧，不在颛臾，冉有云：颛臾近费，恐为后世子孙忧。孔子

〔一〕“结前事也”，斋本、库本无此四字。

〔二〕“则应云均无寡安无倾”，斋本、库本作“则下应云均无寡安无贫”。

〔三〕“离折”，堂本正误表以“离析”为正。

〔四〕“离拆”，堂本正误表以“离析”为正。

广陈事理也，已竟，故此改答〔一〕也。言我之所思，恐异于汝也。汝恐颛臾，而我恐季孙后世之忧，不在于颛臾也。**而在萧墙之内也。”**此季孙所忧者也。萧，肃也。墙，屏也。人君于门树屏，臣来至屏而起肃敬，故谓屏为萧墙也。臣朝君之位，在萧墙之内也。今云季孙忧在萧墙内，谓季孙之臣必作乱也。然天子外屏，诸侯内屏，大夫以帘，士以帷。季氏是大夫，应无屏而云萧墙者，季氏皆僭为之也。蔡谟云："冉有、季路并以王佐之姿，处彼家〔二〕相之任，岂有不谏季孙以成其恶？所以同其谋者，将有以也。量己拨〔三〕势，不能制其悖心于外，顺其意以告夫子，实欲致大圣之言以救斯弊。是以夫子发明大义，以酬来感，弘举治体，自救时难。引喻虎兕，为以罪相者。虽文讥二子，而旨在季孙。既示安危之理，又抑强臣擅命，二者兼著，以宁社稷。斯乃圣贤同符，相为表里者也。然守文者众，达微者寡也。睹其见轨，而昧其玄致，但释其辞，不释所以辞，惧二子之见幽，将长沦于腐学，是以正之，以莅来旨也。”

郑玄曰："萧之言肃也。萧墙，谓屏。君臣相见之礼，至屏而加肃敬焉，是以谓之'萧墙'。后季氏家臣阳虎，果囚季桓子也。"证是〔四〕在萧墙也。

孔子曰："天下有道，则礼乐征伐自天子出；礼乐，先王所以饰喜。鈇钺，先王所以饰怒。故有道世，则礼乐征伐并由天子出〔五〕也。**天下无道，则礼乐征伐自诸侯出。**若天下无道，天子微弱，不得任自由，故礼乐征伐从诸侯出也。**自诸侯出，盖十世希不失矣；**希，少也。若礼乐征伐从诸侯出，非其所，故僭滥之国，十世少有不失国者也。诸侯是南面之君，故至全数之年而失之也。

孔安国曰："希，少也。周幽王为犬戎所杀，平王东迁，

〔一〕“答”上，斋本、库本有“容”字。
〔二〕“家”，斋本、库本无此字。
〔三〕“拨”，斋本、库本作“揆”，是。
〔四〕“是”，斋本、库本作“忧”。
〔五〕“出”上，斋本、库本有“而”字。

周始微弱。诸侯自作礼乐，专行征伐，始于隐公，至昭公，十世失政，死乾侯。”证十世为滥失国之君也。周幽王无道，为犬戎所杀，其子平王东迁雒邑，于是周始微弱，不能制诸侯。故于时鲁隐公始专征滥伐，至昭公十世，而昭公为季氏所出，死于乾侯之地也。十世者，隐一、桓二、庄三、闵四、僖五、文六、宣七、成八、襄九、昭十也。

自大夫出，五世希不失矣。若礼乐征伐从大夫而专滥，则五世此大夫少有不失政者也。其非南面之君，道从势短，故半诸侯之年，所以五世而失之也。

孔安国曰："季文子初得政，至桓子五世，为家臣阳虎所囚也。"此证大夫专滥，五世而失家者。季文子始得政而专滥，至五世，桓子为臣所囚也。五世者，文子一、武子二、悼子三、平子四、桓子五是也。

陪臣执国命，三世希不失矣。陪，重也。其为臣之臣，故云重也。是大夫家臣僭执邦国教令也，此至三世必失也。既卑，故不至五也[一]。则半十而五，三亦半五。大夫[二]难倾，故至十。十，极数。小者易危，故转相半，理势使然。亡国丧家，其数皆然，未有过此而不失者也。按此但云"执国命"，不云礼乐征伐出者，其不能僭礼乐征伐也。缪播云："大夫五世、陪臣三世者，苟得之有由，则失之有渐。大者难倾，小者易灭。近本罪轻，弥远[三]罪重。轻故祸迟，重则败速。二理同致，自然之差也。"

马融曰："陪，重也，谓家臣也。阳氏为季氏[四]臣，至虎三世而出奔齐也。"证陪臣执政三世而失者也。

天下有道，则政不在大夫。政由于君，故不在大夫。在大夫，由天下

〔一〕"也"，斋本、库本作"世"。

〔二〕"夫"，斋本、库本作"者"，是。

〔三〕"弥远"，斋本、库本作"远弥"。

〔四〕"氏"下，斋本、库本有"家"字。正平版何解亦有"家"字。邢疏此语作"马曰：陪，重也。谓家臣。阳虎为季氏家臣，至虎三世而出奔齐"。

失道故也。

孔安国曰："制之由君也。"

天下有道，则庶人不议。"君有道则颂之声兴，载路有时雍之义，则庶人民下，无所街群巷聚，以评议天下四方之得失也。若无道，则庶人共有所非议也。

孔安国曰："无所非议也。"非，犹鄙也。鄙议风政之不是也。

孔子曰："禄之去公室五世矣，礼乐征伐自大夫出，五世希有不失。于时孔子见其数将尔，知季氏必亡，故发斯旨也。公，君也。禄去君室，谓制爵禄出于大夫，不复关君也。制爵禄不关君，于时〔一〕已五世也，故云"去公室五世"也。

郑玄曰："言此之时，鲁定公之初也。鲁自东门襄仲杀文公之子赤而立宣公，于是政在大夫，爵禄不从君出，至定公为五世矣。"襄仲既杀赤立宣公，宣公虽立，而微弱不敢自专，故爵禄不复关己也。宣公〔二〕一、成二、襄三、昭四、定五也。

政逮于大夫四世矣，逮，及也。制禄不由君，故及大夫也。季文子初得政，至武子、悼子、平子四世，是孔子时所见，故云四世。

郑玄曰："文子、武子、悼子、平子也。"

故夫三桓之子孙微矣。"大夫执政五世必失，而季氏已四世，故三桓子孙转以弱也。谓为三桓者，仲孙、叔孙、季孙三家同出桓公，故云"三桓"也。初三家皆豪滥，至尔时并衰，故云"微"也。

孔安国曰："三桓者，谓仲孙、叔孙、季孙也。三卿皆出桓公，故曰'三桓'也。仲孙氏改其氏称孟氏，至襄公〔三〕皆

〔一〕"于时"，库本作"于是"，误。

〔二〕"公"，斋本、库本无此字。

〔三〕"襄"，斋本、库本作"哀"，是。正平版何解、邢疏亦作"哀"。

衰也。”后改仲孙氏称孟氏[一]，故多云孟孙氏也。

孔子曰：“益者三友，明与朋友益者有三事，故云“益者三友”。**损者三友。**又明与朋友损者只有三事，故云“损者三友”也。**友直，**一益也。所友得正直之人也。**友谅，**二益也。所友得有信之人也。谅，信也。**友多闻，益矣。**三益也。所友得能多所闻解人之[二]也。益矣，上所言三事，皆是有益之朋友也。**友便辟，**此一损也。谓与便辟之人为朋友者也。

马融曰：“便辟，巧避人之所忌，以求容媚者也。”谓语巧能辟人所忌者，为便辟也[三]。

友善柔，二损也。谓所友者善柔者也。善柔，谓面从而背毁者也。

马融曰：“面柔者也。”

友便佞，三损也。谓与便佞为友也。便佞，辨而佞者也[四]。**损矣。”**上三事，皆是为损之朋友也。

郑玄曰：“便，辨[五]也，谓佞而辨也。”

孔子曰：“益者三乐，谓以心中有所受[六]乐之事，三者为益人者也。**损者三乐。**又谓以心中所爱乐，有三事为损人者也。**乐节礼乐，**一益也。谓心中所爱乐，乐得于礼乐之节也。

动静得于礼乐之节也。动静乐得礼乐之节也[七]。

乐道人之善，二益也。心中所爱乐，乐道说扬人之善事也。**乐多贤友，**

〔一〕“后改仲孙氏称孟氏”，斋本、库本作“后仲孙氏改其氏称孟氏”。

〔二〕“人之”，斋本、库本作“之人”，义顺。

〔三〕“谓语”至“辟也”，斋本、库本放在解经文处，接于“谓与便辟之人为朋友者也”句下。其上句“能”字下，斋本、库本有“为”字。

〔四〕“辨而佞者也”，斋本、库本作“谓辩而巧也”。

〔五〕“辨”，斋本、库本作“辩”，是，下句同。邢疏亦作“辩”。

〔六〕“受”，斋本、库本作“爱”。观下文“爱乐”一词频频出现，当以“爱”为是。

〔七〕此句疏文，斋本、库本无。

三益也。心中所爱乐，乐得多贤为朋友也。**益矣。**此上三乐，皆是为益之乐也。**乐骄乐，**此明一损也。心中所爱乐，为骄傲以自乐也。

孔安国曰："恃尊贵以自恣也。"

乐佚游，此二损也。心中所爱乐，恣于自逸悆〔一〕而遨游，不用节度也。

王肃曰："佚游，出入不知节也。"

乐宴乐，三损也。心中所爱乐，宴饮酖酤〔二〕以为乐也。**损矣。"**此上三乐，皆是为损之乐也。

孔安国曰："宴乐，沉荒淫渎也。三者，自损之道也。"

孔子曰："侍于君子有三愆：愆，过也。卑侍于尊，有三事为过失也。

孔安国曰："愆，过也。"

言未及之而言，谓之躁；一过也。侍君子之坐，君子言语次第承之，未及其抄次而言，此是轻动将躁之者。

郑玄曰："躁，不安静也。"

言及之而〔三〕不言，谓之隐；二过也。言语次第已应及其人，忽君之不肯〔四〕出言，此是情心不尽，有所隐匿之者也。

孔安国曰："隐匿不尽情实也。"

未见颜色而言，谓之瞽。"瞽者，盲人也。盲人目不见人颜色，而只言人之是非。今若不盲侍坐，未见君子颜色趣向而便逆言之，此是与盲者无异质，故谓之为瞽也。

周生烈曰："未见君子颜色所趣向而便逆先意语者，犹瞽也。"

〔一〕"悆"下，斋本、库本衍一"悆"字。悆：喜悦。

〔二〕"酖酤"，斋本、库本作"酖酗"。酖：嗜酒；酤：一夜酿成的酒。酖酤：指嗜酒，沉迷于酒。

〔三〕"而"，斋本、库本无此字。正平版何解亦无"而"字。邢疏、朱注有"而"字。

〔四〕"君之不肯"，斋本、库本作"君子不肎"。"肎"同"肯"。

孔子曰："君子有三戒：君子自戒，其事有三，故云"有三戒"也。少之时，血气未定，戒之在色；一戒也。少，谓卅以前也。尔时血气犹自薄少，不可过欲，过欲则为自损，故戒之也。及其壮也，血气方刚，戒之在斗；二戒也。壮，谓三十以上也。礼：卅壮而为室，故不复戒色也。但年齿已壮，血气方刚，性力雄猛，有〔一〕无所与让，好为斗〔二〕，故戒之也。及其老也，血气既衰，戒之在得。"三戒也。老，谓年五十以上也。年五十始衰，无复斗争之势，而戒之在得也。得，贪得也。老人好贪，故戒之也。老人所以好贪者，夫年少象春夏，春夏为阳，阳法主施，故少年明怡也。年老象秋冬，秋冬为阴，阴体敛藏，故老耆好敛聚，多贪也。

孔安国曰："得，贪得也。"

孔子曰："君子有三畏：心服曰畏。君子所畏有三事也。畏天命，一畏也。天命，谓作善降百祥，作不善降百殃。从吉逆凶，是天之命，故君子畏之，不敢逆之也。

顺吉逆凶，天之命也。

畏大人，二畏也。大人，圣人也。见其含容，而曰大人。见其作教正物，而曰圣人也。今云"畏大人"，谓居位为君者也。圣人在上，含容覆帱〔三〕，一〔四〕虽不察察，而君子畏之也。

大人，即圣人，与天地合其德者也。

畏圣人之言。三畏也。圣人之言，谓五经典籍、圣人遗文也，其理深远，故君子畏也。

〔一〕"有"，斋本、库本无此字。

〔二〕"斗"下，斋本、库本有"争"字。

〔三〕"帱"，斋本、库本作"焘"。"焘"有"覆盖"义，"覆焘"同"覆帱"，义犹"覆被"，谓施恩、加惠。

〔四〕"一"，斋本、库本空缺。

深远不可易知〔一〕**，则圣人之言也。**理皆深远，不可改易也。

小人不知天命而不畏也，既小人与君子反，故〔二〕不畏君子之所畏者也。小人见天道恢疏，而不信从吉逆凶，故不畏之，而造为恶逆之也。

恢疏，故不知畏也。天网恢恢，疏而不失。小人见天命不切切之急，谓之不足畏也。

狎大人，见大人含容，故亵〔三〕慢而不敬也。江熙云："小人不惧德，故媟慢也。"

直而不肆，故狎之也。肆，犹经威毒也。大人但用行〔四〕不邪，而不私威毒也。

侮圣人之言。"谓经籍为虚妄，故轻侮之也。江熙云："以典籍为妄作也。"

不可小知，故侮之也。经籍深妙，非小人所知，故云"不可小知"也。

孔子曰："生而知之者，上也；此章劝学也，故先从圣人始也。若生而自有知识者，此明是上智圣人，故云上也。**学而知之者，次也；**谓上贤也。上贤既不生知，资学以满分，故次生知者也。**困而学之，又其次也。**谓中贤以下也。本不好学，特以己有所用，于理困愤不通，故愤而学之，只此〔五〕次前上贤人也。

孔安国曰："困，谓有所不通也。"

困而不学，民斯为下矣。"谓下愚也。既不好学，而困又不学，此是下愚之民也，故云"民斯为下"也。**孔子曰："君子有九思：**言君子所宜思

〔一〕"知"，斋本、库本无此字。正平版何解有"知"字。邢疏此语作"深远不可易知测，圣人之言也"。

〔二〕"故"，斋本、库本作"并"。

〔三〕"亵"下，斋本、库本有"狎"字。

〔四〕"行"，库本作"刑"。下句"不私威毒"，斋本、库本作"不加威毒"。

〔五〕"只此"，斋本、库本作"此只"。

之事,其条有九也。**视思明,**一也。若自〔一〕瞻视万事,不得孟浪,唯思分明也。**听思聪,**二也。若耳听万理,不得落漠,唯思聪了也。**色思温,**三也。若颜色平常,不得严切,唯思温和也。李充〔二〕曰:"静容谓之和,柔畅谓之温也。"**貌思恭,**四也。若容貌接物,不得违逆,唯思逊恭也。李充曰:"动容谓之貌,谦接谓之恭也。"**言思忠,**五也。若有所言语,不得虚伪,唯思尽于忠心也。**事思敬,**六也。凡行万事,不得傲慢,唯思于敬也,故曲礼云"无不敬也"。**疑思问,**七也。心有所疑,不得辄自断决,当思谘问于事有识者也。**忿思难,**八也。彼有违理之事,来触于我,我必忿怒于彼。虽然,不得乘此忿心以报于彼,当思于忽有急难日也。一朝之忿,忘其身以及其亲,是谓难也。**见得思义。"**九也。不义而富且贵,于我如浮云。若见己应有所得,当思是〔三〕义取也。江熙云:"义,然后取也。"**孔子曰:"见善如不及,**见有善者,当慕而齐之,恒恐己不能相及也。袁氏曰:"恒恐失之,故驰而及之也。"**见不善如探汤。**若见彼不善者,则己急宜畏避,不相染入,譬如人使己以手探于沸汤为也。**吾见其人矣,吾闻其语矣。**孔子自云:此上二事,吾尝见其人,亦尝闻有其语也。

孔安国曰:"探汤,喻去恶疾也。"去,犹避。疾,速也,谓避恶之速。颜特进云:"好善如所慕,恶恶如所畏,合义之情,可传之理,既见其人,又闻其语也〔四〕。"

隐居以求其志,志达昏乱,故愿隐居遁〔五〕,言幽居以求其志也。**行义以达其道,**常愿道中,故躬行行义〔六〕,以达其道矣。**吾闻其语矣,未**

〔一〕"自",斋本、库本作"目",是。
〔二〕"充",库本作"容",误。
〔三〕"是",斋本、库本作"其"。
〔四〕"颜特进"至"语也",斋本、库本放在解经文处,接于"亦尝闻有其语也"句下。
〔五〕"志达昏乱,故愿隐居遁",斋本、库本作"志违昏乱,故愿隐遁"。
〔六〕"常愿道中,故躬行行义",斋本、库本作"常愿道申,故躬行仁义"。

见其人也。"唯闻昔有夷、齐能然,是闻其[一]语也。而今世无复此人,故云未见其人也。颜特进云:"隐居所以求志于世表,行义所以达道于古人,无立之高,难能之行,徒闻其语,未见其人也。"**齐景公有马千驷,**千驷,四千匹马也。**死之日,民无得称焉。**生时无德而多马,一死则身与[二]名俱消,故民无所称誉也。

孔安国曰:"千驷,四千匹也。"

伯夷、叔齐饿于首阳之下,夷、齐,是孤竹君之二子也。兄弟让国,遂入隐于首阳之山。武王伐纣,夷、齐叩[三]武王马谏曰:"为臣[四]伐君,岂得忠乎?横尸不葬,岂得孝乎?"武王左右欲杀之,太公曰:"此孤竹君之子,兄弟让国,大王不然[五]制也。隐于首阳山,合方立义,不可杀,是贤人。"即止也。夷、齐反首阳山,责周[六],不食周粟,唯食草木而已。后辽西令支县佑家白张石虎往蒲坂采材,谓夷、齐云:"汝不食周粟,何食周草木?"夷、齐闻言,即遂不食,七日饿死。云首阳下者,在山边侧者也。

马融曰:"首阳山,在河东蒲坂[七],华山之北,河曲之中也。"

民到于今称之,虽无马而饿死,而民至[八]孔子之时,相传[九]揄扬愈盛也。**其斯[一〇]谓与?**斯,此也。言多马而无德,亦死即消。虽饿而有德,称义

〔一〕"其"上,斋本、库本有"有"字。
〔二〕"与",斋本、库本无此字。
〔三〕"叩",斋本、库本作"扣"。
〔四〕"臣",库本作"忠",误。
〔五〕"然",斋本、库本作"能"。
〔六〕"周",斋本、库本作"身"。
〔七〕"蒲坂"下,斋本、库本有"县"字。
〔八〕"至",斋本、库本作"到"。
〔九〕"传"下,斋本、库本有"犹"字。
〔一〇〕"斯"下,斋本、库本有"之"字。正平版何解无"之"字。邢疏、朱注有"之"字。

无息。言有德不可不重，其此谓之〔一〕也。

王肃曰："此所谓以德为称者也。"

陈亢问于伯鱼曰："子亦有异闻乎？"陈亢，即子禽也。伯鱼，即鲤也。亢言伯鱼是孔子之子，孔子或私教伯鱼，有异门徒闻，故云子亦有异闻不也。呼伯鱼而为子也。

马融曰："以为伯鱼孔子之子，所闻当有异也。"

对曰："未也。伯鱼对陈亢云：我未尝有异闻也。尝独立，此述己生平私得孔子见语之时也。言孔子尝独立，左右无人也。

孔安国曰："独立，谓孔子也。"

鲤趋而过庭。孔子独立在堂，而己趋从中庭过也。曰：'学诗乎？'孔子见伯鱼从庭过〔二〕，呼而问之云：汝尝学诗不乎？对曰：'未之。'伯鱼述己学答孔子〔三〕，言未尝学之诗也。曰：'不学诗，无以言也。'孔子闻伯鱼未尝学诗，故以此语之。言诗有比兴、答对、酬酢，人若不学诗，则无以与人言语也。鲤退而学诗。伯鱼得孔子之旨，故还〔四〕己舍而学诗之也。他日又独立，他日，又别日也。孔子又在堂独立也。鲤趋而过庭。伯鱼又从中庭过也。曰：'学礼乎？'孔子又问伯鱼：学〔五〕礼不乎？对曰：'未也。'亦答云：未学礼之也。'不学礼，无以立。'孔子又语伯鱼云：礼是恭俭庄敬，立身之本，人有礼则安，无礼则危，若不学礼，则无以自立身也。鲤退而学礼。鲤从〔六〕旨，退而学礼也。闻斯二者矣。"又答陈亢言：己为孔子之子，唯私闻学诗学礼二事也。陈亢退而喜曰："问一得三，

〔一〕"谓之"，库本作"之谓"。
〔二〕"从庭过"，斋本、库本作"从过庭"。
〔三〕"伯鱼述己学答孔子"，斋本、库本作"伯鱼述举己答孔子"。
〔四〕"还"上，斋本、库本有"退"字。
〔五〕"学"上，斋本、库本有"汝"字。
〔六〕"从"下，斋本、库本有"孔子"二字。

陈亢得伯鱼答已二事，故退而欢喜也。言我问异闻之一事，而今得闻三事也。**闻诗，闻礼，又闻君子之远其子也。"**伯鱼二也，又君子远其子，三也。伯鱼是孔子之子，一生之中唯〔一〕闻二事，即是君子不独亲子，故相疏远，是陈亢今得闻君子远于其子也。范宁曰："孟子云：'君子不教子何也？势不行也。教者必以正，以正不行，继之以怒〔二〕。继之以怒，则反夷矣。父子相夷，恶也。'"**邦君之妻，君称之曰夫人，**当时礼乱，称谓不明，故此正之也。邦君自呼其妻曰夫人也。**夫人自称曰小童，**此夫人向夫自称，则曰小童。小童，幼少之目也，谦不敢自以比于成人也。**邦人称之曰君夫人，**邦人，其国民人也。若其国之民呼君妻，则曰君夫人也。君自称云〔三〕单曰夫人，故夫人〔四〕民人称，带君言之也。**称诸异邦曰寡小君，**自我国臣〔五〕民向他邦人称我君妻，则曰寡小君也。君自称曰寡人，故臣民称君为寡君，称君妻为寡小君也。**异邦人称之亦曰君夫人也。**若异邦臣来，即称主国君之妻，则亦同曰君夫人也。

孔安国曰："小君，君夫人之称也。对异邦谦，故曰寡小君。当此之时，诸侯嫡妾不正，称号不审，故孔子正言其礼也。"

论语义疏第八　经一千七百七十四字　注一千九百七十字

〔一〕"唯"下，斋本、库本有"知"字。
〔二〕"怒"，斋本、库本作"忿"。下同。
〔三〕"云"，斋本、库本作"则"。
〔四〕"夫人"，斋本、库本无此二字。"故夫人民人称"，此句似应作"故民人称夫人"。
〔五〕"臣"，库本作"人"。

论语义疏卷第九阳货 微子

梁国子助教吴郡皇侃撰

论语阳货第十七　　何晏集解　凡廿四章

疏阳货者，季氏家臣，凶[一]恶者也。所以次前者，明于时凶乱，非唯国臣无道，至于陪臣贱，亦并凶愚[二]，故阳货次季氏也。

阳货欲见孔子，阳货者，季氏家臣阳虎也。于时季氏稍微，阳货为季氏宰，专鲁国政，欲使孔子仕己，故使人召孔子，欲与孔子相见也。**孔子不见，**孔子恶其专滥，故不与之相见也。

孔安国曰："阳货，阳虎也，季氏家臣而专鲁国之政，欲见孔子使仕也。"

归孔子豚。归，犹饷也。既召孔子，孔子不与相见，故又遣人饷孔子豚也。所以召不来而饷豚者，礼，得敌己以下饷，但于己家拜饷而已。胜己以上见饷，先既拜于己家，明日又往饷者之室也。阳虎乃不胜孔子。然己交专鲁政，期度

〔一〕"凶"上，斋本、库本有"亦"字。
〔二〕"愚"，斋本、库本作"恶"。

孔子必来拜谢己,因得与相见也,得相见而劝之欲仕也。

孔安国曰:"欲使往谢,故遣[一]孔子豚也。"

孔子时其亡也,而往拜之,亡,无也,谓[二]虎不在家之时也。孔子晓虎见饷之意,故往拜谢也。若往谢,必与相见,相见于家,事或盘桓,故敢伺[三]虎不在家时,而往拜于其家也矣。**遇诸涂。**涂,道路也。既伺其不在而往拜,拜竟而还,与之相逢遇[四]于路中也。孔子圣人,所以不计避之而在路与相逢者,其有所以也。若遂不相见,则阳虎求召不已,既得相见,期[五]其意毕耳,但不欲久与相对,故造次在涂路也。所以知是已拜室还与相逢者,既先云"时亡也",后云"遇涂",故知已至其家也。其若未至室,则于礼未毕,或有更随其至己家之理,故先伺不在而往,往毕还而相逢也。

孔安国曰:"涂,道也。于道路与相逢也。"一家通云:饷豚之时,孔子不在,故往谢之也。然于玉藻中为便,而不胜此集解通也[六]。

谓孔子曰:"来!货于道[七]见孔子,而呼孔子令来,孔子趍[八]就己也。**予与尔言。"**予,我也。尔,汝也。货先呼孔子来,而又云我与汝言也。**曰:"怀其宝而迷其邦,可谓仁乎?"**此阳货[九]与孔子所言之辞也。既欲令仕己,故先发此言也。此骂孔子不仕[一〇]也。宝,犹道也。言仁人之行,当恻隐救世以安天下,而汝怀藏佐时之道,不肯出仕,使邦国迷乱,为此之

〔一〕"遣",斋本、库本作"遗",是。

〔二〕"谓"上,斋本、库本有"无"字。

〔三〕"敢伺",斋本、库本作"伺取"。

〔四〕"遇",斋本、库本无此字。

〔五〕"期",斋本、库本作"则"。

〔六〕"一家通云"至"通也",斋本、库本放在解经文处,接于"往毕还而相逢也"句下。

〔七〕"道",斋本、库本作"路"。

〔八〕"孔子趍",斋本、库本作"趋",无"孔子"二字。"趍"同"趋"。

〔九〕"阳",斋本、库本作"是"。

〔一〇〕"仕",斋本、库本作"仁"。

事,岂可谓为仁乎?**曰:“不可。”**孔子晓虎之言,故逊辞求免,而答己[一]不可也,言不可谓此为仁人也。

马融曰:“言孔子不仕,是怀宝也。知国不治而不为政,是迷邦也。”

“好从事而亟失时,可谓智乎?”此亦骂孔子不智也。好从事,谓好周流东西,从于世事也。亟,数也。言智者以照了为用,动无失时,而孔子数栖栖遑遑,东西从事,而数失时,不为时用,如此岂可谓汝为圣[二]人乎矣?**曰:“不可。”**又逊辞云“不可”也。

孔安国曰:“言孔子栖栖好从事,而数不遇失时,不为有智也。”

“日月逝矣,岁不我与。”骂孔子。孔子辞既毕,故货又以此辞劝孔子出仕也。逝,速也,言日月不停,速不待人,岂得怀宝至老而不仕乎?我,我孔子也。

马融曰:“年老,岁月已往,当急仕也。”

孔子曰:“诺,吾将仕矣。”孔子得劝,故逊辞答之云“诺,吾将仕也”。郭象云:“圣人无心,仕与不仕随世耳。阳虎劝仕,理无不诺,不能用我,则我[三]无自用。此直道而应者也,然免逊之理亦在其中也。”

孔安国曰:“以顺辞免害也。”

子曰:“性相近也,习相远也。”性者,人所禀以生也。习者,谓生而后有仪[四],常所行习之事也。人俱[五]禀天地之气以生,虽复厚薄有殊,而同是

〔一〕“己”,斋本、库本作“云”。
〔二〕“圣”,斋本、库本作“智”。
〔三〕“我”,斋本、库本无此字。
〔四〕“而后有仪”,斋本、库本作“后有百仪”。
〔五〕“俱”,库本作“具”。

禀气,故曰相近也。及至识[一],若值善友,则相效为善;若逢恶友,则相效为恶。恶善既殊,故云相远也。故范宁云:"人生而静,天之性也;感于物而动,性之欲也,斯相近也。习洙、泗之教为君子,习申、商之术为小人,斯相远矣也。"

孔安国曰:"君子慎所习也。"然性情之义,说者不同,且依一家旧释云:性者,生也。情者,成也。性是生而有之,故曰生也。情是起欲动彰事,故曰成也。然性无善恶,而有浓薄。情是有欲之心,而有邪正。性既是全生,而有未涉乎用,非唯不可名为恶,亦不可目为善,故性无善恶也。所以知然者,夫善恶之名,恒就事而显,故老子曰:"天下以知美之为美,斯恶已。以知善之为善,斯不善已。"此皆据事而谈。情有邪正者,情既是事,若逐欲流迁,其事则邪,若欲当于理,其事则正,故情不得不有邪有正也。故易曰:"利贞者,性情也。"王弼曰:"不性其情,焉能久行其正?"此是情之正也。若心好流荡失真,此是情之邪也。若以情近性,故云性其情。情近性者,何妨是有欲?若逐欲迁,故云"远"也。若欲而不迁,故曰"近"。但近性者正,而即性非正,虽即性非正,而能使之正。譬如近火者热,而即火非热,虽即火非热,而能使之热。能使之热者何?气也,热也。能使之正者何?仪也,静也。又知其有浓薄者。孔子曰"性相近也",若全同也,相近之辞不生;若全异也,相近之辞亦不得立。今云近者,有同有异,取其共是无善无恶则同也,有浓有薄则异也,虽异而未相远,故曰"近"也[二]。

子曰:"唯上智与下愚不移。"前既云性近习远,而又有异,此则明之也。夫降圣以还,贤愚万品。若大而言之,且分为三:上分是圣,下分是愚,愚人以上,圣人以下,其中阶品不同,而共为一。此之共一,则有推移。今云"上智",谓圣人;"下愚",愚人也。夫人不生则已,若有生之始,便禀天地阴阳氛氲之气。气有清浊,若禀得淳清者,则为圣人;若得淳浊者,则为愚人。愚人淳

〔一〕"识",库本作"习"。

〔二〕"然性情之义"至"故曰近也",斋本、库本放在解经文处,接于"斯相远矣也"句下。首句"性情",斋本、库本作"情性"。

浊，虽澄亦不清；圣人淳清，搅之不浊。故上圣遇昏乱之世，不能挠其真；下愚值重尧叠舜，不能变其恶。故云"唯上智与下愚不移"也。而上智以下，下愚以上，二者中间，颜、闵以下，一善以上，其中亦多清少浊，或多浊少清，或半清半浊，澄之则清，搅之则浊。如此之徒，以随世变改，若遇善则清升，逢恶则滓沦，所以别云"性相近习相远"也。

孔安国曰："上智不可使强为恶，下愚不可使强贤也。"

子之武城，闻弦歌之声。之，往也。于时子游为武城宰，而孔子往焉。既入其邑，闻弦歌之声也。但解闻弦歌之声，其则有二：一云：孔子入武城堺，闻邑中人家家有弦歌之响，由子游正〔一〕化和乐故也。缪播云："子游宰小邑，能使〔二〕民得其可〔三〕弦歌以乐也。"又一云：谓孔子入城〔四〕，闻子游身自弦歌以教民也。故江熙云："小邑但当令足衣食教敬而已，反教歌咏先王之道也。"

孔安国曰："子游为武城宰也。"

夫子莞尔而笑，孔子闻弦歌声而笑之也。

莞尔，小笑貌也。

曰："割鸡焉用牛刀？"孔子说可笑之意也。牛刀，大刀也。割鸡宜用鸡刀，割牛宜用牛刀，若割鸡而用牛刀，刀大而鸡小，所用之过也。譬如武城小邑之政，可用小才而已，用子游之大才，是才大而用小也。故缪播云："惜〔五〕不得导千乘之国，如牛刀割鸡，不尽其才也。"江熙云："如牛刀割鸡，非其宜也。"

孔安国曰："言治小何须用大道也。"

子游对曰："昔者偃也闻诸夫子曰：'君子学道则爱人，小人学道则易使也。'"子游得孔子笑己，故对所以弦歌之意也。先据闻之于孔子言云：若君子学礼乐，则必以爱人为用，小人学道，则易使为乐业，而偃今

〔一〕"正"，斋本、库本作"政"。

〔二〕"使"，斋本、库本作"令"。

〔三〕"可"，库本作"所"。

〔四〕"城"上，斋本、库本有"武"字。

〔五〕"惜"下，斋本、库本有"其"字。

日所以有此弦歌之化也。一云:子游既学道于孔子,今日之化,政是小人易使。故缪播云:"夫博学之言,亦可进退也。夫子闻乡党之人言,便引得射御,子游闻牛刀之喻,且取非宜,故曰小人学道则易使也;其不知之者,以为戏也;其知之者,以为贤圣之谦意也。"

孔安国曰:"道,谓礼乐也。乐以和人,人和则易使也。"就如注意言,子游对所以弦歌化民者,欲使邑中君子学之则爱人,邑中小人学之则易使也。

子曰:"二三子!二三子,从孔子行者也。孔子将欲美言偃[一]之是,故先呼从行之二三子也。

孔安国曰:"从行者也。"

偃之言是也。言子游之言所以用弦歌之化是也。**前言戏之耳。"**言我前云"割鸡焉用牛刀",是戏是[二]治小而才大也。

孔安国曰:"戏以治小而用大道也。"

公山不扰姓公山,名不扰也。**以费畔,**费,季氏采邑也。畔,背叛也。不扰当时为季氏邑宰而作乱,与阳虎共执季氏,是背畔于季氏也。**召,子欲往。**既背畔,使人召孔子,孔子欲往应召也。

孔安国曰:"不扰为季氏宰,与阳虎共执季桓子,而召孔子也。"

子路不悦,子路见孔子欲往,故己不欣悦也。**曰:"未[三]之也已,何必公山氏之之也?"**子路不悦,而后[四]说此辞也。未,无也。之,适也。已,止也。中"之",语助也。下"之",亦适也。子路云:虽时不我用,若无所适

〔一〕"言",斋本、库本无此字。

〔二〕"是",斋本、库本无此字,是。

〔三〕"未",斋本、库本作"末"。定州汉墓竹简论语、邢疏、朱注作"末"。正平版何解作"未"。"未""末"皆可表示"没有"、"无"的意思,此处不好裁断是非。

〔四〕"后",斋本、库本作"复"。

往，则乃当止耳，何必公山氏之适也。

孔安国曰："之，适也。无可之，则止耳，何必公山氏之适也？"

子曰："夫召我者，而岂徒哉！孔子答子路所以欲往之意也。徒，空也。言夫欲召我者，岂容无事空然而召我乎？必有以也。如有〔一〕用我者，吾其为东周乎？"若必不空然而用我时，则我当为兴周道也。鲁在东，周在西，云"东周"者，欲于鲁而兴周道，故云"吾其为东周"也。一云：周室东迁洛邑，故曰东周。王弼云："言如能用我者，不择地而兴周室道。"

兴周道于东方，故曰东周也。

子张问仁于孔子。孔子对〔二〕曰："能行五者于天下，为仁矣。"言若能行五事于天下，则可谓之为仁人也矣。请问之。子张不晓五者之事，故反请问其目也。曰："恭、宽、信、敏、惠。答五者之目也。恭则不侮，又为历解五事所以为仁之义也。言人君行己能恭，则人以敬己，不敢见轻侮也。故江熙云："自敬者，人亦敬己也。"

孔安国曰："不见侮慢也。"

宽则得众，人君所行宽弘，则众附归之，是故得众也。信则人任焉，人君立言必信，则为人物所见〔三〕委任也。一云：人思任其事，故不见冥〔四〕也。敏则有功，敏，疾也，人君行事不懈而能进疾也，则事以成而多功也。

孔安国曰："应事疾则多成功也。"

惠则足以使人。"人君有恩惠加民，民则以不惮劳役也。故江熙云："有恩惠则民忘劳也。"

〔一〕"有"下，斋本、库本有"复"字，衍。正平版何解、邢疏、朱注无"复"字。

〔二〕"对"，斋本、库本无此字。邢疏、朱注亦无"对"字。正平版何解有"对"字。

〔三〕"见"，斋本、库本无此字。

〔四〕"冥"，斋本、库本作"瞑"。

佛肸〔一〕**召，**佛肸使人召于孔子。**子欲往。**孔子欲应召使而往也。

孔安国曰："晋大夫赵简子之邑宰也。"

子路曰："昔者由也闻诸夫子曰：'亲于其身为不善者，君子不入。'子路见孔子欲应佛肸之召，故据昔闻孔子之言而谏止之也。子路云：由昔亲闻孔子〔二〕之言云：若有人自亲行不善之事者，则君子不入其家也。

孔安国曰："不入其国也。"

佛肸以中牟畔，据佛肸身自为不善之事也。佛肸经为中牟邑宰，而遂背畔，此是不善之事也。**子之往也，如之何？"**佛肸身为不善，而今夫子若为往之，故云"如之何"也。**子曰："然，有是言也。**然，如此也。孔子答曰：有如此所说也，我昔者有此君子不入于不善之国之言。**不**〔三〕**曰坚乎，磨不**〔四〕**磷；不曰白乎，涅而不缁。**孔子既然之，而更广述我从来所言非一，或云君子不入不善之国，亦云君子入不善之国而〔五〕不为害。径为之说〔六〕二譬，譬天下至坚之物磨之不薄，至白之物染之不黑。是我昔亦有此二言，汝今那唯忆不入而不忆亦入乎？故曰"不曰坚乎，磨而不磷；不曰白乎，涅而不缁"。言我昔亦经有曰也，故云"不曰白〔七〕乎"以问之也。

孔安国曰："磷，薄也。涅，可以染皂者。言至坚者磨之而不薄，至白者染之涅不黑〔八〕**。喻君子虽在浊乱，浊乱不能污。"**然孔子所以有此二说不同者，或其不入是为贤人，贤

〔一〕"佛肸"，斋本、库本作"胇肸"，下同。邢疏、朱注作"佛肸"。作为人名，当以"佛肸"为是。

〔二〕"孔"，斋本、库本作"夫"。

〔三〕"不"上，斋本、库本有"曰"字。正平版何解亦有"曰"字。邢疏、朱注无"曰"字。

〔四〕"不"上，斋本、库本有"而"字。正平版何解、邢疏、朱注亦有"而"字。

〔五〕"而"上，斋本、库本有"故君子入不善之国"八字，恐衍。

〔六〕"径"，斋本、库本作"经"。"说"，斋本、库本作"设"。

〔七〕"白"，斋本、库本无此字。

〔八〕"染之涅不黑"，斋本、库本作"染之于涅而不黑"。

人以下易染，故不许人也；若许人者是圣人，圣人不为世俗染黑[一]，如至坚至白之物也。子路不欲往，孔子欲往，故其[二]告也[三]。

吾岂匏瓜也哉？焉能系而不食？”孔子亦为说我所以一应召之意也。言人非匏瓜，匏瓜系滞一处，不须饮食而自然生长，乃得不用，何通乎？而我是须食之人，自应东西求觅，岂得如匏瓜系而不食耶？一通云：匏瓜，星名也。言人有才智，宜佐时理务，为人所用，岂得如匏瓜系天而不可食邪？王弼云："孔子机发后应，事形乃视，择地以处身，资教以全度者也，故不入乱人之邦。圣人通远虑微，应变神化，浊乱不能污其洁，凶恶不能害其性，所以避难不藏身，绝物不以形也。有是言者，言各有所施也，苟不得系而不食，舍此适彼，相去何若也。"

匏，瓠也。言匏瓜得系一处者，不食故也。吾自食物，当东西南北，不得如不食之物系滞一处也。江熙云："夫子岂实之公山弗肸[四]乎？故欲往之意耶。泛尔[五]无系，以观门人之情，如欲居九夷，乘桴浮于海耳。子路见形而不及道，故闻乘桴而喜，闻之公山而不悦，升堂而未入室，安测圣人之趣哉[六]？"

子曰："由！呼子路名而问之也。**汝闻六言六弊[七]矣乎？"**夫所欲问子路：汝曾闻六言而每言以有弊塞之事乎？言既有六，故弊亦有六，故云"六言六弊"之。事在下文。王弼云："不自见其过也。"

六言六弊，下六事，谓仁、智、信、直、勇、刚也。

〔一〕"黑"，斋本、库本作"累"。
〔二〕"其"，误，堂本正误表以"具"为正。
〔三〕"然孔子"至"告也"，斋本、库本放在解经文处，接于"故云不曰白乎以问之也"句下。
〔四〕"弗肸"，上文作"昢肸"，斋本、库本作"肶肹"。参前校记。
〔五〕"尔"，斋本、库本作"示"。
〔六〕"江熙云"至"趣哉"，斋本、库本放在解经文处，接于"相去何若也"句下。
〔七〕"弊"，斋本、库本作"蔽"，下同。邢疏、朱注亦作"蔽"。"蔽""弊"义同，皆有"弊端"、"弊病"、"害处"的意思。

对曰："未也。"子路对曰：未曾闻之。曰："居，吾语汝。居，犹复坐〔一〕也。子路得孔子问，避席而对云"未也"，故孔子呼之使复坐也，吾当语汝也。

孔安国曰："子路起对，故使还坐也。"

好仁不好学，其弊也愚；一也。然此以下六事，以〔二〕谓中人也。夫事得中适，莫不资学，若不学而行事，犹无烛夜行也。仁者博施周急，是德之盛也，唯学者能裁其中。若不学而施，施必失所，是与愚人同，故其弊塞在于愚也。江熙云："好仁者，谓闻其风而悦之者也。不学不能深源〔三〕乎其道，知其一而未识其二，所以弊也。自非圣人，必有所偏，偏才虽美，必有所弊，学者假教以节其性，观教知变，则见所遇〔四〕也。"

孔安国曰："仁者爱物，不知所以裁之，则愚也。"

好智不好学，其弊也荡；二也。智以运动为用。若学而裁之，则智动会理；若不学而运动，则弊塞在于荡，无所的守也。

孔安国曰："荡，无所适守也。"

好信不好学，其弊也贼；三也。信者不欺为用。若学而为信，信则合宜；不学而信，信不合宜；不合宜则弊塞在于贼害其身也。江熙云："尾生与女子期，死于梁下；宋襄与楚人期，伤泓不度，信之害也。"

孔安国曰："父子不知相为隐之辈也。"

好直不好学，其弊也绞；四也。直者不曲为用，若学而行之，得中适〔五〕；若不学而直，则弊塞在于绞。绞，犹刺也。好讥刺人之非，成〔六〕己之直也。

好勇不好学，其弊也乱；五也。勇是多力。多力若学，则能用勇，敬拜

〔一〕"坐"，斋本、库本作"座"，下同。
〔二〕"以"，斋本、库本无此字。
〔三〕"源"，斋本、库本作"原"。
〔四〕"遇"，斋本、库本作"过"。
〔五〕"适"，斋本、库本作"道"。"中适"，义"中正适当"，在此讲得通。
〔六〕"成"上，斋本、库本有"以"字。

于庙廊，捍难于边壃；若勇不学，则必弊塞在于作乱也。**好刚不好学，其弊也狂。”**六也。刚者无欲，不为曲求也。若复学而刚，则中适为美；若刚而不学，则必弊在于狂。狂，谓抵触于人，无回避者也。

孔安国曰：“狂，妄抵触于〔一〕人也。”

子曰：“小子！呼诸弟子，欲语之也。**何莫学夫诗？**莫，无也。夫，语助也。门弟子，汝等何无学夫诗者也？

苞氏曰：“小子，门人也。”

诗，可以兴，又为说所以宜学之由也。兴，谓譬喻也。言若能学诗，诗可令人能为譬喻也。

孔安国曰：“兴，引譬连类也。”

可以观，诗有诸国之风，风俗盛衰，可以观览以〔二〕知之也。

郑玄曰：“观，观风俗之盛衰也。”

可以群，诗有“如切如磋，如琢如磨”，是朋友之道，可以群居也。

孔安国曰：“群居相切磋也。”

可以怨。诗可以怨刺讽谏之法，言之者无罪，闻之者足以戒，故可以怨也。

孔安国曰：“怨，刺上政也。”

迩之事父，远之事君；迩，近也。诗有凯风、白华，相戒以养，是近有〔三〕事父之道也。又雅、颂君臣之法，是有远事君之道者也。江熙云：“言事父与事君，以有其道也。”

孔安国曰：“迩，近也。”

多识于鸟兽草木之名。”关雎、鹊巢，是有鸟也。驺虞、狼跋，是有兽也。采蘩、葛覃，是有草也。甘棠、棫朴，是有木也。诗并载其名，学诗者则多识之

〔一〕“于”，斋本、库本无此字。正平版何解、邢疏亦无“于”字。

〔二〕“以”，斋本、库本作“而”。

〔三〕“近有”，斋本、库本作“有近”。

也。子谓伯鱼曰："汝为周南、邵南〔一〕矣乎？伯鱼，孔子之子也。为，犹学也。周南，关雎以下诗也。召南，鹊巢以下诗也。孔子见伯鱼而谓之云：汝已曾学周、召二南之诗乎？然此问即是伯鱼趋过庭，孔子问之学诗乎时也。人而不为周南、邵南，其犹正墙面而立也与？"先问之，而更为说周、召二南所以宜学之意也。墙面，面向墙也。言周、召二南〔二〕既多所含〔三〕载，读之则多识草木鸟兽，及可事君亲，故若不学诗者，则如人面正向墙而倚立，终无所瞻见也。然此语亦是伯鱼过庭时，对曰"未学诗"，而孔子云"不学诗，无以言"也。

马融曰："周南、邵南，国风之始。得淑女以配君子，三纲之首，王教之端，故人而不为，如向墙而立也。"

子曰："礼云礼云，玉帛云乎哉？此章辨礼乐之本也。夫礼所贵，在安上治民，但安上治民不因于玉帛而不达，故行礼必用玉帛耳。当乎周季末之君，唯知崇尚玉帛，而不能安上治民，故孔子叹之云也。故重言"礼云礼云，玉帛云乎哉"，明礼之所云不玉帛也。

郑玄曰："玉，珪璋〔四〕之属。帛，束帛之属。言礼非但崇此玉帛而已，所贵者乃贵其安上治民也。"

乐云乐云，钟鼓云乎哉？"乐之所贵，在移风易俗，因于钟鼓而宜〔五〕，故行乐必假钟鼓耳。当浇季之主，唯知崇尚钟鼓，而不能移风易俗，孔子重言"乐云乐云，钟鼓云乎哉"，明乐之所云不在钟鼓也。

马融曰："乐之所贵者，移风易俗也，非谓钟鼓而已也。"王弼云："礼以敬为主，玉帛者，敬之用饰。乐主于和，钟鼓者，乐

〔一〕"邵南"，堂本经文、注文作"邵南"，疏文作"召南"，斋本、库本经文、注文、疏文均作"邵南"。十三经注疏本毛诗正义作"召南"。

〔二〕"所以宜学之意也。墙面，面向墙也。言周召二南"十八字，库本脱。

〔三〕"含"，斋本、库本作"合"。"含"字义胜。

〔四〕"珪璋"，斋本、库本作"璋珪"。正平版何解作"珪璋"。邢疏作"圭璋"。

〔五〕"宜"，库本作"宣"。

之器也。于时所谓礼乐者,厚贽币而所简于敬,盛钟鼓而不合雅、颂,故正言其义也。”缪播曰:“玉帛,礼之用,非礼之本。钟鼓者,乐之器,非乐之主。假玉帛以达礼,礼达则玉帛可忘。借钟鼓以显乐,乐显则钟鼓可遗。以礼假玉帛于求礼,非深乎礼者也。以乐托钟鼓于求乐,非通乎乐者也。苟能礼正,则无持于玉帛,而上安民治矣。苟能畅和,则无借于钟鼓,而移风易俗也〔一〕。”

子曰:“色厉而内荏,厉,矜正也。荏,柔佞也。言人有颜色矜正于外而心柔佞于内者也。

孔安国曰:“荏,柔也。谓外自矜厉而内柔佞者也。”

譬诸小人,其犹穿窬之盗也与?”此为色厉内庄〔二〕作譬也。言其譬如小人为偷盗之时也。小人为盗,或穿人屋壁,或逾人垣墙。当此之时,外形恒欲进为取物,而心恒畏人,常怀退走之路,是形进心退,内外相乖,如色外矜正而心内柔佞者也。

孔安国曰:“为人如此,犹小人之有盗心。穿,穿壁。窬,窬墙也。”江熙云:“田文之客,能为狗盗,穿壁如逾而入,盗之密也;外为矜厉而实柔,佞之密也。峻其墙宇,谓之免盗,而狗盗者往焉;高其抗厉,谓之免佞,而色厉者入焉。古圣难于荏人,今夫子又苦为之喻,明免者鲜矣。传云:‘筚门珪窬也〔三〕。’”

子曰:“乡原,德之贼。”乡,乡里也。原,源〔四〕本也。言人若凡往所至之乡,辄忆度逆用意,源本其人情而待之者,此是德之贼也,言贼害其德也。又一云:乡,向也。谓人不能刚毅,而好面从,见人辄媚向而原趣求合,此是贼德也。

〔一〕“王弼云”至“易俗也”,斋本、库本放在解经文处,接于“明乐之所云不在钟鼓也”句下。

〔二〕“庄”,斋本、库本作“荏”,是。

〔三〕“江熙云”至“珪窬也”,斋本、库本放在解经文处,接于“如色外矜正而心内柔佞者也”句下。末句“筚门珪窬”下,斋本、库本有“窬窦”二字。

〔四〕“源”,斋本、库本作“原”。下文“源本其人情”之“源”亦作“原”。

周生烈曰:"所至之乡,辄原其人情而为己意以待之,是贼乱德者也。"一曰:乡,向也,古字同。谓人不能刚毅,而见人辄原其趣向,容媚而合之,言此所以贼德也。如前二释也〔一〕。张凭云:"乡原,原壤也。孔子乡人,故曰乡原也。彼游方之外也,而〔二〕行不应规矩,不可以训,故每抑其迹,所以弘德也〔三〕。"

子曰:"道听而涂说,德之弃。"道,道路也。涂,亦道路也。记问之学,不足以为人师,人师〔四〕必当温故而知新,研精久习〔五〕,然后乃可为人传说耳。若听之于道路,道路仍即为人传说,必多谬妄,所以为有德者所弃也,亦自弃其德也。江熙云:"今之学者不为己者也,况乎道听者乎?逐末愈甚,弃德弥深也。"

马融曰:"闻之于道路,则传而说之也。"

子曰:"鄙夫可与事君〔六〕哉?言凡鄙之人,不可与之事君,故云"可与事君哉"。

孔安国曰:"言不可与事君也。"

其未得之,患得之。此以下明鄙夫不可与事君之由也。患得之,谓患不能得也。言初未得事君之时,恒勤勤患己不能得事君也。

患得之者,患不能得之。楚俗言。楚之风俗,其言语如此也,呼患不得为患得之也。

既得之,患失之。患失之,患不失之也。既得事君而生厌心,故患己不遗

〔一〕"如前二释也",斋本、库本无此五字。

〔二〕"而",斋本、库本无此字。

〔三〕"张凭云"至"弘德也",斋本、库本放在解经文处,接于"此是贼德也"句下。

〔四〕"人师",斋本、库本作"师人"。

〔五〕"久习",库本作"习久"。

〔六〕"君"下,斋本、库本有"也与"二字。邢疏、朱注亦有"也与"二字。正平版何解无"也与"二字。

失之也。苟患失之，无所不至矣。”既患得失在于不定，则此鄙心回邪，无所不至，或为乱也。

郑玄曰：“无所不至者，言邪媚无所不为也。”

子曰：“古者民有三疾，古，谓淳时也。疾，谓病也。其事有三条，在下文也矣。今也或是之亡也。今，谓浇时也。亡，无也。言今之浇民无复三疾之事也。

苞氏曰：“言古者民疾与今时异也。”江熙云：“今之民无古者之疾，而病过之也矣〔一〕。”

古之狂也肆，一也。古之狂者恒肆意，所为好在抵触，以此为疾者也。

苞氏曰：“肆，极意敢言也。”

今之狂也荡；荡，无所据也。荡，犹动也。今之狂不复肆直，而皆用意浇竞流动也，复无得据仗〔二〕也。

孔安国曰：“荡，无所据也。”

古之矜也廉，二也。矜，庄也。廉，隅也。古人自矜庄者，好大有廉隅，以此为病〔三〕也。李充曰：“矜厉其行，向廉洁也。”

马融曰：“有廉隅也。”

今之矜也忿戾；今世之人自矜庄者，不能廉隅，而因之为忿戾怒物也。

孔安国曰：“恶理多怒也。”言今人既恶，则理自多怒物也。李充曰：“矜善上人，物所以不与，则复之者至矣，故怒以戾与忿激也〔四〕。”

古之愚也直，三也。古之愚者，不用其智，不知俯仰，病在直情径行，故云

〔一〕“江熙云”至“也矣”，斋本、库本放在解经文处，接于“言今之浇民无复三疾之事也”句下。末句“病过”，斋本、库本作“疾过”。

〔二〕“仗”，斋本、库本作“杖”。

〔三〕“病”，斋本、库本作“疾”。

〔四〕“李充曰”至“激也”，斋本、库本放在解经文处，接于“而因之为忿戾怒物也”句下。其“则复之者”之“复”字，斋本、库本作“反”。

直也。**今之愚也诈而已矣。”**今之世愚，不识可否，唯欲欺诈自利者也。又通[一]云：古之狂者唯肆情，而病于荡；今之狂则不复病荡，故荡不肆也。又古之矜者唯廉隅，而病于忿戾；今之矜者则不复病忿戾，而不廉也。又古之愚者唯直，而病诈；今之愚者则不复病诈，故云诈而不直也。**子曰：“恶紫之夺朱也，**紫是间色，朱是正色，正色宜行，间色宜降[二]，不得用间色之物，以妨夺正色之用也。言此者，为时多以邪人夺正人，故孔子托云恶之者也。

孔安国曰：“朱，正色。紫，间色之好者。恶其邪好而夺正色也。”

恶郑声之乱雅乐，郑声者，郑国之音也，其音淫也。雅乐者，其声正也。时人多淫声以废雅乐，故孔子恶之者也。

苞氏曰：“郑声，淫[三]之哀者，恶其夺雅乐也。”

恶利口之覆邦家也。”利口，辩佞之口也。邦，诸侯也。家，卿大夫也。君子辞达而已，不用辩佞无实而倾覆国家，故为孔子所恶也。

孔安国曰：“利口之人，多言少实，苟能悦媚时君，覆倾[四]其国家也。”

子曰：“予欲无言。”孔子忿世不用其言，其言为益之少，故欲无所复言也。**子贡曰：“子如不言，则小子何述焉？”**小子，弟子也。子贡闻孔子欲不复言，故疑而问之也，言夫子若遂不复言，则弟子等辈何所复传述也？

言之为益少，故欲无言也。

子曰：“天何言哉？四时行焉，百物生焉，天何言哉？”孔子既以有言无益，遂欲不言，而子贡怨若遂不言则门徒无述，故孔子遂曰：天亦不言，而四时递行，百物互生，此岂是天之有言使之然乎？故云“天何言哉”也。

〔一〕“通”上，斋本、库本有“一”字。

〔二〕“降”，误，堂本正误表以“除”为正。

〔三〕“淫”下，斋本、库本有“声”字。正平版何解、邢疏亦有“声”字。

〔四〕“覆倾”，斋本、库本作“倾覆”。

天既不言而事行，故我亦欲不言而教行，是欲则天以行化也。王弼云："子欲无言，盖欲明本，举本统末，而示物于极者也。夫立言垂教，将以通性，而弊至于淫〔一〕；寄旨传辞，将以正邪，而势至于繁。既求道中，不可胜御，是以修本废言，则天而行化。以淳而观，则天地之心见于不言；寒暑代序，则不言之令行乎四时。天岂谆谆者乎？**孺悲欲见孔子，**使人召孔子，欲与孔子相见也。孺悲，鲁人也〔二〕。**孔子辞之以疾。**孔子不欲应孺悲之召，故辞云有疾不堪往也。**将命者出户，**将命者，谓孺悲所使之人也。出户，谓受孔子疾辞毕，而出孔子之户以去也。**取瑟而歌，使之闻之。**孺悲使者去，裁出户，而孔子取瑟以歌，欲使孺悲使者闻之也。所以然者，辞〔三〕唯有疾而不往，恐孺悲问疾差，又召己不止也，故取瑟而歌，使使者闻之，知孔子辞疾非实〔四〕，以还白孺悲，令孺悲知故不来耳，非为疾不来也。

> **孺悲，鲁人也。孔子不欲见，故辞以疾。为其将命者不知己，故歌，令将命者悟，所以令孺悲思也。**李充云："孔子曰：'人洁己以进，与其洁，不保其往。'所以不逆乎互乡也。今不见孺悲者何？明非崇道归圣，发其蒙矣。苟不崇道，必有舛写之心，则非教之所崇，言之所喻，将欲化之，未若不见也。圣人不显物短，使无日新之涂，故辞之以疾，犹未足以诱之，故弦歌以表旨，使抑之而不彰，挫之而不绝，则矜鄙之心颓，而思善之路长也〔五〕。"

宰我问："三年之丧，期已久矣。礼，为至亲之服至三年，宰我嫌其为重，故问至期则久，不假三年也。**君子三年不为礼，礼必坏；三年不为乐，乐必崩。**宰我又说丧不宜三年之义也。君子，人君也。人君化物，必资礼乐，若有丧三年，则废于礼乐，礼乐崩坏，则无以化民。为此之故，云

〔一〕"淫"，斋本、库本作"湮"。

〔二〕"孺悲，鲁人也"，斋本、库本放在"使人召孔子"句上。

〔三〕"辞"上，斋本、库本有"若"字。

〔四〕"实"下，斋本、库本有"疾"字。

〔五〕"李充云"至"路长也"，斋本、库本放在解经文处，接于"非为疾不来也"句下。

宜期而不三年。礼云坏、乐云崩者，礼是形化，形化故云坏，坏是渐败之名；乐是气化，气化无形，故云崩，崩是坠失之称也。**旧谷既没，新谷既升，**宰予又说一期为足意也。言夫人情之变，本依天道，天道一期，则万物莫不悉易。旧[一]谷既没尽，又新谷已熟，则人情亦宜法之而夺也。**钻燧改火，**钻燧者，钻木取火之名也，内则云"小[二]觿木燧"是也。改火者，年有四时，四时所钻之木不同。若一年，则钻之一周，变改已遍也。**期可已矣。"**宰我断之也。谷没又升，火钻已遍，故有丧者一期亦为可矣。

马融曰："周书月令有更火之文[三]，春取榆柳之火，夏取枣杏之火，季夏取桑柘之火，秋取柞楢之火，冬取槐檀之火。一年之中，钻火各异木，故曰改火也。"引周书中月令之语有改火之事来为证也。更，犹改也。改火之木，随五行之色而变也。榆柳色青，春是木，木色青，故春用榆柳也。枣杏色赤，夏是火，火色赤，故夏用枣杏也。桑柘色黄，季夏是土，土色黄，故季夏用桑柘也。柞楢色白，秋是金，金色白，故秋用柞楢也。槐檀色黑，冬是水，水色黑，故冬用槐檀也。所以一年必改火者，人若依时而食其火，则得气又宜，令人无灾厉也。

子曰："食夫稻也，衣夫锦也，于汝安乎？"孔子闻宰予云一期为足，故举问之也。夫，语助也。稻是谷之美者，锦是衣中之文华者。若一期除丧，除丧毕便食美衣华，在三年之内为此事，于汝之心以此为安不乎也？**曰："安。"**宰我答孔子也，云期而食稻衣锦以为安也。**曰："汝安，则为之。**孔子闻宰我之答云安，故孔子[四]云：汝言此为安，则汝自为之也。**夫君子之居丧，食旨不甘，闻乐不乐，居处不安，故不为也。**孔子又

〔一〕"旧"上，斋本、库本有"故"字。

〔二〕"小"，斋本、库本作"大"。十三经注疏本礼记内则作"大"。

〔三〕"之文"，斋本、库本无此二字。正平版何解亦无"之文"二字。邢疏有"之文"二字。

〔四〕"孔子"，斋本、库本无此二字。

为宰我说三年内不可安于食稻衣锦也。言夫君子之人居亲丧者，心如斩截，故无食美衣锦之理。假令食于美食，亦不觉以为甘；闻于韶、武[一]，亦不为雅乐；设居处华丽，亦非身所安。故圣人依人情而制苴粗之礼，不设美乐之具，故云"不为"也。（上乐音岳[二]。）**今汝安，则为之！"**陈旧事既竟，又更语之也。昔君子之所不为，今汝若以一期犹此为安，则自为之。再言之者，责之深也。

孔安国曰："旨，美也。责其无仁恩于亲，故再言女安则为之。"或问曰：丧服传曰："既练，及[三]素食。"郑玄云："谓复平生时食也。"若如彼传及注，则期外食稻非嫌，孔子何以怪耶？答曰：北人重稻，稻为嘉食，唯盛膳乃食之耳，平常所食，食黍稷之属也。云"反素食"，则谓此也。

宰我出。宰我得孔子之骂竟而出去也。**子曰："予之不仁也！**仁，犹恩也，言宰我无恩爱之心，故曰"予之不仁也"。予，谓[四]宰我之名也。**子生三年，然后免于父母之怀。**又解所以不仁之事也。案圣人为礼制[五]以三年，有二义：一是抑贤，一是引愚。抑贤者，言夫人子于父母，有终身之恩，昊天罔极之报，但圣人为三才宜理，人伦超绝，故因而裁之，以为限节者也。所以[六]者何？夫人是三才之一，天地资人而成，人之生世，谁无父母？父母若丧，必使人子灭性及身服长凶，人人以尔，则二仪便废，为是不可。故断以年月，使送死有已，复生有节。寻制服致节，本应断期，断期是天道一变。人情亦宜随人[七]而易，但故改火促期，不可权终天之性，钻燧过隙，无消创钜文。故隆倍以再变，再变是二十五月，始末三年之中，此是抑也。一是引愚者，言子生

〔一〕"武"，斋本、库本作"乐"。
〔二〕"上乐音岳"，斋本、库本无此四字。
〔三〕"及"，斋本、库本作"反"，是。
〔四〕"谓"，斋本、库本无此字。
〔五〕"礼制"，斋本、库本作"制礼"。
〔六〕"以"下，斋本、库本有"然"字。
〔七〕"人"，斋本、库本作"之"。

三年之前，未有知仪〔一〕，父母养之，最钟怀抱。及至三年以后，与人相关，饥渴痛痒，有须能言，则父母之怀，稍得宽免。今既终身难遂，故报以极时，故必至三年，此是引也。而宰予既为其父母所生，亦必为其父母所怀矣。将欲骂之，故先发此言引之也。

马融曰："子生未三岁，为父母所怀抱也。"

夫三年之丧，天下通丧也。人虽贵贱不同，以为父母怀抱，故制丧服不以尊卑致殊，因以三年为极，上自天子，下至庶人，故云"天下通丧"也。且汝是四科之限，岂宜不及无仪之庶人乎？故言通丧引之也。

孔安国曰："自天子达于庶人也。"

予也有三年之爱于其〔二〕父母乎？"予，宰我名也。为父母爱己，故限三年。今宰我欲不服三年，是其谁有三年之爱于其父母不乎？一云：爱，吝惜也。言宰我何忽爱惜三年于其父母也？

孔安国曰："言子之于父母，欲报之德，昊天罔极，而予也有三年之爱乎？"依注亦不得为前两通也。缪播曰："尔时礼坏乐崩，而三年不行，宰我大惧其往，以为圣人无微旨以戒将来，故假时人之谓，启〔三〕愤于夫子，义在屈己以明道也。'予之不仁'者何？答曰：时人失礼，人失礼而予谓为然，是不仁矣。言不仁于万物。又仁者施与之名，非奉上之称，若予安稻锦，废此三年，乃不孝之甚，不得直云不仁。"李充曰："子之于亲，终身莫已。而今不过三年者，示民有终也。而予也何爱三年，而云久乎？余谓孔子目四科，则宰我冠言语之先，安有知言之人而发违情犯礼之问乎？将以丧礼渐衰，孝道弥薄，故起斯问，以发其责，则所益者弘多也〔四〕。"

〔一〕"仪"，斋本、库本作"识"。

〔二〕"其"，库本无此字。

〔三〕"启"，斋本、库本作"咎"，误。

〔四〕"缪播曰"至"弘多也"，斋本、库本放在解经文处，接于"言宰我何乎爱惜三年于其父母也"句下。

子曰："饱食终日，无所用心，难矣哉！夫人若饥寒不足，则心情所期期[一]于衣食，期于衣食，则无暇思虑他事。若无事而饱食[二]终日，则必思计为非法之事，故云"难矣哉"，言难以为处也。**不有博弈者乎？为之，犹贤乎已。"**博者，十二棋对而掷采者也。奕，围棋也。贤，犹胜也。已，止也。言若饱食而无事，则必思为非法，若会[三]是无业，而能有棋奕以消食采[四]日，则犹胜乎无事而止[五]住者也。

为[六]其无所据乐，善生淫欲也。

子路曰："君子尚勇乎？"子路既有勇，常言勇可崇尚，故问于孔子：君子之人，常尚勇乎？袁氏曰："见世尚须勇，故谓可尚乎？"**子曰："君子义以为上，**孔子答云：君子唯所尚于义以为上也。**君子有勇而无义为乱，**君子既尚义，若无义，必作乱也。李充曰："既称君子，又谓职为乱阶也。若遇君亲失道，国家昏乱，其于赴患致命而不知居正顾义者，则亦畏蹈平[七]为乱，而受不义之责也。"**小人有勇而无义为盗。"**畏[八]于君子不敢作乱，乃为盗窃而已。

子贡问曰："君子亦有恶乎？"恶，谓憎疾也。旧说子贡问孔子曰：天下君子之道，有所憎疾以不乎？江熙云："君子即夫子也。礼记云：'昔者仲尼与于蜡宾，事毕出，喟然而叹。言偃曰："君子何叹乎？"'"**子曰："有恶。**孔子答言：君子亦有所憎恶也。**恶称人之恶者，**此以下并是君子所憎恶之事也。君子掩恶扬善，故憎人称扬他人之恶事者也。

〔一〕"期期"，斋本、库本不重。下句"期"上，斋本、库本有"所"字。

〔二〕"食"上，斋本、库本有"衣"字，恐衍。

〔三〕"会"，斋本、库本作"曾"。

〔四〕"采"，斋本、库本作"终"。此"采"字，似与上文所云"掷采"义同，可否理解为"掷采度日"？

〔五〕"止"上，斋本、库本有"直"字，恐衍。

〔六〕"为"上，斋本、库本有"马融曰"三字。邢疏有"马曰"二字，正平版何解无。

〔七〕"蹈平"，斋本、库本作"陷乎"，误。"蹈平"，似应理解为"蹈赴平定"。

〔八〕"畏"，斋本、库本作"异"。

苞氏曰:“好称说人恶,所以为安〔一〕也。”

恶居下流而讪上者,讪,犹谤毁也。又憎恶为人臣下而毁谤其君上者也,礼〔二〕记云“君臣之礼,有谏而无讪”是也。

孔安国曰:“讪,谤毁也。”

恶勇而无礼者,勇而无礼则乱,故君子亦憎恶之也。**恶果敢而窒者。”**窒,塞〔三〕也。又憎好为果敢而塞人道理者也。若果敢不塞人道理者,则亦所不恶也。

马融曰:“窒,窒塞也。”

曰:“赐也亦有恶也。子贡闻孔子说有恶已竟,故云赐亦有所憎恶也。故江熙云:“己亦有所贱恶也。”**恶撽〔四〕以为智者,**此子贡说己所憎恶之事也。撽,抄也。言人生发谋出计,必当出己心仪〔五〕,乃得为善,若抄他人之意以为己有,则子贡所憎恶也。

孔安国曰:“撽,抄也。抄〔六〕人之意以为己有之。”

恶不逊以为勇者,勇须逊从,若不逊而勇者,子贡所憎恶也。然孔子云恶不逊为勇者,二事又相似。但孔子所明,明体先自有勇而后行之无礼者。子贡所言,本自无勇,故假于孔子不逊以为勇也。**恶讦以为直者。”**讦,谓面发人之阴私也。人生为直,当自己不犯触他人,则乃是善,若对面发人阴私欲成己直者,亦子贡所憎恶也。然孔子所恶者有四,子贡有三,亦示减师也。

苞氏曰:“讦,谓攻发人之阴私也。”

〔一〕“安”,误,堂本正误表以“恶”为正。

〔二〕“礼”上,斋本、库本有“故”字。

〔三〕“塞”上,斋本、库本另有一“窒”字。下句“塞”字,斋本、库本作“窒”。

〔四〕“撽”,斋本、库本作“徼”,是,下同。正平版何解、邢疏、朱注亦作“徼”。“徼”有“窃取”、“抄袭”义,“撽”无此义。

〔五〕“心仪”,斋本、库本作“心义”。“心仪”指“内心倾向”,近似“心意”,基本符合皇疏文意。

〔六〕“抄”上,斋本、库本有“恶”字,衍。正平版何解、邢疏无“恶”字。

子曰："唯女子与小人为难养也，女子、小人，并禀阴闭气多，故其意浅促，所以难可养立也。**近之则不逊，**此难养之事也。君子之人，人愈近愈敬，而女子、小人，近之则其承狎而为不逊从也。**远之则有怨。"**君子之交如水，亦相忘江湖，而女子、小人，人若远之则生怨恨，言人不接己也。**子曰："年**〔一〕**四十而见恶焉，其终也已。"**人年未四十，则德行犹进，当时虽未能善，犹望可改。若年四十，已在不惑之时，犹为众人共所见憎恶者，则当终其一生无复有善理，故云其终也已。

郑玄曰："年在不惑而为人所恶，终无善行也。"

论语微子第十八　　何晏集解　凡十一章

疏微子者，殷纣〔二〕庶兄也。明其睹纣凶恶必丧天位，故先拂衣归周，以存宗祀也。所以次前者，明天下并恶，则贤宜远避，故以微子次阳货也。

微子去之，微子名启，是殷王帝乙之元子，纣之庶兄也。殷纣暴虐，残酷百姓，日月滋甚，不从谏争。微子都〔三〕国必亡，社稷颠殒，己身〔四〕元长，宜存系嗣，故先去殷投周，早为宗庙之计，故云"去之"。**箕子为之奴，**箕子者，纣之诸父也。时为父师，是三公之职。屡谏不从，知国必殒，己身非长，不能辄去，职任寄重，又不可死，故佯狂而受囚为奴，故云"为之奴"也。郑注尚书云："父师者，三公也。"时箕子为之奴也。**比干谏而死。**比干，亦纣之诸父也，时为小〔五〕师，小师是三孤之职也。进非长适，无存宗之去；退非台辅，不俟佯狂之留。且生难死易，故正言极谏，以至割〔六〕心而死，故云"谏而死"也。

〔一〕"年"字，库本脱。
〔二〕"纣"，斋本作"讨"，误。
〔三〕"都"，斋本、库本作"观"。
〔四〕"身"下，斋本、库本有"是"字。
〔五〕"小"，斋本、库本作"少"，是。下同。
〔六〕"割"，斋本、库本作"剖"。

郑注尚书云："少师者，大师之佐，孤卿也。"时比干为之死也。

马融曰："微、箕，二国名也。是殷家畿内菜[一]地名也。**子，爵也。**殷家畿外三等之爵，公、侯、伯也。畿内唯子爵，而箕、微二人并食箕、微之地而子爵也。**微子，纣之庶兄。**郑玄注尚书云："微子与纣同母，当生微子，母犹未正，及生纣时，已得正为妻也。故微子大而庶，纣小而嫡也。"**箕子、比干，纣之诸父也。**二人皆是帝乙之弟也。**微子见纣无道，早去之。**故尚书云："微子乃告父师、小卿[二]曰：'王子弗出，我乃颠蹶[三]。'"是遂去敢[四]归周，后封微子于[五]宋，以为殷后也。**箕子佯狂为怒[六]，比干以谏而见杀也。"**故武王胜纣，释箕子囚，以箕子归作洪范，而彝纶[七]攸叙，封比干墓，天下悦服也。

孔子曰："殷有三仁焉。"孔子评微子、箕子、比干，其迹虽异而同为仁，故云"有三仁焉"。所以然者，仁以忧世忘己身为用，而此三人事迹虽异，俱是为忧世民也。然若易地而处，则三人共[八]互能耳。但若不有去者，则谁保宗祀耶？不有佯狂者，则谁为亲寄耶？不有死者，则谁为高[九]臣节耶？各尽其所宜，俱为臣法，于教有益，故称仁也。

仁[一〇]者爱人。三人行各异而同称仁，以其俱在忧乱宁民也。

〔一〕"菜"，斋本、库本作"采"。"菜"通"采"。

〔二〕"小卿"，斋本、库本作"少师"，是。十三经注疏本尚书微子此语作"微子作诰父师、少师"。

〔三〕"颠蹶"，斋本、库本作"颠隮"。十三经注疏本尚书微子作"颠隮"。

〔四〕"敢"，库本作"殷"，是。

〔五〕"于"字，库本脱。

〔六〕"怒"，斋本、库本作"奴"，是。

〔七〕"纶"，斋本、库本作"伦"，是。

〔八〕"共"，斋本、库本作"皆"。

〔九〕"高"，斋本、库本作"亮"。

〔一〇〕"仁"上，斋本、库本有"马融曰"三字。正平版何解、邢疏无"马融曰"三字。

柳下惠为士师，柳下惠，典禽[一]也。士师，狱官也。惠时为狱官也。

孔安国曰："士师，典狱之官也。"

三黜，黜，退也。惠为狱官，无罪而三过被黜退也。**人曰："子未可以去乎？"**人，或人也。去，谓更出国往他邦也。或人见惠无罪而三被退逐，故问之云：子为何事而未可以去此乎？欲令其去也。**曰："直道而事人，焉往而不三黜？**柳答或人，云己所以不去之意也。言时人世皆邪曲，而我独用直道，直道事曲，故无罪而三黜耳。若用直事不正，非唯我国见黜，假令至彼，彼国复曲，则亦当必复见黜，故云"焉往而不三黜"也。禽是三黜，故不假去也。故李充曰："举世丧乱，不容正直，以国观国，何往不黜也？"

孔安国曰："苟直道以事人所[二]至之国，俱当复三黜也。"

枉道而事人，何必去父母之邦？"枉，曲也[三]。又对或人也。父母邦，谓今[四]旧居桑梓之国也。言我若能舍直为曲，曲则是地皆合，既往必皆合，亦何必远离我之旧邦而更他适耶？故曲直并不须去也。孙绰云："言以不枉道而求留也。若道而可枉，虽九生不足以易一死，柳下惠之无此心明矣。故每仕必直，直必不用，所以三黜也。"**齐景公待孔子**孔子往齐，而景公初欲处待孔子，共为政化也。**曰："若季氏，则吾不能，**景公慕圣不笃，初虽欲待，而末又生悔，发此言也。季氏者，鲁之上卿也，惣[五]知鲁政，专任一国。今景公云：若使我以国政委任孔子，如鲁之任季氏，则可不能也。**以季、孟之间待之。"**孟者，鲁之下卿也，不被任用者也。景公言：我不能用孔子如

〔一〕"典"，斋本、库本作"展"，是。柳下惠名展获，字禽。因食邑柳下，私谥惠，故称柳下惠。

〔二〕"所"上，斋本、库本有"于"字，衍。正平版何解、邢疏无"于"字。

〔三〕"枉曲也"，斋本、库本放在下"又对或人也"句下。

〔四〕"今"，斋本、库本作"禽"。

〔五〕"惣"，斋本、库本作"總"。"惣"为"總"之异体。

鲁处季氏，又不容令之无事如鲁之处孟氏也，我当以有事无事之间处之，故云以孟、季[一]之间待之也。

孔安国曰："鲁三卿，季氏为上卿，最贵。孟氏为下卿，不用事。言待之以二者之间也。"

曰："吾[二]老矣，不能用也。"景公初虽云待之于季、孟之间，而末又悔，故自托我[三]老，不能复用孔子也。孔子行。孔子闻不能用己，故行去也。江熙云："麟不能为豺步，凤不能为隼击，夫子所陈，必正道也[四]。景公不能用，故托吾老。可合则往，于离则去，圣人无常者也。"

以圣道难成，故云"老矣，不能用也"。

齐人归女乐，归，犹饷也。女乐，女伎[五]也。齐饷鲁定公女伎，致时孔子在鲁，齐畏鲁强，故饷鲁于女乐，欲使孔子去也。季桓子受之，季氏[六]使定公受齐之饷也。三日不朝，桓子既受之，仍与定公奏之，三日废于朝礼者也。孔子行。既君臣淫乐，故孔子遂行也。江熙云："夫子色斯举矣，无礼之朝，安可以处乎？"

孔安国曰："桓子，季孙斯也。使定公受齐之女乐，君臣相与观之，废朝礼三日也。"

楚狂接舆歌而过孔子之门[七]，接舆，楚人也，姓陆，名通，字接舆。昭王时，政令无常，乃被发佯狂不仕，时人谓之为楚狂也。时孔子过楚[八]，而接

〔一〕"孟季"，斋本、库本作"季孟"。

〔二〕"吾"，斋本、库本作"我"。正平版何解、邢疏、朱注作"吾"。

〔三〕"我"，斋本、库本作"吾"。

〔四〕"必正道也"，斋本、库本作"必也正道"。

〔五〕"伎"，斋本、库本作"妓"，下句同。"伎""妓"义同，皆指女歌舞艺人。

〔六〕"氏"，斋本、库本作"子"。

〔七〕"之门"，斋本、库本无此二字。正平版何解有，邢疏、朱注无。阮元校勘记曰："高丽本有'之门'二字，颇与古合。盖接舆乃楚狂之名，过孔子者，过孔子之门也。庄子人间世言孔子适楚，楚狂接舆游其门，正指此事。"

〔八〕"时"，库本脱。"过楚"，斋本、库本作"适楚"。

舆行歌从孔子边过,欲感切孔子也。

孔安国曰:“接舆,楚人也,佯狂而来歌,欲以〔一〕感切孔子也。”

曰:“凤兮凤兮,何德之衰也? 此接舆歌曲也。知孔子有圣德,故以凤比〔二〕,但凤鸟待圣君乃见,今孔子周行,屡适不合,所以是凤德之衰也。

孔安国曰:“比孔子于凤鸟也。凤鸟待圣君而乃见,非孔子周行求合,故曰衰之也。”

往者不可谏也,言屡适不合,是已示〔三〕往事不复可谏,是既往不咎也。

孔安国曰:“已往所行,不可复谏止也。”

来者犹可追也。来者,谓未至之事也。未至事犹可追止,而使莫复周流天下也。

孔安国曰:“自今以来,可追自止,避乱隐居也。”

已而已而,今之从政者殆而!”已而者,言今世乱已甚也。殆而者,言今从政者皆危殆,不可复救治之者也。

孔安国曰:“已而者,世〔四〕乱已甚,不可复治。再言之者,伤之甚也。”

孔子下,欲与之言。下,下车也。孔子初在车上,闻接舆之歌感切于己,己故下车欲与之共语也。江熙云:“言下车,明在道闻其言也。”趋而避之,不得与之言也。趋,疾走也。接舆见孔子下车欲与己言,己故急趋避之,所以令孔子不得与之言也。江熙云:“若接舆与夫子对共清〔五〕言,则非狂也。达其怀于议者,修其狂迹,故疾行而去也。”

〔一〕“欲以”,斋本、库本作“以欲”。堂本义顺。

〔二〕“凤比”,斋本、库本作“比凤”。

〔三〕“已示”,斋本、库本作“示已”。

〔四〕“世”上,斋本、库本有“言”字。

〔五〕“清”,斋本、库本作“情”。

苞氏曰："下，下车也。"

长沮、桀溺二人皆隐士也。耦而耕，二人既隐山野，故耦而共耕也。孔子过之，孔子行从沮、溺二人所耕之处过也。使子路问津焉。津，渡水处也。时子路从孔子行，故孔子使子路访问于沮、溺，觅渡水津之处也。宛叔〔一〕曰："欲显之，故使问也。"

郑玄曰："长沮、桀溺，隐者也。耜广五寸，二耜为耦。耕用耒，是今之钩鏄〔二〕，耜是今之铎〔三〕，广五寸。五寸则不成伐，故二人并耕，两耜并得广一尺，一尺则成伐也，故云二耜为耦也。津，济渡处。"

长沮曰："夫执舆者为谁乎？"子路行〔四〕问津，先问长沮，长沮不答津处，而先反问子路也。执舆，犹执辔也。子路初在车上，即为御，御者执辔。今即〔五〕下车而往问津渡，则废辔与孔子，孔子时执辔，故长沮问子路云：夫在车中执辔者是为谁子乎？子路曰："为孔丘。"子路答云：车中执辔者是孔丘也。然子路问长沮称师名者，圣师欲令天下而知之也。曰："是鲁孔丘与？"长沮更定之也，此是鲁国孔丘不乎？对曰："是也。"答曰：是鲁孔丘也。曰："是知津矣。"沮闻鲁孔丘，故不语津处也。言若是鲁之孔子〔六〕，此人数周流天下，无所不至，必知津处也，无俟我今复告也。

马融曰："言数周流，自知津处也。"

问于桀溺。长沮不答，子路又问桀溺。桀溺曰："子为谁？"又问子路：汝是谁也？曰："为仲由。"子路答言：我是姓仲名由也。曰："是鲁

〔一〕"宛叔"，斋本、库本作"范升"。

〔二〕"钩鏄"，斋本、库本作"钩嚯"。汉语大字典释"鏄"为"锄类农具"，释"嚯"为"农具名"，形状不详。

〔三〕"铎"，斋本、库本作"释"。"铎"、"释"皆与农具无关，疑是"鎛"、"铧"之类。

〔四〕"行"，斋本、库本作"往"。

〔五〕"即"，斋本、库本作"既"。

〔六〕"子"，斋本、库本作"丘"。

孔丘之徒与?”又问言:汝名由,是孔丘之门徒不乎?对曰:“然。”子路答云:是也。曰:“滔滔者天下皆是也,而谁以易之?滔滔者,犹周流也。天下皆是,谓一切皆恶也。桀溺又云:孔子何事〔一〕周流者乎?当今天下治乱如一,舍此适彼,定谁可易之者乎?言皆恶也。

孔安国曰:“滔滔者,周流之貌也。言当今天下治乱同,空舍此适彼,故曰‘谁以易之’也。”

且而与其从避人之士也,岂若从避世之士哉?”桀溺又微以此言招子路,使从己隐也,故谓孔子为避人之士,其自谓己为避世之士也。言汝今从于避人之士,则岂如从于避世之士也。

士有避人法,有避世之法。长沮、桀溺谓孔子为士,从避人之法也。己之为士,则从避世之法者也。若如注意,则非但令子路从己,亦谓孔子从己也。

耰而不辍。耰,覆种也。辍,止也。二人与子路且语且耕,覆种不止也。覆种者,植谷之法,先散后覆。

郑玄曰:“耰,覆种也。辍,止也。覆种不止,不以津处〔二〕告也。”

子路行以告。子路问二人,二人皆不告,及于借问而覆种不止,故子路备以此事还车上以告孔子也。夫子抚〔三〕然,抚然,犹惊愕也。孔子闻子路告,故愕怪彼不达己意而讥己也。

为其不达己意而便非己也。

曰:“鸟兽不可与同群也,孔子既抚然,而又云:隐山林者则鸟兽同群,出世者则与世人为徒旅。我今应出世,自不得居于山林,故云“鸟兽不可与同群也”。

〔一〕“事”,斋本、库本作“是”。

〔二〕“处”,斋本、库本无此字。

〔三〕“抚”,斋本、库本作“怃”。下同。“抚”通“怃”。

孔安国曰:"隐居于山林,是与鸟兽同群也。"

吾非斯人之徒与而谁与? 言必与人为徒也〔一〕。亦云我既出世,应与人为徒旅,故云"吾非斯人徒与而谁与",言必与人为徒也。

孔安国曰:"吾自当与此天下人同群,安能去人徒〔二〕鸟兽居乎?"

天下有道,丘不与易也。"言凡我道虽不行于天下,天下有道者,而我道皆不至与彼易之,是我道大彼道小故也。

孔安国曰:"言凡天下有道者,丘皆不与易之,己道〔三〕大而人小故也。"江熙云:"易称'天下同归而殊涂,一致而百虑'。君子之道,或出或处,或默或语,所以为归致者,期于内顺生徒、外惙教旨也。惟此而已乎? 凡教,或即我以导物,或报彼以明节,以救急疾于当年,而发逸操于沮、溺,排披抗言于子路,知非问津之求也。于时风政日昏,彼此无以相易,良所以犹然,斯可已矣。彼故不屑去就,不辍其业,不酬栖栖之问,所以遂节于世而有惙于圣〔四〕教者存矣。道丧于兹,感以事反,是以夫子怃然曰:'鸟兽不可与同群也。'明夫理有大师〔五〕,吾所不获已也。若欲洁其身,韬其踪,同群鸟兽,不可与斯民,则所以居大伦者废矣。此即我以致言,不可以乘彼者也。丘不与易,盖物之有道,故大汤、武亦称夷、齐,美〔六〕管仲而无讥邵忽。今彼有其道,我有其道,不执我以求彼,不系彼以易我,夫可滞哉!"沈居士曰:"世乱,贤者宜隐而全生,圣人宜出以弘物,故自明我道以救大伦。彼之绝迹隐世,实由世乱,我之蒙尘栖遑,亦以道丧,此即彼与我同患世也。彼实中贤,无道宜隐,不达教者也。我则至德,宜理大伦,不得已者也。我既不失,彼亦

〔一〕"言必与人为徒也",斋本、库本无此七字。

〔二〕"徒",斋本、库本作"从",义胜。

〔三〕"道",斋本、库本无此字。

〔四〕"圣"下,库本衍"人"字。

〔五〕"师",斋本、库本作"伦",义胜。

〔六〕"美",斋本、库本作"由",误。

无违，无非可相非。且沮、溺是规子路，亦不规夫子，谓子路宜从己，不言仲尼也。自我道不可复与鸟兽同群，宜与人徒，本非言彼也。彼居林野，居然不得不群鸟兽，群鸟兽避世外以为高行，初不为鄙也。但我自得耳，以体大居正，宜弘世也。下云'天下有道，丘不与易也'，言天下人自各有道，我不以我道易彼，亦不使彼易我，自各处其宜也。如江熙所云：'大〔一〕汤、武而亦贤夷、齐，美管仲亦不讥召忽也〔二〕。'"

子路从而后。孔子与子路同行，孔子先发，子路在后随之，未得相及，故云"从而后"也。**遇丈人，以杖荷篠。**遇者，不期而会之也。丈人者，长宿之称也。荷，担扬〔三〕也。篠，竹器名。子路在孔子后，未及孔子，而与此丈人相遇。见此丈人以杖担一器，箩帘〔四〕之属，故云"以杖荷篠"也。

苞氏曰："丈人，老者也。篠，竹器名也。"

子路问曰："子见夫子乎？"子路既见在后，故借问丈人见夫子不乎。

丈人曰："四体不勤，五谷不分，孰为夫子？"四体，手足〔五〕也。勤，勤劳也。五谷，黍稷之属也。分，播种也。孰，谁也。子路既借问丈人，丈人故答子路也，言当今乱世，汝不勤劳四体以播五谷，而周流远走，问谁为汝之夫子，而问我索之乎？袁氏云："其人已委曲识孔子，故讥之四体不勤，不能如禹稷躬植〔六〕五谷，谁为夫子而索耶？"

苞氏曰："丈人曰，不勤劳四体，不分殖五谷，谁为夫子而索之耶？"

植其杖而芸。植，竖也。芸，除草也。丈人答子路竟，至草田而竖其所荷篠之杖，当挂篠于杖头而植竖之，竟而芸除田中秽草也。

〔一〕"大"字，库本脱。

〔二〕"江熙云"至"召忽也"，斋本、库本放在解经文处，接于"是我道大彼道小故也"句下。末句的"召忽"，斋本、库本作"邵忽"。

〔三〕"扬"，斋本、库本作"揭"，是。"揭"有"担"义。

〔四〕"帘"，斋本、库本作"篚"，是。

〔五〕"手足"，斋本、库本作"足手"。

〔六〕"植"，斋本、库本作"殖"。"植""殖"义同。

孔安国曰："植，倚也。除草曰芸。"杖以为力，以一手芸草，故云植其杖而芸也〔一〕。

子路拱而立。拱，沓手也。子路未知所以答，故沓手而〔二〕倚立，以观丈人之芸也。

未知所答〔三〕。

止子路宿，子路住倚当久，已至日暮，故丈人留止子路，使停住就己宿也。杀鸡为黍而食之，子路停宿，故丈人家杀鸡为臛，作黍饭而食子路也。见其二子焉。丈人知子路是贤，故又以丈人二儿见于子路也。明日，子路行，至明日之旦，子路得行逐孔子也。以告。行及孔子，而具以昨丈人所言及鸡黍见子之事，告于〔四〕孔子道之也。子曰："隐者也。"孔子闻子路告丈人之事，故云此丈人是隐处之士也。使子路反见之。孔子既云丈人是隐者，而又使子路反还丈人家，须与丈人相见，以己事说之也。其事在下文。至，则行矣。子路反至丈人家，而丈人已复出行，不在也。

孔安国曰："子路反至其家，丈人出行不在也。"

子路曰："不仕无义。丈人既不在，而子路留此语以与丈人之二子，令其父还述之也。此以下之言，悉是孔子使子路语丈人之言也。言人不生则已，既生便有三〔五〕之义，父母之恩，君臣之义，人若仕则职于义，故云"不仕无义"也。

郑玄曰："留言以语丈人之二子也。"

长幼之节，不可废也；君臣之义，如之何其可废也？既有长幼

〔一〕"杖以为力"至"芸也"，斋本、库本放在解经文处，接于"竟而芸除田中秽草也"句下。"杖"上，斋本、库本有"一通云"三字。

〔二〕"而"字，库本脱。

〔三〕"未知所答"，斋本、库本作"未知所以答也"。

〔四〕"于"，斋本、库本无此字。

〔五〕"三"上，斋本、库本有"在"字。

之恩，又有君臣之义，汝知见汝二子，是识长幼之节不可废阙，而如何废于君臣之义而不仕乎？

孔安国曰："言女〔一〕知父子相养不可废，反可废君臣之义耶？"

欲洁其身，而乱大伦。大伦，谓君臣之道理也。又言汝不仕浊世，乃是欲自清洁汝身耳，如〔二〕乱君臣之大伦何也？

苞氏曰："伦，道也，理也。"

君子之仕也，行其义也。又言君子所以仕者，非贪荣禄富贵，政是欲行大义故也。**道之不行也，已知之矣。"**为行义故仕耳，浊世不用我道，而我亦反自知之也。

苞氏曰："言君子之仕，所以行君臣之义也，不自必道得行〔三〕。孔子道不见用，自已知之也。"

逸民：逸民者，谓民中节行超逸不拘于世者也。其人在下。**伯夷**、一人也。**叔齐**、二人也。**虞仲**、三人也。**夷逸**、四人也。**朱长**〔四〕、五人也。**柳下惠**、六人也。**小**〔五〕**连**。七人也。

逸民者，节行超逸者也。苞氏曰："此七人皆逸民之贤者也。"

子曰："不降其志，不辱其身者，伯夷、叔齐与！"逸民虽同，而其行事有异，故孔子评之也。夷、齐隐居饿死，是不降志也；不仕乱朝，是不辱身也，是心迹俱超逸也。

〔一〕"女"，斋本、库本作"汝"。正平版何解、邢疏作"女"。

〔二〕"如"下，斋本、库本有"为"字。

〔三〕"不自必道得行"，斋本、库本作"不必自道得行也"。邢疏作"不必自己道得行"。堂本与正平版何解同。

〔四〕"朱长"，斋本、库本作"朱张"，是。正平版何解、邢疏、朱注亦作"朱张"。

〔五〕"小"，斋本、库本作"少"，是。

郑玄曰:“言其直己之心,不入庸君之朝。”直己之心,是不降志也。不入庸君之朝,是不辱身也。

谓柳下惠、少连,降志辱身矣。此二人心逸而迹不逸也,并仕鲁朝。而柳下惠三黜,则是降志辱身也。言中伦,行中虑,其斯而已矣。虽降志辱身,而言行必中于伦虑,故云“其斯已〔一〕矣”。

孔安国曰:“但能言应伦理,行应思虑,若此而已〔二〕。”张凭云:“彼被禄仕者乎?其处朝也,唯言不废大伦,行不犯色,思虑而已,岂以世务蹔〔三〕婴其心哉?所以为逸民〔四〕。”

谓虞仲、夷逸,隐居放言,放,置也。隐居幽处,废置世务,世务不须及言之者也矣。

苞氏曰:“放,置也,置〔五〕不复言世务也。”

身中清,废中权。身不仕乱朝,是中清洁也。废事免于世患,是合于权智也。故江熙云:“超然出于埃尘之表,身中清也。晦明以远害,发动中权也。”

马融曰:“清,洁〔六〕也。遭世乱,自废弃以免患,合于权也。”

我则异于是,无可无不可。我则退不拘于世,故与物无异,所以是无可无不可也。江熙云:“夫迹有相明,教有相资,若数子者,事既不同,而我亦有以异矣。然圣贤致训,相为内外,彼协契于往载,我拯溺于此世,不以我异而抑物,不以彼异而通滞,此吾所谓无可无不可者耳,岂以此自目己之所以异哉?我迹之异,盖著于当时,彼数子者,亦不宜各滞于所执矣。故举其往行而存其会通,将以导夫方类所揖仰乎!”

〔一〕“已”上,斋本、库本有“而”字,是。

〔二〕“若此而已”,斋本、库本作“如此而已矣”。

〔三〕“蹔”,斋本、库本作“暂”。“蹔”“暂”同。

〔四〕“张凭云”至“逸民”,斋本、库本放在解经文处,接于“故云其斯已矣”句下。

〔五〕“置”,斋本、库本无此字。

〔六〕“洁”上,斋本、库本有“纯”字。正平版何解、邢疏亦有“纯”字。

马融曰："亦不必进，亦不必退，唯义所在也。"或问曰：前七人，而此唯评于六人，不见朱张，何乎？答曰：王弼云："朱张，字子弓，荀卿以比孔子。"今序六〔一〕而阙朱张者，明趣〔二〕舍与己合同也〔三〕。

大师挚适齐，自此以下皆鲁之乐人名也。鲁君无道，礼乐崩坏，乐人散走所不同也。大师，乐师也，名挚，其散逸适往于齐国也。**亚饭干适楚**，亚，次也。饭，飡也。干，其名也。古天子诸侯飡，必〔四〕奏乐，每食各有乐人。亚饭干是第二飡奏乐人也，其奔逸适于楚国。然周礼大司乐王朔望食乃奏乐，日食不奏也，夏殷则日奏也，故王制及玉藻皆云然也。

苞氏〔五〕曰："亚，次也。次饭乐师也。挚、干，皆〔六〕名也。"

三饭缭适蔡，缭，名也。第三飡奏乐人，散逸入蔡国也。**四饭缺适秦**，缺，名也。第四飡奏乐人，奔散入秦国也。

苞氏曰："三饭、四饭，乐章名也，各异师。缭、缺，皆名也。"

鼓方叔入于河，鼓，能击鼓者也。方叔，名也，亦散逸入河内之地居也。

苞氏曰："鼓，击鼓者。方叔，名也。入谓居其河内也。"

播鼗武入于汉，播，犹摇也。鼗，鼗鼓也。其人能摇鞉〔七〕鼓者也，名武，亦散奔入汉水内之地居也。

〔一〕"六"下，斋本、库本有"人"字。

〔二〕"趣"，斋本、库本作"取"。"趣"通"取"。

〔三〕"或问曰"至"合同也"，斋本、库本放在解经文处，接于"将以导夫方类所挹仰乎"句下。

〔四〕"必"下，斋本、库本有"共"字。

〔五〕"苞氏"，斋本、库本作"孔安国"。正平版何解、邢疏亦作"孔安国"。

〔六〕"皆"，斋本、库本作"共"。正平版何解、邢疏作"皆"。

〔七〕"鞉"，斋本、库本作"鼗"。"鞉"同"鼗"，即"鼗"。

孔安国曰："播，犹摇。武，名也。"

少师阳、击磬襄入于海。小[一]师名阳，又击磬人名襄，二人俱散奔入海内居也。

孔安国曰："鲁哀公时，礼毁乐崩，乐人皆去。阳、襄，皆名也。"

周公语[二]鲁公 周公旦也。鲁公，周公之子伯禽也。周公欲教之，故云谓鲁公也。孙绰云："此是周公顾命鲁公所以之辞也。"

孔安国曰："鲁公，周公之子伯禽，封于鲁也。"

曰："君子不施其亲，此周公所命之辞也。施，犹易也，言君子之人，不以他人易己之亲，是固[三]不失其亲也。

孔安国曰："施，易也。不以他人亲易其亲也。"孙绰云："不施，犹不偏也。谓不惠偏所亲[四]，使鲁公崇至公也。"张凭云："君子于人义之与比，无偏施于亲亲，然后九族与庸勋并隆，仁心与至公俱著也[五]。"

不使大臣怨乎不以。以，用也。为君之道，当委用大臣，大臣若怨君不用，则是君之失也。

孔安国曰："以，用也。怨不见听用也。"

故旧无大故，则不弃也。故旧，朋友也。大故，谓恶逆也。朋友之道，若无大恶逆之事，则不得相速[六]弃也。无求备于一人。"无具足，不得责必备，是君子易事之德也。

孔安国曰："大故，谓恶逆之事也。"

〔一〕"小"，斋本、库本作"少"。
〔二〕"语"，斋本、库本作"谓"。
〔三〕"固"，斋本、库本作"因"。
〔四〕"谓不惠偏所亲"，斋本、库本作"谓人以不偏惠所亲"。
〔五〕"孙绰云"至"俱著也"，斋本、库本放在解经文处，接于"是固不失其亲也"句下。
〔六〕"速"，斋本、库本作"遗"，是。

周有八士:旧云:周世有一母,身四乳而生于此八子。八子并贤,故记录之也。**伯达、伯适、仲突、仲忽、叔夜、叔夏、季随、季騧**。侃按:师说云:"非谓一人四乳。乳,犹俱生也。有一母四过生,生辄双二子,四生故八子也。何以知其然?就其名两两相随,似是双生者也。"

苞氏曰:"周时四乳得八子,皆为显士,故记之耳。"

论语义疏第九 经一千六百五十字 注一千七百七十八字

论语义疏卷第十 子张 尧曰

梁国子助教吴郡皇侃撰

论语子张第十九 何晏集解 凡廿四章 凡廿五章

疏子张者,弟子也。明其君若有难,臣必致死也。所以次前者,既明君恶臣宜拂衣而即去,若人人皆去,则谁为匡辅?故此次。明若未得去者,必宜致身,故以子张次微子也。

子张曰:"士见危致命,此是第一[一]。此一篇皆是弟子语,无孔子语也。士者知义理之名,是谓升朝之士也。并[二]若见国有危难,必不爱其身,当以死救之,是见危致命也。士既如此,则大夫以上可知也。

孔安国曰:"致命,不爱其身也。"

见得思义,此以下并是士行也。得,得禄也。必不素飡,义然后取,是见得

〔一〕"此是第一"上,斋本、库本有"就此篇凡有二十四章,大分为五段,宗明弟子禀仰记言行,皆可轨则。第一先述子张语,第二子夏语,第三子游语,第四曾参语,第五子贡语"五十四字;"此是第一"下,斋本、库本有"子张语自有二章也"八字。这些文字,疑非皇侃疏文,似是后世讲经者所加。

〔二〕"并",斋本、库本无此字。

思义也。**祭思敬，**士始得立庙，守其祭祀，祭神如神在，是祭思敬也。**丧思哀，**方丧三年，为君如父母，必穷苴斩，是丧思哀也。**其可已矣。"** 如上四事，为士如此，则为可也。江熙云："但言若是则〔一〕可也。"**子张曰："执德不弘，信道不笃，焉能为有？焉能为亡？"**弘，大也。笃，厚也。亡，无也。人执德能至弘大，信道必使〔二〕笃厚，此人于世乃为可重。若虽执德而不弘，虽信道而不厚，此人于世不足可重，如有如无，故云"焉能为有？焉能为亡"也。江熙云："有德不能弘大，信道不务厚至，虽有其怀道德，蔑然不能为损益也。"

孔安国曰："言无所轻重也。"世无此人，则不足为轻；世有此人，亦不足为重，故云"无所轻重"之也。二章讫此，是子张语，是第一。

子夏之门人问交于子张，此下是第二，是子夏语，自有十一章，子夏弟子问子张求交友之道也。

孔安国曰："问，问〔三〕与人交接之道也。"

子张曰："子夏云何？"子张反问子夏之门人云：汝师何所道？故曰"云何"也。**对曰："子夏曰：'可者与之，其不可者距之。'"**子夏弟子对子张述子夏言也。言子夏云：结交之道，若彼人可者，则与之交；若彼人不可者，则距而不交也。**子张曰："异乎吾所闻：**子张闻子夏之交与己异，故云"异乎吾所闻"也。**君子尊贤而容众，嘉善而矜不能。**彼既异我，我故更说我所闻也。言君子取交之法：若见贤者，则尊重之；众来归我，我则容之；容之中有善者，则嘉而美之；有不善不能者，则务〔四〕而不责，不得可者与不可者距之。**我之大贤与，于人何所不容？**更说不宜不可者距之也。设他人欲与我交，我若是大贤，则他人必与我，故云"于人何所不容"也。

〔一〕"则"，斋本、库本作"自"。
〔二〕"使"，斋本、库本作"便"，误。
〔三〕"问问"，斋本、库本不重。
〔四〕"务"，斋本、库本作"矜"，是。

我之不贤与，人将距我，又云：若我设不贤，而他人必亦距我而不矜也。如之何其距人也？”我若矜人，人必矜我，我若距人，人必距我，故云“如之何其距人也”。

苞氏曰：“友交当如子夏，既欲与为友，故宜可者与之，不可者距也。泛交当如子张。”若德悠悠泛交，则嘉善矜不能也。明二子各一是也。郑玄曰：“子夏所云，伦党之交也。子张所云，尊卑之交也。”王肃曰：“子夏所云，敌体交。子张所云，覆盖交也。”栾肇曰：“圣人体备，贤者或偏，以偏师备，学不能同也，故准其所资而立业焉。犹易云：‘仁者见其仁，智者见其智。’宽则得众而遇滥，偏则寡合而身孤，明各出二子之偏性，亦未能兼弘夫子度也。”

子夏曰：“虽小道，必有可观者焉；小道，谓诸子百家之书也。一往看览，亦微有片理，故云“必有可观者焉”也。

小道谓异端也。

致远恐泥，致，至也。远，久也。泥，谓泥难也。小道虽一往可观，若持行事，至远经久，则恐泥难不能通也。

苞氏曰：“泥难不通也。”

是以君子不为也。”为，犹学也。既致远，必恐泥，故君子之人秉持正典，不学百家也。江熙云：“圣人所以训世轨物者，远有体趣，故〔一〕文质可改，而此〔二〕处无反也。至夫百家竞说，非无其理，然家人之规谟〔三〕，不及于经国，虑止于为身，无贻厥孙谋，是以君子舍彼取此也。”

子夏曰：“日知其所亡，此劝人学也。亡，无也。谓〔四〕从来未经所识者也。令人日新其德，日〔五〕知所未识者，令识录也。

〔一〕“故”下，斋本、库本有“又”字。

〔二〕“此”，斋本、库本无此字。

〔三〕“谟”，斋本、库本作“模”。“规谟”“规模”义同，指规划、谋划。

〔四〕“谓”上，斋本、库本有“无”字。

〔五〕“日”下，斋本、库本另有一“日”字。

孔安国曰:"日知[一]所未闻也。"

月无忘其所能,所能,谓己识在心者也。既[二]日日识所未知,又月月无忘其所能,故云识也[三]。可谓好学也已矣。"能如上事,故可谓好学者也。然此即是温故而知新也。日知其所亡,是知新也;月无忘所能,是温故也。可谓好学,是谓为师也。子夏曰:"博学而笃志,亦劝学也。博,好[四]也。笃,厚也。志,识也。言人当广学经典,而深厚识录之不忘也。

孔安国曰:"广学而厚识之也。"

切问而近思,切,犹急也。若有所未达之事,宜急谘问取解,故云"切问"也。近思者,若有所思,则宜思己所已学者,故曰"近思"也。

切问者,切问于己所学而未悟之事也。近思者,近思于己所能及之事也。泛[五]问所未学,远思所未达,则于所学者不精,于所思者不解也。

仁在其中矣。"能如上事,虽未是仁,而方可能为仁,故曰"仁在其中矣"。子夏曰:"百工居肆以成其事,亦劝学也。先为设譬。百工者,巧师也。言百,举全数也。居肆者,其居者常所作物器之处也。言百工由[六]日日居其常业之处,则其业乃成也。君子学以致其道。"致,至也。君子由学以至于道,如工居肆以成事也。

苞氏曰:"言百工处其肆则事成,犹君子学以立其道也。"江熙云:"亦非生巧也,居肆则是见广,见广而巧成。君子未能体

〔一〕"知"下,斋本、库本有"其"字。正平版何解、邢疏亦有"其"字。
〔二〕"既"下,斋本、库本有"自"字。
〔三〕"故云识也",斋本、库本作"故言识之也"。
〔四〕"好",斋本、库本作"广"。
〔五〕"泛"上,斋本、库本有"若"字。正平版何解、邢疏无"若"字。
〔六〕"由"字,库本脱。

足也，学以广其思，思广而道成也[一]。”

子夏曰：“小人之过也必则[二]文。”君子有过，是己误行，非故为也，故知之则改。而小人有过，是知而故为，故愈文饰之，不肯言己非也。故缪播云：“君子过由不及，不及而失，非心之病，务在改行，故无吝也。其失之理明，然后能[三]之理著，得失既辨，故过可复改也。小人之过生于情伪，故不能不饰，饰则弥张，乃是谓过也。”

孔安国曰：“文饰其过，不言其情实也。”

子夏曰：“君子有三变：变者有三，其事但在一时也。**望之严然，**一也。君子正其衣冠，严然人望而畏之也。**即之也温，**二也。即，就也。就近而视，则其体温。温，润也，而人不憎之也。袁氏注曰：“温，和润也。”**听其言也厉。”**三也。厉，严正也。虽见其和润，而出言其严正也。所以前卷云“君子温而厉”是也。

郑玄曰：“厉，严正也。”李充曰：“厉，清正之谓也。君子敬以直内，义以方外，辞正体直，而德容自然发。人谓之变耳，君子无变也[四]。”

子夏曰：“君子信而后劳其民，君子，谓国君也。国君若能行信素著，则民知其非私，故劳役不惮，故云“信而后劳其民”也。**未信，则以为厉己也。**厉，病也。君若信未素著，而动役使民，民则怨君行私，而横见病役于己也。江熙云：“君子克厉德也，故民素信之服劳役，故知非私。信不素立，民动以为病己而奉其私也。”

王肃曰：“厉，病也。”

〔一〕“江熙云”至“道成也”，斋本、库本放在解经文处，接于“如工居肆以成事也”句下。

〔二〕“则”，正平版何解、邢疏、朱注无此字。

〔三〕“能”，斋本、库本作“得”。

〔四〕“李充曰”至“无变也”，斋本、库本放在解经文处，接于“所以前卷云君子温而厉是也”句下。

信而后谏，此谓臣下也。臣下信若素著，则可谏君，君乃知其措〔一〕我非虚，故从之也。**未信，则以为谤己也。"**臣若信未素立，而忽谏君，君则不信其言，其言〔二〕其所谏之事，是谤于己也。江熙云："人非忠诚相与，未能谏也。然投人夜光，鲜不案〔三〕剑。易〔四〕贵乎在道，明无素信，不可轻致谏之也。"**子夏曰："大德不逾闲，**大德，上贤以上也。闲，犹法也。上德之人，常不逾越于法则也。

孔安国曰："闲，犹法也。"

小德出入可也。"小德，中贤以下也。其立德不能恒全，有时暂至，有时不及，故曰出入也。不素〔五〕其备，故曰可也。

孔安国曰："小德不能不逾法，故曰出入可也。"子夏语十一章讫此也〔六〕。

子游曰："子夏之门人小子，当洒扫应对进退可矣。此下第三子游语，自有二章。门人小子，谓子夏之弟子也。子游言：子夏诸弟子不能广学先王之道，唯可洒扫堂宇，当对宾客，进退威仪之少〔七〕礼，于此乃则为可也耳矣〔八〕。**抑末也，本之则无，如之何？"**抑，助语也。洒扫以下之事，抑但是末事耳。若本事则无，如之何也。本，谓先王之道。

苞氏曰："言子夏弟子，但于当对宾客修威仪礼节之事则可，然此但是人之末事耳，不可无其本也，故云'本之则无，如之何'也。"

〔一〕"措"，斋本、库本作"惜"，误。"措"同"刺"。"谏""措（刺）"义近。

〔二〕"其言"，斋本、库本作"认为"，误。儒藏本以为是"且言"，可从。

〔三〕"案"，斋本、库本作"按"。"案"通"按"。

〔四〕"易"下，斋本、库本有"曰"字。查周易，无"贵乎在道"等语。

〔五〕"素"，斋本、库本作"责"，是。

〔六〕"子夏"至"此也"，斋本、库本无此句。

〔七〕"少"，斋本、库本作"小"。

〔八〕"于此乃则为可也耳矣"，斋本、库本作"于此乃为则可也"。

子夏闻之曰:“噫!噫,不平之声也。子夏闻子游鄙己门人,故为不平之声也。

孔安国曰:“噫,心不平之声也。”

言游过矣!既不平之,而又云言游之说实为过矣〔一〕也。**君子之道,孰先传〔二〕?孰后倦焉?**既云子游之说是过,故更说我所以先教以小事之由也。君子之道,谓先王之道也。孰,谁也。言先王大道即既深且远,而我知谁先能传而后能倦懈者耶,故云“孰先传焉?孰后倦焉”。既不知谁,故先历试小事,然后乃教以大道也。张凭云:“人性不同也,先习者或早懈,晚学者或后倦,当要功于岁终,不可以一限也。”

苞氏曰:“言先传大业者必〔三〕厌倦,故我门人先教以小事,后将教以大道也。”熊埋云:“凡童蒙初学,固宜闻渐日进,阶粗入妙,故先且启之以小事,后将教之以大道也〔四〕。”

譬诸草木,区以别矣。言大道与小道殊异,譬如草木,异类区别,学者当以次,不可一往学,致生厌倦也。

马融曰:“言大道与小道殊异,譬如草木异类区别,言学当以次也。”

君子之道,焉可诬也?君子大道既深,故传学有次,岂可发初使诬罔其仪而并学之乎?

马融曰:“君子之道,焉可使诬,言我门人但能洒扫而已也?”

有始有终〔五〕者,其唯圣人乎!”唯圣人有始有终,学能不倦,故可先学

〔一〕“矣”,斋本、库本作“失”,误。

〔二〕“传”下,斋本、库本有“焉”字。正平版何解、邢疏、朱注亦有“焉”字。

〔三〕“必”下,斋本、库本有“先”字。正平版何解无“先”字。邢疏此句作“言先传业者必先厌倦”。

〔四〕“熊埋云”至“大道也”,斋本、库本放在解经文处,接于“不可以一限也”句下。

〔五〕“终”,斋本、库本作“卒”。正平版何解、邢疏、朱注亦作“卒”。

大道耳。自非圣人，则不可不先从小起也。张凭云："譬诸草木，或春花而风[一]落，或秋荣而早实。君子道亦有迟速，焉可诬也？唯圣人始终如一，可谓永无先后之异也。"

孔安国曰："始终[二]如一，唯圣人耳也。"

子夏曰："仕而优则学，亦劝学也。优，谓行有余力也。若仕官、治官、官法而已。力有优余，则更可研学先王典训也。

马融曰："行有余力，则可以学文也。"

学而优则仕。"学既无当于立官，立官不得不治，故学业优足则必进仕也[三]。**子游曰："丧致乎哀而止[四]。"**致，犹至也。虽丧礼主哀，然孝子不得过哀以灭性，故使各至极哀而止也。

孔安国曰："毁不灭性也。"

子游曰："吾友张也，为难能也，张，子张也。子游言：吾同志之友有于[五]子张，容貌堂伟，难为人所能及，故云"为难能也"。

苞氏曰："言子张之容仪之难及者也。"

然而未仁。"袁氏云："子张容貌难及，但未能体仁也。"**曾子曰："堂堂乎张也，**此以下是[六]第四。曾参语自有四章。堂堂，仪容可怜也。**难与并为仁矣。"**言子张虽容貌堂堂，而仁行浅薄，故云难並为仁。並，竝也。

郑玄曰："言子张容仪盛，而于仁道薄也。"江熙云："堂堂，德宇广也。仁，行之极也。难与並，仁荫人上也。"然江熙之意，是子张仁胜于人，故难与並也[七]。

〔一〕"风"，斋本、库本作"夙"，是。
〔二〕"始终"，斋本、库本作"终始"。
〔三〕"也"下，斋本、库本有"子夏语十一章讫此也"九字。
〔四〕"止"下，斋本、库本有"此下第三子游语，自有二章"十一字。
〔五〕"有于"，斋本、库本无此二字。
〔六〕"是"，斋本、库本作"自"。
〔七〕"江熙云"至"並也"，斋本、库本放在解经文处，接于"並，竝也"句下。

曾子曰："吾闻诸夫子：据有所闻仁〔一〕孔子也，其事在下。人未有自致者也，必也亲丧乎！"此所闻于孔子之事也。致，极也。言人于他行，了〔二〕可有时不得自极，然及君〔三〕亲丧，则必宜自极其哀，故云"必也亲丧乎"也。

马融曰："言人虽未能自致尽于他事，至于亲丧，必自致尽也。"

曾子曰："吾闻诸夫子：孟庄子之孝也，其他可能也；人子为孝，皆以爱敬而为体，而孟庄子为孝，非唯爱敬，爱敬之外别又有事，故云"其他可能也"。其不改父之臣与父之政，是难也。"此是其他可能之事也。时人有丧，三年之内，皆改易其父平生时臣及于〔四〕政事，而庄子居丧，父臣、父政虽有不善者，而庄子犹不忍改之，能如此者，所以是难也。

马融曰："孟庄子，鲁大夫仲孙速也。谓在谅阴〔五〕之中，父臣及父政虽不善者，不忍改之也。"

孟氏使阳肤为士师，孟氏，鲁下卿也。阳肤，曾子之弟子也。士师，典〔六〕狱官也。孟子使阳肤为己家狱官也。

苞氏曰："阳肤，曾子弟子也。士师，典狱官也。"

问于曾子。曾子，曾参也。阳肤将为狱官，而还问师，求其法术也。曾子曰："上失其道，民散久矣。曾子答之使为法也。言君上若善，则民下不犯罪，故尧、舜之民比屋可封；君上若恶，则民下多犯罪，故桀、纣之民比屋可诛。当于尔时，君上失道既久，故民下犯罪离散者众，故云久也。如得其

〔一〕"仁"，斋本、库本作"于"。

〔二〕"了"，斋本、库本作"方"。

〔三〕"君"，斋本、库本作"若"。

〔四〕"于"，斋本、库本无此字。

〔五〕"阴"，斋本、库本作"闇"。"谅阴"同"谅闇"，指居丧时所住的小屋，也称凶庐。

〔六〕"典"，斋本、库本无此字。

情，则哀矜而勿喜。”如，犹若也。若得其情，谓责覈[一]得其罪状也。言汝为狱官，职之所司，不得不辨覈，虽然，若得罪状，则当哀矜愍念之，慎勿自喜，言汝能得人之罪也。所以必须哀矜者，民之犯罪，非其本怀，政是由从君上故耳。罪既非本，所以宜哀矜也。

马融曰：“民之离散为轻漂犯法，乃上之所为也，非民之过也，当哀矜之，勿自喜能得其情也。”

子贡曰：“纣之不善也，不如是之甚也。此以下是第五子贡语，自有五章。纣者，殷家无道君也。无道失国，而后世经是恶事，皆云是纣昔所为。然纣昔者为恶，实不应顿如此之甚，故云“不如是之甚也”。**是以君臣[二]恶居下流，天下之恶皆归焉。”**下流，谓为恶行而处人下者也。言纣不遍为众恶，而天下之恶事皆云是纣所为。故君子立身，恶为居人下流，若一居下流，则天下之罪并归之也。

孔安国曰：“纣为不善，以丧天下，后世憎甚之，皆以天下之恶归之于纣也。”蔡谟云：“圣人之化，由群贤之辅，暗主之乱，由众恶之党，是以有君无臣，宋襄以败，卫灵无道，夫奚其丧，言一纣之不善，其乱不得如是之甚。身居下流，天下恶人皆归之，是故亡也。”若如蔡谟意，是天下恶人皆助纣为恶，故失天下耳，若直置一纣，则不能如甚也[三]。

子贡曰：“君子之过也，如日月之蚀也。日月之食[四]，非日月故为，君子之过，非君子故为，故云“如日月之蚀也”。**过也，人皆见之，**日月之食，人并见之。如君子有过不隐，人亦见之也。**更也，人皆仰之。”**更，改也。日月食罢，改暗更明，则天下皆并瞻仰，君子之德亦不以先过为

〔一〕“覈”，斋本、库本作“徼”，下同。“覈”是。“责覈”，指责究查覈。

〔二〕“君臣”，斋本、库本作“君子”，是。正平版何解、邢疏、朱注亦作“君子”。

〔三〕“蔡谟云”至“如甚也”，斋本、库本放在解经文处，接于“则天下之罪并归之也”句下。末句“如甚也”，斋本、库本作“如此甚也”。

〔四〕“食”，斋本、库本作“蚀”。

累也。

孔安国曰:“更,改也。”

卫公孙朝

马融曰:“朝,卫大夫也。”

问于子贡曰:“仲尼焉学?”公孙问意故〔一〕嫌孔子无师,故问云“仲尼焉学”也。子贡曰:“文武之道,未坠于地,子贡答称仲尼必学也,将答道学,故先广引道理也。文武之道,谓先王之道也。未坠于地,谓未废落在于地也。在人。既未废落坠地〔二〕,而在于人所行也。贤者识其大者,不贤者识其小者,既犹在人所行,人有贤否,若大贤者,则学识文武之道大者也;不〔三〕贤者,则学识文武之道小者也。莫不有文武之道焉。虽大小有异,而人皆有之,故曰“莫不有文武之道”也。夫子焉不学?大人,学识大者。孔子是人之大者,岂得独不学识之乎?

孔安国曰:“文武之道未坠落于地,贤与不贤各有所识,夫子无所不从学〔四〕也。”

而亦何常师之有?”言孔子识大,所学者多端。多端,故无常师也。

孔安国曰:“无所不从学,故无常师也。”

叔孙武叔语大夫于朝,武叔身是大夫,又语他大夫于朝廷,以说〔五〕孔子也。

马融曰:“鲁大夫叔孙州仇也。武,谥也。”

曰:“子贡贤于仲尼。”此所语之事也。言子贡人身〔六〕识量贤于孔子

〔一〕“故”,斋本、库本作“政”。

〔二〕“既未废落坠地”,斋本、库本作“既犹未废落于地”。

〔三〕“不”上,斋本、库本有“若”字。

〔四〕“学”上,斋本、库本有“其”字,衍。正平版何解、邢疏无“其”字。

〔五〕“说”,斋本、库本作“讥”。

〔六〕“身”,斋本、库本作“才”。

也。**子服景伯以告子贡。**景伯亦鲁大夫,当是于时在朝,闻叔孙之语,故来告子贡道之也。**子贡曰:"譬诸宫墙,**子贡闻景伯之告,亦不惊距,仍为之设譬也。言人之器量各有深浅,深者难见,浅者易睹。譬如居家之有宫墙,墙高则非窥阚所测,墙下,窥阚易了,故云"譬之〔一〕宫墙"也。**赐之墙也及肩,**赐,子贡名也。子贡自言,赐之识量短浅,如及肩之墙也。**窥见室家之好。**墙既及肩,故他人从墙外行,得窥见墙内室家之好也。**夫子〔二〕之墙数仞,**七尺曰仞。言孔子圣量之深,如数仞之高墙也。**不得其门而入者,不见宗庙之美,百官之富。**墙既高峻,不可窥阚,唯从门入者乃得见内。若不入门,则不见其所内之美也。然墙短下者,其内止有室家;墙高深者,故广有容宗庙百官也。**得其门者,或寡矣。**富贵之门,非贱者轻入,入者唯富贵人耳。孔子圣人器量之门,非凡鄙可至,至者唯颜子耳,故云得门或寡。寡,少也。

苞氏曰:"七尺曰仞也。"

夫子云,不亦宜乎!"子贡呼武叔为夫子也。贱者不得入富贵之门,愚人不得入圣人之奥室。武叔凡愚,云赐贤于孔子,是其不入圣门而有此言,故是其宜也。袁氏云:"武叔凡人,应不达圣也。"

苞氏曰:"夫子,谓武叔也。"

叔孙武叔毁仲尼。犹是前之武叔,又訾毁孔子也。**子贡曰:"无以为也!**子贡闻武叔之言,故抑止之,使无以为訾毁。**仲尼不可毁也。**又明言语之云:仲尼圣人,不可轻毁也。**他人之贤者,丘陵也,犹可逾也;**更喻之,设〔三〕仲尼不可毁之譬也。言他人贤者,虽有才智,才智之高止如丘陵,丘陵虽高,而人犹得逾越其上,既犹可逾,故不〔四〕可毁也。**仲尼如日**

〔一〕"之",斋本、库本作"诸"。

〔二〕"夫"上,斋本、库本有"夫"字,疑衍。

〔三〕"设",斋本、库本作"说"。"设"是。

〔四〕"不",斋本、库本无此字,是。

月也，无得而逾焉。言仲尼圣知〔一〕，高如日月，日月丽天，岂有人得逾践者乎？既不可逾，故亦不可毁也。**人虽欲自绝也，其何伤于日月乎？**世人逾丘陵而望下，便谓丘陵为高，未曾逾践日月，不觉日月之高。既不觉高，故訾毁日月，谓便〔二〕不胜丘陵，是自绝日月也。日月虽得人之见绝，而未曾伤减〔三〕其明，故言"何伤于日月"也。譬凡人见小才智便谓之高，而不识圣人之奥，故毁绝之，虽复毁绝，亦何伤圣人德乎？**多见其不知量也。"**不测圣人德之深而毁绝之，如不知日月之明而弃绝之。若有识之士视睹于汝，则多见汝愚暗不知圣人之度量也。

言人虽欲自绝弃于日月，其何能伤乎？适〔四〕自见其不知量也。

陈子禽谓子贡曰："子为恭也，仲尼岂贤于子乎？"此子禽必非陈亢，当是同姓名之子禽也。其见子贡每事称师，故谓子贡云：汝何每〔五〕事事崇述仲尼乎？故政当是汝为人性多恭敬故尔耳！而仲尼才德岂贤胜于汝乎？呼子贡以为子也。**子贡曰："君子一言以为智，一言以为不智，**子贡闻子禽之言，故方便答距之也。言智与不智由于一言耳，今汝出此言，是不智也。**言不可不慎也。**智否既寄由一言，故宜慎之耳！**夫子之不可及也，犹天之不可阶而升也。**此出子禽不知〔六〕之事也。夫物之高者，莫峻嵩岳，嵩岳虽峻，而人犹得为阶梯以升上之也。今孔子圣德，其高如天，天之悬绝，既非人可得阶升，而孔子圣德，岂可谓我之贤胜之乎！汝谓不胜为胜，即是一言为不智，故不可不慎也。**夫子之得邦家者，**子禽当是见孔

〔一〕"知"，斋本、库本作"智"。
〔二〕"谓便"，斋本、库本作"便谓"。
〔三〕"减"，斋本、库本作"灭"。
〔四〕"适"下，斋本、库本有"足"字。邢疏亦有"足"字。正平版何解无"足"字。
〔五〕"每"，斋本、库本作"为"，误。下句句首的"故"字，斋本、库本无。
〔六〕"知"，斋本、库本作"智"。

子栖遑不被时用,故发此不智之言。子贡抑之既竟[一],故此更广为陈孔子圣德不与世人同也。邦,谓作诸侯也。家,谓作卿大夫也。言孔子若为时所用,得为诸侯及卿大夫之日,则其风化与尧舜无殊,故先张本云“夫子之得邦家者”也。

孔安国曰:“谓为诸侯若卿大夫也。”

所谓立之斯立,言夫子若得为政,则立教无不立,故云“所谓立之斯立”也。**导之斯行,**又若导民以德,则民莫不兴行也,故云“导之斯行”也。**绥之斯来,**绥,安也。远人不服,修文德安之,远者莫不襁负而来也。**动之斯和。**动,谓劳役之也。悦以使民,民忘其劳,故役使[二]莫不和穆也。**其生也荣,**孔子生时,则物皆赖之得性,尊崇于孔子,是其生也荣也。**其死也哀,如之何其可及也?”**孔子之死,则四海遏密,如丧考妣,是其死也哀也。袁氏云:“生则时物皆荣,死则时物咸哀也。”

孔安国曰:“绥,安也。言孔子为政,其立教则无不立,导之则莫不兴行,安之则远者至[三],动之则莫不和穆,故能生则见荣显,死则见哀痛也。”

论语尧曰第二十　　何晏集解　凡三章

疏尧曰者,古圣天子所言也。其言天下太平,禅位与舜之事也。所以次[四]前者,事君之道,若宜去者拂衣,宜留者致命。去留当理,事迹无亏,则太平可睹,揖让如尧,故尧曰最后,次子张也。

尧曰:云“尧曰”者,称尧之言教也。此篇凡有三章,虽初称“尧曰”,而宽通众圣,故其章内并陈二帝三王之道也。就此一章中凡有五重,自篇首至“天禄

〔一〕“竟”,库本作“竞”,误。
〔二〕“使”下,斋本、库本有“之”字。
〔三〕“远者至”,堂本正误表以“远者来至”为正。
〔四〕“次”,库本无此字。

永终”为第一，是尧命授舜之辞。又下云“舜亦以命禹”为第二，是记者序舜之命禹，亦同尧命舜之辞也。又自“予小子履”至“万方有罪在朕躬”为第三，是汤伐桀告天之辞。又自“周有大赉”至“在予一人”为第四，是明周武伐纣之文也。又自“谨权量”至章末为第五，明二帝三王虽有揖让与干戈之异，而安民取治之法则同也。又下次子张问孔子章，明孔子之德同于尧舜诸圣也。上章诸圣所以能安民者，不出尊五美、屏四恶，而孔子非不能为之，而时不值耳，故师资殷勤往反论之也。下又一章“不知命无以为君子也”，此章以明孔子非不能为，而不为者，知天命故也。**“咨！尔舜！**自此以下，尧命舜以天位之辞也。咨，咨嗟也。尔，汝也。汝〔一〕于舜也。舜者，谥也。尧名放勋，谥云尧也。舜名重华，谥云舜也。谥法云：“翼善传圣曰尧，仁盛圣明曰舜也。”尧将命舜，故先咨嗟叹而命之，故云咨汝舜也。所以叹而命之者，言舜之德美兼合用我命也。**天之历数在尔躬，**天，天位也。历数，谓天位列次也。尔，汝也。躬，身也。尧命舜云：天位列次，次在汝身，故我今命授与汝也。

历数，谓列次也。列次者，谓五行金、木、水、火、土更王之次也。

允执其中。允，信也。执，持也。中，谓中正之道也。言天位〔二〕运次既在汝身，则汝宜信执持中正之道也。**四海困穷，**四海，谓四方蛮夷戎狄之国也。困，极也。穷，尽也。若内执中正之道，则德教外被四海，一切服化莫不极尽。**天禄永终。”**永，长也。终，犹卒竟也。若内正中国，外被四海，则天祚禄位长卒竟汝身也。执其中则能穷极四海，天禄所以长终也。

苞氏曰：“允，信也。困，极也。永，长也。言为政信执其中，则能穷极四海，天禄所以长终也。”

舜亦以命禹。此〔三〕二重，明舜让禹也。舜受尧禅在位，年老而让与禹，亦用尧命己之辞以命于禹也，故云“舜亦以命禹”也。所以不别为辞者，明同是揖让而授也，当云“舜曰咨尔禹天之历数”以下之言也。

〔一〕“汝”上，斋本、库本另有一“汝”字。
〔二〕“位”，斋本作“信”，误。
〔三〕“此”下，斋本、库本有“第”字。

孔安国曰："舜亦以尧命己之辞命禹也。"

曰："予小子履，此第三重，明汤伐桀也。伐与授异，故不因前揖让之辞也。浇淳既异，揖让之道不行，禹受人禅而不禅人，乃传位与其子孙。至末孙桀无道，为天下苦患。汤有圣德，应天从民，告天而伐之。此以下是其辞也。予，我也。小子，汤自称，谦也。履，汤名。将告天，故自称我小子而又称名也。敢用玄牡，敢，果也。玄，黑也。牡，雄也。夏尚黑，尔时汤犹未改夏色，故犹用黑牡以告天，故云果敢用于玄牡也。敢昭告于皇皇后帝：昭，明也。皇，大也。后，君也。帝，天帝也。用玄牡告天，而云敢明告于大大君天帝也。

孔安国曰："履，殷汤名也。此伐桀告天文也。殷家尚白，未变夏礼，故用玄牡也。皇，大也。后，君也。大大君帝，谓天帝也。墨子引汤誓，其辞若此也。"此伐桀告天辞，是墨子之书所言也。然易说云"汤名乙"，而此言名"履"者，白虎通云："本汤名履。"克夏以后，欲从殷家生子以日为名，故改履名乙，乙〔一〕以为殷家法也。

有罪不敢赦。汤既应天，天不赦罪，故凡有罪者，则汤亦不敢擅赦也。

苞氏曰："从天奉法，有罪者不敢擅赦也。"

帝臣不蔽，简在帝心。此明有罪之人也。帝臣，谓桀也。桀是天子，天子事天，犹臣事君，故谓桀为帝臣也。不蔽者，言桀罪显著，天地共知，不可阴〔二〕蔽也。

言桀居帝臣之位也，有罪过不可隐蔽，已简在天心也〔三〕。

朕躬有罪，无以万方；朕，我也。万方，犹天下也。汤言我〔四〕自有罪，则

〔一〕"乙"，堂本正误表以"乙"字为衍。

〔二〕"阴"，斋本、库本作"隐"。

〔三〕"已简在天心也"，斋本、库本作"以其简在天心故也"。

〔四〕"我"下，斋本、库本有"身若"二字。

我自在〔一〕当之,不敢关预天下万方也。**万方有罪,在朕躬。”**若万方百姓有罪,则由我身也。我为民主,我欲善而民善,故有罪则归责于我也。

孔安国曰:“无以万方,万方不不〔二〕预也。万方有罪,我〔三〕过也。”

“周有大赉,善人是富。此第四重,明周家法也。此以下是周伐纣誓民之辞也。舜与尧同是揖让,谦共用一辞。武与汤同是干戈,故不为别告天之文,即〔四〕用汤之告天文也。而此述周誓民之文,而不述汤誓民文者,尚书亦有汤誓也。今记者欲互以相明,故下举周誓,则汤其可知也。周,周家也。赉,赐也。言周家受天大赐,故富足于善人也。或云:周家大赐财帛于天下之善人,善人故是富也。

周,周家也。赉,赐也。言周家受天大赐,富于善人也。有乱臣十人是也。此如前通也。

虽有周亲,不如仁人。言〔五〕虽与周有亲,而不为善,则被罪黜,不如虽无亲而仁者必有禄爵也。

孔安国曰:“亲而不贤不忠则诛之,管、蔡是也。仁人〔六〕箕子、微子,来则用之也。”管、蔡谓周公之弟管叔、蔡叔也。流言作乱,周公诛之,是有亲而不仁,所以被诛也。箕子是纣叔父,为纣囚奴。武王诛纣,而释箕子囚,用为官爵,使之行商容。微子是纣庶兄也,见纣恶而先投周,武王用之,为殷后于宋。并是仁人,于周无亲,而周用之也。

百姓有过,在予一人。”此武王引咎自责辞也。江熙云:“自此以上至

〔一〕“在”,斋本、库本作“有”。下句“预”下,斋本、库本有“于”字。

〔二〕“不不”,斋本、库本不重,是。

〔三〕“我”下,斋本、库本有“身”字。

〔四〕“即”上,斋本、库本有“而”字。

〔五〕“言”上,斋本、库本有“已上尚书第六泰誓中文”十字。

〔六〕“人”下,斋本、库本有“谓”字。邢疏亦有“谓”字。正平版何解无“谓”字。

'大赉',周告天之文也。自此以下,所修之政也。禅者有命无告,舜之命禹,一准于尧。周告天文少〔一〕异于殷,所异者如此,存其体不录备〔二〕也。"侃案:汤伐桀辞皆云天,故知是告天也。周伐纣文,句句称人,故知是誓人也。**谨权量,**此以下第五重,明二帝三王所修之政同也。不为国则已,既为便当然也。谨,犹慎也。权,称也。量,斗斛也。当谨慎于称、尺、斗、斛也。**审法度,**审,犹谛也。法度,谓可治国之制典也,宜审谛分明之也。**修废官,**治故曰修,若旧官有废者,则更修立之也。**四方之政行矣。**自谨权〔三〕若皆得法,则四方风政并服行也。

苞氏曰:"权,称〔四〕也。量,斗、斛也。"

兴灭国,若有国为前人非理而灭之者,新王当更为兴起之也。**继绝世,**若贤人之世被绝不祀者,当为立后系之,使得仍享祀也。**举逸民,**若民中有才行超逸不仕者,则躬举之于朝廷为官爵也。**天下之民归心焉。**既能兴继举逸〔五〕,故为天下之民皆归心,襁负而至也。**所重:民、食、丧、祭。**此四事并又治天下所宜重者也。国以民为本,故重民为先也。民以食为活,故次重食也。有生必有死,故次重于丧也。丧毕为之宗庙,以鬼享之,故次重祭也。

孔安国曰:"重民,国之本也。重食,民之命也。重丧,所以尽〔六〕哀。重祭,所以致敬也。"

宽则得众,为君上若能宽,则众所共归,故云"得众"也。**敏则有功,**君

〔一〕"少"下,斋本、库本有"其"字,衍。

〔二〕"备",斋本、库本作"修"。"录修":"录"有"检束"义,"修"谓"修饰","不录修"是说"不讲究表面的检束修饰"。如此理解,似也能讲通。

〔三〕"权"下,斋本、库本有"以下"二字。

〔四〕"称",斋本、库本作"秤"。邢疏亦作"秤"。"称"同"秤"。

〔五〕"逸",斋本、库本无此字。

〔六〕"尽"下,斋本、库本有"其"字,衍。观下句"所以致敬"语,不应有"其"字。正平版何解、邢疏无"其"字。

行事若仪用敏疾，则功大易成，故云“有功”也。**公则民悦。**君若为事公平，则百姓皆欢悦也。

孔安国曰：“言政教公平，则民悦矣。凡此二帝三王所以治也，故传以示后世也。”

子张问政于孔子曰：“何如斯可以从政矣？”此章第二，明孔子同于尧、舜诸圣之尊[一]也。子张问于孔子，求为政之法也。**子曰：“尊五美，**尊，崇重也。孔子答曰：若欲从政，当崇尊[二]于五事之美者也。**屏四恶，**屏，除也。又除于四事之恶者也。**斯可以从政矣。”**若尊五除四，则此可以从政也。

孔安国曰：“屏，除也。”

子张曰：“何谓五美也？” 子张曰：“何谓五美也[三]？”子张并不晓五美四恶，未敢并问，今且分谘五美，故云“何谓五美也”。**子曰：“君子惠而不费，**历答于五，此其一也。言为政之道，能令民下荷于润惠而我无所费损，故云“惠而不费”也。**劳而不怨，**二也。君使民劳苦，而民甘[四]心无怨，故云“劳而不怨”也。**欲而不贪，**三也。君能遂己所欲，而非贪吝也。**泰而不骄，**四也。君能恒宽泰而不骄傲也。**威而不猛。”**五也。君能有威严而不猛厉伤物也。**子张曰：“何谓惠而不费？”**子张亦并未晓五事，故且先从第一而更谘也。**子曰：“因民之所利而利之，斯不亦惠而不费乎？** 答之也。因民所利而利之，谓民水居者利在鱼盐蜃蛤，山居者利于果实材木。明君为政即而安之，不使水者居山，渚者居中原，是因民所利而利之，而于君无所损费也。

〔一〕“尊”，斋本、库本作“义”。

〔二〕“崇尊”，斋本、库本作“尊崇”。

〔三〕“子张曰何谓五美也”，斋本、库本无此八字。

〔四〕“甘”，斋本、库本作“其”。

王肃曰:“利民在政,无费于财也。”

择其可劳而劳之,又谁怨?孔子知子张并疑,故并历答也。言凡使民之法,各有等差,择其可应劳役者而劳役之,则民各服其劳而不敢怨也。欲仁而得仁,又焉贪?欲有多涂,有欲财色之欲,有欲仁义之欲。欲仁义者为廉,欲财色者为贪。言人君当欲于仁义,使仁义事显,不为欲财色之贪,故云“欲仁而得仁,又焉贪”也。江熙云:“我欲仁,则仁至,非贪也。”君子无众寡,言不以我富财之众而陵彼之寡少也。无小大,又不得以我贵势之大加彼之小也。无敢慢,我虽众大而愈敬寡少〔一〕,故无所敢慢也。

孔安国曰:“言君子不以寡少而慢之也。”

斯不亦泰而不骄乎?能众能大,是我之泰;不敢慢于寡少,是不骄也,故云“泰而不骄”也。殷仲堪云:“君子处心以虚,接物以为敬,不以众寡异情,大小改意,无所敢慢,斯不骄也。”君子正其衣冠,衣无拨,冠无免也。尊其瞻视,视瞻无回也〔二〕。俨然若思以为容也。人望而畏之,望之俨然,即之也温,听其言也厉,故服而畏之也。斯不亦威而不猛乎?”望而畏之,是其威也。即之也温,是不猛也。子张曰:“何谓四恶?”已闻五美,故次更谘四恶也。子曰:“不教而杀谓之虐,一恶也。为政之道必先施教,教若不从,然后乃杀。若不先行教而即用杀,则是酷虐之君也。不戒视成谓之暴,二恶也。为君上见民不善,当宿戒语之,戒若不从,然后可责。若不先戒勖,而急卒就责目前,视之取成,此是风化无渐,故为暴卒之君也。暴,浅于虐也。

马融曰:“不宿戒而责目前成,为视成也。”责目前之成,故谓之视成也〔三〕。

〔一〕“寡少”,斋本、库本作“寡小”,是。下同。

〔二〕“视瞻无回也”,斋本、库本作“瞻视无回邪”。

〔三〕此二句疏文,斋本、库本无。

慢令致期谓之贼，三恶也。与民无信而虚期，期不申敕丁宁，是慢令致期也。期若不至而行诛罚，此〔一〕贼害之君也。袁氏云："令之不明而急期之也。"

孔安国曰："与民无信而虚克期也。"

犹之与人也，四恶也。犹之与人谓以物献与彼人，必不得止者也。**出内之吝，**吝，难惜之也，犹会应与人而其吝惜于出入也，故云"出内之吝"也。**谓之有司。"**有司，谓主典物者也，犹库吏之属也。库吏虽有官物而不得自由，故物应出入者，必有所谘问，不敢擅易。人君若物与人而吝，即与库吏无异，故云"谓之有司"也。

孔安国曰："谓财物也，俱当与人，而吝啬于出内惜难之，此有司之任耳，非人君之道也。"

孔子曰："不知命，无以为君子也；此章第三，明若不知命，无以为君子。所以更明孔子知命，故不为政也。命，谓穷通夭寿也。人生而有命，受之由天，故不可不知也。若不知而强求，则不成为君子之德，故云"无以为君子也"。

孔安国曰："命，谓穷达之分也。"穷谓贫贱，达谓富贵，并禀之于天，如天之见命为之者也。

不知礼，无以立也。礼主恭俭庄敬，为立身之本。人若不知礼者，无以得立其身于世也。故礼运云"得之者生，失之者死"，诗云"人而无礼，不死何俟"是也。**不知言，无以知人也。"**江熙云："不知言则不能赏言，不能赏言则不能量彼，犹短绠不可测于深井，故无以知人。"

马融曰："听言则别其是非也。"

论语义疏第十　经一千二百二十三字　注一千一百七十五字

〔一〕"此"下，斋本、库本有"是"字。

附　录

论语义疏怀德堂本序〔一〕

人之性受于天，而彝伦之道本于性，人人所固有，宜无待于外。然非有圣人出焉，而率性修道，以立其教，则蔽于物而移于习，将失其所固有，而性倾道坏，人伦凋丧。是以圣人治天下，教化为先。及孔子出，集而大成，明伦立教，以垂后来，为生民未有之师表。而论语记其训言行事，尤精且信，诚万世不刊之宝典也。

窃惟皇祖肇国，以德治民，民性正直，无为而化，我之所固有，可谓美矣。但古无文字，口口相传，故有君臣父子之道，而无仁义忠孝之名。暨应神朝，百济献论语，孔子之书，始入我国。寻获五经，立于学官，列圣尊信，汉学兹兴。仁义忠孝之教，与我上古神圣固有之道，融会保合，斯文既明，其理亦备。虽时有污隆，道有显晦，然人全正直之性、

〔一〕　此标题原无，为整理者所加。

世济忠孝之美者，未尝不由于孔子之教羽翼皇化。而维新之际，志士竞兴，尊王斥霸，弼成鸿业，以开郅治者，亦名教之效居多焉，顾不亦盛乎！

方今国家，文教覃敷，奎运昌明，轶于前古，然学术多岐，舍本趋末，唯新是喜，汉学大衰。而邪说之行，及今殊甚，固有之美，渐蔽渐移，将不知所底止。岂非教育之方有所偏倚、孔子之书弃而不讲之所致与？谨按先皇教育敕语示法后世，炳如日月，其所谓忠、孝、友、和、信，与智能、德器、恭俭、博爱、义勇等条目，皆符于孔子之教，而敕语以为皇祖皇宗之道。可知皇祖皇宗之道，与孔子之教相合。则虽名曰汉学，实为我国之学。孔子之书，弃而不讲可乎？主持文教者，宜率由圣训，振兴斯学，矫偏务本，以救时弊。群经或不能尽立于学，四书阙一不可。至论语，则不可不家藏人诵，以明彝伦、翼皇化也。

大正十一年壬戌，正值孔子卒后二千四百年，大阪怀德堂以讲明名教为宗旨，因卜是岁十月八日行释菜，教授松山君子方为祭酒，又议校印梁皇侃论语义疏以弘其传，讲师武内君宜卿任其事。书已成，俾时彦序之。时彦协理堂事多年，迨奉职内廷，仍列讲师之末，深喜斯举有补于名教，乃忘谫陋而为之序。若夫皇疏源委，及存佚同异，则具于子方、宜卿二君序例，故不复赘。

大正十二年五月大隅西村时彦撰。

论语义疏怀德堂本后序[一]

梁皇氏论语义疏，彼土亡佚已久，其流传我国者，迭经儒释传钞，今犹俨存六朝旧帙面目，洵为经籍至宝。宽延中，根本伯修校足利学校藏旧钞本而刻之，清儒汪翼沧以乾隆间来，载一本归。鲍以文收刻于知不足斋丛书中，彼土学士获复见此书。第伯修仿邢昺疏例，多所臆改，清儒或疑为赝鼎，识者憾焉。

大正壬戌，正值孔子卒后二千四百岁，怀德堂纪念会以十月八日设位堂上，恭修释菜之礼，又欲校刻善本，以志教泽而裨补斯文，谘诸本会顾问狩野、内藤两博士，二君胥劝校刻论语义疏。且曰："是书足利本外，多有旧钞善本，倘得集览校雠，则所益必大，且因改宋疏之体以复六朝之旧，不亦善乎？"预堂事者皆赞其议，属讲师武内谊卿以校勘之事。谊卿乃搜访祕府野簧之储与名家之藏，参稽对校，于皇朝钞本之源流与六朝旧疏之体裁，多所阐发。凡九阅月成，附以校勘记一卷，从业勤而成功速，非以谊卿之才学与其精力，乌能至于此。盖伯修所观旧钞本止一种，谊卿所校则逾六七种，其订旧文之讹误、纠章句之缪乱者，不止二三，而伯修之臆改变乱者，再复其旧，学者可莫复容疑。则岂啻皇氏忠臣，可谓为斯文增一宝典矣！

〔一〕 此标题原无，为整理者所加。

予承乏教授，与谊卿讲习有年，今亲睹校订之勤劳，及书成，忘谫陋而叙缘起云尔。

大正癸亥四月怀德堂教授松山直藏撰。

论语义疏校勘记序

梁皇侃论语义疏十卷，宋国史志、中兴书目、晁公武读书志、尤袤遂初堂书目并著录。盖南宋初，彼土未佚，朱子与尤袤友善，则亦或见之。中兴书目云："侃以何晏集解去取，为疏十卷。又列晋卫瓘、缪播、栾肇、郭象、蔡谟、袁宏、江淳、蔡系、李充、孙绰、周瓌、范宁、王珉等十三家爵里于前，云是江熙所集，其解释于何集无妨者，亦引取为说，以示广闻。"宋国史志云："侃疏虽时有鄙近，然博极群言，补诸书之未至，为后学所宗。"读书志云："世谓其引事虽时有诡异，而援证精博，为后学所宗。"皇朝邢昺等撰正义，因皇侃所采集诸儒之说，刊定而成书。朱子论语要义序又云："邢昺等取皇侃疏，约而修之，以为正义。"今取皇、邢、朱三家书而读之，邢氏剪皇疏之诡异，稍附以义理，而朱注则变本加厉，义理之辨弥精，而援证之博不及于古。盖邢疏出而皇疏废，朱注行而邢疏又废。皇疏亦以此时而亡，是以陈振孙解题不录此书，而乾、淳以后，学者无复称引之矣。可见古书亡佚，赖于学术迁移，不特兵火风霜为其厄也。

清兴，经学昌明，鸿儒硕匠接踵倔起，务绍汉唐坠绪，捃摭佚书，断烂靡遗。然而余仲林古经解钩沉所获皇疏厪六事，所谓"博极群言，补诸书之未至者"，不可得见矣。我国自王仁献书，尊崇周孔，博士世业，传经不绝，兵火之祸，亦未有如彼之惨虐者,是以古书之佚彼而存于此者,为类不少,而皇疏居其一。宽延中,根本伯修得足利学所藏旧钞本,校刻皇疏十卷。清商汪翼沧购归一本,以献遗书局,著录四库。旋经翻刻,及鲍氏刊入知不足斋丛书,流布更广,士子皆得窥汉晋诸儒论语之学,伯修稽古之功伟矣。然其所刊,妄更体式,以就今本,定讹之际,亦不免师心改窜。彼土学者,怪其与释文所引皇本不合,又斥为非六朝义疏之体,议论纷纷,后人有怀疑未释者。

顷者,怀德堂纪念会欲校印此书,以存旧式。余不自揣,谬任校雠之役,乃遍观祕府野黉之藏,周搜世家名刹之储,参稽各本,以定是非,又条举异同,附之卷尾。后之读皇疏者,庶几有所考信焉。

大正十二年三月怀德堂讲师武内义雄记。

论语义疏校勘记条例

余所见旧钞皇疏凡十种，曰宝德本，凡五册。其第一、第四二册，宝德三年西荣钞写。每半页十行，行二十五字，疏双行。其第二、第三、第五三册，则后人所补。旧藏武州川越新井氏，今归德富苏峰君。曰文明本，凡五册。每半页六行，行二十字，疏双行。文明九年雁声钞写。旧西本愿寺写字台藏书，见存龙谷大学图书馆。曰延德本，旧凡十册，今佚第十。每半页八行，行二十字，疏双行。每册首有兴正寺公用长方印记。第三册末记有"延德贰年冬十二月廿九日"十一字。久原文库所藏。曰清熙园本，凡五册。每半页九行，行二十四字，疏双行。笔墨轻妙，首末完好，盖现存皇疏中尤精善者。惜年纪无可考。尼崎大物阪本清熙园所藏。曰足利本，凡十册。每半页九行，行二十字，疏双行。卷首佚皇侃自序。审其纸墨，盖大永、天文间所钞。每册首有足利学校、轰文库二印记。见存足利遗迹图书馆。曰久原文库本，旧凡十一册，今佚子罕、乡党二篇。每半页九行，行二十字，疏双行。栏眉有标注，间引朱注。卷首又有论语发题及论语图，与皇侃自序、何晏序说合订为一册。皇序写作小字双行，其例与疏文同。考其纸墨，盖天文中所钞。曰图书寮本，凡五册。每半页九行，行二十字，疏双行。栏眉有标注，与久原本同，但阙皇侃自序及何晏序说。疑原有卷首一册，后佚之。考其书体，盖天文中所钞。曰桃华斋本，凡五册。旧佚第一册，今以别本补之，而仍阙皇侃自序及何晏序说。补本体式文字，与图书寮本同，第二册以下四册则稍不同。每半页九行，行二十字，疏双行。栏眉有标注。考其书体，盖室町季世之物。每册首有北固山、西源禅院、多福文库三印记。故富冈桃华先生所藏。曰泊园书院本，凡十册。每半页九行，行二十六字，疏双行。卷首有论语发题，写作双行，其例与久原本同，而唯无标注耳。审其笔势，盖庆元以后所钞。藏大阪藤泽氏泊园书院。曰久原文库一本，凡五册。

每半页九行，行二十字，疏双行。卷首录皇侃传。注文上每条必冠“注”字，方格围之。考文字异同，其第一、二、三、八，近于文明本，第四、五、六、九、十，则与久原本相似，盖合旧钞本二种而为一者。审其纸墨，亦似庆元以后所钞。曰有不为斋本。凡五册。每半页九行，行二十三字，疏双行。所举注家，唯录姓，不录名，疑效邢疏体者。其经注异同，则与文明本相似。考其书体，盖亦庆元以后之物。旧藏伊藤氏有不为斋，今托存大阪图书馆。以上十种外，东京大槻氏藏二种，尾张德川侯爵、加贺前田侯爵、京都帝国大学、东京木村氏、内野氏、户水氏、林氏各藏一种，而余未见。诸本首末完好，年纪可得而详者，以文明本为最古。今依据为底本，取各本而校之。

经籍访古志所载旧钞皇疏凡五种，曰求古楼本，旧吉田篁墩所藏，后归狩谷氏求古楼。曰容安书院本，市野迷庵所藏。曰弘前星野本，曰九折堂本，曰足利学本。除足利学本外，四种今皆不详存佚。然据吉田篁墩论语考异、市野迷庵正平板论语札记所引皇本，容安书院、求古楼二本经注异同大略可考。其足资考镜者，今又援引，凡校勘记中称“篁墩本”、“迷庵本”者即是。

我国前人所讲述论语听麈及湖月抄二书，在距今四百年前，其称引皇疏，亦足订现存诸本之讹，今因援证。

凡底本所用异字、俗字，今习用者，略存其旧；罕用者，改为正字，不欲徒苦手民也。

凡底本脱字、误字，易于识别者依据他本补正，有疑义则仍其旧，表明之校勘记。

凡疏文中羼入旁记文字者，不敢删削，唯施括号，而辩证之校勘记。

凡校勘记中标经文，每条必顶格，注文则低一格，疏文则低二格。

根本伯修所刊皇疏体式，全同闽、监、毛邢疏本，与旧钞本迥异。今所校印，依据旧钞本体式，不妄更改。但皇疏末所录邢疏，则后人所增，案：经籍访古志云："弘前星野本皇疏八佾篇'射不主皮'章马注'射有五善'下及'以熊虎豹皮作之'下，所引邢疏上并冠'里云'二字。"余所见久原文库一本亦同。盖诸本所录邢疏，在旧卷子本纸背，后人改写为册本之时，附之皇疏末也。今皆删削。凡删削邢疏处，每加一圈，以示旧式。

早稻田大学藏有六朝钞礼记子本疏义卷子残卷，未审撰人名氏。然书中所疏，与孔氏正义所引皇侃义相符，而每段疏末，往往见"灼案"、"灼谓"等语。考陈书儒林传云："郑灼，字茂昭，少受业于皇侃，尤明三礼。家贫，钞义疏，以夜继日，笔毫尽，每削用之。"则知此卷是郑灼所钞其师义疏。而"灼案"诸条，灼钞时所增也。此卷体式，每段先全举经文而疏释之，次空一格，以及注文，其例同于经文。经注与疏文字大小同，而疏文亦单行，盖六朝义疏体固如此。论语皇疏原式，想当与此卷同。现存诸本，大写经注，而疏则小字双行者，后人所改。惜诸本无一出于五百年前者，不能据为实证耳。

诸本既失其原式，疏之讹踳固不须言，而经注异同亦难归一。约而言之，文明本近于正平刻集解本，清熙园本近于古钞集解本，我国现存古钞集解本，以正和本为最古。此本据仁治三年明经博士清原某手钞本所转钞，今存云村文库。祕府又藏嘉历钞集解本，审其跋尾，亦与正和本同其来历。又有旧津藩侯有造馆所刻古本论语，盖以其所储古钞本为底本。今校以正和本,字字吻合,则知此本所出,其源亦同。凡记中所称"古钞集解本",则用有造馆本也。久原本与永禄钞集解本相似。永禄本亦存云村文库,余尝一见。然今所引则篁墩论语考异所出,非据原本也。盖前人改写为今式者,据流俗集解本所校改。此外诸本,疑亦别有所依据,唯未能质言耳。

清儒为皇疏成专书者,桂子白有考证,吴槎客有参订,惜余未得参稽也。

斋本论语义疏新刊序

服元乔

往者根伯修与神君彝俱游下毛足利学。足利之藏，昔称石室，中遭散失，而廑廑乎存于今，中华后世所不传异书犹多矣。君彝乃与伯修雠校七经孟子而还考文，既刊行于世矣，伯修与功为多矣！而又伯修所写而还皇侃论语义疏，即亦中华后世盖无传焉。据马端临考，乃目论语疏十卷，而晁氏云：梁皇侃引卫瓘某某，凡十三家之说成此书。其引事虽时诡异，而援证精博，为后学所宗。又云：皇朝邢昺等亦因皇侃所采诸儒之说刊定而撰正义，正义因皇疏，则然也。未知马氏所考，即所亲睹而云欤？抑将徒耳所传而剿说欤？夫邢疏出而后，亡几，程朱诸氏经生之学纷纷辈出，虽别成家，弁髦旧传，于其所校皇本异同无一及焉者，泯焉可知。况复后继无睹，而非宋说者时乃益远，其书不传必矣。独焦弱侯云：公冶长辨鸟语，具论语疏以驳杨用修。其他匏瓜为星，一二若睹皇疏者，然不可以一信百，道听相传，文献不足征也。

因此视之，中华后世，今亡矣夫。要之，世好事唯新是贵，乃积薪之情，率以后世为尚。而作者不厚，亦不欲存其旧，宋人之弊乃尔，则盖邢疏出而皇疏废矣。废以至亡，无闻焉尔，亦其势耳。夫邢氏所疏，比诸他正义，既属丙科；皇疏虽诡，援证复博，观听不决，寸有所长，两立而并行，非过存也。焉可附之乌有氏哉！惟我皇和神明扶持，物亦与世代永久，于是可知也。唯是足利之藏，我不可保。今而不传，后世恐复散失，是可惜也。乃伯修氏之志如斯，则镌刻之举，其可缓欤！近有请镌焉者，伯修既再校以授之矣。此举也，余惟非独海以外行既宏矣。即传之中华，而俾知吾邦厚固有关文明，则伯修之勤，有功于国华哉！乃复伯修氏志，余亦喜，其足以酬焉，遂为之序。宽延庚午春正月平安服元乔。

（摘自鲍廷博知不足斋丛书本论语集解义疏）

斋本皇侃论语义疏序　　卢文弨

宋咸平时，日本僧奝然尝献郑康成所注孝经，乃中国所亡失者。是时但藏于秘府，外人莫得见。久而其书复亡，尝憾当时在廷文学诸臣曾莫为意，未能使之流传世间，抑何其蔑视先代传注如土苴之致不足贵而轻为弃绝之也！先是周显德中，新罗亦尝献别叙孝经，亦云即郑注，乃皆得自外国而旋失之，岂不惜哉！向见钱遵王所记论语异文，云传自高丽，其本世亦罕见。吾乡汪翼沧氏常往来瀛海间，得梁皇侃论语义疏十卷于日本足利学中，其正文与高丽本大略相同，彼国亦知中夏之失传矣。其扶微举坠之意恳恳，欲大其传而不为一邦之私秘，此其所见诚卓而其意诚公，夫孰得而小之也哉！新安鲍以文氏广购异书，得之喜甚，顾剞劂之费有不逮，浙之大府闻有斯举也，慨然任之，且属鲍君以校订之事，于是不外求而事已集。既而大府以他事获谴，死名不彰，人曰是鲍子之功也。以文曰："吾无其实，敢冒其名乎？"谓文弨曰："是书梓成时未为之序者，人率未知其端末。夫是书入中国之首功，则汪君也；使天下学者得以家置一编，则大府之为之也。春秋褒毫毛之善，今国法已伸，而此一编也，其功要不容没。子幸为之序，而并及之，使吾不尸其功，庶几不为朋友之所讥责，吾始得安焉。"以文之命意也如此，用是据实书之。若夫皇氏此疏固不全美，然十三家之遗说犹有托以传者，为醇为疵，读者当自得之。如或轻加掎摭，是又开天下以废弃之端也。吾其忍乎哉？

乾隆五十三年元夕前一日杭东里叟卢文弨书。

（摘自鲍廷博知不足斋丛书本论语集解义疏。）

四库全书总目提要

论语义疏十卷，浙江巡抚采进本。

魏何晏注，梁皇侃疏。书前有奏进论语集解序，题“光禄大夫关内侯孙邕、光禄大夫郑冲、散骑常侍中领军安乡亭侯曹羲、侍中荀顗、尚书驸马都尉关内侯何晏”五人之名。晋书载郑冲与孙邕、何晏、曹羲、荀顗等共集论语诸家训诂之善者，义有不安，辄改易之，名集解，亦兼称五人。今本乃独称何晏。考陆德明经典释文，于“学而第一”下题“集解”二字。注曰：“一本作何晏集解。”又序录曰“何晏集孔安国、包咸、周氏、马融、郑玄、陈群、王肃、周生烈之说，并下己意为集解。正始中上之，盛行于世。今以为主”云云，是独题晏名，其来久矣。殆晏以亲贵总领其事欤？邕字宗儒，乐安青州人。冲字文和，荥阳开封人。羲，沛国谯人，魏宗室子。顗字景倩，荀彧之子。晏字平叔，南阳宛人，何进之孙，何咸之子也。侃，梁书作偘，盖字异文，吴郡人，青州刺史皇象九世孙。武帝时官国子助教，寻拜散骑侍郎，兼助教如故。大同十一年卒。事迹具梁书儒林传。传称所撰礼记义五十卷、论语义十卷。礼记义久佚。此书宋国史志、中兴书目、晁公武读书志、尤袤遂初堂书目皆尚著录。国史志称侃疏虽时有鄙近，然博极群言，补诸书之未至，为后学所宗。盖是时讲学之风尚未甚炽，儒者说经亦尚未尽废古义，故史臣之论云尔。迨乾淳以后，讲学家门户日坚，羽翼日众，铲除异己，惟恐有一字之遗，遂无复称引之者，而陈氏书录解题亦遂不著录。知其佚在南宋时矣。惟唐时旧本流传，存于海外。

康熙九年，日本国山井鼎等作七经孟子考文，自称其国有是书。然中国无得其本者，故朱彝尊经义考注曰“未见”。今恭逢我皇上右文稽古，经籍道昌，乃发其光于鲸波鲛室之中，借海舶而登秘阁，殆若有神物撝诃，存汉晋经学之一线，俾待圣世而复显者。其应运而来，信有非偶然者矣。

据中兴书目，称侃以何晏集解去取，为疏十卷。又列晋卫瓘、缪播、栾肇、郭象、蔡谟、袁宏、江淳、蔡系、李充、孙绰、周瓌、范宁、王珉等十三人爵里于前，云“此十三家是江熙所集，其解释于何集无妨者亦引取为说，以示广闻”云云。此本之前，列十三人爵里，数与中兴书目合，惟“江厚”作“江淳”、“蔡溪”作“蔡系”、“周怀”作“周瓌”，殆传写异文欤？其经文与今本亦多有异同。如“举一隅”句下有“而示之”三字，颇为冗赘，然与文献通考所引石经论语合。“夫子之言性与天道不可得而闻也”下有“已矣”二字，亦与钱曾读书敏求记所引高丽古本合。其疏文与余萧客古经解钩沉所引，虽字句或有小异，而大旨悉合。知其确为古本，不出依托。观古文孝经孔安国传，鲍氏知不足斋刻本信以为真，而七经孟子考文乃自言其伪，则彼国于授受源流分明有考，可据以为信也。至“临之以庄则敬”作“临民之以庄则敬”，七经孟子考文亦疑其“民”字为误衍，然谨守古本而不敢改，知彼国递相传写，偶然讹舛或有之，亦未尝有所窜易矣。至何氏集解，异同尤夥。虽其中以“包氏”为“苞氏”、以“陈恒”为“陈桓”之类，不可据者有之，而胜于明刻监本者亦复不少，尤可以旁资考证也。